# 国际市场营销

## （第2版）

谢 琼 吴明杰 编著

北京理工大学出版社
BEIJING INSTITUTE OF TECHNOLOGY PRESS

# 内 容 简 介

　　本教材使用工作过程导向和任务导向两种并进的编写思路，将国际市场营销按照从国内营销走向国际营销开展业务的基本流程来串联全书，形成 4 个学习情境、9 个学习子情境，共 48 个情境任务。本教材力图贯彻高职高专教育的基本要求，即贯彻"工学结合、任务驱动、双证接轨"精神，力求成为融"教、学、做"为一体，努力体现高职高专教材的特色。

　　本教材可作为高职经济贸易类专业教材使用，也可供相关从业人员参考。

## 图书在版编目（CIP）数据

国际市场营销／谢琼，吴明杰编著 . —2 版 . —北京：北京理工大学出版社，2015.11
（2022.12 重印）

ISBN 978 – 7 – 5682 – 1021 – 8

Ⅰ. ①国… 　Ⅱ. ①谢… ②吴… 　Ⅲ. ①国际营销 – 高等职业教育 – 教材　Ⅳ. ①F740.2

中国版本图书馆 CIP 数据核字（2015）第 183854 号

出版发行／北京理工大学出版社有限责任公司

社　　址／北京市海淀区中关村南大街 5 号

邮　　编／100081

电　　话／（010）68914775（总编室）

　　　　　（010）82562903（教材售后服务热线）

　　　　　（010）68948351（其他图书服务热线）

网　　址／http：//www.bitpress.com.cn

经　　销／全国各地新华书店

印　　刷／北京虎彩文化传播有限公司

开　　本／787 毫米×1092 毫米　1/16

印　　张／23　　　　　　　　　　　　　　　　　责任编辑／周　磊

字　　数／540 千字　　　　　　　　　　　　　　文案编辑／周　磊

版　　次／2015 年 11 月第 2 版　2022 年 12 月第 7 次印刷　　责任校对／周瑞红

定　　价／55.00 元　　　　　　　　　　　　　　责任印制／李志强

# 前　言

　　市场经济的发展和现代化建设，不仅需要大量的研究型人才，而且需要更多的从事"第一线"工作的高技能型人才。高职高专教育就是以培养高技能型人才为根本任务，以适应社会需要为目标，强调以培养应用能力为主线，培养学生的知识、能力、素质，设计人才培养方案。本教材作为福建省级精品课程建设成果和福建对外经济贸易职业技术学院的省级示范性高职院校建设项目成果之一，力图贯彻高职高专教育的基本要求，即贯彻"工学结合、任务驱动、双证（学历证书与职业资格证书）接轨"精神，力求成为融"教、学、做"为一体，努力体现高职高专教材的特色。

　　全教材以现代国际企业和有志于向国际化发展的企业为立足点，将国际市场营销提升到经济全球化时代一切企业面临的历史任务和发展的必由之路的高度，把市场营销的基本原理、方法同国际市场营销的具体业务有机结合为一体，从而避免了把市场营销和国际市场营销分割为两门课程，编写、使用两本教材，而其内容、体系却大同小异的弊端。

　　本教材使用工作过程导向和任务导向两种并进的编写思路，将国际市场营销按照从国内营销走向国际营销开展业务的基本流程，设计子 4 个学习情境、9 个学习子情境，共 48 个情境任务。每个学习情境均以【任务驱动，做中学】来引导，通过联系"国际营销职位"工作实践，把国际市场营销业务按照工作开展流程为序，精心设计了一项职业工作任务，使学生带着任务去学习相关知识与技能，有效地融"教、学、做"为一体，促使学生明确学习本项任务的目的意义与内容、技能。同时，每个学习情境开篇处都设计了【营销格言】、【学习目标】与【学习情境】三个栏目，可让学生了解本项学习情境下的营销理念、重点知识、应掌握的技能，以及本学习情境下所包含的若干情境任务。

　　书中穿插了许多与教学内容相互结合的【情境案例】、【情境模拟】和【情境链接】等，做到传授知识与锻炼思维能力有机结合，学习理论与训练技能同步进行。本书选用大量富有说服力的典型案例和新鲜资料，特别是对许多理论、方法的介绍提出自己的见解和观点，具有创新性和实用性。

　　本书还结合全国国际商务专业人员职业资格考试大纲编委会编写的《外销员从业资格考试大纲》组织内容，涵盖了大纲划定的所有内容；每个学习情境正文后都按照外销员从业资格考试题型设计了适量的职业知识测试与职业技能训练题，其中许多题目取自历年全国外销员资格考试的《外贸综合业务试题》。

　　本书体例形式丰富多样、生动活泼，除了大量案例、知识补充和图、表外，每个学习情境后都有【情境小结】、【思考与练习】和【实训课堂】。其中【实训课堂】设计了"思维训练""营销游戏""案例分析""模拟训练""实战演练"，培养学生实践应用能力。

　　全书结构完整、紧凑，分为 4 个典型学习情境：学习情境 1——养成国际营销人员基本素质，介绍营销和国际营销的基本概念和市场观念，以及从事国际市场营销人员的基本素质；学习情境 2——分析国际市场机会，包括 5 个学习子情境，分析国际市场宏观环境、微观环境及购买者行为和竞争者行为，同时介绍国际营销调研基本手段方法；学习情境3——选择国际目标市场及进入模式，介绍国际营销的STP战略和国际市场进入模式选择；学习情境4——设计国际市场营销组合，也包括4个学习子情境，介绍国际营销中的"4Ps"策略制订与运用。

　　本教材还是闽台两地高校"校校企"联合培养人才项目成果之一，由福建对外经济贸易职业技术学院和台湾建国科技大学合作编写。福建省高等学校教学名师、福建外经贸学院谢琼教授任第一作者，负责全书体系结构设计与总撰；台湾建国科技大学国际企业管理系吴明杰硕士任第二作者，负责设计国际营销工作任务及收集案例。福建对外经济贸易职业技术学院的陈丽梅、谢桂花等老师参与了编写。其中学习情境2.4由陈丽梅编写，学习情境4.3由谢桂花编写，学习情境4.4由方璐萍编写，其余内容及全文的统稿、修改工作均由谢琼完成，台湾建国科技大学的刘欣芸博士也给予了很好的指导并参与审稿。在本教材编写过程中，作者团队与福建外贸行业的王声度、胡宗琼、薛少荣等实务界人士进行了深入的沟通与研讨，吸取了相关案例，突出了实用性。以上人员均是国际贸易与国际市场营销的业内精英，从事国际营销与管理十余年，与中国外贸企业从外贸代理走向自营自销同步成长，积累了丰富的实战经验。作者还参考了大量教材、专著，以及报纸、杂志，在此一并表示衷心的感谢。

作　者

# 目　　录

# 学习情境 1

# 养成国际营销人员基本素质

## 营销格言

营销并不是以精明的方式兜售自己的产品或服务，而是一门创造真正顾客价值的艺术。

——菲利浦·科特勒

产品和服务都不过是企业经营思想的结晶，是企业向消费者表达思想的载体。从这个意义上讲，营销是在卖思想，营销制胜是观念制胜。

——韩庆祥

人们总认为某种推销还是有必要的，但营销的目的是使推销成为多余的、不必要的事。

——彼得·德鲁克

## 学习目标

### 知识目标

（1）认识市场营销、国际市场营销的基本内涵，明确国际市场营销的各项要素。

（2）了解国际市场营销与国际贸易、国内市场营销的差异，了解企业开展国际市场营销的动因。

（3）树立科学的国际市场营销观念。

（4）养成国际市场营销人员应具备的基本素养与职业操守。

### 技能目标

能掌握和灵活运用现代营销观念，敏锐观察营销现象，有效分析营销问题，遵循科学营销管理过程，有针对性地开展营销活动。

## 任务驱动，做中学

你所在的公司是一家生产家具（或自选行业）的企业，现因市场拓展需要，成立海外营销业务部，你作为该部门负责人，不仅要规划国际市场营销的思路，还要招聘工作人员并进行必要的培训。你将怎么做？

## 学习情境

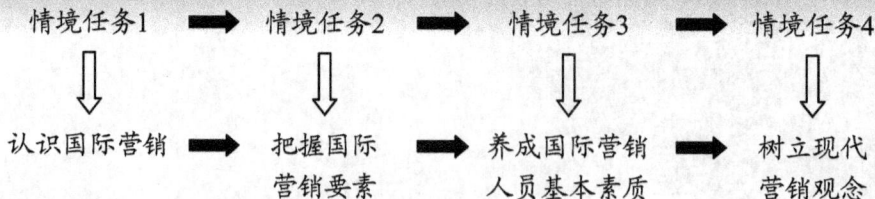

情境任务1 → 情境任务2 → 情境任务3 → 情境任务4

⬇ ⬇ ⬇ ⬇

认识国际营销 → 把握国际营销要素 → 养成国际营销人员基本素质 → 树立现代营销观念

**情境引子**      **国际化的忧虑**

中国企业在国际化道路上的奋斗历程，温州鞋业应该说是深有体会的。

2001年8月至2002年1月，俄罗斯曾发生过一次查扣事件，温州鞋卷入其中。2003年冬，20多家温州鞋企的鞋类产品在意大利罗马被焚烧。

2004 年 1 月 8 日，尼日利亚发布"禁止进口商品名单"，温州鞋名列其中。

2004 年 2 月 12 日，俄罗斯内务部警力查抄莫斯科"艾米拉"大市场华商货物，温州鞋商损失约 3 000 万美元。

2004 年 9 月 17 日，在西班牙埃尔切的中国鞋城，一辆载有价值人民币 800 多万元温州鞋的集装箱卡车和一个温州鞋商的仓库被不法分子烧毁。

2005 年 3 月 13 日凌晨，俄罗斯税警突然闯入莫斯科萨达沃特花鸟市场，以走私为由，强行拉走 22 家中国企业总价值达 8 000 万元人民币的鞋货物。

2005 年 7 月 26 日晚，俄罗斯税警以无正规报关单据为由，再次查扣价值近 8 000 万元人民币的中国鞋。

2005 年 12 月，意大利指责中国进口鞋类产品中含有超标的镍等有碍健康的有毒化学物质。

2006 年 2 月 23 日，欧盟表示将从该年 4 月 7 日开始，对中国鞋类逐步征收惩罚性关税。

……

成功的国际市场营销策略，可使企业增强国际竞争力，赢得更多的国际市场机会，获得更好的业绩。改革开放以来，随着产品生产能力的提高、国内市场竞争的加剧以及国际化浪潮的驱使，中国企业纷纷走向国际市场，以争取更多的市场机会。但是由于缺乏先进的国际市场营销理论、技术和经验，我国企业的国际营销总体水平与西方发达国家的企业相比还有一定差距。

# 情境任务 1　认识国际营销

**情境导入**　　　　　　**耐克（Nike）成功靠什么?**

成立于 1964 年的耐克公司，1994 年全球营业额达 48 亿美元，1995 年达到 64.7 亿美元，1997 年达到 92 亿美元。2004 年耐克公司营业额达 130 亿美元左右。它在美国运动鞋市场的市场占有率为 37%，名列第一。现在公司资产超过 300 亿美元。1994 年，在世界企业排名榜上名列第 28 位。被美国《广告时代》评为 1996 年最佳营销者。现在，耐克已与可口可乐、麦当劳一样，同属于世界十大著名品牌。

然而，耐克压根儿没有自己的工厂！它凭什么长久称霸国际运动鞋市场？耐克成功的秘诀在于营销。

耐克公司总裁菲尔·耐克将公司的所有人、财、物全部投入产品设计和市场营销这两大部门，全力培植公司强大的产品设计和市场营销能力。产品设计和品牌营销成了耐克的两件有力的竞争武器。从默默无闻的一家小公司一跃成为闻名世界的大公司，耐克建立起拥有自己品牌的运动鞋王国。耐克公司一直遵循着"让运动员为你促销"战略，利用他们的号召力使得耐克公司的销售额节节增长，最终打败了阿迪达斯，成为世界头号运动鞋生产商。

耐克把营销学发挥到了极致。今天，耐克品牌，不单是运动鞋的代表，更是体育运动、运动精神、运动文化的代表！

**讨论：**谈谈中国企业应向耐克学习什么？

随着全球化进程的加快和中国加入 WTO 保护期的结束，中国企业面临的来自国际市场的机遇和挑战，每时每刻都会在不断出现，并深刻地影响着我们的生活。与中国企业国际化举步维艰截然不同的是，很多跨国公司国际经营活动的规模和范围日益扩大，依靠其强大的国际市场营销能力称霸世界市场。

🔍 **情境认知**

国际市场营销研究企业跨越国境的市场营销活动，是国内市场营销的延伸与扩展。作为研究国际市场营销活动的理论和技术，必须要理解基础的市场营销理论，掌握基本的市场营销技术，并与国际市场的特点结合起来，才能更好地开展国际市场营销活动。

**1. 市场营销（Marketing）**

美国市场营销协会（AMA）给出的定义为："市场营销是针对产品进行的引导货物和劳务从生产者流转到消费者或用户所进行的一切企业活动"。

市场营销之父菲利普·科特勒给出的定义为："市场营销是个人和集体通过创造并同他人交换产品和价值，以满足需求和欲望的一种企业管理过程"。

对营销最简短的解释就是，发现还没有被满足的需求并满足它。

综上所述，我们可以把市场营销理解为，企业对现有的和潜在的市场需求进行研究，并以满足这些需求为目标而进行的市场调研、目标市场选择、产品与服务开发、产品定价、渠道规划和产品促销等一系列活动，从而完成企业设立的经营目标。它贯穿于企业全部的经营活动过程，如图1-1-1所示。

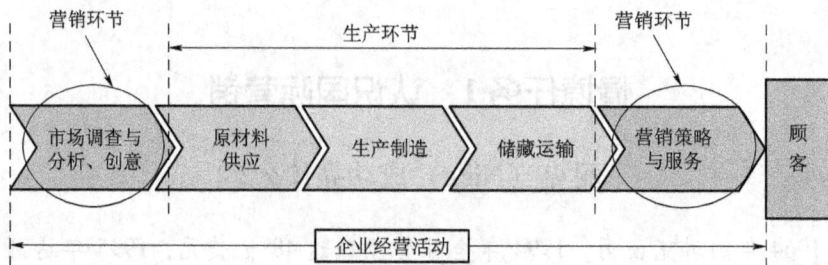

图1-1-1 市场营销活动过程

市场营销作为一种通过创造产品和价值，并进行商品交换以满足消费者需要的社会和管理过程，根据是否跨越国界，可再细分为国内市场营销和国际市场营销。

**2. 国际市场营销（International Marketing）**

进入20世纪90年代以来，世界经济全球化的进程大大加快，经济活动跨越国界，通过对外贸易、资本流动、技术转移、提供服务、相互依存和相互联系而形成全球范围的有机经济整体。经济全球化，有利于资源和生产要素在全球的合理配置，有利于资本和产品的全球性流动，有利于科技的全球性扩张，有利于促进不发达地区经济的发展，是世界经济发展的必然结果。经济全球化使各国企业经营活动日益同国际市场发生紧密的联系。在经济全球化的大背景下，我国企业也由内向型向外向型转变，在世界市场寻找更广阔的发展空间。特别是随着我国外贸体制改革的深入，大批企业获得进出口经营权，开展自营进出口业务，直接和国际市场打交道，一些大型企业开始以国外生产的方式进入国际市场，开展全方位的国际市场营销活动。

## 力帆摩托在越南

从 2000 年起，中国摩托车大量涌入越南。2001 年起，越南政府为了国产化，开始提高关税。到 2003 年。摩托车的整车进口关税从原来的 60% 提高到 100%，还规定，国外企业如果不去越南投资建厂，其产品就禁止在越南销售。考虑到越南摩托车的年销量为 160 万到 180 万辆，是仅次于中国的第二大市场；此外，越南于 2004 年加入东盟，力帆在越南的企业也将享有与东盟各成员国自由贸易的权利。因此，力帆决定直接在当地办厂，如此，一来可以绕过越南的进口配额限制，二来可以降低关税，使利润增加 3 倍。

美国市场营销学协会对国际市场营销做出的解释是：国际市场营销是对各种产品和服务实行整合、定价、促销和分销等活动，使其通过交换实现满足个人和组织的目的，并在多个国家进行的全部策划和实施过程。

菲利普·科特勒指出：国际市场营销是指在一国以上把企业生产的商品和服务引导到消费者或用户中去的经营活动。

由此可见，国际市场营销是指一种跨越国界的市场营销活动，即企业在国际范围内对现有的和潜在的市场需求进行研究，以满足这些需求为目标而进行产品与服务的研发，并做出价格、促销、渠道规划从而完成企业设立的经营目标。

### 情境提示

国际市场营销的基本原理同国内市场营销是一致的，其关键不是进行的活动本身，而是如何进行这些活动，即进行这些活动的方式。许多指导国内企业营销活动的策略和方法，诸如营销调研、环境分析、购买者行为研究、细分市场和目标市场选择、市场营销组合策略的制定与实施等，均可用来指导国际市场营销活动。

一般地，企业在进行市场扩张时都会遵循一定的地理顺序：本地市场—地区市场—全国市场—海外相邻市场—全球市场。

## 肯德基的国际化过程

虽然肯德基目前在全世界 70 多个国家拥有 9 000 多家分店，但在一开始它只不过是美国肯塔基州的一座加油站附设的一家简易餐厅，最初的服务对象只是当地小镇上的居民和过往的旅客与司机。通过不断壮大，发展到全州、全国乃至全球。现在，肯德基在美国以外的销售额已占到总销售额的一半以上。在亚洲，肯德基已成为中国、韩国、马来西亚、泰国和印度尼西亚快餐业的领头羊。肯德基在美国以外每家店的平均收益为 1 200 万美元，比美国店的平均收益多大约 60%。这样的成绩，不得不归功于肯德基成功的国际营销策略。

### 情境延伸

## 企业开展国际市场营销的原因

一般来说，企业走向国际市场是由多种原因驱使的，主要体现在以下八个方面：

① 国内竞争激烈，国际市场潜力巨大。大量同类产品出现在国内市场上，国内市场需求饱和，企业之间的竞争日趋激烈，企业被迫去寻找海外市场。国际市场的容量要远远大于

任何一个国家的国内市场，国际市场对各国企业来说都极具吸引力。

②延长产品的生命周期。由于各国的经济发展水平不同，导致同一产品在不同国家的生命周期处于不同阶段。大多产品在国际市场上的生命周期要比其在某一国内市场上的生命周期长得多，产品进入国际市场，也就意味着延长了其生命周期。

③国内劳动力成本过高。在许多行业，劳动力成本构成了产品成本的主要部分。劳动力成本在不同国家间存在着很大差别，促使企业把生产转移到劳动力成本低的国家，从而降低生产成本，增强其产品的市场竞争能力。我国一直是全球制造业转移的重点，充足的劳动力资源、良好的生产配套设施和稳定的社会环境，吸引了欧美、日本以及亚洲新兴国家的机械、家电、信息产业的加工组装企业大量向中国转移。

④政府的鼓励与支持。政府通过直接补贴或间接补贴等政策鼓励企业开展国际市场营销活动，具体表现为直接给予出口补贴或减免出口税和国内税，提供低息、长期的出口信贷等，并为企业提供国际市场信息以及进入和发展国际市场的咨询服务。

⑤提高企业的国际竞争力。通过开展国际市场营销活动，企业能够充分了解国际市场的现实和潜在需求，开发生产能够满足国际市场需求的产品和服务，增强产品竞争力，并最终扩大产品在国际市场的占有率。如果在发达国家和地区设立公司，开办工厂，企业还可以学习到发达国家和地区先进的技术和管理经验，提高本企业的技术和管理水平。

⑥突破贸易壁垒与进入区域经济市场。许多国家限制进口，但是鼓励外资投入，并制定了一些优惠条件鼓励外来投资。如果在目标国设立公司开办工厂，就可以避开种种限制，并享受诸多优惠条件。此外，还可以在没有贸易限制的第三国建厂生产，再以该国作为跳板，将产品销往目标市场。

⑦快速了解世界市场信息。现代科学的发展为企业开展国际市场营销提供了便捷的交通、通讯等条件。因特网、数码相机、手机和传真机等高新技术产品的出现，为信息交流、图片提供、订货确认和迅速结算等创造了前所未有的环境，不仅有效地拉近了国际客户间的距离，也为在世界范围内寻找资源、采购材料、销售产品等提供了方便，使企业能够快速了解到世界的市场信息和迅速地确定交易条件。

⑧分散市场风险。政治和社会环境复杂性的增加，要求企业将经营分散在许多国家进行，以分散企业风险，避免因某一国或某一地区的环境剧变导致企业蒙受重大损失，从而全面提高企业抵御风险的能力。

**3. 国际市场营销与国内市场营销的比较**

虽然国际营销与国内营销的基本原理是相通的，然而，并不能就此将二者简单地等同起来，跨越国界本身决定了国际市场营销比之国内市场营销具有更大、更多的差异性、复杂性和风险性，导致它有以下四点特殊性。

(1)国际市场容量大，竞争激烈。第二次世界大战以后，国际贸易发展十分迅速。1950年世界贸易出口额为554亿美元，2008年这个数字上升到15.78万亿美元，增长了近285倍。国际市场上的经营主体以跨国公司为主，经营代表各国优势的产品，竞争远比国内市场激烈。

(2)经营环境复杂、多变。国际市场交易对象多种多样，各国商品标准、度量衡制度、货币制度、贸易法规、海关制度及商业习惯各不相同，非常复杂。

(3)风险多样。国际营销在政治风险、运输风险、商品交易风险、价格风险及汇兑风险等方面都比国内营销要大。

（4）难度大。国际市场地域广阔，各国条件千差万别，因此，在国际市场上收集信息、经营决策和项目实施都比国内市场困难。

国内市场与国际市场的比较如表 1-1-1 所示。

表 1-1-1 国内市场与国际市场的比较

| 国 内 市 场 | 国 际 市 场 |
|---|---|
| • 研究数据是用一国语言写成的，并且通常很容易得到 | • 研究数据通常是用外语写成的，并且可能不易得到和进行翻译 |
| • 进行交易时只需使用一国货币 | • 多个国家参与交易，汇率波动大 |
| • 总部人员通常熟知本国的市场情况 | • 总部人员对国外市场的情况可能只有大概的了解 |
| • 在发布促销信息时只需考虑一国文化 | • 必须考虑多种文化间的差异 |
| • 只需在一国进行市场细分 | • 可能需要在许多不同的国家对同一类消费者进行市场细分 |
| • 沟通和控制是迅速的、直接的 | • 进行国际沟通和控制可能会很难 |
| • 商业法规清晰、明确 | • 国外法规可能会不太明确 |
| • 开展业务时只需使用一种语言 | • 需要使用多国语言进行沟通 |
| • 商业风险通常可以被预测并找出 | • 环境可能很不稳定，难以预测并找出商业风险 |
| • 规划和组织控制系统简单、直接 | • 国际贸易的复杂性通常会使采用复杂、精细的规划以及组织和控制的系统变得十分必要 |
| • 可以在营销部门实行专业化分工，各司其职 | • 国际营销管理者需要具备较全面的营销技能 |
| • 分销和信用控制很直接 | • 分销和信用控制可能十分复杂 |
| • 销售和运输文件很模式化，并且通俗易懂 | • 鉴于不同的国家有不同的规矩，文件通常各式各样且很复杂 |
| • 分销渠道很容易被监控 | • 分销通常由中间商负责，所以很难控制 |
| • 很容易预测竞争对手的举动 | • 很难察觉竞争对手的举动，因此很难预测其行动 |
| • 可以根据本国市场的需要进行新产品开发 | • 在进行新产品开发时必须考虑所有市场 |

**4. 国际市场营销与国际贸易的关系**

（1）业务范围不同。国际贸易包括购进和售出两个主要方面，虽然也涉及几种市场营销功能，如产品购销、产品定价、实体分配等，但它往往未涉及国际营销管理，即缺乏整体营销计划、组织和控制。国际营销活动的主要任务是生产和销售能够满足国际市场需求的产品与服务，其业务范围不仅涉及产品购销、产品定价、实体分配，而且还涉及市场营销调研、新产品开发、分销渠道管理、仓储运输及促销等营销活动，并且包含对国际营销的管理。

（2）交易主体不同。国际贸易是国与国之间的产品或劳务的交换，交易的主体是国家，国家是国际贸易的组织者。在国际贸易中，国家要根据国际收支状况、外汇需求和国际经济合作等方面的情况做出符合国家整体利益的决策。而国际市场营销是企业不断调整产品和服务以适应国际市场需求的过程，在国际市场营销活动中，卖方是企业，由企业组织国际营销，买方可能是国家、企业、消费者或本企业的海外子公司或分支机构。

（3）商品流通形态不同。国际贸易的商品流通形态是跨越国界型，其参加交换的产品或劳务必须是从一国转移到另一国。国际营销的商品流通形态则是多样化的，产品既可能跨国界，也可能不需要跨国界，例如，海尔在美国投资建厂，其产品在美国当地生产，当地销售、交易的产品没有跨越国境，但是这种活动属于国际市场营销活动范畴。在跨国公司的母公司与其海外子公司之间经常进行的原材料和半成品的购买活动，虽然跨越了国界，但是其交易活动还是在一个跨国公司范围内进行的，这种活动也属于国际市场营销活动范畴。国际贸易与国际营销的这一差异，反映在统计数据上也有差异。西方国家海外企业的营业额都载入公司记录中，但不计入国际贸易的统计数字中，从而发生了国际贸易总额同国际营销总额存在差异的情况，即国际营销总额大于国际贸易额。因而说明了为什么有的国家的国际贸易逆差，但国际营销是顺差。

（4）二者原动力不同。国际贸易立足点是比较利益，只要存在比较利益，就可以考虑将货物从一国运往另一国。而国际营销的原动力是企业决策，而企业决策又通常是以谋求利润最大化为动机的决策。当然，比较利益与利润最大化之间有一定的内在相关性，但不存在绝对的必然联系。

（5）国际营销活动较国际贸易更富于主动及创造精神。国际贸易往往较被动地坐等外国客户上门，出口作业从接到进口商的订单开始，以货物送达到外国进口港或交货给国外中间商而告终。国际营销不仅可以适应国际市场需求，提供适销对路的产品，而且可以创造新的需求。其作业流程是在企业接收订货之前，着手进行国际市场调研、了解国际营销环境、分析国外消费者需求及购买行为、发掘营销机会、确定目标市场、制定国际营销战略与策略、对国际营销过程进行管理。同时，积极主动地争取国外进口商的订货，当商品售出之后，为用户提供售后服务，并反馈用户的意见和要求。

### 情境提示

国际市场营销与国际贸易二者之间，既存在某些联系也存在若干区别。从它们的共同点和相关性来看，二者都是以取得利润为目的的跨越国界的经济活动，都存在产品和劳务的交换；二者都面临着相同的国际环境，如人口环境、经济环境、政治法律环境、社会文化环境及竞争环境，因而国际市场营销与国际贸易存在着密切联系。但是二者在行为方式上有较大区别，美国经济学家弗恩·特普斯特拉（Vern Terpstra）曾进行了较详细的比较，如表1-1-2所示。

表1-1-2　国际营销与国际贸易比较

| 从事领域 | 国际营销 | 国际贸易 |
|---|---|---|
| 1. 行为主体 | 公司 | 国家 |
| 2. 商品是否跨越国界 | 不一定 | 是 |
| 3. 交易动机 | 公司利润 | 比较利益 |
| 4. 信息来源 | 公司记录 | 国际收支平衡表 |

| 从事领域 | | 国际营销 | 国际贸易 |
|---|---|---|---|
| 5. 市场活动 | 买卖行为 | 有 | 有 |
| | 仓储与运输 | 有 | 有 |
| | 定　价 | 有 | 有 |
| | 产品开发 | 有 | 一般没有 |
| | 产品促销 | 有 | 一般没有 |
| | 渠道管理 | 有 | 没有 |
| | 市场调研 | 有 | 一般没有 |

# 情境任务2　把握国际营销要素

## 找市场

美国一鞋业公司的老板派他的财务主管到一个非洲国家去了解公司的鞋能否在那里找到销路。一星期后，这位主管发电报回来说："这里的人都不穿鞋，因而这里一点市场都没有！"

接着该鞋业公司的总经理决定派最好的推销员到这个国家进行仔细调查。一星期后，推销员发电报回来说："这里的人都不穿鞋，是一个巨大的市场。"

鞋业公司的总经理为弄清情况，又派他分管市场营销的副总经理去解决这个问题。两星期后，市场营销副总经理发电报回来说："这里的人不穿鞋，但是他们有脚疾，穿鞋对脚有好处。他们的脚比较小，所以我们必须再行设计我们的鞋子，而且我们必须在教育他们'穿鞋有益'方面花一笔钱，在开始之前还必须得到部落首领的同意。这里的人没有什么钱，但他们这里产有我尝过的最甜的菠萝。我估计市场发展潜力在3年以上，因而我们的一切费用包括推销菠萝给一家欧洲超级市场的费用都将得到补偿。总算起来，我们还可赚得垫付款30%的利润。我认为，我们应该毫不迟疑地去干！"

对市场的不同理解、认识和态度会导致截然不同的经营后果！

**讨论：**如果你是总经理，你认为到底此处有没有"市场"？谁对"市场"的理解正确？谁的意见建议值得采纳呢？

开展国际市场营销必须把握好谁营销、营销什么、营销给谁，以及怎么营销等具体问题，我们将其归纳为国际市场营销的主体、客体、任务与手段等，即国际市场营销要素。

**情境认知**

**1. 国际市场营销的主体——国际企业**

国际市场营销的主体研究的是"谁营销"的问题。最具典型意义的国际市场营销主体是国际企业。

国际企业有广义和狭义之分。广义的国际企业（International Business）包括面向国际市场，从事生产经营活动的所有企业。狭义的国际企业，一般是指跨国公司，是指在两个或两个以上国家（或地区）有生产经营活动的企业。本书中讨论的是广义的国际企业。

国际企业有三种类型。

（1）外向型出口企业。一般是指生产过程基本立足于国内，商品交换活动面向国际市场，产品主要为满足国际市场需求的出口创汇企业。

（2）跨国公司。跨国公司（Transnational Corporations，TNCS），又称多国公司、国际公司等。联合国使用"跨国公司"这个名称，认为跨国公司就是在两个或两个以上的国家投入和拥有可实际控制的经营资产，长期从事跨越国界的生产经营活动的企业组织，以突出其不同于只在一国范围内从事生产经营活动的"跨国性"生产特征。

**情境提示**

## 跨国公司三要素

① 跨国公司必须是一个工商企业，组成企业的实体必须在两个或两个以上的国家或地区从事经营活动，至于其国外经营所采取的法律形式和部门不限。例如，可以通过直接投资的形式，在国外设立分公司或子公司等分支机构。

② 企业有一个中央决策体系，有共同的政策，其政策应反映企业的全球战略目标和战略部署。

③ 企业各构成实体分享资源、信息，同时分担责任。

在当今世界经济格局中，跨国公司已经成为国际贸易、国际市场营销、国际投资的主要承担者。2000年，全世界63 000多家跨国公司的母公司，控制着82万家以上的国外分支机构（不包括大量的非股权联系）。可以说，当今国际市场的竞争已经演变为跨国公司之间的竞争，占领市场、领导市场已经上升为跨国公司生存与发展的第一目标。

（3）全球性跨国公司。全球性跨国公司是指把整个世界市场作为其生产经营基本市场的国际化经营企业。在这类跨国企业中，母公司与子公司的界限渐渐消失，认同的对象是组织本身，而非国籍或文化，大家都是全球运营网络体系中对等的营运实体。因此，它要求领导层的国际化，从而保证了公司不能只为一个国家的利益服务。

**2. 国际市场营销的客体——国际市场**

国际市场营销的客体研究的是"向谁营销"或"营销给谁"的问题。在营销学中，这个群体就是"市场"（Market）。

现代市场营销学主要从卖方角度看市场，把顾客（买方的集合）定义为市场，包括现实顾客和潜在顾客；而把提供产品和服务的经营者（卖方的集合）称为行业（Industry），如图1-1-2所示。

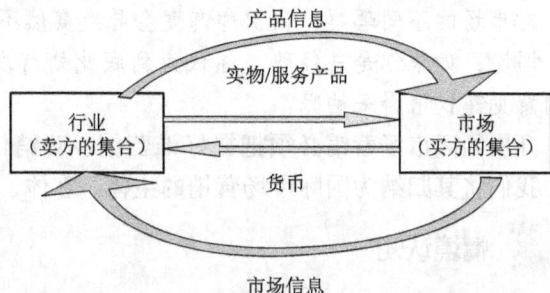

图 1-1-2　营销学中的行业与市场

**情境提示**

市场营销学中的"市场"要注意与经济学中的"市场"进行区分。经济学中，市场是交换而引申出来的概念，狭义上指买方和卖方进行商品交易的具体空间和地点；广义上指商品交换的总和，是商品生产者和消费者（或用户）为了满足相互的需要，通过买卖关系实现产品与货币交换关系的总和。其三要素是人（买卖双方）＋物（商品）＋事（价格等交换条件）。

营销学中，有效的市场必须具备三个基本要素，即：市场＝人口＋购买力＋购买欲望。这三个要素互相制约，缺一不可。

营销学研究的是人口（消费者）问题，而非人手（劳动者）问题。作为消费者还必须对企业所经营的产品具有购买愿望，否则就不是企业选择的目标市场。同时，具有购买愿望的消费者如果没有相应的购买能力，也不是企业有效的目标市场。市场规模取决于具有这种欲望或需要，以及有购买能力并且愿意进行交换的人的数量。所以，市场即具有特定需要和欲望，而且愿意并能够通过交换来满足这种需要和欲望的所有现实和潜在顾客的集合。

企业开展营销活动所面对的市场按照空间范围来划分，主要有四种类型：国内市场、国际市场、多国市场和全球市场。国际市场营销是针对国际市场而开展的，因此国际市场营销的客体是国际市场。广义的国际市场包括国内市场以外的所有营销对象。国际市场就是在一定时期内，在空间上涉及两个或两个以上国家或地区，对某种或某类商品具有现实需求或潜在需求的现实顾客与潜在顾客群的总和。根据购买者的身份与购买目的不同，国际市场可以划分为消费者市场、产业市场（也称生产者市场或制造商市场）、中间商市场（也称转卖者市场）和非营利性组织市场四种类型。一般而言，我们把消费者市场称作"个人市场"，把生产者市场、转卖者市场与非营利性组织市场称作"组织市场"（见学习情境 2.2）。

国际市场营销实践中，也常常把国际企业总部所在地市场称作基地国市场，而把国际市场称作东道国市场。

**3. 国际市场营销的对象——产品**

国际市场营销的对象研究的是"营销什么"的问题，即卖方向买方尽力销售的东西。国际市场营销的对象是产品，包括有形货物、无形服务、知识信息、技术专利和构思创意等。

营销学中，根据采购者的用途不同，产品可以划分为消费品和产业用品两大类。

消费品（Consumer Goods）是指个人或家庭为了生活性消费而购买的产品。

产业用品（Industrial Goods）是指组织或团体为了满足自己生产货品或提供服务的生产性需要而购买的产品，包括原材料、半成品、机器设备和消耗品等生产资料。

**情境提示**

需要注意的是，营销学对产品的分类是根据产品的购买者及其购买意图划分的，而不是根据产品的属性划分的。例如，煤炭被消费者买去取暖做饭，用于生活性消费时就是消费品；但被工厂买去作为原材料生产其他产品，用于生产性消费，那就是产业用品。

**4. 国际市场营销的任务与手段**

国际市场营销的任务与手段研究的是"如何营销"的问题。概括而言，企业国际市场营销一般要求解决以下六个问题，并依次做出相应的决策，最终建立起企业的国际营销战略，指导企业在国际市场获取最大利润。这也构成了学习和开展国际市场营销的内容体系及工作流程。

（1）评估国际营销环境。在决定是否进入国际市场之前，企业必须透彻地理解国际市场。成功的管理者制订的营销计划能最佳地适应经营环境的不确定性，在公司拥有必要资源的条件下，对产品、产品的价格、促销方式和分销渠道等因素进行综合运用，以满足预期的需求并获取利润。这些环境包括政治环境、经济环境、文化环境和科技环境等，所有环境的变化都有可能给国际营销带来新的挑战或发展机会。

（2）决定是否进入国际市场。并不是每个企业都有必要，或都有条件进入国际市场。企业应根据环境、自身的资源条件以及生产能力和产品特点做出正确的选择。因此，企业必须进行调研与分析，制定自己的国际营销目标和政策，确定企业使命。企业在做出进入国际市场决策之前，必须权衡以下风险：① 是否了解外国顾客的偏好；② 是否了解外国商业文化；③ 是否了解外国法规；④ 是否具有国际经验丰富的经营人员以处理国际营销事务；⑤ 外国是否可能修改其商法从而使进入者处于不利的地位。

（3）决定进入哪些国外市场。企业在决定进入海外市场后，就应确定自己的国际营销目标策略。不同国家或地区的外部环境不同，彼此之间市场需求也有很大的差异。以一个企业有限的资源和能力不可能满足所有海外市场的需求，企业必须对全球市场按一定的标准进行细分，并结合自身条件选择若干个子市场，作为企业在一定时期内的主要目标市场，开展目标营销。为了选择合适的目标市场，企业必须对不同国家和地区的市场吸引力、竞争优势、风险水平和潜在的投资收益等因素进行全面评估。

（4）决定如何进入国际市场。企业在选定国际目标市场之后，接下来要做出关于国际市场进入方式的决策。可供企业选择的进入方式有出口式进入、契约式进入和投资式进入等，每一种方式下又有若干具体类型。不同的国际市场进入方式对企业资源能力有不同的要求，其面对的风险、潜在收益及对海外市场的控制力也不相同。企业应根据自身的国际化战略目标、资源条件和东道国的市场环境等做出科学的选择。

（5）决定国际营销组合方案。在一个或多个外国市场上经营的企业，必须研究对营销组合要进行多大程度的调整，才能适应当地的市场情况。企业在全球范围内是使用标准化营销组合，将成本降至最低限度，还是根据各个目标市场的特点调整其营销组合的内容，制定差异化营销策略。在这两种极端情况之外，还存在着许多其他选择。企业必须根据各国的文化环境、社会环境、政治环境、技术水平和法律限制等方面的特点，做出恰当的决策。

**情境提示**

## 市场营销组合

市场营销组合是指企业对可以控制的各种营销因素的综合运用。企业的市场营销手段很多，归纳起来主要有四种基本市场营销策略，即 4Ps：包括产品（Product）策略、价格（Price）策略、渠道（Place）策略、促销（Promotion）策略。在国际市场营销活动中，由于国际市场竞争激烈，环境复杂，许多国家和政府都加强了对市场的干预，贸易保护主义也再度兴起。在新形势下，菲利普·科特勒自 1984 年以来提出了"大市场营销"（Mega Marketing）观念，其基本含义是企业在开展市场营销活动时，不仅要顺从和适应环境，而且还要影响它。因此，他在 4P 的基础上又增加了权利（Political Power）和公共关系（Public Relationship），市场营销组合相应地从 4Ps 发展到了 6Ps。

### 日本电视机打入中国市场的4P营销组合

20世纪70年代末，日本家电厂商认真地从人口、购买力和购买动机等方面分析中国市场，认为中国家电市场的潜力是巨大的，关键是如何制定出有效的营销组合策略。接着，他们在一些"中国通"的参谋下，制定了一套打入中国市场的4P营销组合，如表1-1-3所示。

表1-1-3　日本电视机打入中国市场的4P营销组合

| 4P | 内　　容 |
|---|---|
| 产品 | 1. 电压从110伏改为220伏<br>2. 针对中国电压不稳的情况，电视机要有稳压装置<br>3. 适应中国频道和制式<br>4. 适应中国消费习惯：耗电量低、音量大<br>5. 以12英寸①为主，提供保修服务 |
| 价格 | 考虑到当时尚无其他外国品牌竞争，决定价格稍高于中国本土品牌 |
| 促销 | 1. 由中国香港电视及《大公报》、《文汇报》刊登广告<br>2. 在中国内地大做广告<br>3. 提供日本电视机知识 |
| 渠道 | 1. 由中国港澳国货公司代理、经销，港澳交款，内地取货<br>2. 由归国探亲人及港澳同胞带入<br>3. 直接发货到中国各大城市 |

（6）决定营销组织形式及计划、控制。营销战略的实现需要组织保证，因此要设置合理的组织结构，并进行协调、计划、控制，以使营销决策得以最好的实施。

# 情境任务3　养成国际营销人员基本素质

情境导入

作为一名营销人员，我们需要认识大量客户，在聚会、自我介绍、拜访朋友、业务推销及认识新朋友等场合都需要交换名片。以下行为你认为合适的有几种？

- 无意识地玩弄对方的名片。
- 把对方名片放入裤兜里。
- 当场在对方名片上写备忘事项。
- 先于上司向客人递交名片。
- 口袋因为放置接收到的多张名片而鼓起来。

递接名片只是商务活动中的基本礼仪之一。在国际营销活动中，需要跟来自不同国家和地区的客商打交道，其中应遵循的操守、常识、规范，你都了解吗？

---

① 1英寸=2.54厘米。

作为国际市场营销人员，面对的是各国复杂的政治、经济、人文环境，接触的是各民族迥然不同的语言文字、风俗习惯及思维方式，因此国际市场的营销人员不仅应具备出类拔萃的素质，更应熟知一些跨文化交流的常识。

## 情境认知

### 1. 国际营销人员应具备的素质与操守

国际营销人员应具备的素质主要有政治素质、品行与心理素质、业务素质、能力素质和身体素质等五个方面。

（1）政治素质。从事国际营销的人员应热爱祖国，有强烈的民族责任感，自觉维护国家和企业利益；坚持四项基本原则，认真贯彻执行国家的对外经济贸易方针、政策，关心国内外政治、经济形势；作风正派，艰苦朴素，有良好的个人修养，讲文明、有礼貌；对工作认真负责，忠于职守，有较强的进取心；努力学习，勇于实践。只有这样才能保证国际营销人员在复杂的国际经济交往中，自觉维护国家和企业利益，使我国的经济实力不断增强。

（2）品行与心理素质。具体包括以下两点：

① 诚实正直。诚实正直的人，言谈举止自然，显得心胸坦荡，令人愿意与之交往。营销实战中，诚实正直能让营销人员赢得更多客户的信任，获得较好的销售业绩。客户对营销人员一般总有一种戒备心理，营销员在宣传自己的产品和服务时，一定要客观，要重合同、守信用，要分清营销技巧与歪曲事实的界限，要在客户面前树立诚实正直的个人形象，从而真正赢得顾客的信任。

② 较强的自信心、远大的抱负和持之以恒的精神。坚强的信心是成功的源泉，远大的抱负是获胜的基础。许多事业成功者的经历告诉我们，他们成功的原因不是他们会做什么或能做什么，而是他们想做什么、想做成什么。他们往往并不是那些体力、智力最优秀的人，而是那些有较强的自信心，胸怀大志，不达目的决不罢休的顽强者。特别是国际市场营销人员比国内市场营销人员在工作中遇到的困难和障碍要多。因此，国际营销人员要十分重视培养自己的自信心。只有这样，国际营销人员才能不怕困难、百折不挠、持之以恒，在激烈的国际竞争中找到自己的位置。

（3）业务素质。国际市场营销人员应熟悉我国对外经贸的方针、政策、法规以及有关国家、地区的政策；掌握国际贸易理论、进出口贸易的程序、进出口合同履行的程序、汇率变化分析的方法，防范商业信用风险、价格风险和外汇风险的方法和措施；掌握进出口价格的计算技巧，掌握市场营销学及国际贸易法规（含知识产权法）和惯例等专业知识；了解与反倾销有关的概念，熟悉反倾销诉讼的一般程序；出现经济纠纷时，懂得运用国际法律、国际仲裁这些重要手段和专业知识解决问题；熟悉商检、海关、运输和保险等方面的有关业务程序；懂得商品学基本理论，熟悉主管商品的性能、品质、规格、标准、包装、用途、生产工艺和所用原材料等知识；了解主管商品目标市场国家或地区的政治、经济、文化、地理及风土人情、消费水平以及有关出口方面的条例和规定；了解自己主管的商品在世界上的产销情况、贸易量、主要生产和进出口国家或地区的贸易差异及价格变动情况；能利用网络和其他信息技术独立开展国际营销活动。

（4）能力素质。具体包括以下六点：

① 敏锐的洞察能力和较强的市场调研能力。营销人员的洞察能力，主要是指根据顾客

的穿着、言语和行动等去了解分析、判断顾客购买心理的能力，即透过现象看本质的能力。好的营销员应具备较好的洞察力和心理分析能力。国际营销人员应具备运用市场调研、市场预测技术，利用一切途径捕捉市场信息，及时掌握市场变化和需求动态，搜集、整理、分析国际市场行情和客户情况，写出市场调研报告，提出经营建议等能力。

② 机动灵活的应变能力。国际营销人员面临的市场环境是复杂多变的，经常会出现一些突发事件。这就要求营销人员应具有机智灵活的应变能力，在不失原则的前提下，做到机智灵活、应变有方，根据当时的场景和氛围迅速地做出反应。机智灵活的应变能力取决于敏锐的洞察力和准确分析、判断的能力。营销人员应思维敏捷，能够及时察觉顾客需求的变化对营销效果的影响，并针对变化的情况，及时采取必要的应对措施。

③ 锐意改革的创新能力。现代营销工作是一项需要具有高度智慧的脑力劳动，是一种综合性工作，也是一种创造性很强的工作。营销人员只有创造性地运用各种营销技术和手段、机会，进行营销策划、市场调研、市场开发和客户管理等，才会有出色的工作业绩。

④ 令人信服的影响能力。营销人员要学会激发他人的需要，要具有说服别人和影响别人的技巧。而要说服别人、影响别人，就必须做到换位思考，必须站到顾客的立场，学会理解顾客。

⑤ 机敏灵活的社交能力。从某种意义上说，营销人员是企业的外交家，需要同各种各样的人打交道，这就要求营销人员懂得一定的公共关系学知识，善于与业务有关的国内外厂商和业务部门建立、保持和发展良好关系，灵活运用各种正当的交际手段，广交朋友。

⑥ 娴熟的语言文字能力。掌握一门以上的外语，能独立进行对外洽谈及开展有关业务活动；能准确起草有关合同、协议和处理日常商务函电；能较熟练地使用电子计算机，有较好的中文水平，能用正确的语言和文字表达思想、交流信息和独立处理业务文件。

（5）身体素质。国际营销人员要有一个健康的体魄。营销人员的营销工作既是对营销员的智力考验，也是一项艰苦的"抗疲劳测试"，其工作性质决定了必须有强健的体魄作为保证。在实际的营销工作中，营销员需要经常与各种各样的顾客打交道，经常外出行销，日夜兼程，劳动时间长；有时还得携带样品，甚至进行安装操作、维修等劳动。劳动强度大，生活饮食都很难有规律，因此，更需要有充沛的体力和精力，才能履行纷繁复杂的营销职责。

**2. 国际市场营销人员应具备的基本常识**

1）国际营销人员出入境常识，可分为出境和入境两个方面。

（1）出境。我国出境检查程序根据有关法律规定，国内公民因私事出境，须向其户口所在地的公安局出入境管理部门提出申请，回答有关的询问并履行下列手续：

① 交验户口簿或其他户籍证明。

② 填写出境申请表。

③ 提交所在工作单位对申请人出境的意见。

④ 提交与出境事由相应的证明。

有下列情形之一的，不批准出境：

① 刑事案件的被告人和公安机关、人民检察院、人民法院认定的犯罪嫌疑人。

② 人民法院通知有未了结民事案件不能离境的。

③ 被判处刑罚正在服刑的。

④ 正在被劳动教养的。

⑤ 国务院有关主管机关认为出境后将对国家安全造成危害或对国家利益造成重大损失的。

任何人不得非法携带属于国家秘密的文件、资料和其他物品出境；非法携带属于国家秘密的文件、资料和其他物品的，中国边防检查站应当予以收缴，对携带人依照有关法律、行政法规规定处理。

出入境人员和交通运输工具不得携带、载运法律、行政法规规定的危害国家安全和社会秩序的违禁物品；携带、载运违禁物品的，边防检查站应当扣留违禁物品，对携带人、载运违禁物品的交通运输工具负责人依照有关法律、行政法规的规定处理。

公民出境携带行李物品免税数量和限值在限量、限值范围内，允许携带下列物品：

① 食品、衣料、衣着和价值人民币50元以下的其他生活用品。

② 酒2瓶、烟600支。

③ 电视机、收录音机、照相机、电冰箱和洗衣机等各1件。

④ 手表、收音机、自行车和电风扇各1件。

⑤ 治疗常备用药，总值不得超过人民币200元。单一品种限合理数量。麝香、蟾酥不准携带；当归、黄芪、肉桂、桂皮、枸杞5种药材，在超过规定的免税量时，要征收出口税；人参、鹿茸各限200克。

出国公民所持有的人民币、支票、汇票等和国外的债券、股票、房契，以及同处理国外债务、遗产、房地产和其他外汇资产有关的各种证书、契约、授权书、委托信等，未经国家外汇管理局批准，不准携带、托带或邮寄出境。如携带黄金、白银、白金等贵重金属及其制品，海关在国家规定限额内查验放行。超过限量部分，退回国内亲友处或交当地中国人民银行收税，不准携带出境。

出国公民，包括入境的华侨、港澳同胞等旅客，如携带在文物商店购买的或个人所有的文物，一律要经过文物管理部门鉴定，出境时持发票和许可证明向海关主动申报。在国内集市或私人手中购买的文物，一律不准携带出境。如将旧文物携带出境，应向设在北京、上海、天津和广州四口岸之一的文化行政管理部门申请鉴定，向海关申报，否则按走私行为论处。如携带著名已故画家的书画作品出境，属文物出口管理范围鉴定。一般现代书画出境，海关按合理数量查验放行，不准出口的，予以退还。

限制出境物品有以下六种：

① 金银等贵重金属及其制品。

② 贵重中药材及其成药。

③ 外币及其他有价证券。

④ 无线电收发报机和通信保密机。

⑤ 一般文物。

⑥ 海关限量管理的其他用品。

（2）入境。有下列情形之一的，边防检查站有权阻止其入境：

① 未持有中华人民共和国护照或者其他入境证件的。

② 持用无效护照或其他无效入境证件的。

③ 持用伪造、涂改的护照、证件或者冒用他人护照、证件的。

④ 拒绝交验证件的。

公民入境免税物品在限值限量范围内携带，物品的验收标准实行低、中、高档三类。区分不同标准分别验放的制度，低档的生活学习用品限合理数量免税放行，中高档的生活学习用品，任选其中 1 件或 5 件免税放行。

禁止入境的物品有以下八种：

① 各种武器弹药和爆炸物品。

② 各种伪造货币和伪造的有价证券。

③ 对中国政治、经济、文化、道德有害的任何物品。

④ 鸦片、吗啡、海洛因、大麻以及其他能够使人成瘾的麻醉药品、精神药物等。

⑤ 各种烈性毒药。

⑥ 带有危险性病菌、虫害及其他生物的动物、植物及其产品。

⑦ 有碍人畜健康的和来自疫区的，以及其他能传播疾病的食品、药品或其他物品。

⑧ 人民币按照货币协定办理的除外，人民币外汇兑换券按有关规定处理。

2）国际营销中的日常商务礼仪。从古至今，大到国与国之间的外交关系，小到人与人之间的交往，礼仪都是不可忽视、至关重要的。作为一名公司的员工，代表的是公司的整体形象及个人素质，同样不可懈怠。

（1）关于着装的礼仪。在日常生活中，不同场合有着不同的服饰要求。非正式场合往往衣着随便，讲究宽松舒适；正式、隆重、严肃的场合，如出席宴会或参加会谈时，则要求男士穿西服，女士着套装或礼服，做到整洁大方、穿着得体、恰到好处。

男士穿西服要注意外衣、衬衫和领带颜色的和谐，衬衣内不宜穿高领棉毛衫，西服内若穿有毛衣或背心，领带一定要放在毛衣或背心的里面。领带夹是用来将领带固定在衬衣上的装饰品，不能夹在西服的驳领上。穿西服同时还应注意将头发梳理平整，脸面刮净，再配上整洁的皮鞋，千万不可配穿旅游鞋或布鞋。

女士的套装最好选用单色，不要配迷你裙。穿裙子需配穿长袜和高跟皮鞋，忌穿露出袜口的短袜，更不可用毛裤或健美裤代长袜。另外，女士出席正式场合应适度化妆，根据个人爱好佩戴耳环、项链、戒指等首饰，但不可弄得一身珠光宝气，以免显得造作和俗气。

---

**情境模拟：**

你为自己搭配穿着深色西装、衬衫、领带、鞋袜，并让大家点评。

---

（2）关于称呼的礼节。由于各国历史背景和风俗习惯的区别，人的姓名排列顺序大体上分为以下三类。

① 姓前名后：中国、朝鲜、越南、日本、蒙古、阿富汗、匈牙利和一些非洲国家。

② 名前姓后：欧美各国等。

③ 有名无姓：缅甸、印度尼西亚。

按国际惯例，一般称男子为先生，称女子为夫人、女士、小姐。已婚女子称为夫人，未婚女子称为小姐。对不了解婚否的女子可称小姐，对戴有结婚戒指的女子可称夫人。这些称呼前均可冠以姓名、职称、头衔等，如"施密特先生""怀特夫人""玛丽小姐""市长先生""上校先生""护士小姐"等。对部长以上的官员一般称"阁下"。君主制国家称国王、皇后为"陛下"，称王子、公主、亲王为"殿下"。

（3）关于介绍的礼节。介绍之前，主人应考虑两者是否有意愿认识彼此，必要时可询问被介绍者的意见，并尊重当事者的意见。为不同国籍的人士做介绍前，宜先考虑两国之邦交，不要让彼此难堪。

① 介绍的方式。介绍礼节其实是相当生活化及合乎逻辑的，以下为介绍礼节的一些顺序。

a. 先将位卑者介绍给位尊者，例如将低层主管介绍给高层主管。

b. 将男士介绍给女士，唯有女士与年高或位高者（如总统、主教、大使、议员）相见时，则需将女士介绍给上述人物。

c. 将年少者介绍给年长者。

d. 将未婚者介绍给已婚者。

e. 将宾客介绍给主人。

f. 将个人介绍给团体。

g. 将公司同事介绍给客户。

h. 将非官方人士介绍给官方人士。

i. 将本国同事介绍给外籍同事。

j. 新客入室时，主人应先介绍新客姓名，再循序介绍来宾给新客认识。

大型宴会中，主人可仅就近身者为来宾介绍，小型宴会则主人应为来宾一一介绍。女主人与来宾不认识时，宾客可先作自我介绍。在正式晚宴上，男士必须知道隔邻女士姓名，若彼此不认识，男士应先作自我介绍。

② 介绍的原则，具体包括以下四条：

a. 将乙介绍给甲时，应先称呼甲的姓名或头衔，然后再报上乙的姓名，介绍时应说明被介绍的人是谁，并提供一些相关资料。

b. 介绍者的态度应和蔼，声音应清晰，以免对方听不清楚您所介绍的人。为了避免不清楚对方名字如何写，被介绍者也可交换名片，并行适当的敬礼。

c. 介绍时，介绍者和被介绍者均应起立，并且相互颔首，握手为礼，并作适度寒暄，但女性与长者可不必起立。

d. 介绍时可以加上被介绍者的头衔，如博士、法官及议员等，这样在言论之中更能记住对方的特征。

（4）关于见面的礼仪。在见面礼节纷繁复杂的大千世界，形成了诸多具有浓厚地域及民族风格的见面礼俗：有西方国家通行的"脱帽礼"，有流行于波兰和法国上流社会的"吻手礼"，还有非洲国家的"吻脚礼""蛇环礼"等。对这些礼俗有所了解，可减少一些场合中的误会。

① 握手礼。握手的次序如下：

a. 男士与初次认识的女士见面时，通常不可先行握手，仅微笑点头即可。

b. 男士对女士不可先行伸手请握，须待女士先伸手，再与之相握。唯男士年长或地位崇高者，不在此限。如两人是极熟识者，也可同时伸手，相握示礼。

c. 女士彼此相见，应由年长者或已嫁者，先伸手相握。女士对于知交、至亲及女主人所介绍的男士也宜行握手礼。

d. 对于长官或长者，不可先出手请握。如长官或长者先行伸手，应即与之相握，相握时，部下或幼者的手只能轻握、不可摇动。

e. 主人对客人有先伸手相握的义务。握手礼的注意事项包括以下六点：

● 无论在室外还是室内，见面或离别时，均可行握手礼。握手时，应距离受礼者约一步伸出右手，四指并拢，拇指张开与受礼者相握。握手与否及握手轻重均依彼此情感的亲疏而定。

● 握手时间不宜太久，也不宜用力过猛。但为表示亲切，握手时可上下微摇，但不可左右乱摆。

● 握手时，男士以脱去手套为原则，如手套不易脱去或不便脱去时，需声明原因，请求对方谅解。女士虽可戴手套与人握手，但遇较本人或本人丈夫地位崇高之人，仍应先脱去手套。

● 握手时应有力，并有亲切之感。与男士握手不妨稍重，与女士握手则应稍轻，时间要短暂，握手时应目视对方，面露微笑。

● 有多数人在场握手时，切勿慌乱，如忙中有错，可重行之。

● 凡小规模应酬集会，客人虽在初见面时未曾握手，但在临别时，无论男女宾客，均可握手道别。

② 拥抱礼。拥抱是欧美、中东及南美洲国家熟人和朋友间常见的一种亲密礼节，有时与接吻礼同时进行。拥抱的方法是右手扶住对方左后肩，左手放在对方右后腰，以"左—右—左"交替的方式进行。一般礼节性的拥抱多用于同性别之间。

③ 合十礼。合十礼盛行于信奉佛教的南亚、东南亚国家。行礼时，两手手掌在胸前对掌合并，微微正举，同时头微向前俯下。在对外交往中，当对方以这种礼节致礼时，我方也应合十还礼，但要注意合十的同时不要点头。

④ 鞠躬礼。行鞠躬礼时需脱帽，呈立正姿势，两眼注视对方，上身前倾 15 度，而后恢复原状并致问候。

（5）名片使用礼仪，主要有以下三点。

① 交换名片的场所。一般聚会、自我介绍、拜访朋友、业务推销及认识新朋友都需要交换名片。在赠送礼物时可在礼物上放上自己的名片。

② 交换名片的礼节。具体需要注意以下五点：

a. 名片代表着本人，当收到对方名片时，不要急于收起，应立即仔细看清楚对方的名字及头衔，最好记下来，免得下次遇见不知如何称呼对方，那就很失礼了。

b. 与长者、女性或职位较高者打招呼后，可先将自己的名片交给对方，请对方多多指教。

c. 直接向长者、女性或职位较高者要名片并不适当。

d. 如在多人面前发名片，应该注意到每一位在场者都应该收到，这样对每一位客人才不失礼。

e. 名片如附于礼盒外，不要用订书机订起来，只要附于礼盒外即可。

③ 名片的收藏。宴会是较常发名片的场合，最好能穿着两边都有口袋的衣服赴宴；此时，可一边放自己的名片，另一边放对方的名片。这样就不会将自己与别人的名片混在一起，以致在要发名片的时候手忙脚乱、忙中出错了。

**情境延伸**

## 如何递接名片

1. 名片放在什么地方？

衬衣左侧口袋或西装的内侧口袋。

2. 如何递交名片？

右手的拇指、食指和中指合拢，夹着名片的右下部分，使对方好接拿，以弧状的方式递交于对方的胸前。

3. 如何接拿名片？

双手接拿，认真过目，然后放入自己名片夹的上端；同时交换名片时，可以右手递名片，左手接名片。

（6）关于进餐的礼仪。吃西餐讲究文雅，就餐时要求坐姿端正，不可以手托腮或臂肘交叉放在餐桌上。坐定后将餐巾打开，平铺在腿上，不能将餐巾吊在领口（婴幼儿除外）。西餐餐具与中餐不同，一般有刀、叉、匙、盘、杯等，使用时通常是右手拿刀，左手拿叉，切下一小块后直接用叉送入口中，不能用刀叼着吃东西。吃面包时，应用刀切成片或用手撕成片后送入口中，不能拿起整块面包用嘴直接啃。喝汤时，应用汤勺舀起一勺一勺地喝，不能端起汤碗直接喝，最重要的是千万不要喝出声来，汤太烫时，不能用嘴吹，要想凉得快，唯一的方法是用小勺轻轻搅拌。喝酒或饮料要先擦擦嘴再喝，以免将嘴上的油渍遗留在杯口上。

进餐时，一面嚼东西一面交谈是不礼貌的。同桌人可以相互敬酒，但绝对不能劝酒。用餐时也不能抽烟。万一有东西嵌入牙缝时，可以用餐巾抿嘴偷偷取出，如果不能简单取出，就借故去一下洗手间再想办法，千万不可当桌用手指或叉子掏剔。喝茶或咖啡如加牛奶和糖，自取后用小茶匙搅拌，搅好后将茶匙放在小碟内，不要插在杯中。喝时应端起杯子就口慢慢喝，不要用勺舀，也不要端起杯子一饮而尽。

自助式西餐，取食时应沿菜台按顺时针方向移动，以免与人发生碰撞。要掌握好分量，以少为宜，不够再取，切勿浪费。吃好后暗示服务生收拾餐具的方法是：将刀叉合拢并列放在盘子中间。

（7）关于赠送礼物的礼节。选择礼品时应考虑到客人的爱好、习惯和忌讳，同时应考虑具有一定的纪念意义、民族特色、艺术价值和实用价值，一般可选用本市小件土特产、工艺品、纪念品、水果或鲜花等。赠送的礼品要用礼品纸包扎，并用彩带系上花结。外国人接到礼品后往往有当面打开包装并加以欣赏、赞赏的习惯，当遇到这种情况时，送礼人可进一步对礼品作一些介绍说明。

（8）商务拜访与接待礼仪。拜访与接待是商务人员一项经常性工作。商务人员在接待和拜访中的礼仪表现，不仅关系到本人的形象，而且涉及所代表的公司形象。因此，拜访与待客的礼仪一直受业界所重视。

✎ **情境延伸**

### 商务拜访与接待应注意的事项

① 公司接待人员对于来访者，一般应起身握手相迎，并为访客准备茶水。在公司内部，只要是公司员工，若遇到来访者尚未有人为他服务，就应有礼貌地打招呼，并询问是否有需要帮忙的地方，不要置之不理。而访客也应在约定时间内拜访，不要临时到访或一再改时间拜访，造成受访者的困扰。

② 在竞争激烈的时代，拜访者若未受邀参观公司内部，千万不要在他人公司内部到处走动或闲聊，以免让人起防备之心。拜访者如要使用受访者的公司器材，如电话、投影仪或传真机等，需先征得受访公司的同意。

③ 接待人员绝不能让来访者坐冷板凳。应在访客来前就安排好接待时间，并安排预约受访的人员与拜访者见面，而受访者若自己有事暂不能接待来访者，应安排秘书或其他人员接待客人，不要冷落了来访者。这样既能节省彼此的时间，又能尽到做主人的责任。

④ 公务往来或同业拜访常是"无事不登三宝殿"，来访者都是为了谈某些事情而来，因此应尽量安排恰当的人选与拜访者详谈，并尽量让来访者把话说完，且认真倾听。受访者对来访者的意见或交易，若一时无法决定，不要轻率表态，可思考后约定时间再作答复。对能够马上答复或立即可办理的事情，应当场答复并迅速办理，不要让来访者浪费时间等待或再次来访。

⑤ 正在接待来访者时，有电话打来或有新的来访客，应尽量让秘书或他人接待，以避免中断正在进行的接待，让原来的访客有被忽略的感觉；若受访者需接一个重要的电话，来访者应有礼貌地适时回避，以免影响到受访者的电话谈话。

⑥ 有些来访者的要求并不合理或意见无法沟通，应有礼貌地拒绝，不要刺激来访者，使其尴尬或破坏彼此关系。

⑦ 不管是商务拜访还是朋友之间的拜访，拜访者应考虑受访者方便与否，拜访时间不宜太长，以免造成受访者的不便；接待者如果要结束接待，可委婉提出一些借口，如"对不起，我还有一个会议需准时参加，今天先谈到这儿，有空我们再约时间，好吗？"等，也可用起身的身体语言告诉对方就此结束谈话。

## 情境任务4　树立现代营销观念

**情境导入**

曾经有这样一个故事：美国有一家制造厂的总经理，认为他们制造的文件夹从四楼摔下都不会损坏，产品质量如此之高，应该卖得很好。他的销售经理却一针见血地回答说，是的，但是顾客买文件夹并不是为了从四楼向下摔。

美国爱琴钟表公司自1869年创立到20世纪50年代中期，一直被认为是美国最好的钟表制造商之一，其产品以优质享有盛誉，销售额连年上升。但此后，销售额开始下降，此时消费者对手表的需求已由注重准确、名牌转为方便、经济、样式新颖。所以，奉行生产观念或产品观念，只知道"我们制造最好的服装（汽车）"，却不知产品为何销不出去，就是患了"营销近视症"。

**讨论：**为何注重产品质量的企业经营在今天不再是绝对的成功法宝了呢？

营销观念是指导企业开展营销活动的指导思想、观念、态度、思维方式和商业哲学。它研究一个企业以何种观念和态度来处理营销活动中所涉及的国内外顾客、企业本身及社会各方面的利益问题。

### 情境认知

企业营销观念随着营销活动的演进而变化，经历了从"以生产者为中心"到"以顾客为中心"，从"以产定销"到"以销定产"，从"国内营销"到"全球营销"的过程。在西方国家工商企业所遵循的营销观念大致经历了五个阶段性的重大转变，即生产观念、产品观念、推销观念、市场营销观念、社会市场营销观念。

**1. 传统营销观念**

在卖方市场条件下，企业以生产为中心，以产定销，企业擅长生产什么就生产什么、销售什么。这种观念在 20 世纪初至 20 世纪 50 年代以前主导以美国为代表的西方企业的经营活动。

（1）生产观念（Production Concept）。该观念主张"我们能生产什么就生产什么"，产生于 20 世纪 20 年代前。那时社会生产力相对落后，市场关系表现为供不应求的卖方市场，产品在市场上成了"皇帝的女儿不愁嫁"，企业的一切经营活动以生产为中心。企业经营管理的主要任务是改善生产技术，提高劳动生产率，降低成本，增加销售量。亨利·福特"我只生产黑色的 T 型车"是这个时期的生产观念的经典写照。

**情境案例**　　　　　**老福特的黑色 T 型车**

20 世纪初，汽车是由制造工人手工打造而成的，成本较高，因而价格难以下降，汽车成了地位的象征，拥有汽车成了少数人的特权。福特的贡献在于他把汽车变成了普通商品。福特用大规模生产实现了这一点，他创造了第一条汽车装配流水线，从而大大节约了工人时间成本，降低了成本和价格。为了满足市场对汽车的大量需求，福特采用了颇具竞争力的营销战略，只生产一种车型，即只生产 T 型车；只有一种颜色可供选择，那就是黑色。黑色的 T 型车，甚至就是汽车的代名词。这样做的好处是福特能以最低成本生产，以最低价格提供给消费者。而福特也因此成为美国最大的汽车制造商。1914 年福特汽车占有美国一半的市场份额。

（2）产品观念（Product Concept）。该观念主张"我们能生产什么，就努力做好它"，认为消费者喜欢那些质量高、性能好、功能多的产品，相信"只要产品好，不怕卖不掉"，企业的主要任务就是提高产品质量，生产物美价廉的产品。"酒香不怕巷子深"就是这个时期的产品观念的生动写照。

（3）推销观念（Selling Concept）。该观念主张"我们卖什么，顾客就买什么"，认为消费者一般不会主动选择和购买商品，企业必须通过强力刺激，采用各种可能的手段和方法，说服和诱导消费者购买，至于商品是否符合顾客的需要、是否能让顾客满意、顾客是否会重复购买等问题，企业则不关心。20 世纪 30 年代至 40 年代，市场环境由卖方市场向买方市场过渡，尤其在 1929 年到 1933 年特大经济危机期间，大量产品销售不出去，因而迫使企业重视采用广告术与推销术去推销产品。

**2. 现代营销观念**

20 世纪 50 年代以后，生产力的迅速发展，使许多产品供过于求的情况加剧，竞争更加激烈，市场环境由卖方市场转向买方市场，消费者对商品的购买选择性大大增强，以消费者为中心，以销定产，奉行"顾客需要什么，企业就生产什么、销售什么"的观念开始主导以美国为代表的西方企业的经营活动。

**情境案例**

## 通用汽车的经营观

第二次世界大战以前，福特汽车公司依靠老福特的黑色 T 型车取得了辉煌的成就，但老福特过分相信自己的经营哲学，而不管市场环境的变化，需求的变动。通用汽车公司的创始人斯隆则觉察到战争给全世界人民所带来的灾难，特别是从战场回来的青年人，厌倦了战争的恐怖与血腥，期望充分的享乐，珍惜生命。因而，对汽车的需求不再满足于单调的黑色 T 型车，希望得到款式多样、色彩鲜艳、驾驶灵活、体现个性、流线型的汽车，通用公司抓住需求变革的时机，推出了适应市场需要的汽车，很快占领了市场，把老福特从汽车大王的位置下拉了下来，取而代之成了新的汽车大王。这其实是营销观念的胜利。

（1）市场营销观念（Marketing Concept）。该观念是以消费者为中心的观念，主张"顾客需要什么，就生产和销售什么"，奉行"顾客至上"，将管理重心放在发现和了解目标顾客的需要，从而比竞争者更有效地提供满足目标市场需要的产品或服务上。现代市场营销观念，与传统观念相比，是一个质的变化，西方市场学家称之为"企业经营哲学的一次革命"。

**情境案例**

日本本田汽车公司要在美国推出一种雅阁牌新车。在设计新车前，他们派出工程技术人员专程到洛杉矶地区考察高速公路的情况，实地丈量路长、路宽，采集高速公路的柏油，拍摄进出口道路的设计。回到日本后，他们专门修了一条 9 英里长的高速公路，就连路标和告示牌都与美国公路上的一模一样。在设计行李箱时，设计人员意见有分歧，他们就到停车场看了一个下午，看人们如何取放行李。这样一来，意见马上统一起来。结果本田公司的雅阁牌汽车一到美国就备受欢迎，被称为全世界都能接受的好车。

**情境延伸**

## 海尔的市场营销理念

海尔集团总裁张瑞敏曾讲过，促销只是一种手段，但营销却是一种真正的战略；营销意味着企业要"先开市场，后开工厂"。

海尔还提出了以顾客为中心的一系列经营警句名言，如：

① 只有淡季思想，没有淡季市场；只有疲软的思想，没有疲软的市场。

② 紧盯市场创美誉。

③ 绝不对市场说"不"。

④ 用户的抱怨是最好的礼物。

⑤ 以变制变，变中求变。

（2）社会市场营销观念（Social Marketing Concept）。该观念是在市场营销观念的基础上，强调企业在生产和提供任何产品或服务时，要兼顾消费者、企业和社会三方面的利益（如图1-1-3所示）。尤其强调企业在追求经济利益的同时，应兼顾社会效益，谋求人和社会的可持续发展。

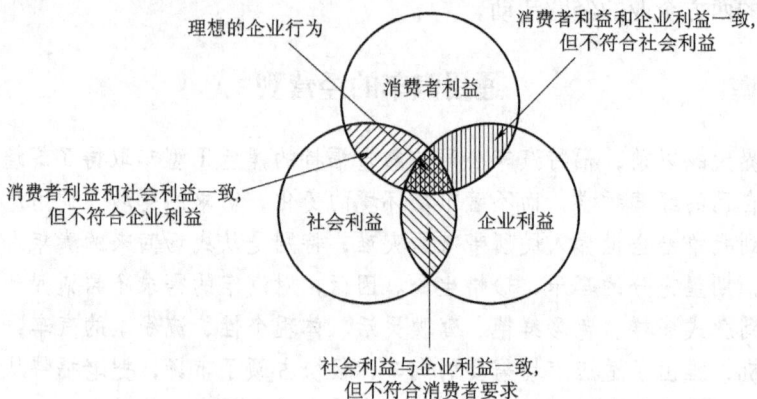

理想的企业行为
消费者利益和企业利益一致，但不符合社会利益
消费者利益
消费者利益和社会利益一致，但不符合企业利益
社会利益
企业利益
社会利益与企业利益一致，但不符合消费者要求

**图1-1-3　社会市场营销观念示意图**

随着经济全球化的发展，世界环境不断遭到破坏，资源日益短缺，人口爆炸性增长，损害消费者和员工权益等各种企业不道德经营行为的频频发生，使当今企业社会责任问题日益凸显。自20世纪90年代以来，企业责任运动在西方方兴未艾，企业社会责任甚至成为新的国际贸易壁垒，而承担社会责任成为企业有效参与国际市场竞争的又一个必需的通行证。一些中国企业把社会责任仅仅看作可做可不做的事，而对于跨国公司来说，企业社会责任是竞争的顶级阶段。

### 情境链接

## 绿色环境营销对国际营销的影响

"绿色消费"强调的是要使用对环境损害最小的"绿色产品"。所谓"绿色产品"指该产品的原料取得、制造、销售、使用、废弃处理过程中，具有"可回收、低污染、省资源"等功能或理念。绿色营销的诉求体现在：

① 提升企业形象及营业额。国际经验显示，企业的产品拥有环保标识，对企业形象及营业额的提升大有助益。

② 可塑造、提升国家形象，促进国际营销。绿色营销已成为国际潮流，先进国家皆已采用类似标识以鼓励绿色产品，故环保标识除可作为促销广告，有助于产品的国际营销外，还有助于塑造国家形象、提升国际友谊。绿色营销除需有环保意识外，还需要有环保知识及相关的检验、安全等能力，一般环保工作者亦难辨识，遑论一般的消费者。所以为了让消费大众能够清楚轻松地选购较有利于环境的产品，并促使厂商能因市场上的供需关系，自动生产较有利于环境的产品，"环保标识"就应运而生了。

因此，"环保标识"制度乃是配合"绿色营销"所设计的，除了具有严密审查、检验、核发的组织架构外，还将在获授权的产品上印上鲜明的环保标识图样及授权理由，除供消费者辨识、教育宣导及供企业绿色营销外，同时也代表企业经由确实的环保努力而得到的名望。简单地说，就是国际认证，也是品牌保证，更是企业责任感的象征。

资料来源：陈德富. 国际行销学——构建全球行销平台.［M］. 台北：全华图书股份有限公司，2011.

表 1-1-4 是对上述五种营销观念的比较。

**表 1-1-4 五种营销观念比较**

| 营销观念 | 经营背景 | 经营哲学 | 基本策略 | 基本方法 | 组织机构特点 |
|---|---|---|---|---|---|
| 生产观念 | 19世纪末20世纪初，短缺经济，卖方市场 | 生产导向。从生产出发，以产定销 | 改善技术，提高劳动生产率，降低成本，增加销量 | 顾客上门购买买得到和买得起的产品 | 生产是销售、财务、人事、采购的核心 |
| 产品观念 | 经济危机，产品相对过剩 | 产品导向。由产品确定市场，迷恋自己的产品，不重视市场变化 | 不断革新技术，优化产品，降低成本 | 致力于制造优良产品并经常改进以吸引顾客 | 生产是核心，重视技术力量的组织 |
| 推销观念 | 20世纪20年代末到50年代初，特大经济危机时期 | 推销导向。通过销售的努力促使消费者购买 | 研究各种推销技术，改进推销队伍 | 重视销售渠道选择，广告宣传 | 推销队伍成为企业组织中重要的队伍 |
| 市场营销观念 | 20世纪50年代生产力迅速发展，居民收入提高，选择商品优势，买方市场 | 顾客导向。以需定产，顾客需要什么就生产什么 | 确定目标市场的需求，满足需要，吸引顾客 | 加强市场调研，综合营销策略（4Ps） | 以需求为核心，销售在组织中占重要地位，生产、人事、财务、采购成为次要部门 |
| 社会市场营销观念 | 20世纪70年代，能源短缺，通货膨胀，失业增加，环境污染，消费者保护运动盛行 | 社会市场营销导向。将企业利益、消费者利益与社会利益有机地结合起来 | 参与社会公益活动，创造市场需求 | 发展一整套大营销方案（6Ps） | 以需求与社会利益为核心，营销队伍建设、生产、采购、人事、财务是职能部门 |

**3. 国际市场营销观念**

在市场国际化、全球化、竞争激烈化的发展形势下，企业不应该停留在传统的市场营销观念上，要以国际市场需求的变动为导向，树立全新的国际市场营销观念，并整合各种适应不断变化的国际市场营销环境和全球经济发展趋势的市场营销观念。因地、因时和因人制宜地制定企业的国际市场营销战略和营销策略。企业国际市场营销活动的强度和复杂性取决于企业遵循的国际市场营销观念。国际市场营销观念中有三个特点比较鲜明的观念，分别是母国市场延伸观念、国别市场观念和全球营销观念。这些是在进入国际市场的企业中占支配地位的战略观念，国际市场营销观念还包括绿色营销、整合营销、直复营销和网络营销等。

（1）母国市场延伸观念（Domestic Market Extension Concept）。该观念是指国内企业力图把产品销售到国外市场去，把国际业务看作是国内营销的延伸，企业很少甚至没有针对国外市场调整营销组合方案，还是以与国内销售相同的方式将产品销售给国外的客户。该观念指导思想：一是解决生产能力过剩的问题；二是认为在母国取得成功的产品和经营方式具有令人信服的优越性，也必然会在世界其他地方同样获得成功。

**情境提示**

遵循母国市场延伸观念的企业一般先寻找需求与国内市场相似的市场，因而国内产品可以被国际市场所接受。遵循母国市场延伸观念的企业，其管理方式是采用由上而下的集权式（Centralization）管理，实行全球整合策略，产品的开发和生产完全以母国消费者的需要来考虑，并由母公司派遣母国驻外人员管理当地的业务。

（2）国别市场观念（Multidomestic Market Concept）。该观念是指企业强烈意识到各国市场大不相同，只有以各东道国为中心，针对每一个东道国市场制定几乎独立的营销目标、营销组合策略，以迎合当地环境及文化之需要，才能取得销售的成功。奉行国别市场观念的企业的基本使命是融入当地为各国所接受，管理方式是由下而上的分权式管理，产品的开发及制造是以当地消费者的需要为依据，并由当地人员负责当地的业务。

**情境提示**

国别市场营销虽然能够较大程度上满足不同顾客的需要，但是满足这种差异性策略要求的调整十分频繁，往往导致国际市场营销成本居高不下，影响企业整体利润水平的提高。

（3）全球营销观念（Global Marketing Concept）。该观念是指企业将一组国家视为一个目标市场，把具有相似需求的潜在购买者群体归入一个全球细分市场，只要成本低，文化上可行，就制定谋求标准化的营销计划，开发适用于不同国家的标准化的市场营销组合，以寻求规模效益。

**情境提示**

遵循全球市场营销观念的国际企业把世界市场视为一个统一的市场，认识到国家间市场需求有许多共性，并可以根据市场的这种需求共性来制定营销策略，但同时也注意到各个国别市场的差异。或者说，它是将重点放在全球化共性的基础上，根据各国市场需求的特点，对该基础进行相应的调整，即将标准化与当地化相结合，一方面可以享有标准化的低成本优势，另一方面又可以维持当地化的灵活性优势，满足不同的需求。

## 日本汽车厂商的当地化营销导向

日本汽车制造商通常在欧洲、日本、北美都有自己的研发中心，而各地研发中心的设计人员则大多来自当地，并且居主导地位。一些在欧洲市场上推出的日产车几乎百分之百是由欧洲人设计的。显然，这样的车型既融合了日本车的多种优点，又很容易赢得当地消费者的青睐。日本的汽车制造商在全球范围内推出一新款车时，大多会同时推出至少两个版本，即北美版和欧洲版。比如获得美国最佳进口车称号的丰田凯美瑞（Camry）、本田雅阁（Accord）、本田思域（Civic）等都有针对不同市场的不同版本，它们会根据不同市场、不同文化背景下消费诉求所做出相应的改变。本田公司最新款雅阁甚至有三个版本——在美、欧版外增加了一个日本版，其中日、欧两个版本的差别不大，而美、欧版的差别之大甚至无法让人相信它们源于同一款车。本田公司已经将不同区域市场的消费差异准确、适度地体现在其产品上，以求最大限度地取悦目标市场的消费者。

综上所述，在国际营销活动的管理上，奉行母国市场延伸观念的企业是中央集权的企业，奉行国别市场观念的企业是地方分权的企业，奉行全球营销观念的企业则是在全球范围实行集权和分权管理相结合的企业。

### 情境链接

## 中国企业进入美国应分三步走

美国是中国出口产品的主要市场，许多中国企业准备进入美国市场。大多数中国企业并不宜一步到位在美国注册成立公司。

美国市场是很大，机会也很多，然而美国市场也十分成熟，竞争相当激烈，外国一个新公司要挤入这个市场并不容易。实践证明，中国企业进入美国应分三步走：第一步，在美国设联络处；第二步，设办事处；第三步，设分公司。对于把进入美国市场列入了计划的中国企业，应该具备以下五个条件：

（1）本企业的产品在中国市场有一定竞争力，并占有一定份额。

（2）本企业产品已经有出口历史，并且已有欧、美、日方面的客户。

（3）已有一份最近一年的美国市场调查报告。

（4）参加过一次在美国的行业展览会或赴美考察过。

（5）在美国有自己比较了解的客户或亲友可以提供进入美国的前期帮助。

如果不具备，那么最好等一等，先努力去满足上面五个条件。待条件具备了，再逐步进入美国市场。

第一步，先设联络处。

联络处主要是做美国市场调查、向国内提供信息以及代表国内企业联系美国客户三项工作，并向国内企业提出美国市场开拓方案。联络处要了解的八个主要问题包括：目标产品在美国的市场容量；目前美国市场上同类产品的主要来源地、品牌及市场价格；该类产品的营销方式、渠道与经销商；中国同类产品及企业（含华商）在美国的经营情况；美国政府对该商品有什么特别的管理法规；该行业的主要商会团体与主要活动；该行业主要展览的时间、地点与规模；该行业的主要报纸杂志。从沟通方便与节省开支方面考虑，可以请熟悉商贸活动、有一定能力的华人亲友，包括在美国商学院留学的高年级学生兼职，请他们以中国公司美国联络处的身份开展工作。联络处不做具体贸易，不必在美国注册纳税，可以不设独立办公室，不设专职人员，但地址、电话、传真与电子邮箱不可少。一个月大约开支1 000美元就可应付（不含差旅及调查开支）。

联络处的任务一般六个月内就可以完成，它对企业是否以及如何进入美国市场可以提出重要意见。在美国设联络处应注意地址不要用信箱（BOX），或是众所周知的校园及住宅区，电话、传真不能同一个号，不能只以手机作为联系方式，不能没有电子邮箱。因为，联络处不要让美国客户有不正规、不专业的负面联想，从而影响联络效果。中国企业在美国的联络处可以在其企业网站、产品样本以及公司信纸与名片上标注。这既方便美国客户联络，对企业的国际化形象也有正面宣传作用。

第二步，设办事处。

办事处相对于联络处功能有所提升。当联络处的工作基本完成以后就可升格为办事处。办事处是本国企业在美国的窗口，是开拓对美商务的必需。它除有联络处的功能之外，还可以代表国内企业开展各种业务，承担以下七项主要工作：样本广告发放、样品展示、参加商展、谈判合作、承接订单、接待国内企业访美、安排美国客户访华。这如同中国各省政府机构以及一些企业都有驻京、驻沪办事处一样。

中国企业驻美办事处在美国可以注册也可以不注册，它可以挂靠一个本国企业比较了解美国市场并且又有一定能力的美国公司以节省开支。

第三步，设分公司。

有了上面两步的基础工作，也就是既了解了美国市场又有了客户，并预计可以达到一定的业务量，中国企业就可以在美国设立分公司。分公司，对中国企业而言是海外分公司或子公司，在美国则是独立的法人。在美国设公司一般可以委托会计师或律师办理，手续较简单，只要提供拟注册的公司名称（为避免与已注册的公司重名，一般要有三个候选）、公司地址以及注册人的社会安全号码就可以了。美国政府既不审核公司注册资本，对经营范围、公司名称也很少限制。美国政府最关心的是新企业可以雇用员工以增加就业，以及企业纳税可增加政府财政收入，所以美国政府积极鼓励民间成立公司，尽量提供各种方便与帮助。至于公司经营中的税务、劳工等问题都有具体的法规及管理服务机构。美国公司有许多种，主要区别是公司经营者承担的责任及税务不同，中国企业在美国设立的公司一般以有限责任公司为宜，而且要避免今后生意上发生诉讼与母公司有法律牵连。

美国公司的注册人并不一定是企业法人，企业法定代表人由董事会决定，也可经开会更改。因此，在美国办理公司注册的往往是公司秘书或公司实际负责人作为法定代表人。在美国注册公司费用一般在1 000美元以内，注册后有证书、股票本、钢印与税号等文件，凭这些就可以到银行开设账户，当这个新公司在办公室开通了电话以后就可以正式对外营业了。美国公司的税号是与个人社会安全号一样重要的身份证明，办许多手续，如开账户、申请信用卡、租办公室、开通电话等都要有公司税号。美国公司的资金往来一般都通过银行，极少使用现金，因此各种支付要尽量使用支票与信用卡。公司的信用至关重要，美国有专门的机构对企业的信用等级作评估，信用是一个公司最重要的无形资产。

资料来源：杨丽.国际市场营销.[M].大连：大连理工大学出版社，2008.14-16.

## 情境小结

1. 市场营销和国际市场营销既相互联系又有区别。市场营销是企业对现有的和潜在的市场需求进行研究，并以满足这些需求为目标而进行的市场调研、目标市场选择、产品与服务开发，产品定价、渠道规划、产品促销等一系列活动，以完成企业设立的经营目标，它贯穿于企业经营活动的全部过程。市场交换是市场营销职能的核心。国际市场营销是指一种跨越国界的市场营销活动，即企业在国际范围内对现有的和潜在的市场需求进行研究，并以满足这些需求为目标而进行产品与服务的研发，并做出价格、促销、渠道等方面的规划，从而完成企业设立的经营目标。

2. 企业开展国际营销活动的原因很多，如追逐广阔的国际市场，延长产品生命周期，降低成本、降低经营风险，获取规模经济效益，突破贸易壁垒、进入区域经济市场，提高本企业竞争力，以及在政府的鼓励支持下走向国际化经营，等等。

3. 国际市场营销不同于国际贸易，二者既有联系又有区别。国际市场营销是在国内市场营销基础上发展起来的，但经营的风险系数、环境的复杂程度和经营的难度等都远高于国内营销。

4. 开展国际营销必须对营销各要素有清晰的认识，包括营销主体（即国际企业）、客体（即国际市场）、对象（即产品）以及营销任务与手段等。

5. 营销观念是指导企业开展营销活动的指导思想、观念、态度、思维方式和商业哲学。它研究一个企业以何种观念和态度来处理营销活动中所涉及的国内外顾客、企业本身及社会等各方面的利益问题。在西方国家，工商企业所遵循的营销观念大致经历了生产观念、产品观念、推销观念、市场营销观念、社会营销观念等五个阶段性的重大转变。国际市场营销观念则主要有母国市场延伸观念、国别市场观念和全球市场观念等三种在进入国际市场的企业中占支配地位的战略观念。企业国际市场营销活动的强度和复杂性取决于企业遵循的国际市场营销观念。

## 学习情境1 养成国际营销人员基本素质 内容结构图

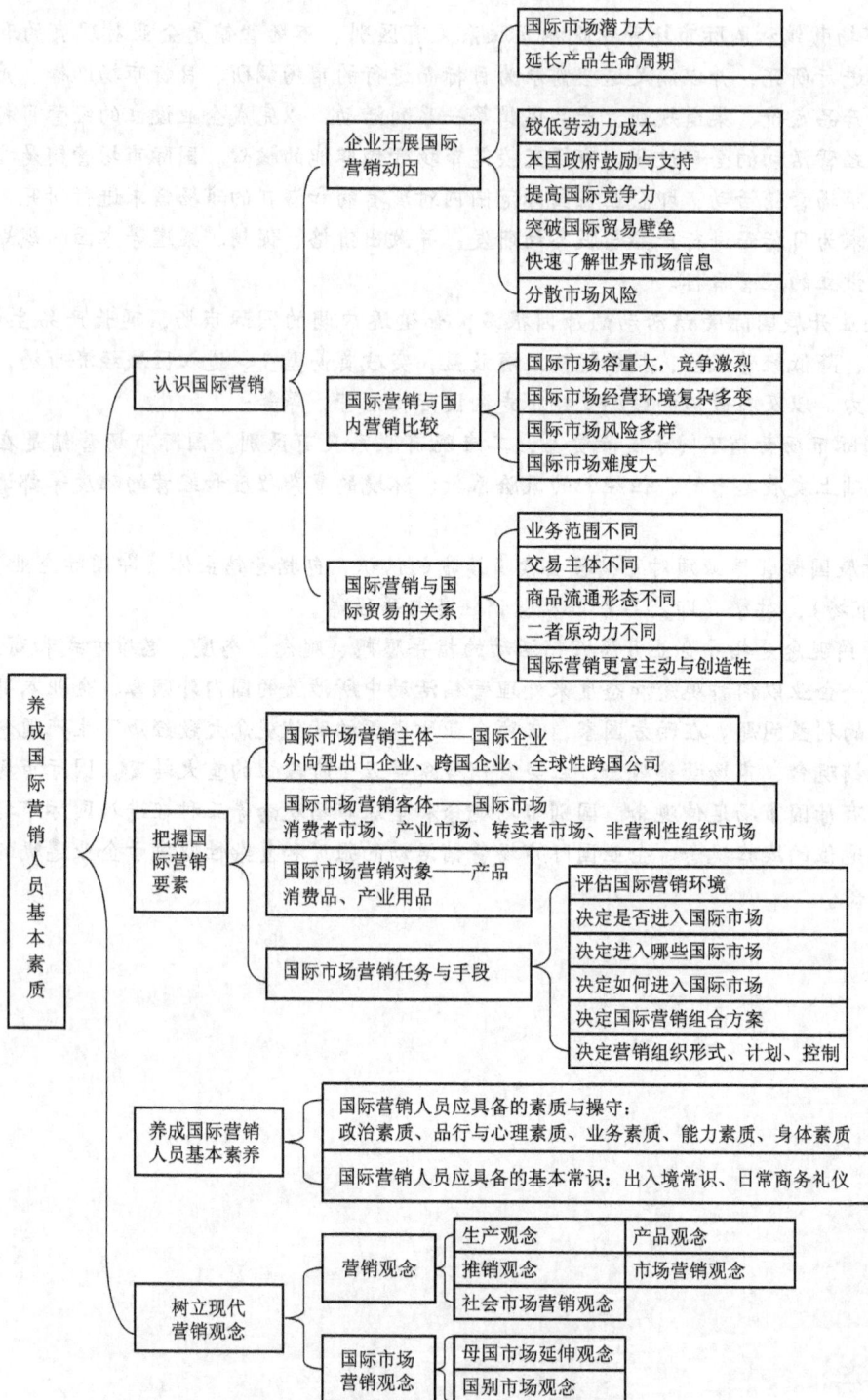

```
养成国际营销人员基本素质
├── 认识国际营销
│   ├── 企业开展国际营销动因
│   │   ├── 国际市场潜力大
│   │   ├── 延长产品生命周期
│   │   ├── 较低劳动力成本
│   │   ├── 本国政府鼓励与支持
│   │   ├── 提高国际竞争力
│   │   ├── 突破国际贸易壁垒
│   │   ├── 快速了解世界市场信息
│   │   └── 分散市场风险
│   ├── 国际营销与国内营销比较
│   │   ├── 国际市场容量大，竞争激烈
│   │   ├── 国际市场经营环境复杂多变
│   │   ├── 国际市场风险多样
│   │   └── 国际市场难度大
│   └── 国际营销与国际贸易的关系
│       ├── 业务范围不同
│       ├── 交易主体不同
│       ├── 商品流通形态不同
│       ├── 二者原动力不同
│       └── 国际营销更富主动与创造性
├── 把握国际营销要素
│   ├── 国际市场营销主体——国际企业
│   │   外向型出口企业、跨国企业、全球性跨国公司
│   ├── 国际市场营销客体——国际市场
│   │   消费者市场、产业市场、转卖者市场、非营利性组织市场
│   ├── 国际市场营销对象——产品
│   │   消费品、产业用品
│   └── 国际市场营销任务与手段
│       ├── 评估国际营销环境
│       ├── 决定是否进入国际市场
│       ├── 决定进入哪些国际市场
│       ├── 决定如何进入国际市场
│       ├── 决定国际营销组合方案
│       └── 决定营销组织形式、计划、控制
├── 养成国际营销人员基本素养
│   ├── 国际营销人员应具备的素质与操守：
│   │   政治素质、品行与心理素质、业务素质、能力素质、身体素质
│   └── 国际营销人员应具备的基本常识：出入境常识、日常商务礼仪
└── 树立现代营销观念
    ├── 营销观念
    │   ├── 生产观念    产品观念
    │   ├── 推销观念    市场营销观念
    │   └── 社会市场营销观念
    └── 国际市场营销观念
        ├── 母国市场延伸观念
        └── 国别市场观念
```

**重要概念**

市场　国际市场营销　生产观念　产品观念　推销观念　市场营销观念　社会营销观念

**思考与练习**

**一、填空题**

1. 市场营销组合是企业为了进入目标市场，满足顾客需求，而整合、协调使用的各种市场营销手段，至少包括_____、_____、_____和_____等要素。

2. 大营销观念认为，突破目标市场的环境障碍，进入市场主要依靠两个手段，即_____和_____。

3. 社会市场营销观念强调要将_____、_____、_____三个方面统一起来。

4. 营销观念要求企业从以产定销，转变为_____或_____。

5. 营销学一般站在_____角度研究问题，因此，营销学认为，市场就是_____，包括_____和_____。

**二、单项选择题**

1. "请您购买我厂的产品"与"您需要什么？让我们来为您生产"这两句话对顾客来说反映了（　　）。

A. 生产观念和产品观念的区别

B. 生产观念和推销观念的区别

C. 产品观念和推销观念的区别

D. 推销观念和市场营销观念的区别

2. 西方国家企业经营观念演变中，（　　）的产生代表企业经营思想的一次根本性变革。

A. 营销　　　　　B. 社会营销　　　　　C. 绿色营销　　　　　D. 大营销观念

3. 市场营销的可控因素包括（　　）。

A. 宏观环境与微观环境　　　　　B. 产品、价格、渠道与促销

C. 计划、组织与控制　　　　　D. 市场细分与目标市场

4. 可口可乐与印度政府关系恶化撤出印度市场后，百事可乐公司却趁机成功地打入了印度软饮料市场。百事可乐公司向印度提供一些政府难以拒绝的援助，如帮助其出口一定数量的农产品，以发展当地的经济；保证向其转让食品加工、包装和水处理的新技术等。这些措施赢得了印度各利益集团的支持，排除了议员们对跨国公司的反对，最终使百事可乐公司成功进入印度市场。这是对（　　）。

A. 市场营销观念的成功运用　　　　　B. 社会营销观念的成功运用

C. 关系营销观念的成功运用　　　　　D. 绿色营销观念的成功运用

5. 新加坡航空公司、瑞士航空公司和美国三角洲航空公司合作，三方制定共同的订票系统和维护系统，统筹安排营运时间，建立统一的行李运输等地勤服务制度，通过对核心资源的共享，大大降低了各自的运营成本，提高了工作效率。这是对（　　）。

A. 市场营销观念的成功运用　　　　　B. 绿色营销观念的成功运用

C. 关系营销观念的成功运用　　　　　D. 大市场营销观念的成功运用

6. 企业能生产什么就生产什么，能生产多少就生产多少，这种经营观念叫作（　　）。

A. 市场营销观念　　　　　　　　　B. 推销观念

C. 社会市场营销观念　　　　　　　D. 生产观念

7. 国际营销与国内营销的区别主要体现在（　　）。

A. 经营观念的演进　　　　　　　　B. 企业结构的不同

C. 经营商品的不同　　　　　　　　D. 营销环境的变化

8. 产生于20世纪70年代，认为营销者在营销活动中要考虑社会与道德问题，必须平衡与评判公司利润、消费者需要和公共利益三者的关系的观念称为（　　）。

A. 生产观念　　　　　　　　　　　B. 社会市场营销观念

C. 市场营销观念　　　　　　　　　D. 大市场营销观念

### 三、多项选择题

1. 下列几项中属于传统经营观念的是（　　）。

A. 生产观念　　　　　B. 产品观念　　　　　C. 社会市场营销观念

D. 推销观念　　　　　E. 市场营销观念

2. 社会市场营销观念强调的利益是（　　）。

A. 企业利益　　　　　B. 消费者利益　　　　C. 社会利益

D. 个人利益　　　　　E. 社团利益

3. 下列说法正确的是（　　）。

A. 产品观念是将眼睛盯住自己的产品，必将导致"营销近视症"

B. 与顾客建立长期的合作关系是社会市场营销观念的精髓

C. 市场营销观念的核心是重视质量

D. 顾客是上帝，所以顾客的需求必须满足

4. 营销认为，市场的三个构成要素是（　　）。

A. 商品　　　　　　　B. 人口　　　　　　　C. 购买力

D. 卖方和买方　　　　E. 购买欲望

### 四、判断题

1. 市场营销强调企业经营活动要以满足顾客的需求为中心。　　　　　　　（　　）

2. 现代营销学认为，生产观点、产品观点、推销观点属于以产定销的范畴。（　　）

3. 现代营销学认为，营销等同于推销。　　　　　　　　　　　　　　　　（　　）

4. 行销全球的美国快餐业提供的快餐食品，尽管含脂肪及盐过多，从长期来看不利于消费者的健康，但满足了消费者对方便、快捷的需求，因而是符合社会市场营销观念要求的。　　　　　　　　　　　　　　　　　　　　　　　　　　　　　　　　　　（　　）

5. 需求与欲望是市场营销的起点和终点。　　　　　　　　　　　　　　　（　　）

6. 市场是交换的具体场所，即买者与卖者于一定时间聚集在一起进行交换的场所，是一个时间上和空间上的概念。　　　　　　　　　　　　　　　　　　　　　　　（　　）

7. 生产观念是在买方市场条件下产生的。　　　　　　　　　　　　　　　（　　）

### 五、简答题

1. 简述各种营销观念的主要内容。

2. 简述现代市场营销中"市场"的概念，并回答市场的大小是由什么决定的。

3. 简述"推销"和"市场营销"的本质区别。

4. 企业开展国际市场营销的动因有哪些？

5. 国际市场营销与国内营销有何不同？国际市场营销与国际贸易有何区别与联系？

6. 何为"国际市场"？根据购买者身份与购买目的，国际市场可以分为哪几类？

## 实训课堂

### 能力训练目标

1. 培养学生形成现代市场意识和现代市场营销意识；

2. 使学生对周围企业经营管理活动拥有较高的观察力、领悟力和敏感度；

3. 使学生具备优秀营销人员所必备的自信心、良好的语言表达能力，并引导学生在系统性思维的基础上，形成一定的发散思维、逆向思维以及创造性思维能力。

### 能力训练项目

#### 一、思维训练

**训练 1**　当两家化妆品出口企业的经理谈及各自的经营任务时，第一位经理说："我们是老牌化妆品专业生产厂家。我们在国际市场上销售不同档次、多种品牌的化妆品。"第二位经理说："我们在工厂里生产各种化妆品，在商店里卖给顾客的是美容和护肤的希望。"

问题：这二位经理的说法有何不同？你赞成哪一位经理的说法？为什么？

**训练 2**　有四家公司，它们经营决策的指导思想分别是：

A. 公司生产手表，认为只要继续集中精力生产走时准确、造型优美、价格适中的名牌产品，就能使经营获得成功。

B. 公司生产汽车，致力于扩大生产规模，追求规模效益，加强企业管理，力图降低成本，扩大销售。

C. 公司生产电子仪器，认为产品不会主动变成现金，于是从社会上网罗了一大批能说会道的推销员。

D. 公司生产面包，其宗旨是：顾客就是上帝，要尽最大努力使顾客满意。

请问：这四家公司的营销观念分别是什么？

#### 二、营销游戏

**项目一：互相赞美**

目的：向他人讲出赞美之辞，学会发现美好的事物和别人的优点。此项目可应用于团队沟通、沟通技巧培训、团队协作、成员激励。

程序：

1. 两人一组，介绍游戏。强调每一个人都渴望他人的认同和赞扬。

2. 每位参加者都对他的组员从以下三个方面作出评价。

（1）长相方面特别漂亮的地方。

（2）一项或两项特别令人欣赏的性格特征。

（3）一项或两项特别的才能。

3. 建议每位参与者仔细记录下其他组员的感受、想法、反应。

讨论：

1. 为什么对我们大多数人来说，给予他人赞扬是困难的？

2. 为什么人们总是会很快给出负面评价，而正面赞扬却少之又少？

**项目二：培养自信的好习惯（不定期提醒）**

不论开大会小会，主动坐在最前面；

会上主动发言，大声说话；

走路比别人快20%以上；

交谈时注视对方；

大方开朗地笑；

克服自卑，不过分自责，取长补短，正确评价自己与他人；

克服忧虑：① 问自己，究竟忧虑什么；② 把自己的忧虑写下来；③ 分析最坏的结果，做好最坏的思想准备；④ 找出事情的解决办法；⑤ 利用"替代定律"解除心理包袱，采取有意义的行动，乐观地去迎接它。

**项目三：模仿成功人士**

步骤：

1. 确定你最崇拜和羡慕的人。

2. 明确他（她）让你崇拜和羡慕的主要因素，找出他（她）成功的主要原因。

3. 每时每刻把自己想象成他（她）。假定自己就是他（她），像他（她）那样具有成功的素质，像他（她）那样为人做事。

4. 持续21天，你就像那个人一样，具有成功的素质。

（注：心理学上有一条著名的"21法则"，是指一种行为只要坚持21天，就能养成习惯。可是反过来，好不容易养成的好习惯如果连续荒废21天，也就不复存在了。）

**三、案例分析**

**案例1**

# 赤手空拳打市场的人

日本三重县人三井高利是一位立志要做布商的人，他赤手空拳前往东京闯天下，可是很长时间一直没有起色。正当他想关起店门回到故乡的时候，一天，在洗澡堂里听到几个手艺人在高声谈论，准备穿一条新兜裆布去参加庙会，可是却凑不齐人数合伙去买，为此烦恼不已。

凑齐人数合伙去买新的兜裆布，这是怎么回事？三井高利一边洗澡一边想。

"啊，对了，原来是这样。"他拍了一下大腿。原来，按照当时的商业习惯，购买布料是凑集几个伙伴去买一匹漂白布，不过人数不易凑齐。用现在的话来说，当时布料只以匹为单位出售，是"不符合顾客需求的"。于是第二天，三井高利便在店门口贴上了这样一张纸条："布匹不论多少都可以剪下来卖。"

头天在澡堂里洗澡的手艺人看了这张纸条飞奔进来："买做一条裤子的漂白布。"许许多多的女孩子和附近的太太们都涌到店里来买零头布。三井高利的店门口连日热闹非凡。

三井高利正是看准了在接近庙会的那几天，有相同需求的人一定非常多，于是就采取了上面的销售策略，而店里所有的漂白布，也在那一天销售一空。

三井高利领悟到做生意倾听顾客心声的好处，简直乐不可支。他把吃饭的时间都节省下来站在店门口接待顾客，由此他又获得很多启示。

布店主要的顾客是女性，而买东西买得最多的是那些将要出嫁的女性。可是出嫁时所需要的东西，不仅有衣服，还有放衣服的衣橱、包绸缎及和服的纸、梳子、簪子、鞋箱、餐具等多种物品。由此，来购物的准新娘和她的母亲必须东一家西一家地去选购。但是，如果这些东西可以在一个地方一次性买齐，对顾客来说该是多方便呀。于是三井高利马上将其想法付诸实施，这就是日本的第一家百货公司——"三越"。

"三越"百货公司之所以能以压倒竞争对手的优势成为零售业的王者，是由于其苦心谋求方便顾客。于是，有能力的布店有很多都学习三井的做法，扩充店面，多种经营，引来了许多买东西的顾客。

资料来源：李志荣.《国际市场营销——理论与实务》[M]. 大连：东北财经大学出版社，2007.26.

**【案例思考与讨论】**

从三井的从商经历中总结出从事市场营销的成功人士应具备哪些职业素质，并结合你的社会生活经历反思自己在职业素质上的差距。

**案例 2**

## "长城"打开东南亚市场

2005 年，标有"长城"商标的塔吊已成为众多建筑商和用户的"抢手货"。近 200 台塔吊装一台走一台，甚至不等配套，有几节先运几节。催货的人千方百计弄"条子"想开后门，有的长住宾馆，紧守销售公司经理办公室。当时，2006 年的订单货都排满了。

长城机械厂所生产的"长城"塔吊何以如此"炙手可热"呢？一位在"长城"等了一个月的无锡老板说："该厂的售后服务特别周到，买到'长城'塔吊就吃了颗'放心丸'，我们这行谁不想吃放心丸呢？"

2004 年，该厂面对国内外基建市场竞争激烈的状况，派出了由销售公司经理带队的考察团赴各地调查市场。他们发现，无论国内国外，用户最担心的就是厂家在卖货前是"媳妇"，货卖出后就成了"婆婆"。塔吊这类建筑机械产品长期日晒雨淋磨损大，出了毛病没人修，容易延误工期。而对建筑行业来说，延误工期是大忌。于是，他们以这个厂的薄弱点、用户的心痛处为突破口，全力做好售后服务。先是在厂内成立了一条由厂长负责，销售公司、质检处、技术处、科研处协助，专项管理质量信息的反馈渠道。用户有意见，工厂及时组织分析，3 天内去人或去函解决问题，并在广州、上海等大城市以及中国香港、泰国等地建立了 10 多个维修服务站，未设维修服务站的地区，厂里会派出售后服务队。2004 年春节期间，山东济南一台已过"三包"期的塔吊发生故障，工程又迫在眉睫。该厂闻讯后，维修人员背着几十千克的配件挤窗户爬火车赶到现场，抢修 4 天 3 夜，终使工程如期完成。2005 年，该厂共为用户装修塔吊 170 多台，排除故障 100 多次，从未发生过因售后服务不及时而延误工期的事。

优质的售后服务，使用户与厂家之间建立起了深厚的感情，许多用户成为长城的朋友和现身说法的推销员。泰国一家长期订货的客商被"长城"的服务深深感动，免费为"长城"打了 3 个月的广告，帮助"长城"打开了东南亚的销售大门。

【案例思考与讨论】

"长城"塔吊的营销之路遵循的是何种市场观念？在现代企业经营中，企业努力搞好售后服务具有什么意义？

### 案例3

## 宝洁公司与一次性尿布

宝洁公司（P&G）长期以来以其寻求和明确表达顾客潜在需求的优良传统，被誉为在面向市场方面做得最好的美国公司之一。其婴儿尿布的开发就是一个例子。

1956年，该公司开发部主任维克·米尔斯在照看其出生不久的孙子时，深切感受到一篮篮脏尿布给家庭主妇带来的烦恼，洗尿布的责任给了他灵感。于是，米尔斯就让手下几个最有才华的人研究开发一次性尿布。

一次性尿布的想法并不新鲜。事实上，当时美国市场上已经有好几种牌子了。但市场调研显示：多年来这种尿布只占美国市场的1%。原因首先是价格太高，其次是父母们认为这种尿布不好用，只适合在旅行或不便于正常换尿布时使用。调研结果还表明，一次性尿布的市场潜力巨大。美国和世界许多国家正处于战后婴儿出生高峰期，将婴儿数量乘以每日平均需换尿布次数，可以得出一个大得惊人的潜在销量。

宝洁公司产品开发人员用了一年的时间，力图研制出一种既好用又对父母有吸引力的产品。产品的最初样品是在塑料裤衩里装上一块打了褶的吸水垫子。但1958年夏天现场试验结果，除了父母们的否定意见和婴儿身上的痱子以外，一无所获。

1959年3月，宝洁公司重新设计了它的一次性尿布，并在实验室生产了37 000个，样子与目前的产品相似，拿到纽约州去做现场试验。这一次，有2/3的试用者认为该产品胜过布尿布。行了！然而，接踵而来的问题是如何降低成本和提高新产品质量。为此，要进行的工序革新，比产品本身的开发难度更大。一位工程师说"它"是公司遇到的最复杂的工作，生产方法和设备必须从头开始。1961年12月，这个项目进入了能通过验收的生产工序和产品试销阶段。

公司选择在美国最中部的城市——皮奥里亚试销这个后来被定名为"娇娃"（Pampers）的产品。发现，皮奥里亚的妈妈们喜欢用"娇娃"，但不喜欢10美分一片的价格。因此，价格必须降下来。降多少呢？在6个地方进行的试销进一步表明，定价为6美分一片，就能使新产品畅销，使其销售量达到零售商的要求。宝洁公司的几位制造工程师找到了进一步降低成本的办法，并把生产能力提高到使公司能以该价格在全国销售娇娃尿布的水平。

娇娃尿布终于成功推出，直至今天仍然是宝洁公司的拳头产品之一。它表明，企业对市场真正需求的把握需要通过直接的市场调研来论证。通过潜在用户的反应来指导和改进新产品的开发工作。企业各职能部门必须通力合作，不断进行产品试用和调整定价。最后，公司做成了一桩全赢的生意：开发了一种减轻每个父母最头疼的家务负担的产品，又得到了一个为宝洁公司带来收入和利润的重要新财源。

【案例思考与讨论】

1. 宝洁公司开发一次性尿布的过程，采用了什么样的企业营销观念？
2. 宝洁公司在营销工作中是如何贯彻市场营销观念的？

#### 四、模拟训练

**项目一**

某品牌手机厂家 A 欲开拓高校市场，你有幸被招聘为 A 的市场推广人员。请按以下提示，根据你所处高校学生的实际情况进行分析，你将为 A 企业做出怎样的营销决策？

1. 你想将手机销售给哪些学生消费者？试简单定义你所希望为之提供服务的顾客是一群什么样的消费者，划分该消费者群的依据是什么？

2. 在众多的手机品牌营销竞争中，你认为你所销售的品牌产品有哪些竞争优势？品牌、质量还是服务？

3. 你想为该消费者群提供什么样的产品？外表考究的还是简单的？多功能的还是单一功能的？

4. 你想向该消费者群提供什么价位的产品？你打算为其提供一定的折扣吗？

5. 你打算以 A 厂家直销的名义直接销售还是选择高校内外的零售店销售？如果选择零售店，你将选择独家代理销售，还是多家代理销售？

6. 你打算怎样将该产品的信息传递给你选定的目标顾客？广告吗？如果选择广告媒体，你将在电视、报纸、杂志、广播、网络之间选择哪一种呢？

**项目二**

小林先生是一个潜心科研的农业专家，整天忙于他的实验基地。经过多年的努力，他终于利用生物工程原理培育出 200 多种特种果蔬。其中有紫色的、巧克力色的、象牙白色的辣椒；有像葡萄大小的红色的、黑色的、绿色的番茄；还有彩色玉米、彩色的小南瓜以及比鸡蛋还要大的草莓等。

这些特种果蔬不添加任何化学成分，不需喷洒任何农药，自身具有抗病虫害的能力，是一种安全的绿色食品，既有营养价值又有观赏价值。可是，如何让这些特种果蔬走向市场，小林先生却没有办法。他不知道怎样让广大消费者认识这些特殊的果蔬产品，也不知道哪些人会先来尝试。小林先生先试着将自己种的黑色番茄送给隔壁邻居品尝，并告诉人家，这种番茄营养价值很高，在国际市场非常贵重。邻居说："这东西很怪异，我们不敢吃。"另外，还要让这些特殊的果蔬产品从实验产品变成能产业化批量生产的产品，否则，人们消费不起。而这需要投入一大笔资金，农科院的科研经费原本就少得可怜，而小林先生本人也没有什么积蓄。这样的话，这些特殊的果蔬产品就很难走出实验田。对此，小林先生一筹莫展。

小林先生的特种果蔬为什么无人问津？如果现在小林先生问计于你，你打算如何帮助小林先生解决他的难题？

**项目三**

1. 训练项目："企业调查"与编写职业生涯计划。结合营销人员的基本素质和能力要求，以及上述案例分析的经验，为自己编写一份较详细的从事国际市场营销工作的职业生涯规划。

2. 训练目的：强化对国际营销人员的从业条件的认识。为了使学生在学习中培养就业意识，还可以对一些国际营销企业的人员的素质进行社会调查，以便学生在调查中了解国际营销的工作情况、职业要求，提高学生课程学习的自觉性，并通过活动培养学生脚踏实地的工作态度和深入实际的工作作风。同时，通过活动要使学生在实际操作能力、语言表达能力、素材组织及书面表达能力上得到训练。

　　3. 训练步骤：① 查阅相关资料，获得间接的认识，并撰写调查提纲；② 拟订一份调查表，并将调查的内容事先交教师或有实践岗位经验的人员审核其可行性；③ 建立市场调查小组，每组 4~6 人，寻找企业进行调查，并认真记录调查内容；④ 撰写调查报告，编写职业生涯规划；⑤ 召开全体会议，可以聘请企业人员参加，汇报各组调查报告，评价职业生涯规划。

　　4. 时间安排：课余。

# 学习情境 2

# 分析国际市场机会

　　市场机会就是市场上存在的尚未满足或尚未完全满足的显性或隐性的需求。市场机会隐藏在高度不确定的、与企业休戚相关的内外经营环境中，存在于社会生活的各个方面，是多种多样的。但对某一个企业来说，众多的市场机会中仅有很少一部分才具有实际意义。为了搞好市场机会的发现和分析工作，有效地抓住和利用某些有利的市场机会，企业的市场营销人员就需要持续跟踪监测经营环境。

　　国际市场机会分析，就是以现代市场营销理念为指导，以市场调研为手段和工具（学习情境2.4），分析国际市场宏观环境（学习情境2.1）、国际市场购买行为（学习情境2.2）、竞争者及其他利益相关者等微观环境（学习情境2.3），发现市场机会并趋利避害，根据本企业实际情况，找到内外结合的最佳点，组织和配置资源，有效地提供相应产品或服务，达到企业的营销目的。

# 分析国际市场营销环境

智者乐观世变。

——中国古语

环境适合于自己的经营者是幸运的，能使自己适合于任何环境的经营者则是更优秀的。只要有可能，聪明的营销者不仅要适应营销环境，还要设法对它进行超前引导。

——菲利普·科特勒

## 学习目标

### 知识目标

（1）了解国际营销环境的含义和内容，并理解它同企业营销活动的关系。

（2）了解国际营销的宏观环境和微观环境各要素的内容。

（3）理解竞争者的含义及决定行业和市场竞争程度的五种基本力量。

### 技能目标

能够分析企业的国际市场营销环境，趋利避害，找出企业的市场机会，准确辨认竞争对手，并结合自身条件制订有效的营销对策。

## 任务驱动，做中学

并不是全球所有的市场都适合你的产品进入，尤其是初次进入国际市场的贵公司，风险特别大。所以你首先得确定哪个区域市场最适合你公司的产品进入。作为海外市场部的负责人，你将如何运用前述营销调研所学的知识与技能，结合本公司的优劣势进行分析与抉择？

## 学习情境

情境任务1 ➡ 情境任务2 ➡ 情境任务3

⬇ ⬇ ⬇

认知国际市 ➡ 分析国际市 ➡ 分析国际市
场营销环境 场宏观环境 场微观环境

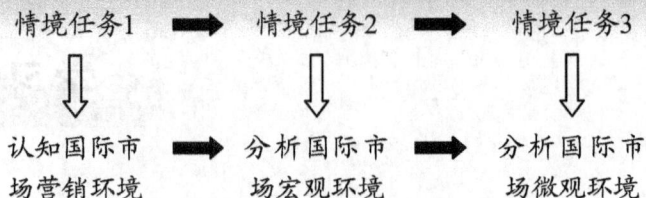

# 情境任务1 认知国际市场营销环境

## 情境导入

从地球暖化、温室气体、二氧化碳排放、碳足迹到低碳经济，这一连串对人们来说既陌生又熟悉的名词，从20世纪末开始就反反复复地被全世界讨论着。这个攸关人类环境的议题在2009年12月7日～18日召开的哥本哈根世界气候变化大会上被推向了高潮。此次以拯救地球为名义召开的会议，人们通过媒体看到的更多的却是各国的政治角力与经济利益的博弈。但在沸沸扬扬的背后，有一个重大的共识：人类必须摒弃旧时代不计环境代价的经济发展思维模式，把经济发展对环境的影响、温室气体排放（主要是二氧化碳）计入生产成本中。因为有这样的共识，"低碳经济"将不可避免地成为21世纪全球经济发展的主旋律，以碳足迹（一个人或企业的碳耗用量对自然界产生的影响）为衡量标准的环境责任，将成为品质与安全之外品牌必须提供的另一项基本承诺。届时，全球性的成功品牌不仅在产品服务与体验上要有出色表现，还必须确保每次消费的碳足迹都在合理的范围内。

许多登上国际舞台的中国企业，终有一天要面对此严酷现实。例如，在中国大量采购商品的美国第一大零售商沃尔玛，在2010年宣布，要求与其合作的10万家供应商必须在5年内建立碳足迹检验机制。它将按供应商执行、贯彻的程度，对商品进行分级或贴上标签加以区别，接受消费者的公开评议。北美大型电器卖场百思买（Best Buy）和加拿大未来城（Future Shop）也考虑跟进。而在节能减排最积极的欧洲，欧盟将讨论对未执行减排的贸易伙伴开征碳关税的可行性，一旦开征将导致中国出口到欧洲的商品额外承担26%的关税成本。对此中国企业千万不可掉以轻心。

讨论：低碳经济的到来，对于哪些企业意味着机会大于威胁，而对于哪些企业恰好相反呢？

## 情境认知

### 一、国际市场营销环境

国际市场营销环境是指能够对企业的营销活动、企业生存发展产生影响的各种因素、条件、力量的总和。与国内市场营销环境相比，国际市场营销环境更具复杂性、多边性和不可控性，我们一般把它分为微观环境与宏观环境，如图2-1-1所示。

微观环境（Micro-environment），又称为直接环境、个体环境，是指同本企业紧密联系、直接影响、制约本企业营销活动过程的外部因素的总和，包括竞争者、供应商、营销中介、顾客、社会公众以及各种局部性的自然、社会因素。企业可通过自身努力，通过调整价格、产品、促销和渠道等营销策略来调节或改变与环境的关系或连接状态。

宏观环境（Macro-environment），又称为间接环境、总体环境，是指一定地域内所有企业都面临的，但通常以微观环境为媒介间接地影响、制约本企业营销活动的外部因素的总和，包括国内和国际的人口、经济、政治、法律、社会、文化、科技、自然、地理等各种全局性的因素。企业运营的海外市场越多，所要处理的海外环境因素种类也越多。这些因素是企业不可控的。企业虽然难以预料和改变其状况，但可以通过对环境变化的预测研究，不断地调整营销策略。

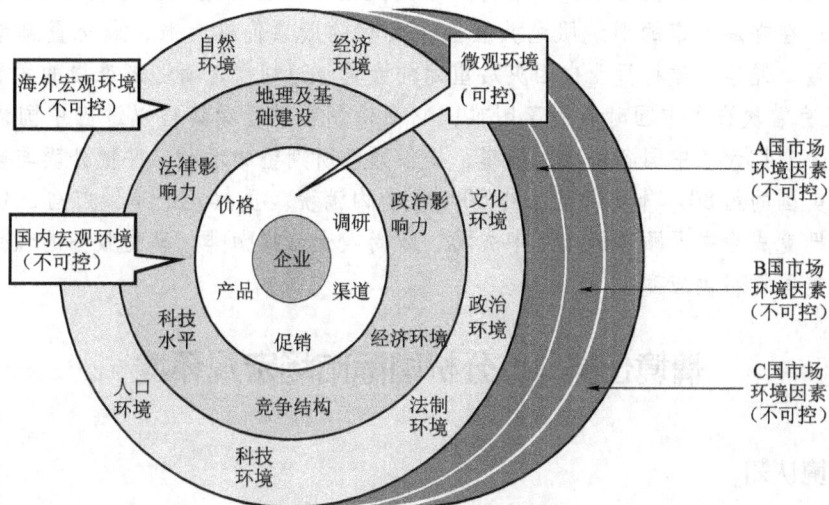

图 2 - 1 - 1   国际营销环境分析图

## 二、国际营销环境与企业营销的关系

### 1. 营销环境带给企业机会或威胁

环境机会也称为市场机会、商机（商业机会），是对企业经营有利的条件和时机、机遇，其特性有：客观性、公开性（非独占性）、偶然性（不确定性）、时效性（稍纵即逝），以及理论上的平等性而实践上的非平等性（"机会人人可用，各人获益不同"）。

"商机无限"，市场上永远存在、蕴藏着机会，可利用的机会如不及时利用，会造成机会损失。对于许多人而言，缺少的不是商机，而是发现商机的眼光、嗅觉和捕捉商机的才干。

环境威胁也称为市场威胁，是对企业经营不利的条件和压力、障碍。在同一时间，环境条件对某个企业或某些企业是威胁，但对别的企业则可能是机会；在不同时间，环境条件对某个企业有时是机会，有时却是威胁。

微观环境直接影响企业营销能力和效益，但企业营销努力越大、自我调节能力越强，受环境影响就越小。宏观环境影响面广，其变化既可能给企业带来机会，为营销提供有利时机、条件，也可能给企业带来威胁、风险，造成营销的压力、障碍，还可能对企业没有什么影响。

### 2. 企业适应营销环境并创造新机会

企业是一个具有应变机能的组织生命体，应具备逐渐适应环境变化并寻找到新的发展机会的能力，有时对环境还有反作用。在了解、掌握环境状况及其变化趋势的基础上，尽最大可能、有条件地影响、利用、保护、建设、调控、改造环境，趋利避害，化害为利，实现自己的目标，这正是营销管理的重要任务。成功的公司是那些能认识在宏观环境中尚未被满足的需要，能准确预测趋势，并能作出盈利反应的公司。如果某环境造成企业长期连续的困境，就表明企业的应变机能存在严重缺陷，是企业内部管理问题。

**情境案例**

★ 2008年1月到2月，我国南方发生数十年未遇的雪灾，造成上千亿元的直接经济损失，然而羽绒服企业却大获其益，不但将历年的大量存货全部消化，还将2008年当年的产品卖到断货；在香港上市的羽绒服龙头企业波司登的股票价格大涨、成交量剧增；电力设备、交通运输、通信、建材行业也因灾后重建的大量、迫切需求而迎来难得的发展机会。

★ 星巴克首次进入中国时遇到了困难，它很快调整了营销策略以适应中国消费者及其社区的需求。它扩大了中国各分店的规模，提供顾客所期望的场所，并把外卖与坐等销售服务的比例从美国的约80%外卖调整为约80%在店内消费。虽然几乎不做广告，但通过口碑传播，使星巴克成为中国顾客的心目中成功、时尚人士品味咖啡、享受服务的理想场所，而不只是一个美国饮料供应商。

# 情境任务2 分析国际市场宏观环境

## 情境认知

随着全球面貌的迅速变化，企业必须监视六种主要的宏观环境变量：人口环境、经济环境、自然环境、科技环境、政治环境、文化环境。而面对此六种环境力量时，企业又需用内部的环境力量来应对，并借着内部环境力量的优缺点来应对或寻找外部环境力量所造成的威胁或机会。具体如表2-1-1所示。

表2-1-1 影响国际营销规划的六大环境

| 环境因素 | 内　　　涵 |
|---|---|
| 1. 人口环境 | (1) 人口不断增加，成长率下降；<br>(2) 年龄结构日趋成熟和老化；<br>(3) 家庭户数不断增加，家庭规模渐小；<br>(4) 人口向都市集中，并向郊区移动；<br>(5) 初婚年龄缓慢上升，离婚率不断增加；<br>(6) 职业妇女不断增加，女性主管增多。 |
| 2. 经济环境 | (1) 经济持续成长；<br>(2) 平均国民收入不断提高；<br>(3) 家庭消费支出形态持续变动；<br>(4) 产业结构改变；<br>(5) 经济政策改变：从保守迈向自由开放；<br>(6) 国际交流往来逐渐增加。 |

续表

| 环境因素 | 内　　涵 |
|---|---|
| 3. 自然环境 | (1) 自然环境遭破坏；<br>(2) 空气及水资源污染严重；<br>(3) 原材料缺乏；<br>(4) 能源成本增加；<br>(5) 政府由消极管制转为积极保护；<br>(6) 国际环境保护主义盛行。 |
| 4. 科技环境 | (1) 科技发展经费与人员扩增；<br>(2) 技术不断被引进，产品品质不断改良；<br>(3) 信息科技的应用日益普及。 |
| 5. 政治环境 | (1) 对企业的法令规范日渐增多；<br>(2) 政府的行政管制日益增强；<br>(3) 国际社会运动逐渐增大。 |
| 6. 文化环境 | (1) 休闲与自由时间增加；<br>(2) 休闲活动以室内活动为主；<br>(3) 国际观光旅游不断增加；<br>(4) 人与自然的关系日益受重视；<br>(5) 外来文化输入，次文化兴盛。 |

## 一、国际市场营销的政治环境

**情境导入**

　　泰国前总理他信在 2001 年至 2006 年执政期间推行了一系列惠民政策，使原本被边缘化的草根阶层获益很多。此阶层成为他信政权的根基，且数量庞大，其他政党在大选中始终无法与之抗衡，从而构建了新的政治体系。他信时代以来，泰国政坛形成了"红黄"两派势力，他们相互间势不两立，无论哪方上台执政，都无法长期持续。

　　2006 年泰国政变，他信流亡国外。2010 年之后一年多的时间里，泰国历经 4 位总理，政权频繁更迭，"红衫军"和"黄衫军"轮流示威担当反政府组织的角色。2013 年 8 月，为抗议即将审议由执政党提出的一份特赦法案草案，"推翻他信政权人民军""绿色政治组织"等泰国反政府组织展开了一系列反政府集会，他信的胞妹英拉总理及其政府遭遇上台以来最大危机，泰国局势或将重返政治冲突的恶性循环。12 月 9 日，英拉宣布解散国会下议院。

　　该特赦法案主要内容为特赦曾因参与政治集会而被法律制裁的民众，旨在推动国内和解、化解矛盾。但反政府组织认为，该法案有利于总理英拉的胞兄他信回国并洗脱罪名。此次反政府浪潮让泰国再次陷入过去 7 年来一直循环往复的政治怪圈。泰国社会深层阶级矛盾一日得不到缓和，政局就无法走出从示威到政变的怪圈。

　　**讨论**：政权更迭，对投资当地的外国企业有何风险？

### 情境认知

国际市场营销决策在很大程度上受政治和法律环境变化的影响。国际营销政治环境（Political Environment）包括本国即母国（Home Country）、目标市场国即东道国（Host Country）和世界政治形势，重大或突发性政治事件，政治稳定性和政治风险，政治制度及体制，政党和政府的作用、作风、效率，国家间关系，参加国际组织情况等。

政府对环境的影响是通过政府政策、法令规定，以及其他限制性措施而起作用的。企业各项营销活动都必须在东道国的许可下进行，并受到当地执政的政治势力所左右。政府可以批准或拒绝某个营销项目，也可以对其范围加以扩充或限制。政府对外商的政策和态度，反映出其改善国家利益的根本想法。企业在进入某个目标国市场前应尽可能评估该国的政治环境。

### 情境案例

★ 1977 年，洛杉矶商人以 25 万美元买下了 1980 年莫斯科夏季奥运会的吉祥物"米沙"玩具熊的生产专利。此后两年，该商人一直致力于"米沙"市场营销，成千上万的"米沙"被生产出来，一切也如预期的那样，"米沙"的销路很好。该业务收入预测可达 5 000 万美元至 1 亿美元。然而意外的是，由于当时苏联入侵阿富汗且拒绝撤军，美国宣布不参加 1980 年莫斯科夏季奥运会。骤然间，"米沙"成了令人深恶痛绝的象征，再也无人购买，该商人的预计收入也化成泡影。

★ 2005 年 5 月 1 日，中国联想集团正式宣布收购 IBM 全球 PC 业务。此前该项并购遇到来自美国难以预测的政治因素方面的阻力。提出收购申请后的 2004 年 1 月 25 日，三位美国共和党众议员联名向财政部长斯诺写信，认为联想对 IBM 公司个人电脑业务的并购交易有可能导致中国政府从中获得先进技术与公司资产，从而获得那些被美国政府控制不许出口给中国的技术。同时，中国政府还能够通过执行一些涉及个人电脑的美国政府合同向美国政府部门提供电脑，要求美国外国投资委员会（CFIUS）对该交易进行调查。联想对外成功地化解了来自政治层面和文化差异造成的负面影响。收购前的充分准备和收购期的信息传播，有效地抵制了"中国威胁论"的舆论，顺利通过了美国外国投资委员会审查。收购后，对内成功地解决了企业管理层融合与员工队伍本土化问题，通过保留原 IBM 高管、总部移师国外、加薪等一系列策略稳定了员工队伍，使新联想得以持续发展。联想对 IBM 全球 PC 业务的成功收购，为中国企业的国际化做出了非常有益的尝试。

### 情境链接

## 美国外国投资委员会

美国 1950 年制定并于 1988 年修订的《美国国防产品法》中的"Exon-Florio 条款"授权美国总统延缓和制止任何威胁到美国国家安全的外国公司对美国企业进行并购交易。1975 年，基于这条法律，美国政府成立了美国外国投资委员会这一跨政府部门的机构，负责审查外国公司对美国企业的收购交易。其成员包括来自国土安全部、司法部、财政部、商务部和国防部等十二个政府部门的代表，主席为财政部部长。调查与审查是秘密进行的，其结果将直接呈报给总统。交易是否威胁美国国家安全主要是看是否有充分证据表明交易的外国主体在交易达成后威胁到美国国家安全，或者有没有足够和适当的权限来保护美国国家安全。

资料来源：新华网，http：//news. xinhuanet. com/fortune/2005 -02/04/content_ 2546630. htm.

**1. 国际政治环境**

（1）政治制度、政党体制与执政思想。政治制度即政体，就是权力如何在统治阶级内部进行分配的问题。君主制和共和制是当今世界两种基本的政治制度。政治制度不同的国家，其政策决策方式以及管理方式也有差异。政党制度是一个国家的政党干预政治的各种形式的统称，一般分为两党制、多党制和一党制三种形式。两党制是指势均力敌的两个政党通过竞选轮流组织政府，轮流执政；在多党制下，没有一个政党具有独立控制政府的能力，各党派意见难以统一，政府更替频繁；在一党制国家，执政党的思想和主张决定该国的政策，但非执政党的某些意见也可能被执政党所采纳，这些国家政策比较稳定。国际市场营销者一定要考察各党派的纲领，特别是执政党的思想。因为执政党在国家经济中起举足轻重的作用，常常决定政府对外经济方面所持的态度。

（2）政治环境的稳定性。东道国政治环境的稳定是开展国际市场营销活动的基础，政治与政策的稳定性直接影响企业营销政策的长期性。如果新政策是突发性和根本性的，与原来的政策背道而驰，就会给企业带来重大影响。但是稳定并非意味着没有变革，事物总是处于不断的发展变化过程中。如果一国政策与变革是渐进式的，且符合发展潮流，企业就能够预测到未来发展方向，并能有计划地调整自己的经营战略，对企业的影响也较小。

政策的不稳定性来源于政府的不稳定性。政权更替形式主要有两种：一种是通过民主选举，新的政党组织政府，企业可以通过分析了解各党派的政治主张和选举结果，并对政策作出判断。这种情况下，政策总体上变化不大，但可能在个别领域有些重大改变。另一种是非正常更替，一些国家由于暴乱、政变、内战、武装冲突、暗杀、宗教对立等原因，政权更替频繁，社会动荡不安，新政府的政策较之前任政府的政策往往会发生根本性的转变。企业想在这类国家开展营销活动非常困难。但是一些经历战乱的国家，由于重建工作的需要，企业会有更多的机会。

（3）民族主义。任何国家和民族都有民族自豪感、优越感和认同感，即民族主义情结。这种民族主义情结会对国际市场营销活动产生重要影响。当一国经济发展的时候，它会对外国产品和投资采取鼓励和支持的政策。如果对本国经济发展意义不大，它就会采取各种关税和非关税措施，限制外国产品和投资进入本国市场。尤其是东道国政府或民众认为外国产品和投资已经严重威胁到民族经济的独立发展的时候，这种限制就更加严格。例如，韩国民众和政府认为外国进口车对本国的汽车工业造成了严重危害，于是韩国政府规定所有的政府用车一律购买本国自己生产的汽车，韩国民众也发起了一场购买国货的运动，以支持民族工业的发展。

（4）国际关系。就东道国而言，国际企业本身就是外国的一部分，无论多么中立，都会自然地卷入国际关系中，而且在企业的许多经营活动中，供需单方或双方都会与其他国家的经营活动发生关系，不可避免地涉及不同国家之间的国际关系。除了要重视母国与东道国之间的国际关系外，企业还应关注东道国与其他国家的关系，如东道国是某一区域性组织成员国，企业应认真分析其中可能产生的影响，然后对是否进行贸易或投资作出决策。如果某国有特别友好或特别敌视的国家，企业应认真研究该国进出口贸易的方向，从而调整相应的营销策略。企业还应关注东道国参加国际组织的情况。一般来说，某国参加的国际组织越多，受各种规章束缚越多，其行为对国际组织的依赖性也越强。

（5）产品的政治敏感性。有些产品在一国市场上往往比其他产品更容易引起东道国政府的特别关注，这就是政治敏感性。企业的产品和投资如果符合东道国政府的利益或经济发展目标，那就会得到东道国的政治支持；反之，则会遭到禁止和限制等政治限制。政治敏感性的有利与不利会随着东道国政府态度的改变而改变。如印度政府曾先后阻止三家美国公司在印度建立一家投资44万美元的化肥厂。一年后，印度政府意识到外国化肥工业投资对发展本国农业是必要的，因此，另外一家公司仅用一天半的时间就与印度政府达成协议，取得了许可证。产品的政治敏感度一般取决于政府的政治主张、经济目标及文化差异等因素，但没有统一的标准来判断一种产品是否有政治敏感性及其程度高低。

**2. 常见的政治风险**

因东道国政府、政党、劳工团体、激进团体的政策或行动导致的政治环境中的不确定性因素，威胁到外国投资的情形，则构成政治风险（Political risk）。常见的政治风险如下：

（1）国有化。即政府将外资企业收归国有，国有化包括给予补偿和不给予补偿两种情况。投资于公共事业、矿业、大规模农业、原油开发等项目的国际性企业要特别注意东道国的政治动向。

（2）外汇管制。一些国家由于国际收支发生赤字或外汇短缺，政府常常对外汇的供需加以管制。一切贸易和非贸易的外汇收入必须按官价结售给中央银行，一切贸易和非贸易外汇支出必须事先经过外汇管制机关批准。国外投资者所能汇出的利润或资本数额也有所限制。

（3）进口限制。即在法律上和行政上限制进口的各种措施，如进口许可证制，进口配额，复杂的海关手续，过严的卫生、安全、技术质量标准等非关税壁垒。

（4）租税控制。即征收关税，实行关税壁垒；或东道国出于限制外资的目的，提高外资公司的税率，公司利润就会减少，企业在市场上的竞争力也将被削弱。

（5）价格控制。一国在面临或正在发生通货膨胀的危机时，政府往往对重要物资和产品（如食品、原油、药品等）实行价格管制。政府有时为了防止外国企业低价倾销对本国企业带来的冲击，也会对进口产品进行倾销调查，提高关税；或对外国企业的低价销售进行管制，从而提高产品价格。

（6）劳工问题。政府立法对本国公民在外资企业工作加以特殊规定，如禁止临时解雇员工、禁止单方面延长劳动时间等。当工人与企业发生矛盾时，政府一般支持工会对抗外资企业，给企业经营管理造成很大麻烦。

**3. 国际市场营销对政治风险的防范**

（1）联合投资。方式有三种：一是与当地合伙人建立合资企业；二是与其他多国公司联合投资；三是联合若干家银行对投资项目提供资金。

（2）资金渗透和争取东道国投资。主要形式是在东道国发行股票，从东道国吸取部分资金，这样就把东道国政府和公民的利益与公司的利益结合起来，可减少政治风险。

（3）企业将国际市场营销的控制权置于东道国之外。主要有两种方法：一是把关键部件和主要原材料的生产地放在本国或第三国；二是把分销控制权置于东道国之外。

（4）与东道国的企业形成相互依存关系。如东道国企业生产，本企业销售，这样东道国企业成了供货商，依赖本企业的销售渠道。

（5）资产担保。许多发达国家都设有为本国公司担保海外政治风险的官方或私人担保机构。

政治风险来源、影响及应对方式如表2-1-2所示。

表2-1-2 政治风险来源、影响及应对方式

| | 来源 | 范例 | 影响 | 应对方式 |
|---|---|---|---|---|
| 直接干预企业活动 | 政府、政党 | 贪污、选举 | 直接影响企业绩效：1. 政治献金；2. 红包文化；3. 税捐 | 建立有利的联结关系 |
| | 行政机关、立法机关 | 贿赂 | | |
| | 行政机关 | 征收特许费 | | |
| | 工会团体、环保团体 | 罢工事件、环保抗争 | 直接影响价值生产活动：1. 生产停顿；2. 营销方式的限制；3. 人员雇佣的限制；4. 原料、生产及输出等的限制 | 1. 隔离风险；2. 分散风险；3. 增加弹性 |
| | 第三国政府、游击队 | 战争、革命 | | |
| | 消费者团体 | 消费者抗争 | | |
| | 工会 | 劳资对立 | | |
| | 民间团体 | 影响政策制定 | | |
| | 政府 | 国有化政策 | 1. 直接影响价值分配活动；2. 所有权转移；3. 指定合资对象 | 建立有利的联结关系：1. 掌握重要资源、关键技术、管理能力；2. 扩大当地资金来源；3. 形成商业联盟；4. 运用母国或第三国力量 |
| | 政党、恐怖分子、游击队 | 政权交替、内战、革命等导致的征收、占领等事件 | | |
| | 政府、政党、工商团体、地方派系 | 对所有权比例要求、指定合资对象等 | | |
| 环境变动间接影响企业活动 | 行政机关 | 货币政策导致的通货膨胀或干预汇率变动等，致使企业利润缩水，银行利率的调整 | 环境变动间接影响绩效：1. 货币及利息费用上涨；2. 利息费用上升 | 1. 建立有利的联结关系；2. 建立吓阻性力量，以退出作为要挟 |
| | 政府、消费者团体、传播媒体等 | 消费者保护法、公平交易法的施行 | 环境变动间接影响价值生产活动：1. 营销活动；2. 生产活动；3. 投资活动 | 1. 建立有利的联结关系；2. 隔离风险；3. 分散风险；4. 增加弹性；5. 建立吓阻性力量，以退出作为要挟 |
| | 国际组织 | 区域经济、贸易障碍 | | |
| | 母国政府 | 贸易谈判、贸易纠纷 | | |
| | 政府、工会团体、学术组织等 | 劳动基准法的施行 | | |

续表

| | 来源 | 范例 | 影响 | 应对方式 |
|---|---|---|---|---|
| 环境变动间接影响企业活动 | 环保团体、传播媒体 | 环境保护法规的施行 | 环境变动间接影响价值生产活动：<br>1. 营销活动；<br>2. 生产活动；<br>3. 投资活动 | 1. 建立有利的联结关系；<br>2. 隔离风险；<br>3. 分散风险；<br>4. 增加弹性；<br>5. 建立吓阻性力量，以退出作为要挟 |
| | 东道国、母国、第三国政府等 | 国际关系变动，导致影响东道国对外资企业投资保障协定、避免企业投资保障协定、避免双重课税协定等的变动 | | |
| | 政府、学术组织等 | 商业法规的变动 | 环境变动间接影响价值分配活动：<br>股权结构的限制、企业盈余分配方式的限制；<br>利润汇回的限制 | 建立有利的联结关系；<br>运用母国的力量进行谈判 |
| | 政府 | 政策限制 | | |

## 二、国际市场营销的法律环境

**情境导入**

欧洲国家规定禁止销售不带安全保护装置的打火机，这无疑限制了中国低价打火机的出口。日本政府也曾规定，任何外国公司进入日本市场，必须要找一个日本公司同他合伙，以此来限制外国资本的进入。

**讨论：** 一般来说，国家会使用哪些法律行为来干扰或规范国际行销活动？

**情境认知**

国际法律环境（Legal Environment）主要包括与企业国际市场营销活动相关的法律、条约、惯例，分为本国法律、东道国法律、国际法律三个部分，如图2-1-2所示。企业在进行国际市场营销活动时，必须熟悉其所处的法律环境，依法经营；同时也要能够运用法律手段保护自己的合法权益。有时，这些法律可为企业创造新的机会。例如，强制性的回收利用再循环法律给再循环行业创造了巨大的机遇。

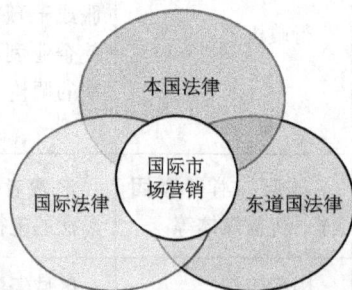

图2-1-2　国际市场营销的法律环境

### 1. 本国法律

本国法律主要从出口限制、对外投资两个方面对企业国际市场营销活动进行管理。企业还应遵守有关合同、专利、商标、票据、消费者权益保护和环境保护等方面的国内法规。

### 2. 东道国法律

东道国法律是影响国际市场营销活动最经常、最直接的因素。其影响主要体现在对国际市场营销组合的产品、价格、分销、促销的限制与规定等方面。

（1）产品。在各国的法律法规中，有很多关于产品的要求，如产品责任法、商标法、专利法、商品质量与包装法、消费者权益保护法、食品卫生法、环境法、商检法等。其中，对那些直接涉及国民健康的药品和食品的要求特别高。

**情境延伸**

## ISO 14000 环境管理体系

ISO 14000 是由国际标准化组织（ISO）环境管理技术委员会顺应国际上对环境保护日益重视、强调可持续发展的大趋势而制定的一套对所有组织强调环境管理一体化、预防污染与持续改进的环境管理系列国际标准。

该标准以环境为管理对象，以社会公众为相关方，结合环境管理和经济发展来规范企业和社会团体等所有组织的环境行为，强调最大限度地合理配置和节约资源，减少人类活动对环境的影响，改善环境质量，保持环境与经济的共同协调与可持续发展。

与 ISO 9000 相比，ISO 9000 的管理对象是质量，而 ISO 14000 的管理对象是环境；ISO 9000 的相关方是顾客，而 ISO 14000 则有着更多的相关方，如公众、社会、政府、消费者、员工、经营者以及绿色和平组织等；ISO 9000 强调持续地符合要求，而 ISO 14000 更加注意持续改进。

实施 ISO 14000，满足顾客及各种公众绿色消费的需要，是市场竞争的需要，有助于提升企业形象，提高企业管理水平，增强企业软竞争力，是企业避开国际贸易中的"环境壁垒"，获得进入国际市场的绿色通行证的重要途径。

各国法律对包装也有不同规定。许多国家为控制过度包装、夸张包装等损害消费者利益的竞争行为制定了空位条例，对包装空位、包装的成本加以限制，对液体产品包装的预留容量也作出了规定，并制定了相关的处罚法规。

有关标签的法律要求更严格。一般来说，标签上须注明的项目包括：产品的名称、生产商或分销商的名称、产品的成分、使用说明、重量（净重或毛重）、产地。

**情境观察**

★ 从 2006 年 5 月开始，日本正式实施《食品中残留农业化学品肯定列表制度》，"肯定列表制度"下设限的产品数量大幅增加，标准更是近乎苛刻。"肯定列表制度"中仅"暂定标准"一项就涉及 734 种农业化学品、51 392 个限量标准、264 种食品，分别是过去全部规定的 2.8 倍、5.6 倍和 1.4 倍，如番茄、甘蓝、蘑菇中的抑芽丹残留标准提高了 125 倍。"肯定列表制度"全面提高了对日出口食品的技术门槛。统计数据显示，在日本《肯定列表制度》实施的当天，我国山东烟台市对日蔬菜出口就减少了一半。

★ 统计数字显示，美国消费品安全委员会下令召回的中国产品在近 5 年间（2003—2007 年）增长了一倍。2006 年中国产品在美国被召回的总次数达到 467 次。2011 年中国产品被召回的次数占美国所有被召回产品总数的 60%，而 2000 年仅占 36%。2007 年 4 月，美国当局宣布对中国产的 "Baby Einstein" 牌连脚婴儿服实施自愿性召回，该产品不符合儿童服装的可燃性标准，有导致婴儿烧伤的危险。2008 年 2 月，美国当局宣布召回在中国制造的、非常受欢迎的"托马斯木制火车"玩具，其涂料含有铅；中国制造的玩具鼓和玩具熊也因涂料含铅被召回，同期，一种名为"浮动眼球"的玩具，也被发现含煤油而被下令召回；还有一种套在婴儿手腕上咯咯作响的手镯，也因含有可令儿童吞噬至死的部件而被禁。

**讨论**：针对各国日益提升的产品质量与安全标准，我们应如何应对？

（2）定价格。如价格法、反垄断法、反倾销法。一般来说，各国政府对公共事业产品、日常生活用品、药品都会实行价格管制。它们中有的对所有产品都实行价格控制，而有的只对极个别产品实行价格控制。例如，法国政府冻结若干个产品的价格，而日本只对大米实行价格控制。

（3）分销。各国法律关于分销的规定比较少，如直销法，所以企业在选择东道国分销渠道时自由度比较大。但是有些东道国对某些分销渠道也有限制，对当地中间商的经营范围（如产品范围、地域范围等）、分销模式可能做出一些规定，如法国则特别禁止挨门挨户推销。通过分销商或代理商销售的出口企业将会受到东道国法律的限制，因此出口企业必须了解东道国关于分销商合同的法律条文，以避免造成损失。

（4）促销，如广告法、反不正当竞争法、税法等。例如，美国《反托拉斯法》规定不允许几个公司共同商定产品价格，一个公司的市场占有率超过20%就不能再合并同类企业。在国际市场营销中，关于广告的争议最多，而且广告也最易受到控制。世界上大多数国家都制定了有关广告的法律规定，许多国家的广告组织也有自己的约束准则。世界各国的广告限制规则通常有如下三种形式：

一是关于"广告词"的可信度。例如，德国不允许使用比较性广告和"较好"或"最好"等广告词。

二是限制为某些产品做广告。例如，英国不允许在电视上做烟草或酒类广告。

三是限制促销技巧。例如，佣金的规模、价值和种类也被许多国家明确限定：佣金只能占产品销售额的有限部分，并且佣金的使用只能与该项产品有关，也就是说，手表的广告佣金不能用来做肥皂的广告等。

✎ **情境延伸**

### 各国关于促销的法律规定

法国：挨户推销非法，优惠促销非法；

芬兰：禁止含酒精饮料、淫秽文学作品、政治刊物、宗教预言和减肥药物做广告；

奥地利：折扣法禁止以现金折扣的方式给不同的顾客群体提供优惠；

德国：禁止企业提供任何种类的刺激以吸引顾客，禁止做比较广告；

加拿大：法庭在判定某一表述是否虚假或产生误导时采用"轻信人标准"（Credulous Person Standard）。

**3. 国际法律**

国际法是调整国际经贸关系，规定权利与义务的原则与制度。国际法的主要依据是双边或多边的国际条约、国际惯例、国际组织的决议，以及有关国际问题的判例等。国际法的主体是国家而非个人。目前国际上对营销活动影响较大的多边条约和协定有以下七类：

（1）调整国际货物买卖关系的公约，如《联合国国际货物销售合同公约》《商品名称编码协调制度的国际公约》《乌拉圭回合多边贸易谈判结果最后文件》《国际贸易术语解释通则》。

（2）调整国际海上运输、航空运输、铁路运输关系的公约，如《关于统一提单的若干法律规则的国际公约》《1978年联合国海上货物运输公约》《国际民用航空公约》《国际铁路货物联运协定》《国际货物多式联合运输公约》。

（3）调整国际货币信贷关系的公约，如《国际货币基金协定》。

（4）调整国际票据关系的公约。

（5）关于知识产权的公约，如《保护工业产权巴黎公约》《专利合作条约》《欧洲专利公约》《商标国际注册马德里协定》《商标注册条约》《与贸易有关的知识产权协议》。

（6）关于国际商事仲裁的公约，如《承认与执行外国仲裁裁决公约》《解决投资争端的国际中心仲裁规则》和《解决投资争端的国际中心调解程序规则》《民商事案件管辖权及判决执行的公约》《联合国国际贸易法委员会仲裁规则》等。

（7）WTO规则，如《建立世界贸易组织协定》。

### 情境延伸

## 国际争端解决途径

由于国际市场营销活动涉及不同的利益主体，难免会发生争端。争端发生后，企业应当选择合理的途径予以解决。解决争端的途径一般有协商、调解、仲裁与诉讼。在大多数情况下，只有在其他途径无法解决时，企业才会借助于诉讼的方式解决争端。一般来说，国际商务纠纷多选取仲裁解决。国际上较著名的常设商事仲裁机构主要有国际商会仲裁院、瑞典斯德哥尔摩商事仲裁院、英国伦敦仲裁院、美国仲裁协会、苏黎世商会仲裁院等。

> **情境模拟：**
>
> 你的公司在国外市场开拓过程中，如何保护自身品牌权益与声誉？如果被诉产品商标侵权，产生商业纠纷，你会如何解决争端？

## 三、国际经济环境

**情境导入**

瑞士信贷第一波士顿银行2007年发布的调查指出，过去三年间，中国20~29岁年轻人的所得增长34%，是成长最快的年龄层。万事达卡发表的另一项统计也指出，中国62%的富裕消费者，年龄位于25~34岁，消费潜力十分强大。除了年轻一代外，整体中国人的财富暴增，也造就了一波消费浪潮。1978年，中国的人均国民收入不到100美元，但到了2008年，已经超过2 000美元，总共增长了20倍。2006年，北京、上海的人均国民收入更是超越5 000美元，就购买力来看，其人均国民收入水平不输给中国台湾与韩国。瑞士信贷更大胆预测，中国消费将以跳跃式增长姿态，2020年总额占全球比重将超越美国，成为全球最大消费国。更特殊的是，中国的消费是"跳跃式"的，很多新科技用起来理所当然。他们不必买传统电话、不必听卡带，也不必上图书馆找资料。世界不但供给中国全新科技且源源不断。尤其是驱动3C产品跳跃式消费的网络，其渗透率更呈现飙涨状态。据中联网信息中心统计，截止2008年年底，中国互联网网络普及率为22.6%，首超全球平均水平，网民接近3亿。中国不流行二手货，80后新生代直接享受最新式产品，追求时髦、崇尚品牌。

当美国经济摇摇欲坠、欧洲和日本为恶化的经济焦头烂额之际，2009年经济仍可保8的中国的确更有本钱消费。这个世界"劳力工厂"转为世界"消费市场"，也早已成为全球企业觊觎的对象，谁能掌握这块市场，谁就有机会脱颖而出。

**讨论：** 各国企业纷纷觊觎中国，他们看中中国经济环境中的哪些诱人因素？

## 情境认知

国际经济环境（International Economic Environment）包括本国、目标市场国和国际的经济形势，经济发展规模、速度、水平，经济制度、体制，参加国际经济组织、国际经济活动的状况，国际经济地位，经济发展阶段，经济结构类型，国家、地区的产业布局，城市化程度，水利、能源、交通、通信等基础设施状况，消费者收入水平，消费水平、消费方式和消费结构，消费倾向和储蓄倾向，消费者储蓄和信贷状况，货币供应量、币值，外汇储备量、汇率，物价水平、通货膨胀率，税收和关税，外贸和国际收支状况，等等。

分析目标市场国的经济环境主要考察其经济特征、市场规模两大方面。经济特征包含经济体制、经济发展阶段、通货膨胀率、经济增长速度、居民储蓄与消费信贷等指标；市场规模则主要从人口与收入两方面考察。

**1. 经济特征**

（1）经济体制。经济体制有市场经济体制和计划经济体制两种基本形式，绝大部分国家都处于这两者之间，采取混合经济体制。一国的经济体制可反映出该国政府对经济的干预程度，从而影响企业的国际市场营销活动。计划经济主导的国家，市场机制不健全，垄断严重，对外来产品和投资管制较严，不利于国际市场营销活动的开展。而市场经济主导的国家，鼓励自由竞争，市场对资源的配置和调节作用得到充分发挥，对外来产品和投资限制较少，开展国际市场营销活动比较便利。

（2）经济发展阶段。美国经济史学家华尔特·惠特曼·罗斯托（Walt Whitman Rostow）把经济发展分为六个阶段，分别为传统社会阶段、起飞酝酿阶段、起飞阶段、成熟阶段、高额群众消费阶段和追求生活质量阶段。处于前三个阶段的国家是发展中国家，处于后三个阶段的国家则属于发达国家。由于各个阶段的经济发展水平不同，人们的实际收入和购买力也不一样，对产品的需求也就不同。因此，企业在国际市场营销活动中，必须充分考虑该国的经济发展阶段，制定正确的营销策略。

## 情境延伸

### 经济成长阶段理论

罗斯托在其1960年出版的《经济成长的阶段》中提出了经济发展阶段论，试图用经济理论解释经济历史的进程，把社会发展分为必须依次经过的六个阶段。

第一阶段为传统社会阶段。处于这一阶段的国家经济发展水平低下，农业是国民经济的主体；现代科学技术尚未应用于生产，以手工作业为主，劳动生产率低下；国民文化水平低。

第二阶段为起飞酝酿阶段。农业开始向工业转移，科学技术开始应用于工业；教育、卫生等公共事业开始发展，劳动者素质有所提高。这个阶段是起飞的必要条件。

第三阶段为起飞阶段。国民经济增长速度较快，国民收入显著增加；农业及各产业逐渐现代化，劳动生产率水平明显提高；基础设施较完善。

第四阶段为成熟阶段。经济结构发生重大变化，工业和服务业取代农业成为经济的支柱；科学技术飞速发展，并广泛应用于各种经济活动；国家和企业更多地参与国际经济活动。

第五阶段为高额群众消费阶段。第三产业迅速发展，公共设施和社会福利日益完善，人均收入激增，服务业和高档耐用消费品成为消费热点，社会产品被大量生产和消费。

第六阶段为追求生活质量阶段。这一阶段的主导部门是以公共服务业和私人服务业为代表的提高居民生活质量的有关部门，各种新技术广泛应用于这些部门，是"工业社会中人们生活的一个真正的突变"。

从第五阶段起，出现开始反映出意识形态和社会价值取向的位置消费，开始形成一个稳定的中间的社会群体——中产阶层。罗斯托用这种理论代替马克思对人类社会历史发展阶段的划分。他确信他的理论解释了西方各国已经历过的工业化过程，揭示了一个国家在经济成长过程中所要遇到的一系列战略抉择问题。

（3）通货膨胀率。通货膨胀率对国际营销活动有重要影响。在名义收入不变的情况下，高通货膨胀率意味着实际收入水平和购买力的下降，消费水平也会下跌。但在恶性通货膨胀条件下，人们会疯狂地抢购商品，尤其是生活必需品。另外，高通货膨胀率意味着一国货币将贬值，进口商品的价格相对提高，人们会转向购买国内产品。

（4）经济增长速度。一国的经济增长速度较高，意味着该国的国民生产总值和人均国民收入水平提高，人们的购买力水平也会得到提高，需求会增加，国际营销机会也会增大。一国持续的高速经济增长，会使该国的市场规模和市场潜力也持续增长。另外，较高的经济增长速度意味着一国货币将升值，进口商品的价格相对下降，这将进一步促使消费者转向购买进口商品。

**情境链接**

## 经济晴雨表

2005年，泰国出现了一项奇特的衡量国民经济发展状况的指标——"妈妈"牌方便面指数。"妈妈"牌方便面在泰国销量最大。当经济不景气时，人们会缩减食物开支，这种5泰铢一包的低价方便面就成了广大消费者的首选，于是其销量就急剧上升。经济复苏，该方便面销量稳定。一旦经济增长放缓，销量就明显增加。有趣的是，研究发现，口红销量、女人裙子的长度、女人发型长短也都可从一定程度反映经济发展状况。

（5）居民储蓄与消费信贷。通常可用储蓄额、储蓄率、储蓄增长率考察一个国家或地区的居民储蓄状况。储蓄额和储蓄率越大，表明居民现时支出少，购买力小，企业的市场机会就少；反之，则表明企业现时的市场机会多。但是，储蓄的目的是将来消费，储蓄额和储蓄率越大，表明市场潜力越大，而且表明可供利用的资金增加，从而可促进该国的经济增长。一国的消费信贷越发达，表明市场购买力越高，市场机会越多。

### 2. 市场规模

一个国家的市场规模通常与该国的人口和收入这两个因素密切相关。影响市场规模的人口因素可考察人口总量、人口增长速度、人口构成和家庭结构四个指标。影响市场规模的收入因素则可考察国民生产总值、人均国民收入和收入分配状况三个指标。

（1）人口，主要包括以下四个方面的指标。

① 人口总量。一般来说，其他条件不变，则人口越多，该国（或地区）的市场规模就越大。食品、服装、药品、饮料、文体用品等消费品市场潜力直接受人口总量的影响。

② 人口增长速度。人口增长速度影响未来的市场规模，并且人口增长速度快意味着对儿童产品的需求增加，如儿童食品、儿童玩具等。但是过快的人口增长会阻碍经济的发展和人均收入的增长，从而限制市场规模的扩大。据预测，我国人口将在2030年实现零增长，人口总数将达到14.5亿人的最高点，那时印度人口将超过中国成为世界之最。

③ 人口结构。人口结构包括人口的年龄结构、性别结构、受教育程度以及人口地理分布等。人口的年龄结构会影响一国的消费结构。比如，人口老龄化国家对老人用品和老人服务的需求会增加。由于男性和女性的购买习惯与购买动机都不同，故分析和关注性别结构的变化对市场的影响很有必要。越来越多的女性参与工作而不是待在家里，做家务的时间减少，因而高效、省时的产品与服务受到青睐。全球而言，女性人口增长率比男性高，但不同国家又不一样，如中国男性增长率则超过女性。在一个受教育程度较高的国家，人们对文化用品、娱乐用品的需求会增加。受教育程度还可能对人们的购买行为、消费偏好产生影响。人口地理分布应考察的重要指标是城市化率（城市人口占城乡总人口的比例）。城市化率高的国家，消费者商业意识强，商业设施也较完善，有利于营销。人口地理分布的密集程度将对企业在特定区域的营销渠道与促销策略的选择产生影响。

## 情境案例 发达国家纷纷开发老龄市场

日本的罗森（Lawson）公司改装了旗下多家便利店，开始为老人提供聊天室和按摩椅等服务。改装后的分店比普通分店的营业额有时高出50%。一些街区的零售商也开始为老人提供便利服务，从五金器具到理发，都为老人提供上门服务。

针对老年人的玩具早已成为市场热点。在美国，纽约最繁华的商业大街上不乏老人玩具公司，玩具企业40%的产品是专为老人设计的。日本厚生省还推出了老人玩具机器宠物工程，其与松下公司联手研制的机器猫"塔玛"和机器熊"库玛"除了会主动找老人聊天外，还能自动记录与老人的交流过程，帮助护理人员得悉老人的生活状态。日本一家玩具公司推出的"克隆人"玩具一面世就风靡市场，只需老人们提供孙子、孙女的照片、录像带等详细资料后，该公司就可以"克隆"出与客户要求完全相符的"克隆人"玩具，它具有陪老人聊天、唱歌、祝福节日等功能，满足老人对子孙的思念之情。

## 情境观察 中国进入"老年型"国家

一个国家65岁以上的人口占比超过7%，或者60岁以上的人口占比超过10%，就是"老年型"国家。目前已有包括中国在内60多个国家进入"老年型"国家。发达国家65岁以上的人口所占比例已高达15%，全球老年人口数已达6.3亿。

截至2012年年底，中国60岁以上老年人口已达1.94亿，占全国总人口的14.3%。2013年达到2亿，2025年将突破3个亿，2034年将突破4个亿，约占总人口的26%以上。中国将长期是世界上老龄人口最多的国家。"银色世纪"的出现为医疗保健用品、老年人食品、服装及各种老龄服务提供了大量的市场机遇。另一方面，中国目前各类养老机构仅有4.5万家，床位数431.3万张。老龄人口的快速增长与养老服务设施的缓慢发展形成鲜明对比。

**讨论：** 中国老龄市场还有很大的发展空间，可以开发哪些产品或服务呢？哪些行业可能会面临威胁？

④ 家庭结构。随着社会的发展，全球家庭普遍开始向小型化发展。家庭人口减少，家庭数量增多，住房、家电、食品也向小型化发展。此外，丁克家庭、独身家庭、单亲家庭等的消费需求也有别于传统的家庭。

**情境观察**

## 世界人口发展趋势

（1）世界人口迅速增长。据历史人口学家估计，到2050年，世界人口将达到92亿（其中80%的人口属于发展中国家）。

（2）发达国家的人口出生率下降，儿童减少。

（3）许多国家人口结构趋于老龄化。许多国家尤其是发达国家的人口死亡率普遍下降，平均寿命延长。

（4）许多国家的家庭在变化。

（5）西方国家非家庭住户也在迅速增加。

（6）许多国家的人口流动性大，主要有两个特点：① 人口从农村流向城市。② 人口从城市流向郊区。

（7）有些国家人口由多民族构成。

**讨论：** 以上的趋势预示着怎样的市场机会或威胁？

**情境模拟：**

谈谈你所在当地的人口环境的特点，思考这种人口状况蕴含了哪些商机与威胁。

（2）收入，主要包括以下三个方面的指标。

① 国民生产总值（GNP）。国民生产总值是衡量一国经济实力或整体购买力的重要指标，也是衡量某些产品市场规模的有效指标，如水泥、钢铁等工业用品。印度的国民生产总值是比利时的2倍，印度水泥和钢铁的消费量也是比利时的3~4倍。而且国民生产总值增长会带动人均国民收入增长，导致消费结构发生变化，从而引起需求结构发生变化，如图2-1-3所示。但对于一些高档消费品，则与人均国民收入联系更紧密，而与国民生产总值关系不大。

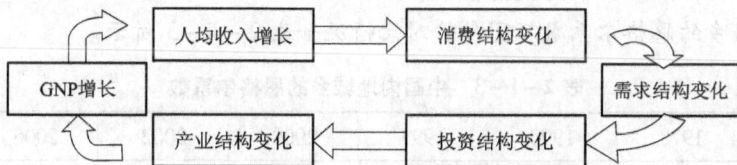

图 2-1-3　GNP 与人均收入、需求结构的关系

② 人均国民收入。人均国民收入在一定程度上反映一国的经济发展水平和现代化程度，以及健康、教育、社会福利状况，对评估耐用消费品、奢侈消费品、休闲旅游产品和娱乐产品的市场规模具有重要的作用。比如，虽然比利时的国民生产总值只有印度的1/2，但人均国民收入却比印度高得多，比利时对汽车、移动电话的消费量也比印度高得多。

③ 消费支出模式。消费者收入的变化会引起消费支出模式即消费结构的变化。随着消费者收入水平的逐步提高，生活必需的食物支出在消费总支出中的比重（恩格尔系数）会逐步下降。这就是著名的恩格尔定律，已在国际上得到了大量的验证。恩格尔系数成为在一定程度上反映一个国家或地区的居民生活水平、富裕程度和经济发展程度的指标。

### 👁 情境观察

消费者收入水平是影响消费者购买力的关键性因素。消费者收入可分为：

（1）个人收入——个人全部收入。

（2）个人可支配收入——个人收入扣除税款和非税性负担如强制性保险等之后的余额。

（3）个人可任意支配收入——个人可支配收入扣除维持个人、家庭生活的必需费用和固定费用（如房租、保险费、分期付款、抵押借款等）后的余额。

其中，个人可支配收入是影响消费者购买力和消费品支出的决定性因素，个人可任意支配收入影响高档消费品、奢侈品、娱乐用品、旅游用品等商品消费及储蓄率的变化。

营销者除了要关注消费者的平均收入，还应关注收入的相对性即货币收入与实际收入、收入的分配均衡状况等，这些因素对社会消费结构影响也很大。如果收入分配不公平，贫富差距悬殊，在使用国民生产总值和人均国民收入两个指标反映一国的市场规模时就可能产生偏差，对应的营销策略也应当不一致。反映社会收入分配平均程度的常用指标是基尼系数。

### ✏ 情境延伸

## 恩格尔系数

恩格尔系数（Engel's Coefficient）是根据恩格尔定律得出的比例数，是表示生活水平高低的一个指标。19世纪德国统计学家恩格尔根据统计资料，对消费结构的变化得出一个规律：

其计算公式：恩格尔系数＝食物支出金额/总支出金额

除食物支出外，衣着、住房、日用必需品等的支出，在不断增长的家庭收入或总支出中，所占比重上升一段时期后，也会呈递减趋势。

联合国根据恩格尔系数的大小，对世界各国的生活水平有一个划分标准，即恩格尔系数在60%以上为贫困，50%~59%为温饱，40%~49%为小康，30%~40%以下为相对富裕，20%~30%为富裕，20%以下为极其富裕。

中国内地城乡的恩格尔系数不同年份对比情况如表2-1-3所示。

表2-1-3　中国内地城乡的恩格尔系数　　　　　　单位：%

| 年份/年 | 1978 | 1990 | 1997 | 2000 | 2002 | 2006 | 2007 |
|---|---|---|---|---|---|---|---|
| 城镇 | 57.5 | 54.2 | 46.4 | 39.2 | 37.7 | 35.6 | 36.3 |
| 农村 | 67.7 | 58.8 | 55.1 | 49.1 | 46.2 | 43.0 | 43.1 |

## 四、社会文化环境

### "人文地理盲"让微软数亿美元泡汤

微软公司被誉为"知本经济"、现代信息科技的代表，恐怕没人会怀疑其业务会受制于不该有的知识盲区。然而，由于程序设计人员缺乏基本的人文地理常识，微软在全球各地惹上了大量麻烦，而且因为冒犯当地政府或民众使自己的声誉严重受损。

印度是微软公司非常重视的软件市场之一。但是微软试图在印度销售的 Windows 95 操作系统附带的世界时区地图中，对有争议的查谟和克什米尔地区的处理得罪了印度，违反了印度的现行法律，导致整个 Windows 95 操作系统被禁止在印度销售。其次，由于在土耳其的地图上将库尔德斯坦作为一个独立的政治实体标注出来，土耳其政府大为光火，并为此逮捕了微软土耳其分公司的数名员工，微软最后不得不采取补救措施，将库尔德斯坦从所有的地图上去掉。另外一个严重的错误是一款背景音乐为节奏感很强的阿拉伯音乐的接力战斗游戏，公司一名会说阿拉伯语的员工在听到歌曲后立即紧张地从座位上弹了起来，说这是对伊斯兰教莫大的侮辱，他请求公司收回所有的游戏产品，但是微软公司却抱着侥幸心理将游戏继续在全美推广发行。三个月后，沙特政府正式提出抗议，微软不得不在全球范围回收这一游戏。此外，在微软开发的游戏《帝国时代 2》里，穆斯林军队一旦获胜，对方玩家的宗教建筑就会变成清真寺，沙特政府为此曾提出抗议，并禁止该游戏在沙特销售。这款游戏还将韩国国旗设计反了，因此遭到了韩国政府和民众的抗议。微软"视窗"西班牙语版在选择性别时用了西班牙语"Hembra"一词来表示女性，可是在中美洲各国，这个词是"妓女"的意思。

这些问题严重影响了微软公司在全球的竞争力。为此，微软决定对员工进行人文地理知识培训，给"地理盲"员工进行充电。

资料来源：新华网. 2004 - 08 - 20

**讨论：**你是否也经常看到诸如此类的跨文化营销障碍呢？请举例说明并谈谈应该如何避免。

一国或地区人们的基本价值、观念、思维习惯、生活方式、偏好和行为，都是以其特有的文化为基础的。国际市场营销与国内市场营销的最大区别是前者要与不同文化环境的人打交道。不同文化环境下的人在语言、宗教信仰、价值观、思维方式、风俗习惯等方面会存在差异，对商品与服务的需求不同，对同一句话、动作、事件往往有着不同甚至是迥异的理解。文化与营销之间具有"正相关"的关系，如图 2 - 1 - 4 所示。随着营销活动的扩大与深化，文化环境因素对企业营销的影响越来越大，甚至足以左右国际市场营销活动的成败，稍有不慎，就可能一败涂地。因此有人说：国际市场营销有时就是文化营销，属于跨文化经营。任何一个从事国际市场营销活动的企业都必须重视文化环境因素的影响，做到"入国问禁、入境问俗、入乡随俗"。国际营销者一定要注意避免产生"自我参照准则"（Self-renference Criterion，SRC）的行动，即不自觉、无意识地参考自己的价值观，以本国形成的思维定式和行为准则去处理外国问题。必须针对不同文化背景的市场，采取相适应的营销措

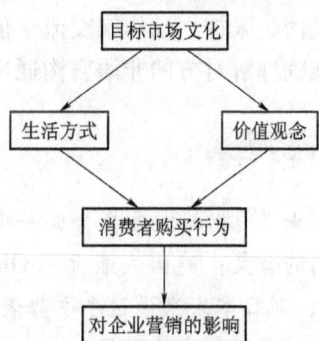

图 2 - 1 - 4  社会文化对国际市场营销的影响

施，只有使每一个细节都符合当地文化，才能打开市场、站稳脚跟。

广义的文化指人类创造的一切物质、制度和精神，即包括物质文化、制度文化和精神文化；狭义的文化主要指精神文化，又称社会文化，是一个特定社会中所有成员共同拥有的、代代相传的种种行为和生活方式的总和。社会文化环境构成要素主要包括语言文字、社会结构、宗教信仰、价值观念、风俗习惯和教育等。

**1. 语言文字**

语言文字是文化的最重要载体，也是经济活动沟通的桥梁和表达思想、传递感情的工具。语言的多样性使国际市场营销活动更为困难。要进入国际市场，必须了解掌握各国语言文字，这对于交流沟通、创造亲和力、掌握市场信息、做好产品介绍与宣传广告工作，有着重要的作用。若不能克服语言障碍，即使有好的营销策略也是枉然。例如，出口加拿大的商品，包装上必须同时标注英文和法文；"Coca-Cola"进入我国市场译为"可口可乐"，既音译又意译，更突出了饮料给人的感受，起到很好的促销作用，是品牌译名的典范之作。

> **情境案例**

★ 中国出口的"芳芳"牌爽身粉，直译成英文"Fang Fang"，而"Fang"在英文中意为"（蛇的）毒牙、（狗的）尖牙"。

★ 我国茉莉花茶因谐音"没利"，在东南亚一度不受欢迎，后改名"莱莉"（谐音"来利"）就畅销了。

★ 百事可乐的著名广告语"Come Alive with Pepsi"翻译成德文后意思是"从坟墓中复活"。

★ 通用汽车公司雪佛兰品牌车"新星"英文为"NOVA"，在拉美国家没有销路，原因是在西班牙语中"NOVA"是"走不动"的意思。

★ 宝洁公司的高露洁牙膏"Cue"，在法语中"cue"意为"屁股"，所以在法语国家销路不好。

★ 我国著名的"白象"电池在国外销售不畅，原因是直译成英文"White Elephant"，意思是"废物、大而无用的东西"。

人际沟通方式除了语言文字外，还有表情、手势、动作以及人际交谈时的距离、时间等非语言沟通方式。一个响指或点一下头的含义都是由其所在国的文化决定的。人们经常用面部表情、眼神、动作来交流，但即使是同一国度有时也会被误解。在从事国际商务活动时，要准确理解对方的非语言沟通用语可能更为困难。

> **情境案例**

★ "用拇指和食指合成一个圈，其余三个手指伸直或者略屈"这一手势在不同的国家有不同的含义：美国人表示"OK"，即好或赞许的意思；法国人表达的是"零"或"没价值"；对日本人来说这个手势表示"钱"的意思，而在巴西、意大利、希腊这是一种粗鲁的动作，是侮辱人的意思。

★ 美国一家公司的饮料广告的画面是：左边是一个沙漠中焦渴的青年；中左图是该青年看到该品牌饮料，眼中放光；中右图是该青年畅饮品牌饮料；最右图是畅饮后该青年生机勃勃的样子。按从左往右阅读的习惯，该广告含义不言而喻。然而在中东等习惯从右往左阅读的国家、地区，该广告向潜在消费者传递的信息却是饮用这种饮料，将越喝越渴！

★ 人与人交谈或聚集时可以接受的和感到舒服的距离，北美人、北欧人比南美人、南欧人、亚洲人要大。如果一个美国人同一个亚洲人站着交谈，亚洲人会不由自主地往对方跟前靠，美国人则会下意识地向后退，结果两人会不自觉地移动谈话的地点。

### 2. 社会结构

社会结构是人们建立相互联系的方式。指一个国家或地区内的社会阶层，家庭制度，男女地位，种族、民族的特征、构成及各自地位，不同地域人群的特征与地位，不同职业人群的地位等。

社会阶层是指一个社会中按照一定标准划分的社会群体，每个阶层都有其独立的群体利益。不同阶层之间，其价值观、生活方式、消费行为、需求结构是迥然不同的。现代成熟的市场经济社会里，中产阶层（Middle Class）的人数占大多数，它在经济生活中是最主要的消费群体，其消费的数量、质量、结构及发展趋向对整个市场的影响举足轻重。

家庭制度在各国不尽相同，女性在家庭中和社会上的实际地位各国情况也不一样。女性地位较高的国家，在消费品购买中有较大的决策权，对消费品市场的发展有一定导向作用，整个市场的性别结构会比较平衡；女性地位较低的国家，市场性别结构容易偏向男性。不过从全球总的发展趋势来看，女性地位在提高，女性在消费市场中作为一个巨大的目标群体越来越被营销者所关注。

### 3. 宗教信仰

世界上三大宗教是佛教、基督教（包括天主教、东正教、新教）和伊斯兰教。另外还有犹太教、印度教等。各种宗教、教派和宗教团体都有自己的教规、戒律和礼仪，它们对信徒的价值观、伦理道德规范和生活方式影响极大。企业营销应尊重目标市场国宗教徒的生活习俗，严守宗教戒律，关心、利用宗教的假日和大型活动，寻找、创造市场机会。

**情境案例**

★ 日本精工（SEIKO）钟表公司曾推出一种多功能的穆斯林手表，它可随时把世界 114 个主要城市的当地时间自动转换成麦加时间，每天自动鸣叫五次提醒戴表者按时祈祷。这种表一面世就赢得了穆斯林的喜爱。

★ 我国某出口公司与科威特公司成交冻鸭 700 箱，科方要求中方在屠宰时要按照伊斯兰教方法，且要有中国伊斯兰教协会出具证明，我方同意并签署了合同。但在屠宰时，我方已掌握了从鸭子口中进刀，放尽血后速冻，使鸭子外表保持完整的新方法，公司自认为此先进方法一定会受到科方欢迎，便采用此法屠宰，并未经中国伊斯兰教协会实际察看，就请该会出具了"按伊斯兰教方法屠宰"的证明。货物运到科威特后，当地政府部门检验认为，该批鸭子不是按伊斯兰教方法屠宰的，中方出具的证明是伪证。随后，700 箱冻鸭被全部退回，我方损失巨大。

### 4. 风俗习惯与禁忌

各个国家、地区、民族都有自己的历史传统和风俗习惯，各种节日、礼节、生活习俗千差万别，且世代沿袭，很难改变。国际营销者应做到"投其所好、避其所忌"。传统节日是以年度为周期循环往复进行的全民参与的基本的文化生存方式，是民众表达内心情感的重要时机。"借节兴市"是营销者经常要做而且一定要做好的重要"文章"。

**迥异的风俗习惯对营销的影响**

★ 某企业发明了一种治皮肤病的药，需倒在澡盆中用。该药在英国销售成功，但在法国却失败了，因为法国人只冲淋浴。

★ 加拿大一家公司将一种洗发剂引入瑞典市场，起先销路不好，当了解到瑞典人洗头通常在早晨而不是晚上后，便把品牌"Every Night"改为"Every Day"。改名后该产品销量大增。

★ 美国人不会嗑瓜子，瓜子只在宠物店出售，用来喂鸟。

★ 英国出口到非洲的食品罐头曾经一个也卖不出去，因为罐头盒子上印了一个美女图案，而非洲人习惯罐头里装什么，外面图案就画什么。

★ 中国海尔空调商标上的"海尔兄弟"图案在法国很受欢迎，因为购买空调的多为女性，她们喜爱孩子；但在中东地区却禁止该标志出现，因为这两个孩子没穿上衣。

**情境延伸**

各国消费禁忌如表2-1-4所示。

表2-1-4　各国消费禁忌

| 禁忌类别 | 各国禁忌 |
|---|---|
| 动植物禁忌 | 伊斯兰国家：熊猫<br>英国：山羊（喻为不正经的男子）<br>欧洲：大象（笨拙的同义词）、孔雀（恶魔的代表）<br>非洲北部和泰国：狗（不祥之物）<br>非洲和法国：仙鹤（蠢汉、淫妇的代名词）<br>中国：猫头鹰<br>日本：荷花、狐狸和猫<br>巴西：鹿（同性恋）<br>印度：公鸡、棕榈树<br>法国和拉美国家：菊花（不吉利、妖花）<br>法国：郁金香（无情无义） |
| 数字禁忌 | 中国、新加坡、韩国、马来西亚：不喜欢数字4<br>日本：忌4、6、9、42<br>新加坡、非洲：不喜数字7<br>欧洲：憎恶13、星期五 |
| 颜色禁忌 | 保加利亚：鲜绿色<br>马来西亚、法国和比利时：绿色<br>俄罗斯、德国、瑞士：黑色（尤其是送礼时）<br>美国：紫色<br>加纳：橘黄色（丧服色）<br>巴西：紫色（悲哀）、暗茶色（不幸）、黄色（绝望）、深咖（招致不幸）<br>基督教和伊斯兰教：黄色（在前者被认为叛徒犹大的衣服色，在后者象征死亡） |

#### 5. 社交礼仪和商务习惯

国际营销人员应当了解、适应目标市场国的礼仪与商务习惯，但真正开始做生意时仍会遇到一些始料不及的问题，由于谈判的接触层次、谈判重点、商业礼节和道德标准等而有所不同。

（1）接触层次。各个国家的商业习俗不同，接触的级别也不同。例如，在欧洲和阿拉伯国家，经理人员的权威很大，因此谈判接触往往应在较高层次进行。美国则不同，许多企业给管理的下层委托授权较多。

远东地区文化强调合作与集体决策。在这些国家里，与营销人员打交道的不是个人而是集体。此时头衔或职位很重要，许多公司不允许以个人名义签发信函。在地中海地区，情况正好相反，可以与直接负责事情的人联系，而不是与一个官员或有头衔的人接洽。

（2）交流方式。没有任何语言能够轻而易举地被译成另一种语言，而且不同的语言词义概念又相差甚远。日本人不愿意用日语写合同，喜欢用英语写合同，部分原因是日语在语义上有些含混。更为重要的是，商业中大部分交流信息不是用语言表达的，而是隐含在其他交流信息中，如无声语言、肢体语言等。对谈判态度和倾向性意图的理解是不同文化环境下最困难的非语言交流。

（3）礼节与效率。成功的营销人员必须学会控制自己的心理。拉丁美洲的商人很讲究友谊，即使如此，他们也不愿意把工作同个人生活扯在一起。相反，日本人喜欢把工作与个人生活结合起来。他们很有礼节，时而谈生活，时而谈工作，慢条斯理，常常使美国人和欧洲人失去耐心。

（4）企业道德。即使在同一个国家也没有明确的道德标准和共同的参考依据。商业道德在国际市场上更为复杂，在一个国家被认为是正当的事情，在另一个国家可能完全不被接受。例如，馈赠较贵重的礼物在亚洲许多国家被认可，但在欧美就可能被视为贿赂而受到谴责。

#### 情境延伸

### 不同国家的社交礼仪和商务习惯

日本人：重人际关系、个人信用、长期交往，信任人高于信任合同，喜欢先交友，后谈生意。他们不轻信人，不易接近，需要花很多时间互访、建立关系。和他们初次打交道不能仅靠信函，宜当面交谈。要重视中介人，创造信任气氛。他们谈生意时十分注重礼节。他们重视送礼，礼物包装很考究，但包装应避免使用丝带和蝴蝶结。除非应送礼者请求，决不能当面打开礼物。他们讲集体主义，个人服从集体，习惯集体商议、集体行动，等级观念强，决策慢而执行快。他们工作态度认真，注重干实事，脚踏实地，做了再说，而且说到做到，有诺必践。他们严肃拘谨、正统含蓄、固执而不易变通，不好争论，不愿直接说"不"，总是用许多委婉的措辞和动作以及不做回答来表示否定；不爱说也不爱听直接的恭维话。他们谈判速度慢，谈判初期要花很多时间进行与工作不相干的交谈，谈判过程中常常沉默，面部表情少，只听不辨，而在谈判会外迂回地说服对方，直到谈判快结束时才会做出让步。他们精于讨价还价，很有耐心，报价中往往有较大水分。

泰国人：心态平和，说话温和，小心谨慎，不轻信别人，注重人际关系。年长者尤其男性有较高社会地位。男人见面握手，女人双手合十。他们对时间和计划的态度非常松懈。

阿拉伯人：好客、重信誉，但较固执，不轻易相信人，时间观念淡薄。他们商务谈判从来不急，喜欢先谈社会问题和其他问题（如果一开始就涉及业务是很不礼貌的），有时闲聊几个小时甚至谈好几次还未转入正题都不足为奇。他们谈判中不爱争论，但习惯于讨价还价。和他们不能谈其妻女的事，也不能主动与她们握手，不可向她们注目。初次见面一般不要送礼；送礼也不能送酒和贵重物品；不要私下送礼，在公开场合应当着他人的面送礼。

美国人：崇尚个人奋斗、个人自由，习惯单独行动，决策快而执行慢。他们法律意识强，时间观念也强，待人热情、随和，不拘礼节，坦率真挚，爱争论，通常直接以"是"或"否"来回答，然后说出原因。他们好客，容易接近，联系简单，一般不需送名片和礼物。他们商务谈判十分讲究效率，喜欢"开门见山、单刀直入"和"一揽子交易"，追求短期目标，习惯在谈判桌上交换思想、说服对方，若对方无异议则认为同意。他们在整个谈判过程中都可做出让步。他们对合同严格，对价格很难讨价还价。

德国人：重体面、重形式，自信心强，坚持己见，缺乏灵活性，严肃认真、谨慎、准时，讲究效率。他们不爱宴请。他们商务谈判准备充分，谈判中陈述、报价都十分明确、果断，不习惯让步。

法国人：开朗、乐观、热情、爱交际，富于人情味，重视人际关系，但较固执。他们商务谈判一般要求用法语作为谈判语言，谈判中有时聊聊文化、社会话题，但不喜欢谈私人问题。他们喜欢先为协议勾画一个框架，谈判中注意主要问题，立场坚定，不注意细节。

**6. 价值观与审美观**

在一定的文化背景下会形成较为一致的价值观与审美观。价值观与审美观不同，人们的消费偏好、购买行为、消费方式也不一样。如在西方国家，许多人的价值观是"能挣会花"，用明天的钱追求今天的享受，人们普遍习惯透支消费，分期付款、赊销等形式在西方国家很通行。而中国多崇尚"节俭"，消费原则是"量入为出"。价值观与审美观影响着消费者的目标选择和购买决策。营销过程中，在产品与包装设计、广告、促销与推销方式等方面均应充分考虑不同价值观与审美观的影响。

**情境案例**

我国出口公司出口的黄杨木木雕一向用料考究，精雕细刻，以传统的福禄寿星和古装仕女畅销亚洲一些国家和地区。后来出口至欧美一些国家时，发现销路不佳。我国出口公司一改传统做法，采用一般技术，只作简单的艺术雕刻，涂上欧洲人喜欢的色彩，并加上适合于复活节、圣诞节、狂欢节等的装饰品，结果很快便打开了市场。

**7. 教育水平**

一国教育水平的高低会影响消费结构和消费者的购买行为。在教育水平高的国家，对知识、技术、文化含量高的产品需求较大，对文字、广告理解较快，容易接受新产品、新技术、新消费方式，购买行为较理性；而在教育水平低的国家则相反。一国教育水平的高低还会影响企业在该国的营销活动，如在教育水平低的国家进行市场调研时，寻找合格的当地调研人员，或与消费者交流意见都比较困难。

## 五、科技环境

科技环境包括本国、目标市场国和国际市场的科技发展水平，科技新成就及其应用状况，科技结构及变化趋向，目标市场国消费者对新技术的接受能力等。科技革命带来技术创新，改变了企业生产、经营和管理组织模式，同时改变了市场运行模式和机制。近年来的信息技术革命带来全球经济一体化，推动了知识经济发展，改变了传统工业经济时代的营销模式和竞争策略。新技术从开发到应用的周期大为缩短，这既给企业提供了众多的机遇，也向企业提出了严峻的挑战，甚至给企业带来了危机。例如，太阳能、核能等技术的发明应用，使得传统的水力和火力发电受到冲击；晶体管取代电子管，后又被集成电路所取代；复印机工业打击复写纸工业；电视业打击电影业；化纤工业对传统棉纺业造成冲击；微电子技术、海洋生物技术、信息产业、光导通信、机器人、激光技术、遗传工程等新的科学技术和新兴产业对传统的产业产生巨大的冲击，经济和产业结构发生重大改变。伴随着科学技术的进步，新行业替代、排挤旧行业，这对新行业技术拥有者是机会，但对旧行业却是威胁。新的竞争法则对企业的技术创新能力提出了更高的要求。正如著名经济学家熊彼特所说："科技是一种创造性的破坏、毁灭力量。"

**1. 科技影响顾客需求**

科技革命推动世界经济飞速发展，人民生活水平迅速提高，消费需求由低层次向高层次转变，从物质需求向精神需求转变。消费需求日益趋向个性化，对产品的品质和服务水平有了更高的要求。信息技术革命使得一对一服务成为可能。生活方式和消费方式的变革使企业深刻认识到，谁先主动采取与之相适应的营销策略，谁就能抢占先机。

**2. 科技影响产品策略**

对产品实行技术创新，提高产品的技术含量是企业的重要竞争策略。技术发展日新月异，产品的设计、开发和使用周期缩短，产品创新时长成为决定产品策略成败的关键因素。

**3. 科技影响交易方式**

信息技术革命使得传统的以实物交换为基础的交易方式被以数字交换为基础的无形交易所代替。这类交易不受地理位置和时间约束，信息交换非常容易，成本低廉。通过网络获取国际市场信息，开展国际营销变得异常简捷。自动售货、邮购、电视购物、电话购物、网上购物等新的购买方式成为新宠。因此，开展国际营销必须充分利用世界性网络进行信息交互和沟通，降低国际交易的费用和交易风险。

✎ **情境延伸**

### 因特网对营销的影响

因特网作为跨时空传输的"超导体"媒体，能够克服营销过程中时空的限制，可以为市场中所有的顾客提供及时的服务。同时，通过因特网企业可以了解不同市场顾客的特定需求，并提供针对性的服务。因此，因特网可以说是营销中满足消费者需求最具魅力的营销工具之一。因特网将同 4P 和以顾客为中心的 4C 相结合，对企业营销产生着深刻的影响。

（1）以顾客为中心提供产品和服务。市场上顾客需求差异性大，利用因特网良好的互动性和引导性，企业可引导用户对产品或服务进行选择或提出具体要求，并根据顾客的选择和要求及时生产并提供即时服务。同时，企业还可以及时了解顾客需求的变化并及时满足顾客变化的需求，从而提高企业的生产效益和营销效率。如美国 PC 机销售公司戴尔公司（Dell），在 1995 年还是亏损的，但在 1996 年，它们通过因特网来销售计算机，销售率增长了 100%。

（2）以顾客能接受的成本为基准进行定价。传统的以生产成本为基准的成本导向定价，在当代经济全球化、全球竞争日益激烈的市场格局下，应当转变为以市场为导向进行定价。由于营销可能面对不同市场和地区的顾客，其消费层次和需求可能千差万别，因而要求价格具有很大的弹性。以需求为导向定价，除考虑顾客的价值观念外，还要考虑顾客能接受的成本，并依据该成本来组织生产和销售。企业以顾客为中心进行定价，必须能测定市场中顾客的需求及其对价格认同的标准，否则以顾客的接受成本为基准进行定价就是空中楼阁。通过因特网，顾客可以提出能够接受的成本，企业根据顾客可接受的成本提供柔性的产品设计和生产方案供用户选择，直到顾客认同并确认后再组织生产和销售。

（3）产品的分销以方便顾客为主。网络营销是一对一的分销渠道，是跨时空进行销售，顾客可以随时随地利用因特网订货和购买产品。

（4）从强迫式促销转向加强与顾客直接沟通的促销方式。传统的促销是以企业为主体，通过一定的媒体或工具对顾客进行强迫式的促销，以加强顾客对公司和产品的接受度和忠诚度，顾客是被动地接受，企业缺乏与顾客的直接沟通，同时，公司的促销成本很高。因特网上的营销是一对一和交互式的，顾客可以参与到公司的营销活动中来。因此，因特网更能加强与顾客的沟通和联系，直接了解顾客的需求，引起顾客的认同。

**4. 科技影响营销管理**

信息技术革命带来全球通信的便捷，使得远程办公、远程会议和远程管理成为可能。而且，随着信息成本不断下降，现代化的国际市场营销管理越来越易于操作，管理费用也越来越小。

**5. 科技影响竞争战略**

科技革命的加速发展，使企业在获取巨大利润的同时，需要进行大量的投入并承担巨大的风险。因此，采用高新技术开拓国际市场的企业，一般都注重与相关企业建立战略合作关系。如美国的英特尔公司为开拓存储器市场就与日本的富士通公司联合开发研制产品，共同享受成果。国际市场的竞争也由传统的对资本等低层次资源占有的竞争，转变为对知识生产、占有和利用能力的竞争。

## 六、自然与地理环境

自然、地理环境包括本国、目标市场国和国际市场的自然资源分布、自然条件和气候状况，地形地势、海拔高度、地理位置、交通条件、文化遗产和景观，等等。

（1）依据各国自然环境的优劣势，选择适当的产品。一国产品的生产及其性能必然受制于该国的气候、地形和资源条件等客观条件，不同国家生产的产品也必然具有不同的优势、劣势，这就会产生产品生产与贸易结构方面的差异。为此，进入国际市场，以及选择什么产品进入哪个国家，必须针对该国的资源状况和生产的产品的情况，避其优势，择其薄弱、短缺的产品进行营销，这样就能够更容易地实现市场交易，并有利于凸显自身产品的竞争力。

（2）依据各国自然环境的具体情况，调整产品功能。适时改进产品，增强产品在国际市场上的适应性和竞争力。

**情境案例**

20世纪80年代，海湾国家的空调器市场基本上被欧美企业所占领，日本企业因进入较晚，市场占有率非常低。在经过详细的环境调查后，日本企业发现了一个非常有价值的突破口：海湾地区受天气影响，风沙较大，而欧美的空调器并没有对产品进行相应的改造，故空调器经常停转。经过简单的改造，日本企业推出了一种带风沙过滤装置的空调器，并且在广告中极力宣传这一优势，结果很快就占领了海湾市场。

（3）依据自然环境的特点和变化情况选择国际营销的时机。就气候来说，气候、气象的变化往往会对企业营销造成很大影响。"不务天时，则财不生。""天时"这种信息若运用得当，就能给企业带来财富。企业与气象台合作，甚至花钱买气象情报，及时准确地掌握天气变化趋势，不仅可减少产销的盲目性，而且可利用"天赐良机"开拓市场、赢得竞争。例如，2006 年、2007 年秋冬季气温偏高，全球时装中心之一的纽约服装业损失惨重。再如，农产品因气候恶劣减产，与此相关的农药、化肥、农机等产品的销售都会受影响，企业应早做调整。

# 情境任务 3　分析国际市场微观环境

### 情境认知

国际市场微观营销环境，是指与企业紧密相联，直接影响企业营销能力的各种参与者，包括供应商、营销中介、顾客、竞争者、政府、大众传媒等在内的各种因素。这些因素与企业间具有协作、服务、竞争与监督等关系，直接制约着企业为目标市场服务的能力。

## 一、供应商（Supplier）

供应商是指向企业和其他竞争者提供生产与经营所必需资源的单位或个人。供应商提供资源的价格往往直接影响着经营企业产品的成本；其供货质量与时间的稳定性则直接影响着经营企业服务市场的能力。所以企业应选择与那些信誉良好、货源充足、价格合理、交货及时的供应商合作。同时还应分头从多家供应商采购，避免对某一供应商的过分依赖。处理好与供应商关系的重要手段是加强信息沟通。

### 情境案例

2000 年，福特公司因采用劣质的费尔斯通轮胎导致数十起车祸，致使上百人死亡。公司被迫回收、修复 200 万辆有问题的汽车，估计直接经济损失近 1.3 亿美元。2006 年，索尼公司提供的笔记本计算机用的电池有可能过热起火，导致戴尔、苹果、东芝等公司生产的笔记本计算机被大量召回、更换电池。

## 二、营销中间商（Marketing Intermediaries）

营销中间商又称营销中介，是协助企业推广、销售和分配产品给最终用户的企业的总称，包括中间商和服务商。企业应在动态变化中与这些营销中介建立起相对稳定的协作关系，以顺利开展营销活动，实现业绩最大化。

### 1. 中间商（Middleman）

也称为转卖者（Reseller），是通过购买商品以转卖（或出租）给他人获取利润的个人和商业组织，包括经销商、代理商、经纪商、批发商和零售商。中间商对企业产品从生产领域成功流向消费领域有至关重要的作用。他们既是企业营销活动的对象，又是营销活动的参与者。

**2. 服务商**

也称为辅助商或促进流通者（Facilitator），指为企业提供运输、仓储、报关、融资、信托、保险、安保、咨询、调研、资产评估、广告代理、商标代理等服务，从而为企业创造营销便利条件的机构和个人。包括：

（1）物流企业（Physical Distribution Firms），其作用在于使市场营销渠道中的物流畅通，为企业创造时空效益。

（2）营销服务机构（Marketing Services Agencies），如广告企业、市场调研机构、咨询机构、律师事务所、会计事务所等。

（3）金融中介机构（Financial Intermediaries），如银行、信贷机构、保险机构等，为企业营销活动提供融资或保险服务。

### 三、顾客（Customer）

顾客即购买者，指所有向企业购买产品、服务的组织和个人，包括居民购买者和组织购买者。顾客是营销活动的目标市场，是最重要的微观环境因素。顾客的需求始终是企业营销活动的起点和核心，营销者必须认真研究分析不同购买者的购买行为，以便采取适当的营销对策。

### 四、竞争者（Competitor）

在国际市场开拓过程中，竞争对手不仅来自东道国，也可能来自其他国家和地区，甚至行业内、外的一些企业也可能通过替代品的生产而参与竞争。从产品的替代性角度分析，竞争者可分为品牌竞争者、形式竞争者、平行竞争者和隐蔽竞争者四个层次。

### 五、公众（Public）

指企业外部对企业实现营销目标的能力具有现实或潜在的利害关系、兴趣或影响力的一切社会团体与个人（不包括企业内部公众——员工、投资者）。

（1）媒介公众，主要指大众传媒（Mass Media），如报社、通讯社、杂志社、出版社、广播电台、电视台、公共信息服务网站等专门向大众广泛、大规模传播信息的新闻机构及其工作人员。企业离不开媒介的支持，否则无法争取广大公众的了解与赞誉，甚至会危及企业生存，所以处理好与传媒的关系对于国际市场营销企业至关重要。

（2）政府公众，主要指负责监管企业经营活动的有关政府机构及其工作人员。政府对关于营销的政策法规的控制程度、管理模式等对营销活动有着重要的促进或制约作用。

（3）群众团体公众，如消费者协会、行业协会、商会、工会、青联、妇联、文联、科协和市场学会等非政府组织。

（4）地方、社区公众，企业附近的居民、单位和社区组织。

（5）一般公众。其中，影响力强的政府官员、社会名流、专家学者、大众传媒、群众团体是社会公众的"意见领导者"（Opinion Leader），能影响大量的"意见追随者"

（Opinion Follower）。

　　公众可能有助于增强一个企业实现自己目标的能力，也可能削弱和妨碍这种能力。企业应着眼于长远，处理好与相关利益公众的关系。大多数企业都建立了公共关系部门，负责收集与企业有关的公众的意见与态度，筹划与各类公众的建设性关系，以建立信誉。

## 小　结

　　1. 国际市场营销环境包括宏观环境和微观环境。宏观环境是指企业在从事国际市场营销活动中难以控制也较难影响的营销大环境，主要包括政治环境、法律环境、经济环境、社会文化环境、科技环境与自然地理环境等。微观环境包括企业本身的状况、供应者、中间商、竞争者，顾客和各种公众等。对于企业来说，宏观环境不可控，而微观环境则是可通过自身努力加以调控的。

　　2. 国际市场营销政治、法律环境主要包括政治环境的稳定性和政府风险的程度，与国际市场营销有关的国内法律、国际性法律与组织，国际市场营销面对的国外法律体系。国际政治、法律环境往往是企业在从事国际市场营销活动时必须遵循的"游戏规则"。对其的理解和把握程度，会影响企业营销目标的实现程度。

　　3. 经济环境包括本国、目标市场国和国际市场的经济形势。分析目标市场国的经济环境主要考察其经济特征、市场规模量等方面。经济特征包含经济体制、经济发展阶段、通货膨胀率、经济增长速度、居民储蓄与消费信贷等指标；市场规模则主要从人口与收入两方面进行考察。

　　4. 社会文化对国际市场营销活动的影响深远而广泛，国际市场营销是跨国界、跨文化的活动，不同国家文化差异对其影响很大。在本国市场上成功的营销策略在他国异文化中可能行不通，甚至招来厌恶、抵制。因此，需要营销者仔细分析，并在充分尊重他国文化的基础上，有创新地实现跨文化营销目标。

　　5. 科技环境包括本国、目标市场国和国际市场的科技发展水平，科技新成就及其应用状况，科技结构及变化趋向，目标市场国消费者对新技术的接受能力等。企业应密切关注科技新动向，并与研究消费者需求动向、产品策略、交易方式创新、营销管理变革和创新竞争战略等方面相结合。

　　6. 自然地理环境包括本国、目标市场国和国际市场的自然资源分布、自然条件和气候、地理条件和文化遗产、景观等。企业应依据各国自然环境的优劣势选择适当的交易产品；适当调整自身产品的功能和应用内容，增强产品在国际市场上的适应性和竞争力；能依据自然环境的特点和变化选择国际市场营销的时机。

## 学习情境2.1 分析国际市场营销环境 内容结构图

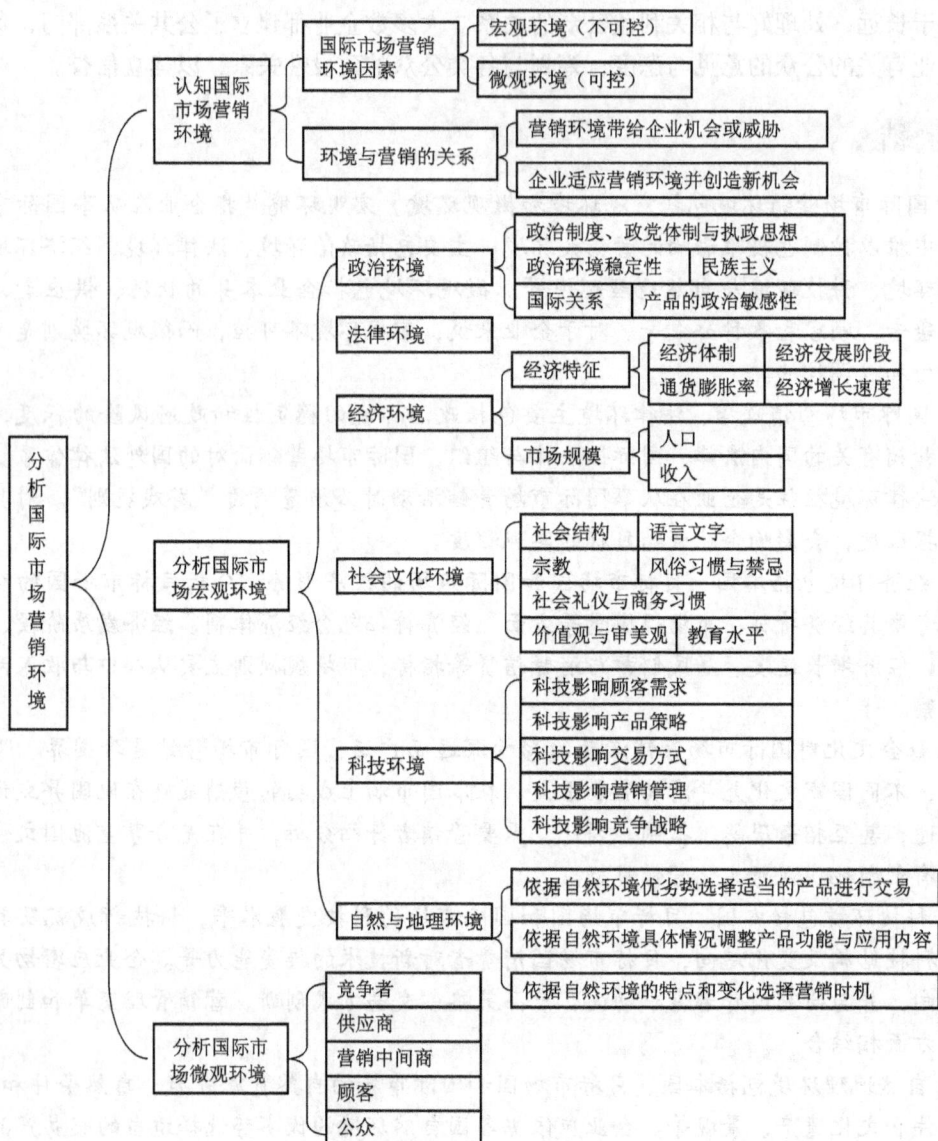

```
分析国际市场营销环境
├─ 认知国际市场营销环境
│  ├─ 国际市场营销环境因素
│  │  ├─ 宏观环境（不可控）
│  │  └─ 微观环境（可控）
│  └─ 环境与营销的关系
│     ├─ 营销环境带给企业机会或威胁
│     └─ 企业适应营销环境并创造新机会
├─ 分析国际市场宏观环境
│  ├─ 政治环境
│  │  ├─ 政治制度、政党体制与执政思想
│  │  ├─ 政治环境稳定性 ── 民族主义
│  │  └─ 国际关系 ── 产品的政治敏感性
│  ├─ 法律环境
│  ├─ 经济环境
│  │  ├─ 经济特征 ── 经济体制 ── 经济发展阶段
│  │  │              通货膨胀率 ── 经济增长速度
│  │  └─ 市场规模 ── 人口
│  │                 收入
│  ├─ 社会文化环境
│  │  ├─ 社会结构 ── 语言文字
│  │  ├─ 宗教 ── 风俗习惯与禁忌
│  │  ├─ 社会礼仪与商务习惯
│  │  └─ 价值观与审美观 ── 教育水平
│  ├─ 科技环境
│  │  ├─ 科技影响顾客需求
│  │  ├─ 科技影响产品策略
│  │  ├─ 科技影响交易方式
│  │  ├─ 科技影响营销管理
│  │  └─ 科技影响竞争战略
│  └─ 自然与地理环境
│     ├─ 依据自然环境优劣势选择适当的产品进行交易
│     ├─ 依据自然环境具体情况调整产品功能与应用内容
│     └─ 依据自然环境的特点和变化选择营销时机
└─ 分析国际市场微观环境
   ├─ 竞争者
   ├─ 供应商
   ├─ 营销中间商
   ├─ 顾客
   └─ 公众
```

### 重要概念 ///

国际市场营销环境　宏观环境　微观环境　经济环境　市场规模　可支配收入
社会文化　自我参照准则　仲裁　竞争者　供应商

### 思考与练习 ///

**一、填空题**

1. 文化环境包含的要素主要有：_____、_____、_____、_____、
和_____等。

2. 美国学者罗斯托将世界各国的经济发展归纳分为六个阶段：_____、_____、_____、_____、_____和_____。

3. 行业内现有竞争者越_____、竞争力差距越_____、产品差异程度越，行业增长越_____、产品越是_____、行业退出障碍越_____，则竞争越激烈。

4. 国际营销中常见的政治风险有_____、_____、_____、_____ 和_____。

5. 在国际营销活动中，发生争议后，纠纷的解决途径主要有_____、_____、_____和_____四种。

6. 恩格尔系数越小说明生活越_____，数值越大，说明生活水平越_____。

**二、单项选择题**

1. 由于教育水平的差异，导致各国居民对（　　）。
A. 同一消费品偏好相同　　　　　B. 产品接受程度不同
C. 同一消费品偏好不同　　　　　D. 产品接受程度无影响

2. 东道国的"号召人民只买国货；反对进口；反对外国投资"等观念和行为是（　　）的表现。
A. 民族主义　　　B. 文化分裂　　　C. 政局不稳定　　　D. 经济主义

3. 下列选项中属于环境中的可控因素的是（　　）。
A. 营销组合　　　B. 政治　　　C. 经济　　　D. 文化

4. 根据恩格尔定律，随着家庭收入增加，用于购买食品的支出占家庭收入的比重会（　　）。
A. 上升　　　B. 下降　　　C. 大体不变　　　D. 时升时降

5. 国际市场营销与国内市场营销的不同点是（　　）。
A. 程序　　　B. 组织　　　C. 环境　　　D. 都不是

6. 下列（　　）产品的市场与人口的关系不大。
A. 大米　　　B. 洗发水　　　C. 衣服　　　D. 军火

7. 下列选项中不属于社会文化环境的是（　　）。
A. 宗教　　　B. 人口结构　　　C. 价值观　　　D. 审美观

8. 下列选项中不属于国际市场营销微观环境的是（　　）。
A. 人口增长率　　　B. 供应商　　　C. 政府　　　D. 新闻媒介

9. 假定某地发生了一场鸡瘟，使鸡肉价格上涨很多，而猪肉价格基本不变，这时猪肉需求量会（　　）。
A. 缩小　　　B. 不变　　　C. 增加　　　D. 不能确定

10. 航空工业刚刚兴起时，芝麻籽油是高级润滑油中的"王中之王"。不久，由于化学工业的进步，一种质量更好的合成润滑剂生产出来，结果使芝麻籽油的产销情况一下落入了低谷。该例说明了（　　）对企业市场营销的影响。
A. 文化环境　　　B. 科技环境　　　C. 法律环境　　　D. 经济环境

**三、多项选择题**

1. 影响消费者储蓄的因素有（　　）。
A. 收入水平　　　　　B. 通货膨胀和物价上涨　　　　　C. 消费偏好和储蓄动机差异

D. 市场商品供给状况

2. 低收入国家的特点有（　　）。

A. 工业化率不足　　　　　B. 高文盲率　　　　　C. 政治不稳定

D. 有高比例的农业人口和自给自足的农业

3. 一般而言，市场规模主要由（　　）所决定。

A. 消费结构　　　　　　　B. 人口　　　　　　　C. 需求

D. 购买力　　　　　　　　E. 收入

4. 国际市场营销的法律环境包括（　　）。

A. 企业所在国的法律　　　B. 东道国的法律　　　C. 企业内部规章制度

D. 国际协议和国际组织　　E. 合同

5. 为了对付货币波动，当本国货币为软货币时，企业可以（　　）。

A. 进行价格竞争　　　　　B. 尽量用所在国货币开支　　C. 在当地市场贷款扩大经营

D. 使用易货贸易

6. 出口控制的类型有（　　）。

A. 出口国控制　　　　　　B. 出口产品控制　　　C. 出口价值控制

D. 出口价格控制

## 四、判断题

1. 可支配收入是影响非生活必需的消费品和劳务推销的主要因素。　　　　　（　　）

2. 文化可以渗透，所以企业跨国营销时可以不用考虑不同国家和地区的审美观。

（　　）

3. 决定市场容量大小的因素是市场人口的多少。　　　　　　　　　　　　（　　）

4. 相关群体是人们的社会联系，而家庭是最重要的相关群体。　　　　　　（　　）

5. 市场营销的微观环境是企业不能控制的营销环境。　　　　　　　　　　（　　）

## 五、简答题

1. 谈谈国际营销环境与企业营销的关系。

2. 简述国际营销宏观环境及其涉及的因素。

3. 举例分析国际宏观环境对企业的影响及企业应如何应对。

4. 国际营销活动中应如何避免文化差异产生的冲突？

5. 举例分析国际微观环境对企业的影响及企业应如何应对。

## 实训课堂

### 能力训练目标

1. 培养学生观察市场营销环境的能力；使之拥有对宏观环境、微观环境较高的观察力、领悟力和敏感度。

2. 使学生具备优秀营销人员所必需的分析能力，掌握一定的营销环境分析方法，培养发散思维、逆向思维和创造性思维。

能力训练项目

一、思维训练

训练一

## 圆珠笔的漏油问题

匈牙利人拉德依斯拉奥·J·拜罗发明了圆珠笔。由于有漏油的毛病，这种笔风行了几年，便被废弃了。1945年，美国人米鲁多思·雷诺兹发明了一种新型圆珠笔，也因漏油的毛病（漏油的原因很简单，笔珠由于写了2万多字后磨损而蹦出，油墨也就随之流出）而未获得广泛应用。于是，许多国家的圆珠笔商投入大量经费进行研究，甚至使用耐磨性能极好的不锈钢和宝石来做笔珠。耐磨性能问题得到了解决，但又出现了新的问题。由于笔芯头部内侧与笔珠接触的部分被磨损，又产生了漏油的问题。正当人们对圆珠笔漏油的问题一筹莫展的时候，日本的发明家中田藤山郎非常巧妙地解决了圆珠笔的漏油问题。

你知道他是如何轻松巧妙地解决的吗？

训练二

## "生"与"死"

从前，有一个国王，他手下有两个大臣，一个好，一个坏。坏大臣为了独自掌权，总想把好大臣害死。有一天，他在国王面前讲了好大臣很多坏话。国王偏听偏信，决定第二天用抓阄的办法来处理好大臣。具体办法是：命令好大臣从盒子里任意抓一个阄，而盒子只有两个阄，一个写"生"，一个写"死"，抓到"生"就活，抓到"死"就死。当天夜里，坏大臣逼迫着做阄的人把两个阄都写成"死"字。这样，好大臣无论抓到哪个阄都得死。坏大臣走了以后，做阄的人就偷偷地给好大臣送了信，告诉他这一情况，请好大臣自己想办法。

好大臣如何才能躲过此劫？

二、营销游戏

有人说，干他人不曾想的，就是成功之道；也有人说，困境在智者眼中往往意味着潜在的机遇。

如果某地发现了一个金矿，人们一窝蜂地涌去淘金。但一条大河挡住了必经之路。你会怎么办？

每人都说说自己的想法，并说出理由。不要重复。

三、案例分析

案例1

据资料介绍：中国某名牌香皂在1992年第一次出口沙特阿拉伯后，进行了大规模的国际市场营销活动，但是不仅没有打开市场，反而被沙特阿拉伯有关部门裁定禁止销售，并被罚款。事后，该香皂厂认真分析营销失败的原因，在专家的帮助下终于找到了。原因只有一个，该香皂厂在沙特市场营销不应该用美女头像作为香皂的外包装。

【案例思考与讨论】

1. 为什么在沙特市场上不能出现有美女头像作为包装的商品？

2. 该香皂厂营销失败犯了哪方面的错误？

**案例2**

## 沃尔玛："水土不服"到"入乡随俗"

身为全球零售业老大的沃尔玛百货有限公司（Wal-Mart Stores）由于缺乏准确的市场分析，忽视了东道国的法律环境、文化环境以及对手极强的竞争环境，近年来在众多市场上可谓是屡遭挫折，营销失败，已经相继撤出中国香港、印度尼西亚、德国、韩国、日本。

沃尔玛1996年进入中国内地后，虽然一直将中国内地作为发展的重心所在，但十多年的表现也与它在全球商界的霸主地位严重不符，其门店规模与业绩始终处于它的对手、世界第二大零售商家乐福（Carrefour）下风，原因主要是沃尔玛没有像家乐福那样积极适应中国的环境。

沃尔玛过于相信美国本土经验可以复制到中国。一是商店设在偏远的农村地区和小城镇，走"农村包围城市"、逐步做大的路线，进入深圳后多年主要在南方一些中等城市发展，且门店大多设在城乡结合部，迟迟不进入北京、上海、广州等大城市。但在中国，城市人口的消费能力远远高于农村地区，走农村路线难以取得美国本土那样的发展。这种发展思路延误了时机，让家乐福抢占了先机。二是从内向外的扩张模式，沃尔玛在美国的天天平价和规模优势得益于其出色的后勤物流配送能力（补货能力）和提升客户忠诚度的经营能力，配送中心建到哪里，门店才开到哪里。按照沃尔玛在美国本土的运作模式，它通常围绕一个区域性配送中心密集建店，在众多小镇的密集布点能够有效地发挥物流中心的规模经济性，这降低了沃尔玛的物流成本。而这些核心竞争力目前在中国还难以体现出来。截至2005年年底，沃尔玛在中国才设立了两家配送中心、55家分店，布局也极为分散，物流的规模效应发挥也受到了制约。同时，由于中国布局区域广、密集度极低，大部分商品采购根本不可能统一，大部分商品几乎完全是单店采购，价格优势也无法体现。这些在美国具有核心竞争力的"法宝"不服中国"水土"而失灵，极大地影响了沃尔玛"天天低价"政策的实施，削弱了它在中国市场的竞争力。

沃尔玛还坚持美国式的"Business is Business（商业就是商业）"的商业信念，在政府公关、与当地企业合作、文化融合方面工作不力，同政府和竞争对手总保持一定距离，在注重关系的中国市场，总是显得灵活性不足，选址开店常遭遇困难，加之过于谨慎（前期调研有时长达几年），比家乐福慢好几拍，进展缓慢。它坚持全国统一在深圳结算，各地政府均不乐意。它是全球最大的私人雇主，有员工160万人，要求员工工作勤奋刻苦，却给予低工资、低福利，且不支持组织工会，还大量雇用兼职人员，造成人才流动过于频繁。

相反，对手家乐福在"本土化"上则取得了明显的成功。首先通过合资的方式进行"曲线救国"。其次，因地制宜进行单店管理，针对不同地区的消费差异扩大各个门店的自主权，同时减少了仓储和物流成本。再次，通过进场费、促销费、店庆费等名目向上游供应商索取利润。一系列的"本土化"策略不仅为家乐福的迅速扩张铺平了道路，同时也为之带来了巨大的销售收入和高额的利润。等到高高在上的零售巨头沃尔玛醒悟到"本土化"乃跨国连锁企业的必然趋势之时，对手已经将自己远远地抛在身后。

在2005年中国零售业全面开放的第一年，沃尔玛领悟到在中国"本土化"的重要性，并全力加速中国的业务，种种"水土不服"也在逐渐过渡为"入乡随俗"。它加快了在华开店的步伐，如2006年收购"好又多"，在选址上也放弃了郊区化模式，开始往市中心走，其在沈阳、贵阳、南宁、西安的新店店址均选在市中心。北京、上海、广州等大城市成为其发展战略重心。它将位于城市繁华区的购物中心作为其主要业态。沃尔玛允许自己的部分门店成立工会，甚至是党组织，高层管理人员也由中国人担任，"华人治华"。鉴于以广大中低端顾客为目标的美国市场定位不适合中国国情，近年来沃尔玛在中国已不得不将定位改为中高端顾客，将"永远提供低价"改为"省钱，让生活更美好"。一系列动作表明了沃尔玛正在变得更加中国化。

**【案例思考与讨论】**

1. 为什么沃尔玛在美国的经验无法复制到中国市场？如果可以复制的话，应具备何条件？

2. 长远来说，沃尔玛式经营管理会在中国扎根吗？

3. 将班级分为两组，针对"本土化"与"全球标准化"展开辩论。

**四、模拟训练**

**项目一**

训练项目：网络调查。在国际商务网站上调查功能手机、智能手机、平板计算机等产品的信息。

问题：主要有哪些国家在销售上述产品？它们的产品功能、产品价格、产品服务等内容有哪些不同？各自的优势是什么？

**项目二**

训练项目：对某产品进入某指定市场（见题末）进行环境分析，制定相关策略，出具报告。

训练目的：通过训练掌握企业市场营销环境分析的方法和技能，并出具分析报告，培养学生发现问题、分析问题及总结问题的能力。

训练程序：

1. 由学生自行查找该品牌产品及指定的某市场的资料。

2. 组织学生对资料进行总结，并讨论总结结果。

3. 根据指定的某市场的环境及某产品的特点，制定其进入该市场的相关策略，出具报告。

训练方法与组织形式：

1. 通过网络等途径查找有关资料，进行初步分析。

2. 组织讨论。学生每5~8人为一组，对相关的资料进行分析、讨论。

3. 要求学生根据讨论结果，每个小组撰写一份营销环境分析报告，并在报告中提出解决问题的对策。

4. 组织学生进行营销环境分析报告的PPT汇报、交流。

训练考核：根据学生的营销环境分析报告以及实训过程中的表现进行综合评定。

① 中国嘉陵摩托车进入越南市场。

② 中国拖拉机进入斯里兰卡市场。

③ 西欧某国某化妆品集团进军中国市场。

④ 南美某国生产咖啡、奶茶产品的企业意欲打入中国市场。

⑤ 印度一生产家用计算机的企业意欲进军中国市场。

⑥ 日本某生产小轿车的企业意欲进军中国市场。

⑦ 美国一生产手机的企业意欲进军中国市场。

⑧ 东盟某国生产小家电的企业意欲进军中国市场。

⑨ 法国一生产葡萄酒的集团企业意欲进军中国市场。

⑩ 加拿大一生产食用保健品的企业意欲进军中国市场。

# 分析国际市场购买者行为

购买行为是指购买者为满足各自的需要，在寻求、购买、使用和评估商品或服务过程中所表现出来的行为。

根据购买者的身份与购买目的的不同，国际市场可以划分为消费者市场、生产者市场（也称产业市场或制造商市场）、转卖者市场（也称中间商市场）和非营利性组织市场四种类型。一般而言，我们把消费者市场称作"个人市场"，把产业市场、中间商市场与非营利性组织市场称作"组织市场"。营销学之所以根据购买者的不同来划分产品，是因为个人、家庭的购买行为与组织的购买行为存在着很大差别，即由个人或家庭构成的消费者市场不同于组织和团体构成的产业市场。企业针对两类不同市场进行营销活动时，应制定不同的营销策略。

学习情境 2.2 分别针对消费者市场和组织市场，设计学习情境 2.2.1 "分析国际市场消费者购买行为"和学习情境 2.2.2 "分析国际产业市场购买行为"展开介绍与分析。

## 营销格言

营销，意味着通过顾客的眼睛来看待一切商业行为。

——彼得·德鲁克

满意的顾客是最好的广告。

公司并非从事采购，他们是在建立关系。

——查尔斯·S·古德曼

## 学习目标

### 知识目标

（1）掌握国际市场消费者的购买行为的分析框架和购买行为模式一般规律。

（2）熟悉影响国际消费者购买行为的主要因素。

（3）了解国际产业市场的购买行为的分析框架和购买行为模式规律。

（4）了解影响国际产业市场购买行为的主要因素。

**技能目标**

（1）通过对目标群体购买及消费行为的观察与思考，认识、分析影响消费者行为的各种因素，总结、概括消费者购买行为的一般规律和特点，从而培养消费行为分析的基本能力。

（2）能基本准确地判断特定消费者的购买行为类型，并提出有针对性的营销策略。

（3）通过确认产业购买者的需要，从而识别产业购买参与者的角色，并根据其角色为其提供相应的产业市场供应信息，进而促进产业购买决策，最终对产业市场的购后行为进行跟踪。

## 任务驱动，做中学

你所在的部门拟开拓美国市场，你需要认真研究美国消费者购买行为与中国消费者购买行为之间的异同点。比如你得了解谁是你产品的购买者？他们倾向购买什么类型的产品？购买的目的是什么？购买决策是如何做出的？以何种方式购买？在什么时间、什么地点购买？等等……你准备如何分析美国消费者购买行为（特别是针对你部门所销售的产品），以获取准确的信息开拓美国家具（玩具/工艺品/茶叶/服装……）市场？

## 学习情境

本学习情境下包括"分析国际市场消费者购买行为"和"分析国际产业市场购买者行为"两个并列的学习子情境。

# 学习情境 2.2.1  分析国际市场消费者购买行为

学习情境2.2.1"分析国际市场消费者购买行为"的情境任务描述：

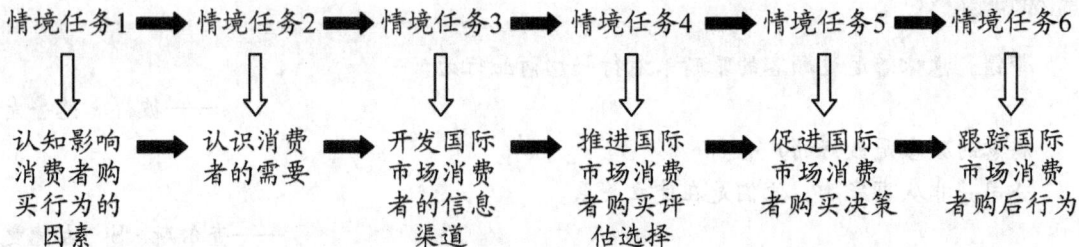

情境任务1 ➡ 情境任务2 ➡ 情境任务3 ➡ 情境任务4 ➡ 情境任务5 ➡ 情境任务6

认知影响消费者购买行为的因素 ➡ 认识消费者的需要 ➡ 开发国际市场消费者的信息渠道 ➡ 推进国际市场消费者购买评估选择 ➡ 促进国际市场消费者购买决策 ➡ 跟踪国际市场消费者购后行为

**情境引子**　　**金融危机下，消费者行为分析是制定营销策略的基础**

金融危机对中高档商品的影响比较大，而生活必需品由于弹性小，所受影响非常有限。不过，金融危机的影响会使消费者收入降低，需求下降，特别是中产阶级的消费将受到明显的影响。消费者的购买行为更加理性，更加注重产品性价比，对促销信息会更加关注。由于行业所受影响程度不同，加上救市政策的出台，所以，金融危机对某一行业某一公司的影响仍要具体分析，不能一概而论。但是，不管所受影响程度如何，企业都要密切关注消费者行为的变化，这是企业制定营销策略的基础。

阿里巴巴最近宣布了一项 3 000 万美元的海外推广计划。阿里巴巴为何一反常态在欧美等国家经济衰退的情况下进行大规模市场推广？显然，阿里巴巴没有能力改变这些发达国家外需下降的趋势，但是它却可以通过此举让中国的中小企业在危机中找到更多的贸易机会。

原因很简单：无论发达国家经济如何衰退，居民基本的生活消费需求不会减少，减少得更多的是奢侈品的消费；同时，对于基本的生活消费，居民将更加倾向于寻求物廉价美的产品，"中国制造"无疑在这方面拥有优势；而通过电子商务平台的途径进行贸易，将大大降低进出口双方的交易成本，可以满足在经济危机时期居民对于物廉价美的产品的消费需求。

很显然，阿里巴巴从欧美消费者在金融危机影响下"更喜欢折扣商店、更喜欢廉价的商品"这一消费行为变化中找到了巨大的商机。如此操作，阿里巴巴不仅可以在欧美经济不景气的危机下获得良好的收益，而且，还可以将此举作为进入欧美市场的切入点。

资料来源：许春燕，孟泽云，等. 新编市场营销 [M]. 北京：电子工业出版社，2009.

消费者市场也称消费品市场或消费资料市场，是指消费者为了满足个人或家庭生活的需要，购买商品或使用劳务而形成的市场。现代营销观念强调以消费者为中心，消费者购买行为与产品或服务的交换密切相关。不同地区、不同性质的消费者所表现出来的购买行为是不一样的。研究消费者购买行为是企业制定营销战略的重要依据。只有了解购买者的购买动机，探求其购买规律，才能预测可能发生的购买行为，发现市场机会，调整企业经营方向和发展规模，把潜在需求转化为现实需求。

对消费者购买行为的研究主要包括两个部分：一是对影响购买者行为的各种因素的分析；二是对消费者购买决策过程的研究。

# 情境任务1  认知影响消费者购买行为的因素

情境导入

夏天的一个周末下午，张女士到某商场给儿子买完新学期书包后不想立即回家，因为商场里冷气开放，凉爽宜人，于是便在商场里逛了起来。在二楼电梯口处，张女士被一则色彩鲜艳又很醒目的现场广告吸引，二楼正在出售新到货的遮阳帽，款式新颖且当天进行优惠活动。见了这则广告，张女士一下子想起自己的凉帽已戴了 2 年，有些褪色，今天有优惠又有时间，何不选购一顶呢？于是她来到卖帽子的柜台，花 40 多元选购了一顶精致的草编帽。隔壁就是泳镜柜台，她记起儿子的泳镜橡皮带老化了该买副新的，又为儿子买了副迷彩色新泳镜。张女士转到电梯口下楼又看到一则"新款凉鞋"广告，马上又转到鞋柜楼层逛逛，没想到又看到一双去年没舍得买的心仪凉鞋，正在打折，立即购买下来。下到一楼，准备回家的张女士又停住了脚步，一盒盒化妆品垒起来的宝塔造型，靓丽的粉红色夺人眼球，一幅幅明星彩妆广告画展现出明星们的年轻貌美和她们吹弹可破的透明肌肤，勾起了张女士选买防晒霜的欲望……最后张女士拎着大包小包回家了……

讨论：顾客本来只想买个书包，却在不经意间还买了鞋、泳镜、帽子、化妆品……今天的顾客已经理智很多了，他们更习惯于在没有干扰的情况下，自由地选择，自主地决策。那么商家如何才能不经意地影响消费者做出积极的购买决策呢？

🔍 **情境认知**

## 一、消费者购买行为模式

消费者购买行为受到消费者心理活动的支配。外界的各种刺激，经过消费者心理活动，会产生不同的反应，引起消费者购买或不购买的行为。美国营销专家菲利普·科特勒将这一"刺激—反应"的过程称为"消费者购买行为模式"。

如图2-2-1所示，人们行为的动机是一种内在的心理活动过程，像一只"黑箱（Black Box）"，客观的刺激经过黑箱（心理活动过程）产生反应，最后引起行为，只有通过对行为的研究，才能了解心理活动过程。

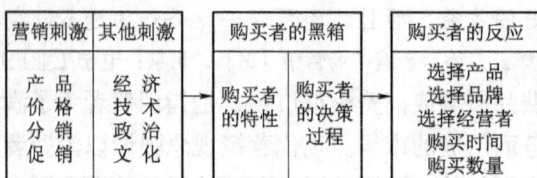

| 营销刺激 | 其他刺激 | 购买者的黑箱 | | 购买者的反应 |
|---|---|---|---|---|
| 产　品<br>价　格<br>分　销<br>促　销 | 经　济<br>技　术<br>政　治<br>文　化 | 购买者<br>的特性 | 购买者<br>的决策<br>过程 | 选择产品<br>选择品牌<br>选择经营者<br>购买时间<br>购买数量 |

**图2-2-1　"刺激—反应"模式示意图**

营销刺激（Marketing Stimulation）指企业营销活动的各种可控因素，即4P（产品、价格、分销、促销）。其他刺激因素包括消费者所处的环境因素（经济、技术、政治、文化）等，如国内政治经济形势的变化、币值的波动、失业率的高低等。这些是看得到的。

购买者"黑箱"就是顾客如何根据外部刺激进行判断和决策的过程，这是看不到的，即"黑箱"效应，包括两个部分：第一部分是购买者特性；第二部分是购买者的决策过程。

购买者接受这些刺激后，通过"黑箱"（心理活动过程）产生反应（行为），如产品选择、品牌选择、经销商选择、购买时间和购买数量选择等。

📝 **情境提示**

企业的营销活动要获得成功，首先要了解这些活动是怎样对消费者产生影响的，不同的消费者又会对其作出怎样的反应，形成不同反应的原因到底是什么，等等。

## 二、影响消费者购买行为的因素

影响消费者购买行为的因素很多，包括两个方面：一是来自外界的因素，如文化、社会、阶层、社会群体、角色与地位、家庭等；二是消费者自身的因素，如消费者的年龄和生命周期、职业、生活方式、个性和自我观念以及消费者的心理特征等，如图2-2-2所示。

**1. 文化因素**

（1）社会文化。文化背景不同，消费者的需求、欲望及购买习惯也不同。例如，一般来说，文化程度高的消费者，对产品的格调、品质、式样等就比较讲究，反之亦然。有些商品，西方人喜闻乐见，但东方人可能认为会厌恶。这说明，文化会使人们建立起来一种审度事务的观念，从而影响消费者的购买行为。

（2）亚文化群。每个社会的文化又可以分为若干不同的亚文化群。所谓亚文化群就是在较大社会集团中的较小的团体。例如，民族亚文化群、宗教亚文化群、种族亚文化群、地

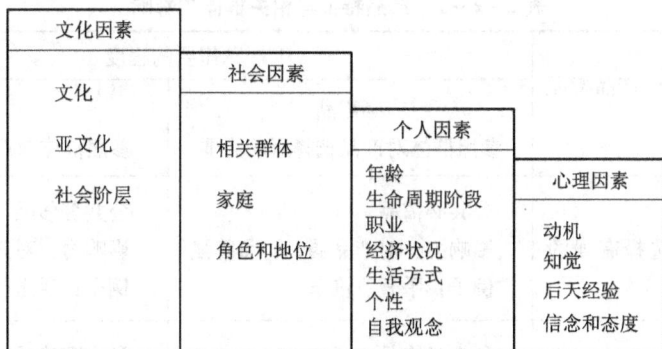

图2-2-2 影响消费者行为因素图

区亚文化群。

亚文化群共同遵守许多较大的文化，但也有自己独特的信仰、态度和生活方式，从而导致消费者购买行为方面的差异。企业在选择目标市场和制定营销决策时，必须注意文化差异及由此导致的消费者购买行为的差异。

**2. 社会因素**

（1）相关群体的影响。相关群体（Reference Groups）是直接或间接影响消费者个人态度或购买行为的人群。家庭、亲友、同事、邻居、社会团体、社会名流、明星等其他个人或群体，都会对消费者的购买行为产生程度不同的影响，其中家庭的影响是最大的。人们的价值观、审美观、爱好和习惯大多数是在家庭的影响下形成的。企业应善于利用消费者的社会联系来影响其购买行为。相关群体可分为以下三种：

① 直接的、有形的影响者，如朋友、同事和邻居等，称为主要群体或基本群体；

② 较为正式但日常接触较少的组织群体，如一些宗教组织，称为间接群体；

③ 虽然不属于上述某种群体，但消费者非常认同和赞赏该群体的价值观和行为方式，渴望归属于该群体，如仰慕影视明星、体育明星或领袖伟人等，称为向往群体；反之则称为背离群体。

✎ **情境延伸**

## 产品特征与相关群体的影响

相关群体对消费者购买决策的影响与产品的特征密切相关。一般来说，产品或品牌的使用可见性越高（使用时十分新奇显眼或豪华时髦商品，如时装、家电和交通工具等），对群体的影响力也越大，反之（使用时不易为他人察觉的普通低价类商品，如食盐和日用工业品等）则越小。表2-2-1列示了产品特征与相关群体的影响之间的相互关系。产品的生命周期与相关群体的影响力也有很强的相关性。当产品处于导入期时，消费者的产品购买决策受群体影响很大，但品牌决策受群体影响较小。在产品成长期，相关群体对产品及品牌选择的影响都很大。在产品成熟期，群体影响在品牌选择上大而在产品选择上小。在产品的衰退期，群体影响在产品和品牌选择上都比较小。

表2-2-1　产品特征与相关群体的影响

| 相关群体的影响 ＼ 产品特征 | 需要的程度 | |
|---|---|---|
| | 必需品<br>参照群体对产品选择影响力弱 | 非必需品<br>参照群体对产品选择影响力强 |
| 可见性高<br>　参照群体对品牌选择有强的<br>影响力 | 公共必需品<br>影响力：对产品弱，对品牌强<br>例子：手表、汽车 | 公共奢侈品<br>影响力：对产品、品牌均强<br>例子：滑雪、健康俱乐部 |
| 可见性低<br>　参照群体对品牌选择有弱的<br>影响力 | 私人必需品<br>影响力：对产品、品牌均弱<br>例子：床垫、冰箱 | 私人奢侈品<br>影响力：对产品强，对品牌弱<br>例子：美容院、家庭娱乐中心 |

相关群体对个人消费行为的影响主要通过两种途径：一是群体的内部规范，是指由群体所确定的行为标准和行为准则，其目的是为了保持群体的一致性，要求成员遵守，这些规范对成员行为产生一种压力。例如，学校不允许学生穿奇装异服，这会影响学生的服饰选择。二是通过群体内部信息的沟通与交流来影响消费者的观念、态度和行为。

**情境提示**

### 国际企业如何在竞争中运用相关群体的影响

第一，同样的产品在不同的国家或地区市场上受相关群体的影响程度往往不一样。因此，要了解东道国市场相关群体对消费者购买行为的影响程度。

第二，在不同的国家或地区，影响消费者购买决策的相关群体构成也不一样。因此，要分析确定不同国家或地区的相关群体。

第三，要积极利用东道国市场具有影响力的相关群体的作用，促进企业产品在目标市场的销售。例如，利用球星、影星、歌星或社会名人来做广告，以增加广告的说服力和可信度。

第四，国际企业要根据自己产品的特点，了解目标市场家庭类型的特点及不同家庭成员对购买决策的影响，有针对性地开展促销活动，以提高促销活动的效果。例如，在不发达国家或地区，丈夫的收入可能是家庭经济的主要来源，因而大多数购买决策可能由丈夫做出；而在发达国家或地区，汽车、家电产品一般由丈夫决策，洗衣机、吸尘器等家用品则一般由妻子决策，住宅、旅游等则一般由夫妻共同决策。

（2）角色与地位。每个人都在生活中扮演不同的角色，在家里，他可能要同时扮演父亲、丈夫、儿子三个角色；在单位，他可能是领导；在健身俱乐部，他可能只是一名普通的会员；在朋友当中，他可能又是一位善于理解和乐于助人的老大哥。每一个角色都和一种地位相联系。比如：作为父亲、丈夫、儿子的角色不一样，他的地位也不一样。不同社会角色与地位，消费者会有不同的需要，并购买不同的商品。随着时间的变化，人的角色与地位也在不断地变化，今天你是个普通职员，明天如果你成为公司经理，那么你的服装、手表、提包都需要更换。

### 三、个人因素

在文化、社会等因素都相同的情况下，每个消费者的购买行为仍然会有很大差异，这是由于年龄、职业、收入、个性和生活方式等因素的不同而造成的。

（1）年龄和生命周期的阶段性。人们不仅会在不同的年龄阶段上会有不同的需求和偏好，而且还会随着年龄的增长而不断改变其购买行为，这是年龄对于消费者购买决策的直接影响。

**情境案例**

布兹公司在美国以"路芬"牌攻击欧普江的治疗关节炎药品"莫顿"牌时，就是利用了年龄对于消费者行为的影响作用。布兹公司运用渗透性价格直接向消费者做广告，从而打击了"莫顿"药品的顾客基础，因为服用"莫顿"牌药品的病人大都是那些年纪较大、领有固定薪金、长期服用的老年人，对于此类顾客而言，转而使用低成本的药物，无疑会在经济上有巨大的吸引力，布兹公司注意研究年龄因素对价格政策的影响，并及时制定针对目标市场的促销方法，使得许多"莫顿"的老客户转而采用"路芬"。

年龄的间接影响还在于它会影响到社会的婚姻家庭状况，从而使家庭产生生命周期。一般说来，处于不同阶段的家庭，其各自的需求特点是不同的，企业在进行营销时必须明确目标市场所处的生命周期阶段，如表 2-2-2 所示，并据此确定产品策略，拟订适当的营销计划，如此才有可能取得成功。

**表 2-2-2　家庭生命周期和购买行为**

| 家庭生命周期阶段 | 购买和行为模式 |
|---|---|
| 1. 单身阶段：年轻、个人生活 | 与父母共同生活；几乎没有经济负担；时髦和娱乐导向 |
| 2. 新婚阶段：年轻、无子女 | 如果经济较紧，则与父母共同生活。没有财务支出，储蓄以购买自己的房子。如果经济独立，则住自己的房子，对耐用品购买力高，购买汽车、冰箱、电视机等。虽然要储蓄以偿还抵押贷款，但度假活动也会参加 |
| 3. 满巢阶段一：最年长的子女过 6 岁 | 如果经济较紧，与父母共同生活，让父母照顾孩子。如果经济较宽松，将产生两种情况：一是妻子不工作，照顾孩子，购买特征是小孩用品；二是请保姆照顾孩子。较少度假 |
| 4. 满巢阶段二：最年幼的子女过 6 岁 | 如果妻子重新工作，经济状况会较好；但要关注教育费用，较少购买耐用品 |
| 5. 满巢阶段三：老夫妻，子女未自立 | 随着子女参加工作和抵押贷款付清，经济状况较好。储蓄代替了借款。耐用品购买的兴趣增强 |
| 6. 空巢阶段一：老夫妻，身边无子女 | 大部分都拥有自己的住宅，经济富裕有储蓄，对旅游、家庭改善尤感兴趣，愿意资助工作的子女 |
| 7. 空巢阶段二：老夫妻，无子女同住，已退休 | 收入锐减，闲在家。依靠储蓄和子女帮助生活。为了经济原因可能换小房子住，购买有助于健康、睡眠和消化的医用护理保健产品 |
| 8. 鳏寡阶段：尚在工作 | 收入较可观，但也许会出售房子与子女同住 |

| 家庭生命周期阶段 | 购买和行为模式 |
|---|---|
| 9. 鳏寡阶段：退休 | 需要与其他退休群体相仿的医疗用品，收入锐减，特别需要关注，以及情感和安全保障，也许会出售房子与子女同住 |

资料来源：［美］菲利普·科特勒等：《市场营销管理》（亚洲版），2版，梅清豪译［M］. 北京：中国人民大学出版社，2001.

（2）职业。职业状况对于人们的需求和兴趣有着重大影响，比如，教授与农民的需求会有很大的差别。通常，企业的国际市场营销在制订营销计划时都必须分析营销所面对的消费者的职业，在产品细分许可的条件下，注意开发适合于特定职业消费者需要的产品或劳务。

（3）经济状况。经济状况实际上所决定的是个人和家庭的购买能力，它对于企业营销的重要性，就在于有助于了解消费者的个人可支配收入变化情况，以及人们对消费开支和储蓄的态度等。当企业对经济发展形势估计有误时，则应按实际经济状况重新调整企业营销策略，如重新设计产品、调整价格，或者减少产量和存货，或者采取一些其他应变措施。

（4）生活方式。在消费者具有相同的文化背景、社会阶层的情况下，生活方式的不同也会形成不同的消费需求，其主要表现就是消费者的活动、兴趣与见解不同。了解目标消费者生活方式差异的意义在于，对于消费者来说，它可以使消费者有可能按照自己的爱好，选择最适当的生活方式；而对于企业的营销来说，则可以在企业产品与消费者生活方式之间建立起一致性关系，从而便于企业不断调整营销策略，加强企业产品对于其生活方式的影响。

（5）个性和自我观念。个性是影响消费者购买行为的另一个因素，它所指的是个人的性格特征。而与此相关联的另一个概念则是购买者的自我观念或自我形象。对于企业营销来说，了解国际消费者的个性特征与消费者自我形象，可以帮助企业确立符合国际目标市场消费者个性及自我形象的正确的产品品牌形象。

### 情境提示

## 消费者个性类型

由于个体受认知、需要、态度等心理因素的影响，消费者对新产品的反应也各不相同。美国学者 E·M·罗杰斯首先注意到个体差异是影响消费者接受新产品的重要因素，根据消费者对新产品接受的时间的先后，可把他们划分为五种类型：冒险型，即领先采用者；影响型，即早期采用者；稳重型，即前期追随者；多疑型，即后期追随者；保守型，即滞后者。各种类型特征及人数比例如表2-2-3所示。

表2-2-3 消费者个性特征类型

| 类型 | 个性特征 | 人数比例/% |
|---|---|---|
| 冒险型 | 年轻敏感，极富冒险精神 | 2.5 |
| 影响型 | 受他人尊敬，有影响，是公众的意见领袖 | 13.5 |
| 稳重型 | 深思熟虑，但服从性强，愿意照别人的路走 | 34 |
| 多疑型 | 疑虑重重，行动迟缓 | 34 |
| 保守型 | 故步自封，行为保守，新产品失去新异性时才肯接受 | 16 |

## 四、心理因素

消费者的购买决策还会受到某些心理过程的影响，如动机、知觉、后天经验、信念和态度，等等。其中比较重要的是动机的形成过程。

总之，以上文化、社会、个人及心理四个方面的因素，是影响消费者行为的主要因素。营销者为了更有效地为消费者服务，不断开拓市场，必须认真研究这些因素。同时，这四类因素对消费者购买行为的影响程度是不同的。影响最为深远的是文化因素，它潜移默化地影响着社会各个阶层和家庭，进而影响每个消费者及其心理过程，而影响最直接、起决定性作用的因素是个人因素及其心理特征。

另一方面我们应对消费者的购买决策过程进行研究。消费者购买决策过程由一系列相关联的活动构成。营销学者对决策过程阶段的划分不尽相同，菲利普·科特勒把决策过程划分为五个阶段，如图2-2-3所示。

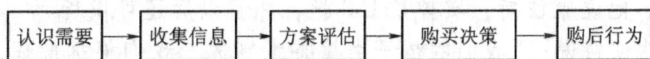

认识需要 → 收集信息 → 方案评估 → 购买决策 → 购后行为

图2-2-3 消费者购买行为过程的五个阶段

### 情境提示

### 国际市场消费者购买行为的特殊性

国际市场消费者购买行为模式与国内市场基本相似，外部的刺激经过消费者的心理活动过程，转化为消费者对刺激的反应和行为。但国际市场消费者购买行为的特殊性表现在以下三个方面：

(1) 购买行为具体形式差异。不同国家或地区的消费者在购买行为的具体形式上常常有很大差别，如选择什么样的产品，什么时间和什么地点实施购买，每次购买数量多少，等等。这可能是不同国家或地区消费者所受刺激不同的原因。

(2) 营销刺激反应差异。面对国际市场，即使企业采取统一的营销组合策略，但由于不同国家或地区营销环境的差异，这些外部刺激作用的时间、程度甚至方向也可能不同，从而导致不同的购买行为。

(3) 购买特征与决策程序差异。不同国家或地区消费者在购买特征和决策程序上的差异，也势必导致不同的购买决策与消费行为。

但是，并不是每一次购买过程都要经历这五个阶段。例如，对于一个品牌忠诚者来说，当他口渴的时候，就直接去超市买回一瓶可口可乐，而无须进行信息搜集和方案评估。将购买决策过程分成若干阶段的目的，是使营销者针对不同阶段的不同情况采取有效的促销措施。

情境任务2至情境任务6就是分析营销者针对处于不同购买决策阶段的消费者所应采取的对策。

## 情境任务2　认识消费者的需要

某大型企业拟招聘优秀市场营销人员1名，考题是限时10天，把木梳卖给和尚。

考生A认为让脑袋上光光的人买梳子，怎么可能呢？他放弃了考试。

考生B认为购买者不一定是"使用者"，或许他仅仅是"购买者"。B发现到寺庙里烧香求佛者因山高风大，头发都被吹乱了，于是，他说服寺院住持备些木梳，方便香客们整理仪容，以示对佛的敬仰。他卖了10把。

考生C认为对于寺庙而言，希望香火能更旺，如果赠送"木梳"，让菩萨保佑善男信女，梳去烦恼，消灾去邪；梳来快乐，财源广开，福寿双至，能让更多的人来拜佛上香，其则起到了增值作用。他说服住持，卖掉了100把，并且以后还可供货。

D对每个寺庙的住持说："我们的梳子由檀香木制成，我们根据佛理，在上面刻上了精美的佛像和佛经故事，可由寺院对其开光，再加以精美的包装，使其成为一件非常实用的旅游纪念品，既可自己留用，又可馈赠亲友。旅客将会很愿意购买，由贵寺销售，将带来一定的经济收入。"他卖掉了500把，且签订了长期购销合同。

**讨论：**从A到D，从认为顾客不需要到可以签订长期购销合同，差别如此之大！你认为他们之间的最大差距在哪里？企业在考虑"实现自己的营销目标"与"满足顾客需求"时，二者孰先孰后？

消费者的购买决策过程是从某一需要开始的。企业要善于挖掘消费者的需要，了解消费者的需要，并有针对性地激发消费者的购买动机，推动购买行为的发生。

**情境认知**

### 一、需要

需要是指个体在生活中感到缺乏，产生一种不平衡感或缺失感，而力求满足的一种内心状态。消费者发现现实状况与其所想达到的状况之间有一定的差距，才意识到有某种需要。人人都有潜在的需要和欲求，但唯有在他们受到激发唤醒时才会导致实际行为。这种刺激可能由人体内在机能上的感受所引发，如饥饿、寒冷、干渴等；也可能由特定的外部环境刺激所引发，如看到电视广告而产生购买的念头。一般来说，对前一方面，企业难以充分发挥其影响力；对后一方面，市场营销活动能够大有作为。

**情境提示**

#### 促使消费者意识到需要的主要因素或刺激

（1）物品的短缺。通过消费，某些物品即将用完或失去效用时，会使消费者感到需要。例如，打开冰箱，发现储存物品已经快要用完，消费者便要考虑购买的问题。

（2）收入的变化。收入增加，会使消费者认识到新的需要；收入减少，消费者必须考虑减少开支，因而也会产生新的需要。

（3）消费的潮流。例如，模特为了更换服装的方便，从穿皮鞋改为穿拖鞋，结果这成为潮流，许多姑娘以穿拖鞋上街为时髦。

（4）促销的力度。企业的促销活动是一个极为重要的影响因素，许多新产品正是在促销活动的影响下，被消费者所认识。

## 二、消费需求

消费者对以商品和劳务形式存在的消费品产生要求和欲望时，就产生了消费需求。消费需求包含在人类的一般需求之中。消费需求尽管由于受到各种因素的影响而千变万化，但也存在着一定的规律性，这些规律性体现在消费需求的基本特征之中。消费需求的基本特征包括以下六点：

（1）多样性。消费者的收入水平、文化程度、职业、性格、年龄、民族和生活习惯不同，爱好和兴趣会多种多样，对于商品和服务的需求也是千差万别、丰富多彩的。例如，奶酪在法国被认为是一种精美的食物，这个国家以有几百种不同的奶酪品种而自豪；而在日本奶酪被认为像腐败的牛奶一样，很少有人问津。同样，几乎没有英国人愿意吃昆虫；犹太人则一点也不吃对虾，因为虾和贝类不是犹太教的清洁食品。

（2）发展性。随着社会经济的发展，消费者的生活水平不断提高，他们对商品和服务的需求从数量、质量和品种上都在不断地发展。一种需要被满足了，又会产生新的需要。许多潜在的消费需求不断地变成现实的购买行为，改变着消费者的生活方式。

（3）层次性。消费者的消费需求是有层次的，一般来说总是由低层次向高层次逐渐延伸和发展。当低层次、最基本的生活需要被满足后，就会产生高层次的社会需要和精神需要。

（4）伸缩性。消费需求受内因和外因的影响，具有一定的伸缩性。内因影响包括消费者本身需求欲望的特征、程度和支付能力等；外因影响主要是商品价格、广告宣传、销售服务和其他人的实践经验等。这两个方面的因素都可能对消费需求产生促进或抑制作用。

（5）周期性和流行性。消费是一个无止境的活动过程。一些消费需要在获得满足之后，在一定时间内不再产生，但随着时间的推移还会重新出现，并具有周期性。同时，消费需求受环境、时尚和价值观等外在因素的影响。时代不同，消费者的需求也会随之不同，消费者市场中的商品具有一定的流行性。

（6）替代性。某些商品之间具有相互替代性，导致了消费需求的替代性。在市场上，某种商品的销售量减少，而另一种在消费上可以替代的商品销量往往就会增加。例如，数码相机销量增长，导致光学相机销售量减少。企业要及时把握消费需求的变化趋势，及时调整产品结构与组合，更好地满足消费者的需求。

## 三、动机

动机是指引起个体活动，维持已引起的活动，并促进活动朝向目标进行的内在作用因素。人的行为受动机支配，而动机是由需要引起的，如图2-2-4所示。当一个人的某种需要累积到足够的强度时，就会成为动机。消费者购买某种商品，首先要有需要或动机。比如，因为有保暖的需求，所以人们要购买衣服。

需要　⟹　动机　⟹　行为

图2-2-4　消费者购买行为产生过程图

### 情境提示

一种购买行为可能源自许多动机。例如，购买小轿车，可能出于行动方便、节省时间、满足虚荣心等多种内在动机。营销者要认真研究特定条件下，哪种动机是目标客户的决定性动机。而同一动机也可能引起许多行为，如需要交通工具时，可以租车、借车、买车等。

### 情境延伸

## 购买动机的类型

一般来说，我们可以将消费者的购买动机分为以下六种：

（1）求实动机：指消费者追求实惠，主要考虑商品的使用价值，如使用方便、省时省力、质地优良等，而不太计较产品的外观，不受社会潮流和广告的影响；

（2）求廉动机：指消费者追求价廉物美，喜欢购买一些低档品及处理品等；

（3）求新动机：指消费者追求时尚和新颖，重视商品的款式、格调；

（4）求美动机：指消费者重视商品的欣赏价值和艺术价值；

（5）求名动机：指消费者追求名牌产品，购买商品时看重其商标、产地和名声；

（6）求便动机：指消费者追求购物的快捷、方便，如使用上门送货、直销、电话订购和网络购物之类的现代购物方式等。

我们必须研究在特定条件下，哪一种动机是决定性的，是引发购买者行为的。心理学家提出了不同的动机理论。如：

### 1. 精神分析说

精神分析说是由奥地利精神病学家、心理学家弗洛伊德（S. Freud）首先提出来的。精神分析说把人的精神分为意识、前意识和潜意识三个部分，认为人的行为与动机主要由潜意识所支配。因此，研究人的动机，必须深入分析人的原始冲动和各种本能以及由这种本能所产生的欲望。

由于人的行为受到无意识的驱动，消费者对购买某种商品的真实动机也不一定清楚，因而靠简单的观察和询问并不能真正了解消费者的购买意图。因此，在精神分析说的基础上发展起了间接了解消费者动机与态度的研究方法——投射法，包括语意联想法、句子完成法、图像解释法和角色扮演法。

### 情境案例  梅森·海尔（Mason Haire）速溶咖啡市场研究

速溶咖啡刚投放市场的时候，销售一直不好，为了找到消费者不购买速溶咖啡的真正原因，梅森·海尔设计了两张购物单，唯一的区别就是一张标有"雀巢"速溶咖啡，另一张标有普通的"麦氏"咖啡，然后要求被调查者对两张购物单所表示的家庭主妇的形象进行描述。结果发现，大多数被调查者把选择标有速溶咖啡购物单的家庭主妇描绘成懒惰、缺乏计划、吝啬和不称职的人。此后，雀巢公司改变广告策略，宣传家庭主妇购买速溶咖啡是因为她们工作勤奋、积极上进而没有时间，从而改变了人们的看法，销量大幅度增长。

### 2. 马斯洛需求层次理论

美国心理学家亚伯拉罕·马斯洛（Abraham Maslow）认为，需求反映了人的本性，人的动机取决于其需求，只有未满足的需求才引起行为动机。马斯洛把人的需求分为五个层次，从低到高分别为生理需求、安全需求、社会需求、尊重需求和自我实现需求，如图2-2-5所示。只有当低层次的需求得到满足之后，才会产生对更高层次的需求。层次越低，需求强度越大，层次越高，需求强度越小。

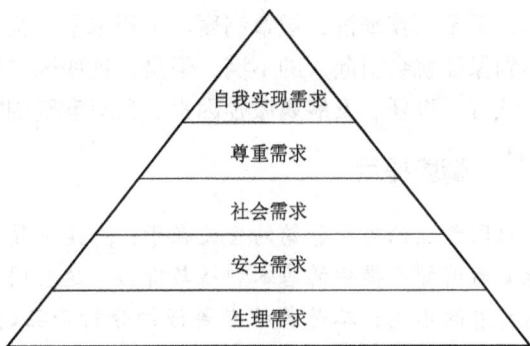

图2-2-5　马斯洛需求层次

✏ **情境延伸**

## 马斯洛的需要五层次

（1）生理需求。生理需求是通常所说的吃、喝、拉、撒、睡、性等与人类生存最密切关联的需求，这类需求是人类作为动物的本能，动机是维持自身的生存与后代的繁衍。

（2）安全需求。安全需求是人们对影响自己的环境具有较大确定性的需求，包括条件反射与对现状及预期的反应，动机是减少生活中的不确定性、增加生活中的确定性，确保自身和财产免于伤害。现实生活中，人们注意自身安全、参加保险、注意保健就属于这种需求。

（3）社会需求。也称归属与爱的需求，指作为社会的富有情感的动物的人，每个人都希望归属于某个群体或社团，作为其中一员互相进行交流与沟通、体恤与爱护，这些所要满足的就是社会需求，否则就会感到空虚和孤独。现实生活中，归属感、社交活动、友谊、爱情就属于社会需求。

（4）尊重需求。尊重需求包括两个方面的体验与感受：一方面是人们具有得到社会的尊重和承认的要求，因此就产生了对威信、认可、地位等的需求；另一方面是人们具有满足自尊心的要求，尊重的缺乏会导致失落感和自卑感，因此，就产生了提高自身能力、自信心的需求。

（5）自我实现需求。自我实现需求是人最高层次的需求，指人对自己潜力、才能、天赋能够得到持续实现的要求。人在对自身潜质和外部环境认识的基础上建立起一种价值体系，产生了理想和使命感，是不断地向人的综合与统一发展的过程。它驱动人们充分发挥潜质，取得成就，实现理想。

但是，马斯洛并没有说低层次需求完全满足之后，才会产生更高一层需求，而只是说人的需求存在高低顺序，或者说各种同时出现的需求中存在优势需求。一般而言，只有最强烈的优势需求才能产生行为。

⬛ **情境提示**

马斯洛层次需求理论对于国际营销的启示是显而易见的。企业在国际营销中要分析东道国消费者目前最主要的需求是什么，然后去满足这种需求。

**3. 双因素理论**

美国心理学家弗雷德里克·赫茨伯格（Frederick Herzberg）提出了动机的"双因素理论"。这个理论把引起人不满意的因素称为保健因素，把引起人满意的因素称为激励因素。

例如，对于工作来说，规章制度、工资水平、福利待遇、工作条件属于保健因素，这些因素得不到保证就会引起人的不满，但是，这些因素得到保证也不能对人起激励作用。提升成就感、认可、责任、发展属激励因素，只有激励因素才对人的行为起激励作用。

**情境提示**

双因素理论对于营销的含义在于：一是营销者应该保证产品的保健因素，如产品的基本功能或为消费者提供的基本利益与价值，这些因素不会促进销售，但如果得不到保证就会引起消费者的不满；二是营销者要仔细分析产品的激励因素，如品牌、包装设计、服务态度等，并且尽量满足这些因素以激励消费者购买，扩大商品的销售。但是，激励因素不是一成不变的，它会随着时间而发生变化，而且对于不同的消费群体，激励因素也可能不同。因此，要求销售者密切关注市场的变化。

以上理论只是在宏观上对消费者的动机进行了分析。但不同的消费者的动机是不一样的，营销者应如何分析产品面对的消费者的购买动机（即在微观层面上进行分析）呢？消费者意识到并承认的购买动机称为显性动机，消费者没有意识到或不愿承认的动机称为隐性动机。对于显性动机，可以通过直接询问的调查方法获得，而对于隐性动机，则要复杂得多。在了解了消费者的动机之后，营销者即可制定相应的营销策略。

# 情境任务3　开发国际市场消费者的信息渠道

**情境导入**

假如你是一名手提电脑的营销者，请你站在消费者的角度分析目标客户一般从哪些信息渠道获得相关产品的信息，作为营销者又应该怎样更好地开发这些信息渠道呢？

**情境认知**

消费者收集信息的积极性，会因需求的强度不同而有所不同。对感到十分迫切的消费需求，消费者会主动去寻找信息。需求强度较低的消费者，会适度寻找信息，需求的强度继续增加到一定程度，也会进入积极主动寻求信息的状态。例如，一个想在不久的将来购买小汽车的消费者，会对有关内容的广告，商店里的小汽车，熟悉或不相识的人关于小汽车的议论等比平时更加留心和注意。

消费者所需要的信息主要包括：什么类型的购买能解决他的需求；从哪里能买到；怎样购买；做出决定还需要什么信息；以及从哪里才能得到这种信息，等等。

营销人员在这一阶段的任务主要有以下三个。

## 一、了解消费者的信息来源

消费者的信息主要来源于以下四个方面。

### 1. 经验来源

此类信息指消费者从自己亲自接触、使用、检查、处理商品的过程中得到的信息。消费者在购买和使用商品的过程中形成了信念和态度。这些信念和态度又反过来影响人们的购买行为。

**情境提示**

## 信念与态度

信念是人们对某种事物所持的看法。顾客的信念往往基于经验，有时候也基于知识或感情。信念形成对消费者的态度有很大影响。态度是人们对事物或观念长期持有的认识、评价和感受，导致人们对某一事物产生或好或坏，或亲近或疏远的感情。它呈现为稳定一致的模式。例如，有的人对某种商品的态度是积极的、肯定的，有的人则是反感的、抵触的。通常情况下，改变消费者的态度是很困难的，甚至需要付出较高的代价。当然，企业可以通过广告宣传、人员促销和公关等营销活动去影响和改变消费者的态度。

**情境案例**

原产国的影响随产品的不同而各异。消费者需要了解汽车的出产国，但不会想到制造润滑油的产地。工业发达国家的消费者一般对国产货评价较高，而发展中国家的消费者则更喜欢进口货。某些国家在特定的产品上享有盛誉，例如，日本的汽车与家电，美国的高科技产品、玩具、卷烟和牛仔裤等，法国的葡萄酒、香水和奢侈品等。某个国家的形象越受欢迎，越应该突出"×国制造"的标志，以利于产品的销售。而消费者对"原产国"的态度会随着时间的推移发生变化。宣传、人员促销和公关等营销活动会影响和改变消费者的态度。

**2. 个人来源**

每一位消费者都不可能孤立地生活，而是要经常与外界打交道，与周围的人发生各种关系。消费者的一些消费信息可能来自周围的人，如家庭成员、朋友、邻居、同事或其他熟人。个人来源主要是指"相关群体"当中的基本群体和直接群体带来的建议和影响。

**3. 商业来源**

此类信息指营销企业提供的信息，这是消费者获取信息的主要来源，其中包括广告，推销人员、营业员、经销商的介绍，商品包装和产品说明书上的介绍，展销会等提供的信息。

**情境链接**

## 饮料行业纷纷通过"广告"炒作来吸引眼球

广告是消费者收集信息的一项重要来源。虽然研究显示，广告对消费的直接影响所占比例较小，但是广告会影响品牌在消费者心中的形象，影响企业及产品的知名度，从而间接地影响消费者对产品的选择。

在水饮料市场中，"农夫山泉"的成功与广告效应有直接的关系。其要点在于特征鲜明，"农夫山泉有点甜"的广告词一下子抓住了亿万消费者的心。在可乐广告的打拼中，两巨头的广告战是饮料市场的一道风景。百事广告给消费者的印象是深刻的，百事巨星让更多的消费者注意到了它。成功的广告策略使百事可乐在中国年轻消费者市场赢得了先机，销量得到了可观的提升。然而，由众多的明星来演绎一系列的故事，也是可口可乐最近广告拍摄的新特点。虽然这个特点有照搬百事可乐做法的嫌疑，但也反映出在全民娱乐的今天，娱乐明星的号召力是不能忽视的。可口可乐（中国）公共事业部白小姐表示，最近在电视中热播的刘翔、S. H. E、潘玮柏和余文乐等系列情境广告剧，其中的情节安排都是年轻人最喜闻乐见的，非常有感染力，而且贴近民众。可口可乐的本土化还有更深一层的含义——那就是，无论是产品还是代言人，都与各地的消费者没有距离。可口可乐公司每年元旦、春节前后推出人见人爱、充满中国民俗色彩的阿福形象，也体现了本土文化之情。

当然，单靠广告的炒作无法长久地留住消费者，因此在炒完概念、情绪和性别后，饮料生产厂家未来应当在产品的品质方面更加投入，应不断改进技术，有效搭配饮料的组成成分，开发出更适应国人的口味，这样才能走得更远。

资料来源：许春燕，孟泽云，等．新编市场营销［M］．北京：电子工业出版社，2009.

**4. 公共来源**

公共来源是指消费者从电视、电影、广播和报纸杂志等大众传播媒体，以及政府和消费者组织所获得的信息。

## 二、了解不同信息来源对消费者的影响程度

以上这些信息来源的相对影响随着商品的类别和购买者特征变化而变化。一般来说，消费者最多的信息来源是商业来源，其次为公共来源和个人来源，最后是经验来源。从消费者对信息的信任程度看，经验来源和个人来源的信任程度最高，其次是公共来源，最后是商业来源。最有效的信息来自个人来源。

不同的信息来源对于购买决策的影响会起到某些不同的作用。商业信息一般起到告知的作用；个人信息来源和公共来源则具有评价作用；经验来源往往能起评判商品是否有价值的作用。营销人员应通过市场调查了解消费者的信息来源以及何种来源的信息最有决定作用，以便开发相关的信息渠道。

## 三、设计有效的信息传播策略

营销人员除利用商业来源对消费者传播信息外，还要设法利用和刺激公共来源、个人来源和经验来源，也可以多种渠道同时使用，以加强信息影响力和有效性。

# 情境任务4　推进国际市场消费者购买评估选择

**情境导入**

想购买手提电脑的消费者已经从各种渠道来源收集了关于手提电脑的产品信息，接下来你认为他会从哪些方面对这些信息进行评估，以便做出决策？你作为营销者，又应该如何推进该消费者的评估选择？

**情境认知**

经过信息搜集之后，消费者会形成一个品牌选择集，在这个选择集的基础上进行整理、分析和比较，根据一定的评价规则作出最后的选择。也就是说，评估选择就是消费者如何处理信息并决定购买品牌。实践经验告诉我们，没有任何一种简单的评估过程适合于所有的购买情况。不同的情况有不同的信息处理过程和评价标准。

## 一、消费者的评价标准

一般而言，消费者的评价涉及产品属性、品牌信念和效用要求等三个方面。

（1）产品属性。产品属性指产品所具有的能够满足消费者需求的特性。产品在消费者心中表现为一系列基本属性的集合。例如，冰箱的属性是制冷效率高、耗电少、噪音低、经久耐用等；计算机的属性是信息存储量大、运行速度快、图像清晰、软件适用性强；宾馆的属性是洁净、舒适、用品齐全、服务周到、交通方便、收费合理。

在价格不变的条件下，一个产品有更多的属性自然更能吸引顾客购买，但是企业的产品成本也会相应提高。故营销人员应了解目标客户主要对哪些属性感兴趣，以确定本企业产品所应具备的属性。

（2）品牌信念。品牌信念指消费者对某品牌产品的属性和利益所形成的认识。消费者对某品牌产品的每种属性给予一定的评价，综合其所有属性的评价，就构成了他对该品牌总的看法，即他对该品牌的信念。

（3）效用要求。效用要求指消费者对某品牌每一属性的效用功能应当达到何种标准所提出的要求。也就是说，该品牌每一属性的效用功能必须达到何种标准消费者才会接受。

## 二、消费者信息处理和评价步骤

消费者信息处理和评价步骤一般包括以下三步：

（1）分析产品性能和特点，特别是其与消费者需求密切相关的各种属性；

（2）根据消费者的需求，分析确定各种属性的重要性，排定优先次序；

（3）根据消费者的偏好提出品牌选择方案。

对于营销者来说，了解消费者信息处理过程和评价标准是关键，同时，营销人员可帮助消费者对不同品牌商品进行比较选择，发挥必要的参谋作用。

**情境案例**　　**某消费者购买电脑的品牌评估过程及营销者的作用分析**

假如某消费者利用打分的方法对 A、B、C、D 四种品牌的电脑进行评价，评分规则如表 2-2-4 所示。

表 2-2-4　某消费者对电脑的评分规则

| 项　目 | A | B | C | D | 权重/% |
|---|---|---|---|---|---|
| 价格 | 10 | 8 | 6 | 4 | 30 |
| 存储能力 | 8 | 10 | 8 | 10 | 25 |
| 运行速度 | 4 | 8 | 10 | 9 | 15 |
| 图像处理能力 | 7 | 6 | 8 | 10 | 20 |
| 兼容性 | 6 | 4 | 7 | 8 | 10 |
| 总得分 | 7.6 | 7.7 | 6.3 | 7.85 | 100 |

注：采取 10 分制，价格越低，得分越高，其他则相反。

根据上面的评分标准，消费者将选择购买 D 品牌的电脑。若 A 公司的营销人员想改变该消费者的决策，可以采取以下策略：

（1）改变权数比重。A 品牌电脑与 D 品牌电脑相比，价格上占有绝对优势。因此，A

公司营销人员可以试图说服消费者增加价格的权重，而降低其他属性的权重。

（2）改变评分值。A品牌电脑在运行速度和兼容性上的评分比较低，A公司营销人员可以试图让消费者相信他低估了本公司产品的这两项性能。这一策略也被称为心理再定位。

（3）改变竞争对手的评分值。A公司营销人员应该试图让消费者相信，他高估了D品牌电脑的存储能力和图像处理能力。这一策略也被称为竞争性反定位。

（4）改进产品。A公司重新设计电脑，增加产品的运行速度和软件兼容性，同时适当地提高价格。这一策略也被称为实际再定位。

（5）宣传被忽视的本公司产品的优势性能。假如A品牌电脑在操作的方便性、售后服务这两个性能上比D品牌电脑有优势，那么A公司营销人员要向消费者强调这两点。

（6）改变消费者的理想标准。A公司营销人员应试图说明消费者改变其一种或多种性能上的理想标准，让消费者相信其目前的标准并不符合实际需要。

# 情境任务5  促进国际市场消费者购买决策

**情境导入**

购买决策是消费者购买行为最关键的阶段，是顾客最担心的阶段，也是企业一切营销努力的希望所在。

## 一、购买决策要素

营销人员应该了解，顾客一旦决定实现购买意向，就必须做出以下七种决策：

（1）产品种类决策，即在资金有限的情况下优先购买哪一类产品。

（2）产品属性决策，即该产品应具有哪些属性。

（3）品牌决策，即在诸多同类产品中购买哪一品牌。

（4）时间决策，即在什么时间购买。

（5）经销商决策，即到哪一家商店购买。

（6）数量决策，即买多少。

（7）付款方式决策，即是一次付款还是分期付款，是现金购买还是其他方式购买等。

## 二、影响购买决策转化为现实购买行为的因素

如果消费者的购买行为介入度很高，消费者在由有购买意图转向购买行为时还会有一段时滞。有三个因素会影响消费者的购买行为。

（1）他人的态度。比如，一个消费者的密友强烈反对，那么消费者就有可能放弃或推迟购买决定。他人态度的影响取决于三个因素：

① 他人对备选品牌所持否定态度的激烈程度，越激烈影响越大；

② 他人与消费者关系的密切程度，越密切影响越大；

③ 他人在本产品购买问题上的权威性以及消费者听从他人愿望的可能性。

**情境延伸**

### 消费者参与购买决策的角色

消费者在购买活动中可能扮演下列五种角色中的一种或几种：

发起者：即第一个提议或想到购买某种产品的人。

影响者：即有形或无形地影响最后购买决策的人。

决定者：即最后决定买与不买、买什么、买多少、怎么买、何时与何地买等整个购买意向的人。

购买者：即实际执行与卖方商谈交易条件、去商店选购等购买决策的人。

使用者：即实际使用或消费商品的人。

（2）购买风险。许多购买行为都含有一定的风险。购买风险越大，消费者对自己的购买决策越缺乏自信，越容易受到他人态度的影响。比如，对网上购物、电视购物的产品质量缺乏信心。

（3）意外情况。这一段时滞期可能出现意想不到的事情并使消费者放弃购买，包括消费者自身的和市场的因素，比如消费者收入锐减、市场出现新的产品，等等。

**情境提示**

需要注意的是，同一个消费者在不同的购买活动中可能扮演不同的角色。消费者个人为单位购买商品时，这五种角色可能同时由一人担任；以家庭为单位购买时，这五种角色往往由家庭中的不同成员分别担任。一般来说，家庭中日用品的购买决策由妻子做出，而耐用消费品的购买决策由丈夫做出或由家庭成员讨论做出。

营销人员应关心"采购决定者是谁"、研究"眼前的消费者在购买决策中扮演何种角色"等问题，并针对其角色的地位与特性，妥当地安排营销策略，实现营销目标。

## 情境任务6　跟踪国际市场消费者购后行为

消费者购买产品后，在使用过程中或使用后，会对产品进行评价。如果消费者不满意，就可能会要求退货或者以后转换品牌；如果满意，以后则会重复购买，成为品牌忠诚者。消费者的满意与否还会影响其他人的购买，如果不满意，可能向朋友、同事抱怨，使这些人也不会购买；如果满意，则可能向这些人推荐该品牌的产品。因此，营销人员一定要注意搜集消费者的购后评价，把消费者的意见及时反馈给生产部门，不断更新产品以符合消费者的需求。

**情境认知**

消费者的购后过程分为三个阶段。

（1）购后使用和处置。消费者在购买所需商品或服务之后，进入使用过程，以满足需求。营销人员应当关注消费者如何使用和处置其所购买的产品。

## 波音公司策略性低估其产品优点

波音公司（Boeing）出售的每架飞机值几千万美元，客户满意度对其重复购买率和公司的声誉的影响是很大的。波音公司的销售人员估计他们产品的潜在优点时有点保守，常低估产品的油耗水平。他们说某一产品可省5%的油，但实际上却可以省8%。客户因产品的实际性能超过他们的期望，所以很满意，就会继续购买并告诉其他客户，说波音公司信守承诺。

资料来源：科特勒. 营销管理［M］. 北京：中国人民大学出版社，2001.

（2）购后评价。消费者通过使用和处置过程会对所购产品和服务有更加深刻的认识，检验自己购买决策的正确性，确认满意程度，作为以后类似购买活动的参考。

**情境提示**

有研究指出：一个顾客购买了某个品牌的商品之后，如果他感到满意，平均会向3.3个人去传播他的经历。这种传播属于褒扬性的宣传，它起到的作用比企业做广告的效果要好得多；而如果一个顾客不满意，平均会向11个人去传播他这种不愉快的经历。

大约96%不愉快的消费者从不向企业讲他们遇到的问题。因此，企业应该建立一个系统，鼓励顾客提意见。另外，光听还不够，企业必须对听到的抱怨做出建设性的反应，并通过其他方法减少消费者的不满。

（3）购后行为。顾客对产品的评价会形成其对产品的信赖、忠诚或是排斥态度，也会影响其以后的消费行为。企业经常衡量消费者的满意程度是一种明智之举，而不应等到消费者不满意来抱怨时再设法补救。

**情境延伸**

## 顾客满意的价值

顾客满意与否直接决定着其以后的购买行为。顾客满意的价值体现在以下六方面：
（1）忠诚于企业的时间更久。
（2）购买企业更多的新产品，增加购买数量，提高购买产品的等级。
（3）为企业和品牌、产品说好话。
（4）忽视竞争者品牌和广告，并对价格不敏感。
（5）向企业提出产品、服务的建议。
（6）由于交易惯例化，与新顾客相比降低了服务成本。

**情境链接**

## 35个紧急电话

一位名叫吉埃丝的美国记者在日本东京奥达克余百货公司买了一台唱机，准备送给住在东京的婆婆作为见面礼。售货员彬彬有礼、笑容可掬地特地挑了台尚未启封的机子给她。然而回到住处，她拆开包装试用时，才发现机子没装内件，根本无法使用。吉埃丝火冒三丈，准备第二天一早即去百货公司交涉，并迅速写了一篇新闻稿《笑脸背后的真面目》。

第二天一早，吉埃丝正准备出门，一辆汽车赶到她的住处，从车上下来两个人。他们自我介绍是奥达克余百货公司的副总经理和职员。两人一进客厅便俯首鞠躬，表示歉意。副总经理亲手送上一台新的完好唱机，另附一张著名唱片和一盒蛋糕。面对惊愕的吉埃丝，副总经理打开记事簿，里面的一份备忘录记载了事情经过。

原来前一天下午，公司售货员清点商品时，发现错将一台空心货样卖给了顾客。售货员立即上报了此事，经理得知后非常重视，马上召集有关人员商议。当时只有两条线索：顾客的名字和一张标有"美国快递公司"的名片。

根据这两条线索，奥达克余百货公司展开了一连串大海捞针式的行动，打了32个紧急电话向东京各大饭店查询，都没有结果。于是又打电话给纽约的美国快递公司总部，深夜查到顾客家里的电话，接着打电话给顾客的父母，从那里得知了顾客在东京的住所。这期间，一共打了35个紧急电话。

这一切让吉埃丝深受感动，她立即重写了新闻稿，题目叫《35个紧急电话》，高度赞扬奥达克余百货公司的行为。《35个紧急电话》见报后，反响强烈，该公司声名鹊起。

资料来源：许春燕，孟泽云，等. 新编市场营销［M］. 北京：电子工业出版社，2009.

## 小 结

1. 国际消费品市场，是指在国际商业活动中，为个人或家庭衣、食、住、行、文化、教育、娱乐等诸方面而买卖商品的消费者集合。不同地区、不同性质的消费者所表现出来的购买行为是不一样的。研究消费者购买行为是企业制定营销战略的重要依据。只有了解购买者的购买动机，探求其购买规律，才能预测可能发生的购买行为，发现市场机会，调整企业经营方向和发展规模，把潜在需求转化为现实需求。

2. 当今，人们的价值观、消费结构、需求结构、购买动机和购买行为发生了并在继续发生重大的变化。影响国际消费品市场需求的因素主要有文化、社会、个人和心理四个大类。

3. 消费者的购买决策过程一般分为需求认知、信息搜集、方案评估、购买决策和购后行为等过程。企业应在正确认识消费者需求的基础上，极力开发有效的信息渠道，将本企业产品传送到广大消费者中，并推动消费者做出有利于本企业的购买评估方案和购买决策，最终形成现实购买行为。企业还应关注消费者购后行为与评价，把消费者的意见及时反馈给生产部门，不断更新产品以符合消费者的需要，提升消费者忠诚度，提高企业、产品、品牌的社会美誉度。

## 学习情境2.2.1  分析国际市场消费者购买行为  内容结构图

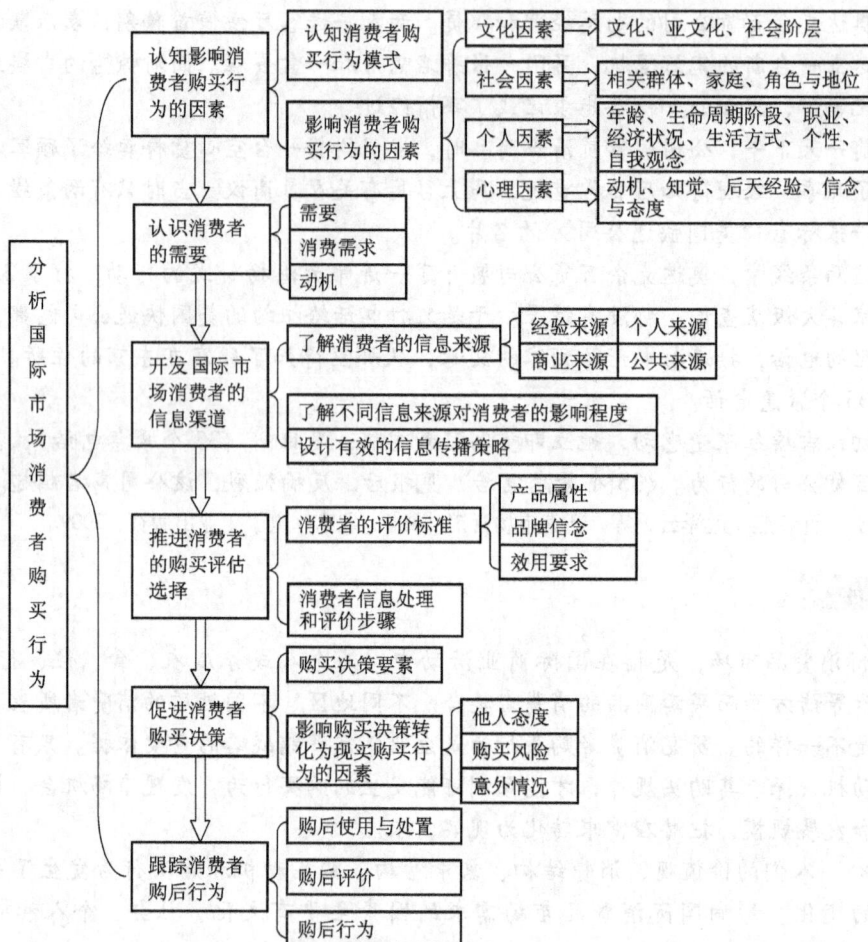

```
                          ┌─认知消费者购买──文化因素──文化、亚文化、社会阶层
            认知影响消费    │  行为模式
            者购买行为      ├──────────────社会因素──相关群体、家庭、角色与地位
            的因素          │  影响消费者购                      年龄、生命周期阶段、职业、
                          └─买行为的因素──个人因素──经济状况、生活方式、个性、
                                                                自我观念
                                          心理因素──动机、知觉、后天经验、信念
                                                            与态度

            认识消费者──────需要
            的需要          消费需求
                          动机

            开发国际市──────了解消费者的信息来源──经验来源──个人来源
            场消费者的                              商业来源──公共来源
            信息渠道        了解不同信息来源对消费者的影响程度
                          设计有效的信息传播策略

            推进消费者──────消费者的评价标准──产品属性
            的购买评估                          品牌信念
            选择                              效用要求
                          消费者信息处理
                          和评价步骤

            促进消费者──────购买决策要素
            购买决策        影响购买决策转──他人态度
                          化为现实购买行──购买风险
                          为的因素        意外情况

            跟踪消费者──────购后使用与处置
            购后行为        购后评价
                          购后行为
```

（左侧竖排：分析国际市场消费者购买行为）

## 学习情境 2.2.2  分析国际市场产业购买者行为

学习情境2.2.2 "分析国际市场产业购买者行为" 的情境任务描述：

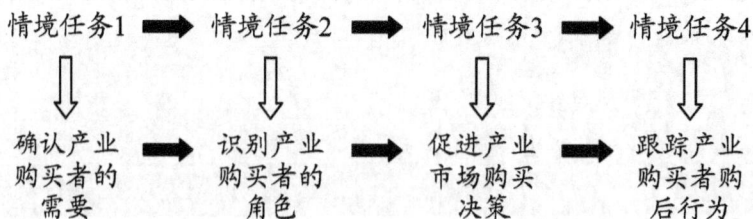

情境任务1 ➡ 情境任务2 ➡ 情境任务3 ➡ 情境任务4

⬇　　　　　⬇　　　　　⬇　　　　　⬇

确认产业　➡　识别产业　➡　促进产业　➡　跟踪产业
购买者的　　　购买者的　　　市场购买　　　购买者购
需要　　　　　角色　　　　　决策　　　　　后行为

　　如果企业的购买者不是普通消费者，而是各行业企业、政府机构以及社会团体等，他们为了再生产、再出售或执行其工作职能而购买产品所形成的市场，我们称作组织市场，个体称为集团购买者。组织市场具体分为产业市场、中间商市场和非营利性组织市场。

产业市场（Industry Market）也称工业品市场或生产者市场，是指生产性企业或制造商为了生产、加工盈利而购买商品或劳务所形成的购买者群。产业市场及其购买行为最为复杂。

中间商市场也称转卖者市场，是由以通过转卖获取营利为目的而购买商品或服务的组织组成的购买者群，包括批发商和零售商等。

非营利性组织市场是由以提供公共产品以满足社会公共需要而购买商品或服务的政府机构、社会团体等非营利性组织组成的购买者群。

与消费者市场相比，组织市场的需求与购买行为有着明显的差异。企业必须了解组织市场尤其是产业市场及其购买行为特点，才能有针对性地开展营销活动。

# 情境任务1 确认产业购买者的需要

**情境导入**

2000年3月17日晚上8点，美国新墨西哥州大雨滂沱，电闪雷鸣。雷电引起电压突然增高，不知从哪里进出的火花点燃了飞利浦公司第22号芯片厂的车间，工人们虽然奋力扑灭了大火，但却无法挽回火灾带来的损失，火灾破坏了正在准备生产的数百万个芯片。这场持续了10分钟的火灾居然影响到远在万里之外的欧洲两个世界上最大的移动电话生产商——诺基亚和爱立信。因为这家工厂40%的芯片都由诺基亚和爱立信订购，此外还有30多家小厂也从这家芯片厂订货。火灾发生后，处理无线电信号的RFC芯片一下子失去了来源，而飞利浦公司需要超过2周的时间才能使工厂恢复生产，但是诺基亚和爱立信谁也等不起。诺基亚火急火燎地四处寻求替代供应商；而爱立信没有其他供应商生产可替代的芯片，在市场需求旺盛的时候，爱立信公司由于短缺数百万个芯片，导致一种非常重要的新型手机无法推出，眼睁睁地失去了市场，火灾可能导致公司损失了4亿美元的销售额。正是这场大火令爱立信公司不久后宣布退出手机市场！

**讨论：** 产业市场的购买者，比如飞利浦的客户爱立信、诺基亚等，他们及其采购行为存在怎样的特点？

**情境认知**

产业市场购买行为是为了再生产，目的是获得经济效益，主要行业是农业、林业、渔业、采矿业、制造业、建筑业、运输业、通信业、金融业、公共事业和服务业等。

产业市场在市场结构与需求、购买单位性质、决策类型和决策过程及其他各方面，与消费者市场有明显差异，具有以下十个特征：

（1）购买者的数量较少，购买规模较大。生产企业的数目必然比消费者要少得多，但购买规模却大得多。如企业的主要设备若干年才买一次，但每次的合同金额很大；生产用的各种原材料与零部件总是批量采购，需要维持合理的储备水平以保证生产顺利进行；而且绝大部分产品都是由少数几个购买者购买。

**情境案例**

当美国固特异公司销售备用轮胎给最终消费者时，虽然其潜在市场包括美国上百万正在使用轿车的车主，但固特异公司在产业市场的命运却取决于能否从几个主要的汽车制造商之一那里获取订单。因此，固特异轮胎公司在产业市场上的购买者主要是通用汽车公司、福特汽车公司、克莱斯勒汽车公司等美国汽车公司。再比如麦道飞机制造公司的客户只有世界各国政府和航空公司两大类，共约近百家。

（2）购买者分布比较集中。许多国家都只有有限的几个大工业基地，多数行业的工业品如石油、橡胶、钢铁等主要销往这些基地。例如，美国半数以上的产业购买者都集中在纽约、加利福尼亚、宾夕法尼亚、伊利诺斯、俄亥俄、新泽西和密歇根这七个州。农产品的产地也很集中，大部分农产品都是由少数几个州生产的（烟草和柑橘等农产品的产区更为集中）。在我国，工业客户主要集中在东北、华北和东南沿海一带。由于购买者集中，企业把产业用品卖给产业购买者的费用就可以降低。

（3）销售的策略不同。与个人消费品较多采用广告进行广泛宣传以促进销售不同，产业市场的销售大部分是采用人员直接推销和举办订货会、展销会等形式，较少使用广告作为推销的手段。

### 情境链接

日本一家铸砂厂的推销员为了和一家铸铁厂建立供货关系，费尽周折才争取到五分钟的见面时间。和课长见面之后，这位推销员并没有侃侃而谈，而是从包里取出一包砂突然倾倒在纸上，顿时室内尘土飞扬，几乎令人窒息。"你在干什么？"对方大吼起来。这时，推销员才不慌不忙地说："这是从贵公司采用的砂中取来的样品。"说着，他又取出另一包砂倒在纸上，这次却不见丝毫尘土。课长十分惊讶，通过比较，他发现推销品在性能、硬度和外观上比正在使用的产品都要优越得多。于是，他认真地同推销员谈起了业务。

资料来源：许春燕，孟泽云，等. 新编市场营销［M］. 北京：电子工业出版社，2009.

（4）派生需求。对产业用品及服务的需求是由对消费品及服务的需求所派生出来的。生产企业采购皮革是因为消费者要购买皮鞋、箱包及其他皮革制品。若这些消费者需求疲软的话，生产企业对皮革的需求必然下降。

（5）缺乏弹性的需求。生产规模一般不可能忽大忽小，故产业用品的需求相对固定，受价格变化的影响不大。如皮革价格上涨，会导致皮鞋的价格上浮，但不会减少制鞋企业对皮革的采购；相反，如果皮革降价，制鞋企业也不会囤积皮革。但是，在皮革价格上涨时，制鞋商将可能变更原先的供货商，从更价廉物美的供货商处进货。

（6）波动的需求。从长期来看，人们对产业用品和服务的需求往往比对消费品及服务的需求更为多变。如上所述，产业市场的需求是"派生需求"，根据经济学的乘数原理，消费品需求增减10%，就能使下期产业用品（投资品）的需求出现200%的增减，从而使国际产业产品营销决策更为复杂。因为这样，生产产业用品的企业往往实行多元化经营，尽可能增加产品品种，扩大企业经营范围，以减少风险。

（7）购买复杂性、专业性与理智性。产业市场的采购通常会在购买之前进行调查研究，然后按照调查研究提出的品种、规格、型号、材质、数量和期限要求来购买，技术性很强，还要同主管领导、工程技术人员、财会人员和厂长商榷之后才能最后决定，采购工作较复杂。采购品质量涉及最终产品质量，可能引起人身安全、假冒伪劣产品等法律问题，因此属理智性活动，通常由若干技术专家和最高管理层组成采购委员会负责采购决策，决策过程更为规范。

（8）直接购买与招标。产业购买者直接向生产企业进行购买，不需通过中间商采购，特别是那些单价高、技术含量高的机器设备。有时候，产业购买者向社会公开发布招标公告，让众多供应商进行投标进而决定谁中标。

（9）相互购买。产业购买者经常选择那些购买自己产品的供应商作为自己的供应商，即互相为对方提供产品。在保证价格、质量和服务的前提下，事实上这是一种相互融资行为。多表现为三角形或多角形。例如，假设有 A、B、C 三家公司，C 是 A 的顾客，A 就可能提出这种互惠条件：如果 B 购买 C 的产品，A 就购买 B 的产品。

（10）租赁。现代企业越来越多地以租赁方式取得产业用品。尤其是机器设备、车辆和飞机等产业用品单价高，而且这类产业用品的技术设备更新快，通常用户需要融资才有能力购买。以租赁代替完全购买，对于购买者来说可以节省流动资金，享受税收优惠和更好的服务；而对于供应商来说则可以获得更多的净收入和扩大市场销售。

### 情境延伸

## 多种多样的租赁方式

1. 卖而后租。即一个公司为了取得资金，将其厂房、土地、设备等卖给租赁公司（包括银行所属的和独立的租赁公司），同时与租赁公司签订租赁合同，继续使用。这种形式大多在国内租赁中采用，在国际租赁中也偶尔采用。

2. 服务性租赁。对于电脑等技术更新较快的设备往往采用这种形式。用户可以根据自己的需要来规定租期，在租赁合同中通常列有"可撤销"条款，即用户有权在租赁合同到期前撤销合同，退回旧设备或另租更先进的设备。此外，租赁公司还提供设备维修、人员培训、保险和纳税等服务。

3. 金融租赁。其一般的服务程序是：用户先直接与制造商洽谈，选好自己需要的设备（一般都是单价高的大型设备），然后要求租赁公司从制造商那里购买设备，同时与租赁公司签订租赁合同。金融租赁与服务性租赁相比，有以下不同点：第一，用户不得在租赁合同期满前撤销合同；第二，合同期满时，用户所支付的租金总额必须等于设备的投资总额。因此，合同期满时，租赁公司就可以收回对设备的全部投资并包括利润，而租用者就可以取得设备的所有权；第三，在合同规定的租期内，租赁公司不提供任何服务。在国际租赁中，通常采取金融租赁，用户通过这种形式取得长期国际贷款，从而可利用外资，引进技术设备。

4. 综合租赁。大银行附属的租赁公司，为了给其资金寻找出路，往往采用这种租赁形式。综合租赁的特点是：第一，租赁公司出租的设备种类繁多，从汽车、飞机、轮船、电脑、服务器到电视机、空调机和生活娱乐设备，几乎无所不包；第二，在国际租赁中往往把设备同补偿贸易、加工装配结合起来。

5. 杠杆租赁。在租赁公司财力不足，没有钱购买用来出租的价值很高的大型设备的情况下，往往采取杠杆租赁，即租赁公司以这种设备为抵押品从银行借一部分资金来购买这种设备，租给用户，以后由用户按期向银行支付租金，替租赁公司偿还银行贷款。所以这种形式又叫做"代偿贷款租赁"。这种形式的最大优点是，用户能租到价值很高的大型设备，得到大量资金融通，因而是一种很有发展前途的租赁形式。

6. 供货者租赁。即供货者（制造商）为了取得资金，将其设备卖给租赁公司，同时租赁原设备，转租给用户。

7. 卖主租赁。这是制造商或其经销商借助出租来推销其价值高、不易脱手的大型设备的一种方法。在国际租赁中，发达国家的大银行、大公司可以通过国际租赁来推销其过剩产品和输出过剩资金。而租用者（特别是不发达国家的用户）则可以通过国际租赁来利用外资，引进先进技术设备，发展本国经济，扩大出口。

# 情境任务2　识别产业购买参与者的角色

**情境导入**

一家国际知名的外国制药公司刚进入中国市场，小 A 和小 B 都是该公司中国事业部的业务员，负责上海市场的推广。为了打开市场，小 A 费尽九牛二虎之力，找了各大医院院长和分管药品采购的副院长进行了公关，但收效甚微。而小 B 没有贸然行动，而是先对药品采购体制进行了广泛的调查，发现真正决定消费者使用药品品种的不是医院领导人，也不是病人自己，而是主治医生。他据此拟写了营销方案，说服公司业务经理开展了针对各大医院主治医生的持续的公共宣传活动，疏通了医生与制药公司之间的交流渠道，使药品的销售量迅速得以增长。

**讨论**：影响和决定产业市场购买行为决策的有哪些人？与消费者市场购买决策有何不同？

## 情境认知

企业采购总存在一个决策单位，他们具有共同的采购目标，并共同承担采购决策的风险。美国营销学家韦伯斯特和温德将其称为采购中心。一般采购中心由下列五种角色构成。

（1）使用者（Users）。使用者指组织中已经或将使用所购买产品或服务的成员，在许多情况下，都由使用者首先提出购买建议，他们在决定物品的规格型号上有直接作用。

（2）影响者（Influencers）。影响购买决策的人，他们主要协助确定产品规格和购买条件，并提供方案评价信息，影响供应商的选择，其中技术人员尤其重要。

（3）采购者（Buyers）。采购者是指帮助制订产品规格，正式有权安排购买条件的人，但其主要任务是选择和确定供应商，并在其权限范围内进行磋商谈判。比较重要的采购，采购者还可能包括企业的高层领导。

（4）决策者（Deciders）。决策者指一些有正式或非正式权力来选择和批准最终供应商的人。在常规采购过程中，采购者往往便是决策者，或者至少也是影响者。在复杂的采购中，决策者通常是企业的高层领导。

（5）信息控制者（Gatekeepers）。信息控制者也称把门者，指可控制相关信息流向的成员，他们可控制外界与采购有关的信息流入企业。如采购代理商可阻止供应方的销售人员与使用者或决策者接触；技术人员则保密有关技术资料等；甚至秘书、门卫等，也可以控制信息的流向。

## 情境提示

作为产业用品的营销人员，必须对采购决策者进行调查和了解，并以此作为制定营销决策的依据。识别产业购买参与者角色的关键是了解一个企业采购中心的组成人员、他们各自所具有的相对决定权以及采购中心的决策方式，以便采取富有针对性的措施。

并不是所有的采购行为都必须由上述五种人员共同参加决策。采购产品、企业规模以及企业组织结构都会影响采购中心的规模和参加的人员。例如，企业欲采购一条生产流水线，由于其技术性强、价格较高，因而参与决策的人较多，采购中心的规模较大；而若采购的是日常办公用品，其技术性和价格没有特殊之处，属于普通购买，因此采购中心人员较少，规模也较小，采购决策者可能就是购买者。在一些企业，采购中心成员只有一个或几个人，而在另一些企业，则由数人或数十人组成，有的企业还设有专管采购的副总裁。

**情境链接**

### 如何判断采购中心中具有影响力的人物

（1）辨别采购中的主要风险承担者：那些在采购中承担个人风险的人员比其他人员更能发挥影响作用。

（2）注意信息的流动方向：采购中心中有影响力的人物往往是有关采购决策信息的中心人物。组织中的其他人员将会及时地将信息传递给那些有影响力的采购中心成员。

（3）确认专家：专家性权力是采购中心的一个重要影响因素。那些在采购中心中具有渊博的学识，并且经常向销售人员提出犀利问题的人员往往是具有影响力的。

（4）充分理解采购人员的角色：在常规采购中，采购人员具有决定性作用。

（5）追寻与高层的联系：有权威的采购中心成员经常与最高管理层保持着密切的联系。这种联系加强了采购中心成员的地位和影响力。

资料来源：郭毅. 组织间营销［M］. 北京：电子工业出版社，2001.

## 情境任务3　促进产业市场购买决策

**情境导入**

假设你是某水泥厂的产品推销员，已知某大型企业需采购大量水泥，但你的竞争者也很多，在众多竞争对手中，你公司的产品质量优良，但价格也较高，你将如何开展推销活动呢？

**情境认知**

### 一、影响产业市场购买决策的主要因素

产业市场用户的购买行为在一定程度上要比消费者市场的购买行为更为复杂，因为他们更理性，参与购买决策的人更多。影响产业用户采购决策的主要因素可归纳为环境因素、组织因素、人际因素和个人因素等四大类，如图2-2-6所示。

（1）环境因素。环境因素是指生产者无法控制的宏观环境及变化因素，包括经济环境、技术环境、竞争环境、政治法律环境。经济环境因素对组织购买行为的影响最大，如果经济不景气，市场需求不足，资金紧张，那么组织购买者就会削减投资，减少采购量和库存。但这时候，政府购买者为了达到扩大需求、刺激经济增长的目的，可能会扩大采购量。组织购

| 环境因素 | | | |
|---|---|---|---|
| 国家有关政策法规 | 组织因素 | | |
| 资金成本 | 组织目标 | 人际因素 | |
| 原料供给状况 | 组织政策 | 职权 | 个人因素 |
| 市场需求规模 | 作业程序 | 地位 | 年龄 |
| 科技发展的速度 | 组织结构 | 说服诱导能力 | 收入 |
| | 组织制度 | 兴趣 | 教育 |
| | | | 职务 |
| | | | 个性 |
| | | | 对风险的态度 |

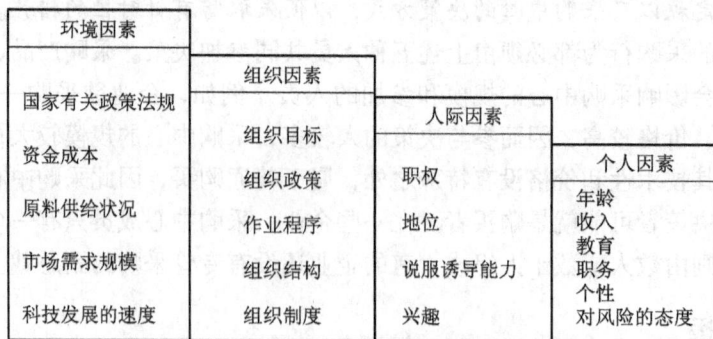

**图2-2-6　影响产业市场购买决策的因素**

买行为也受到政治法律、科技环境的影响，如国家增加了某些非营利性组织的转移支付，扩大了这些组织的购买决策权，那么它们就会增加购买量。如果出现了新的生产技术或新的替代品，对原有产品的需求就会减小。营销人员应密切关注这些环境的变化，分析这些环境变化如何对组织购买者产生影响，并采取一定措施将问题转化为机会。

（2）组织因素。组织因素指与组织购买者自身相关的因素，如组织结构、组织文化、购买制度和程序。对于企业组织而言，组织因素还包括生产规模、经营目标、经营战略等。例如，连锁企业将原先各事业部门的采购权统一收回，设立统一的采购部门、实行集中采购制度，以达到保证产品质量、降低采购成本的目的。对于营销人员来说，他将和更专业的采购人员打交道，因而要求营销人员自身须具备良好的业务素质、丰富的经验和更好的沟通能力。

（3）人际因素。人际因素指组织购买者内部参与购买决策的各种角色的职务、地位、态度。组织购买行为的参与者包括发起者、使用者、影响者、决策者、购买者、信息控制者。这些成员在组织上的地位、权力不同，作用也有区别，对组织购买行为的影响力也有差别，因而在购买决策过程中存在复杂的人际关系。营销人员就应该了解组织内部相关人员相互影响的程度，并有针对性地制定公关策略。

（4）个人因素。个人因素指组织购买过程中各参与者的年龄、职位、教育、价值观与态度、风险意识、职业道德等因素。不同的参与者会有不同的动机、感觉和偏好，对购买决策的影响也不一样。例如，某单位打算购买一批电脑，如果单位领导本身对计算机很在行，又是个计算机迷，那么他可能根据自己的经验、标准来决定供应商，并且"事必躬亲"，积极性很高。如果领导本身不懂电脑，对电脑也不感兴趣，他可能把决策权交给其他人，由其他人作出购买决策。对于国际营销人员来讲，不同国家和地区这些因素的作用也不相同。比如，在某些国家，贿赂比较普遍，因而在组织购买行为中，组织中的领导很可能要受贿之后才会作出决定，而在另外一些国家这种情况相对较少。不同国家的经济、政治、法律环境也不相同，因而对组织购买行为的影响不同，营销人员需要区别对待。

**情境链接**

## 工业品营销——产品演示建奇功

　　一系列的心理研究表明，销售人员应该使产品介绍最大限度地可视化，才能真正打动客户的心，直接刺激顾客的购买欲望。成功的产品演示比单纯的口头陈述更有助于使客户相信你的产品恰好能满足他的需求。

对于那些适合进行现场演示的产品，演示地点可能在客户指定的场所；或者是较正式的产品讨论会或展览会上。一个成功的产品演示需要注意以下四个事项。

1. 确保产品演示100%成功

如果还做不到这一点，干脆就放弃，一个失败的演示对销售的破坏将是灾难性的。

为了确保产品演示成功，需要做好以下三点。

（1）非常熟悉产品。

（2）有固定的演示流程——可以将之作为产品演示的基本框架，再根据不同客户的需求进行修改，也可以加入即兴的表演。

（3）不断地练习，保证产品演示成功。

2. 产品特性是产品演示的重点

确保产品性能与未来客户的要求精确匹配应该成为产品演示的焦点。一定不要不停地用客户不需要的特性来烦他们，那是在考验他们的耐心。千万不要忘记产品演示的目的是向客户展示你产品的优势，而这个优势也恰恰是客户所需要的。

仅仅演示客户关心的性能——律师从来不问他们不知道答案的问题——不要试图去演示一个你不敢肯定会有效的性能。

3. 让客户参与到你的演示中

通过潜在客户的参与，你会抓住客户的注意力，减少客户对购买的不确定性和抵触情绪。在一个成功的演示中，销售人员应当做到以下三点。

（1）让客户做一些简单的演示，避免出差错。

（2）使客户参加到你要强调的产品特性那部分演示中。

（3）通过提问，从客户那里获得对演示的正面的反馈，如："操作真的很容易，是吗?"

4. 产品演示必须是互动的

你的客户需要感受到他能对产品演示进程有一定的控制，你不能死板地按照演示流程来演示，直到演示结束时才允许提问。在整个过程中你需要与客户互动，有问必答。有时候推迟回答某个问题会更好些，尤其当答案是某个你还没有介绍到的特性时。但正式讨论会是例外，讨论会一般会有固定的时间回答客户的问题。

你也许不能回答每个问题，但你可以与客户约定个时间，告诉他你将会在何时以书面形式回答这些问题，然后遵守承诺。

资料来源：陆和平. 工业品营销——产品演示建奇功［OL］. 中国营销传播网，http：//www. emkt，com. cn/article/315/31518. html，2007－05－18.

## 二、国际产业市场购买决策类型

产业市场购买决策分为三种类型，即重复购买、修订再购和新任务购买。其中，重新购买最简单，新任务购买最复杂。

（1）重复购买。重复购买是一种按惯例再采购的常规采购，如办公用品、生产常用原料等，这是最简单的购买决策类型。购买者只需不断地检查合同履行情况。此种类型的购买，供应方如已经入选，努力的重点在于保持产品和服务的质量，稳定客户。若是未入选，供应商可从提供一些新产品或消除买方的不满入手，设法争取少量订单，再逐渐扩大订单。

（2）修订再购。修订再购指购买者为更好完成采购任务，适当改变产品规格、价格等条件，或更换供应商。一般若买方企业对产品设计有了新的修改，或对生产设备做了部分更新，就可能会采用新的零配件和原材料，购买决策也会因此变得复杂，需要更多人参与决策。原供应者必须尽力改进供应工作才不致失去这个客户，而新的供应者则有较多市场机会。

（3）新任务购买。新任务购买是指购买者第一次购买某产品或服务。由于新任务购买与企业的生产经营关系重大，成本高、风险大，故参与购买决策的人很多，需要决策的项目也很多，一般包括：产品规格、价格限度、交货条件与时间、服务条件、支付条件、订购数量、可接受的供应商、可供选择的供应商等。重复购买与修订再购两种购买决策只包括其中若干项。新任务购买的金额和风险越大，参与决策的人越多，所需了解的信息也越多。新任务购买对供应者是最好的市场机会，应派出训练有素的推销人员，向企业提供所有必要的信息，帮助用户解决疑难问题。许多公司都设立专门机构负责对新客户的营销，以求建立长期的供应关系。

**情境提示**

## 产业市场新任务购买的决策程序

产业市场新任务购买的决策一般由以下八个步骤组成：

（1）确认问题。工业品的购买过程开始于企业内部某个人认识到某种问题或需求，而这种问题或需求又与特定的产品相联系。确认问题一般来源于企业内部或外在的刺激。以内部来说，有如下四个方面：① 企业决定开发和生产某种新产品，因此需要配套的设备与原材料；② 机器设备发生故障，需要重置或购买新的配件；③ 某种原材料不太理想，企业决定寻找更好的供应商；④ 采购人员发现有更为价廉物美的同类产品或服务。外部的刺激则来源于供应商的促销信息，如广告、展览、公共宣传等。

（2）确定总体需求。在企业确认问题以后，就必须确定这些问题所对应的产品或服务需求，从数量、质量、品种等方面加以估计，并由相关人员加以确定。

（3）决定产品规格。这里主要是要决定拟采购产品或服务的技术规格。一般由专业人员运用价值分析（Value Analysis）法，分析产品成本和功能之间的比例关系，在保证不降低产品功能的前提下，尽量降低成本，以取得较好的经济效益。

（4）查询供应商。企业可以利用电脑资料、厂商名录和其他企业的推荐信息，查询所需产品或服务的供应商。经初选后，列出备选供应商名单。

（5）征求价格信息。按照备选供应商名单，征求每个供应商的价格信息。

（6）选择供应商。在了解备选供应商的价格信息以后，企业再进一步了解各供应商的其他背景，经充分比较以后，做出合理的选择。一般必须考虑以下因素：① 交货能力；② 产品技术服务；③ 能否迅速适应顾客的需要；④ 产品质量；⑤ 企业形象、商誉；⑥ 产品价格；⑦ 产品线是否完整；⑧ 销售业务代表的能力；⑨ 有无信用优惠条件；⑩ 个人关系；⑪ 有无产品技术说明、指导。

（7）订购产品。企业在选定供应商后，就可以发出正式订单，写明所需产品的规格、数量、交货期限和保证条件等。在具体的订货方式选择中，又可以根据企业需要与供应商的条件，采取一次性订购、定期重复性订购或一揽子订购等方式。

（8）评估绩效。最后，企业采购人员应对供应商的履约情况进行综合评价，从而决定是否继续、修改或停止订货合同。

## 情境任务4　跟踪产业购买者购后行为

### 情境认知

一个成功的企业，企业内部有关部门必须密切合作，保证圆满履行合同，检查发货情况，协调安装服务，安排客户培训，与客户保持密切联系，随时掌握客户的意见和要求，做好协调工作。

一般来说，用户购进产品后，其采购部门就会主动与使用部门联系，了解所购产品的使用情况，询问使用者的满意程度，并考察各个供应者的履约情况，以决定今后对各供应者的态度。产品购进后，企业会在使用中了解所购买的产品是否起到了应有的作用，并以此来确定对合同履行情况的评价，使之成为再采购、修改或取消与对方合作的依据。因此，供应者应认真履行合同，尽量提高买方的满意程度。

产业市场上的买卖双方倾向于建立长期的业务联系，相互依存。卖方在顾客购买决策的各个阶段往往要参与决策，帮助顾客解决一些购买过程的问题，提供完善的售前咨询、答疑及售中、售后服务，有时要帮助顾客寻找能满足其需要的商品，甚至按顾客要求的品种、性能、规格和时间定期向顾客供货。产业市场的供方一定要通过有效的服务与顾客建立长期的业务联系，以稳定客户，保持市场占有率。

### 情境延伸

## 中间商市场及其购买行为

中间商市场又称转卖者市场，他们购买商品的目的是将商品转售或出租给他人以获得利润。中间商不是提供形式效用，而是提供时间效用、地点效用和占有效用。从地域上说，中间商比生产企业分散，但比消费者集中。中间商具有集中商品、平衡供求和扩散商品的职能，承担了生产企业的产品销售的职能，使消费者的购买变得十分方便。

1. 中间商市场的特点

与生产者市场相比，中间商市场有如下特点：

（1）中间商购买行为源于消费者的需求。与生产者相比，中间商离消费者最近，中间商的需求能直接地反映消费者的需求。

（2）中间商对价格更敏感。

（3）中间商需要供应商为其提供广告支持。中间商经营的范围较广泛，因此无力对所有的商品进行广告宣传。

（4）中间商需要供应商协助其对顾客提供服务。中间商不是产品的生产企业，擅长做交易，对与产品有关的技术不擅长。特别是对于技术含量较高的产品，中间商需要供应商提供技术服务和售后服务。

（5）中间商对交货时间要求高。中间商一旦向供应商订货，就希望供应商尽快交货，否则就会发生缺货脱销，缺货会给企业造成损失，如销售延迟、销售损失和失去顾客等，使企业失去赚钱的机会、失去信誉。特别是对于市场寿命周期短的商品，如流行性商品，中间商对其交货时间要求更高。

2. 中间商购买决策的内容

中间商必须在进货前作出一系列的决策，如经营什么花色品种、从谁家进货、价格及其他交易条件如何，等等。

（1）确定品种组合。即确定自己所经营的产品的花色品种。进货的品种组合是中间商最基本的购买决策，它将使中间商确定自己在市场中的位置，并影响其营销组合、顾客组合及供应商组合。一般有四种品种组合策略供中间商选择。

① 单一组合，即只经营某一生产企业的不同花色品种的同类产品，如某品牌服装专卖店。

② 深度组合，即经营许多生产企业的同类产品，如某西装店销售来自不同服装生产企业的不同品牌的西装。

③ 广度组合，即经营多种系列的相关产品，例如，某家电商场经营电冰箱、电视机、空调、洗衣机、消毒柜和手机等。

④ 混杂组合，即经营多种系列彼此无关的产品，例如，百货商店经营食品、服装、家电和文具等。

（2）引进新产品的决策。中间商在制定新产品引进决策时，主要看该新产品能否为自己带来利润。对于新的供货产品来说，中间商与生产企业的购买过程是相同的。

（3）供应商的选择决策。中间商在选择供应商时一般比较慎重，往往实力较弱的中间商会选择比较畅销、知名度较大的品牌；而实力较强的中间商除了会经营比较畅销、知名度较大的品牌之外，往往还会选择合适的生产企业生产中间商自有的品牌产品，一般这类生产企业实力较弱，产品质量好，为了打开产品的市场，以低价将产品卖给中间商，想借助中间商的信誉、知名度来扩大产品的影响。

（4）改善交易条件。中间商更重视交易条件，尤其是经营成本上升而影响了利润时，会向供应商提出各种能够有利于自己的交易条件。例如，要求给予更多的价格优惠，增加服务、广告津贴等。

中间商其他相关决策还包括：预测需求、商品选择、存货控制、店面安排、产品陈列；注重每平方米的利润，计算最经济的购货数量。

中间商日益精到的采购手段，已使供应商与中间商双方有利的交易条件越来越多地转移到商业企业方面。所以，生产厂商必须要了解中间商不断变化的需要，开发出具有吸引力的竞争性产品，更好地帮助中间商为顾客服务。

**情境延伸**

## 国际政府采购行为

政府采购是指利用财政资金的各级政府机关、事业单位或其他组织，为了行使政府职能，或为公众提供公共服务，在财政的监督下，按一定的形式、方法和程序，购买货物、工程或服务。政府始终是各类市场中最大的用户，市场潜力巨大，这一点，所有的企业都必须给予足够的重视。在美国，政府已经成为全美最大的采购主顾，政府采购占国民生产总值的20%左右。

政府采购要兼顾社会效益和经济效益。政府采购需要注意两点：一是政府采购很注重那些能满足要求的最低出价者；二是企业必须了解政府究竟要采购哪些产品。政府采购主要受两个方面的影响：一是财政预算，它有规定金额、指定购买方向以及检查的作用；二是由于政府采购量大，属非私人性购买，要受到廉政建设的监督和公众的评论，因而政府采购具有规范性和公开性的特点，规范性表现在对供应商的选择、对采购产品的选择、采购的方法和程序等方面有一定的要求；公开性指政府的整个采购过程是公开的，操作公平、公正。

1. 政府采购的主要参与者

（1）采购人，即需要利用财政资金采购的各级国家机关、事业单位或其他组织；

（2）供应商，即依法取得为政府采购提供采购货物、工程或服务的组织或个人；

（3）政府采购机构，即政府设立的负责本级财政性资金的集中采购和采购招标组织工作的专门机构；

（4）招标代理机构，即依法取得招标代理资格，从事招标代理业务的社会中介组织；

（5）主管机构，即对政府采购起到管理和监督作用的财政部门，使政府采购应遵循的公开、公平、公正、效益及维护公共利益的原则落到实处。

2. 政府采购模式与管理机构

（1）政府采购模式。世界各国政府采购管理的集中和分散程度因国而异，据此可将政府采购制度大体分为集中采购模式、分散采购模式、半集中半分散采购模式等三种模式。

（2）政府采购管理机构。在各国采购执行中，通常由专门设立的采购机构负责中央、地方的集中采购，如法国的公共购买团体委员会、加拿大的采购中心、韩国的国家供应局、菲律宾的供应协调局等；美国则由联邦总务管理局、国防后勤局分别负责联邦民用部门所需物品和武装部队军需品的集中采购；个别国家由财政部门进行集中采购，如新加坡，由财政部预算署的采购和支出政策处集中采购纸张、大米等有限物品。支出部门或支出单位自主采购的部分，也可根据自愿原则委托专设的采购机构或社会其他招、投标代理机构进行采购。

就国际惯例来看，财政部门是政府采购的重要主管机构，其职责和权限虽因各国政府采购模式的不同而有所不同，但一般情况下，都包括以下主要内容：采购预算的编制、审查和批准；制定采购政策、法规或指南；管理协调采购委员会的采购事务；负责采购统计、采购分析和评估；监督采购活动等。

3. 政府采购方式

各国实施政府采购的具体方式很多，但总体来看可分为两类：招标采购和非招标采购。各国通常规定一定金额以上的采购项目采用招标方式，不足则采用非招标采购。如新加坡的政府采购制度规定：30 000 新元以上的采购项目以招标（Tendering）方式进行；不足 1 000 新元的采用小额采购（Small Value Purchasing）；30 000 新元以下的项目可由两位官员以邀请报价（Quotation）的方式进行采购。

（1）招标采购。招标采购是指采购单位按某种事先确定和公认的标准，以招标方式邀请所有合格供应商参加投标，并与之签订合同的一种采购方式。根据招标竞争程度和采购过程的差别，招标采购又可分为公开招标（Open Tendering）、限制性招标（Limited Bidding or Tendering）和两阶段招标（Two-stage Bidding or Tendering）三种方式。

（2）非招标采购。非招标采购方式是指运用招标以外的方式进行的采购。有时出现采购项目时间紧急，所需的商品、工程和服务的供应商数目有限，或者采购项目的性质有特殊要求等情况，采用招标方式并不经济、有效，这就需要以招标以外的灵活方式进行采购。具体来看，非招标采购主要包括以下几种方式：询价采购（Shopping）、谈判采购（Negotiation）、单一来源采购（Single Source）、批量及小额采购等。

4. 政府采购步骤

一个项目的政府采购是由若干连续的阶段构成的周期性过程，主要过程如下：

（1）采购立项。采购实体提出采购申请，经预算管理部门调整后，由权力机关批准，从法律上保证采购项目及其资金来源。

（2）确定采购方式。按照采购项目的性质、特点及技术、时间等要求，依据政府采购法及其有关的法律规定选择适当的采购方式。

（3）执行采购方式。即按照某一采购方式进行具体采购，如发布采购信息，组织招标、评标，或与供应商谈判，处理供应商的质疑、申诉等，并最终确定中标供应商。

（4）签订采购合同。即采购机构与中标供应商订立采购合同。

（5）履行采购合同。供应商根据合同规定，如期交付合同要求的商品、工程和服务。

（6）验收。采购实体、采购机构或专门成立的验收小组对合同履行的结果进行评估、检验和认定。

（7）结算。财政部门根据验收证明及采购合同的支付规定，办理采购款项的支付手续，将采购款项支付给供应商。

（8）效益评估。采购实体对采购项目进行验收后，还要对其使用情况和运行效果进行评估，以确定是否达到预期目的。

# 小　结

1. 组织市场由产业市场、中间商市场和非营利性组织市场组成。其中产业市场购买行为最为复杂。产业市场又称工业品市场或生产者市场，是指为满足企业生产其他产品的需求而提供劳务和产品的市场，其购买行为是为了再生产，目的是获得经济效益，故买主注重的是服务、可靠性、性能、质量、价格等特性。因此，从国际市场经营的角度看，产业市场在市场结构与需求、购买单位性质、决策类型和决策过程及其他各方面，与消费者市场有明显差异。在国际市场上，各国之间的经济、文化、技术的差异使得这些特征变得复杂化。

2. 产业用品购买决策一般由若干人员组成采购中心进行制定，采购中心由使用者、影响者、采购者、决策者、信息控制者等五种角色构成。营销人员必须识别产业购买参与者各角色及其决定权，以及采购中心的决策方式，以便采取有针对性的营销措施。

3. 影响产业用户采购决策的主要因素可归纳为环境因素、组织因素、人际因素和个人因素等四大类。产业市场购买类型主要有购买采购、修订再购和新任务购买等。产业市场的新任务购买决策一般由确认问题、确定总需求、查询供应商、征求价格信息、选择供应商、订购产品、评估绩效等步骤组成。

4. 政府采购主要针对国内企业（面向国际的战略物资采购除外），世界上的政府采购政策多数是歧视性的。因此，对任何一国的企业来说政府采购市场都非常重要。政府采购均按政策和法规执行，对购买品的质量和价格有明确的要求，其购买的物品种类也较为公开。政府采购用的是财政款项，社会监督及廉政建设的要求使其购买方式公开而明确，各国通常规定一定金额以上的采购项目采用招标方式。

## 学习情境 2.2.2  分析国际市场产业购买者行为  内容结构图

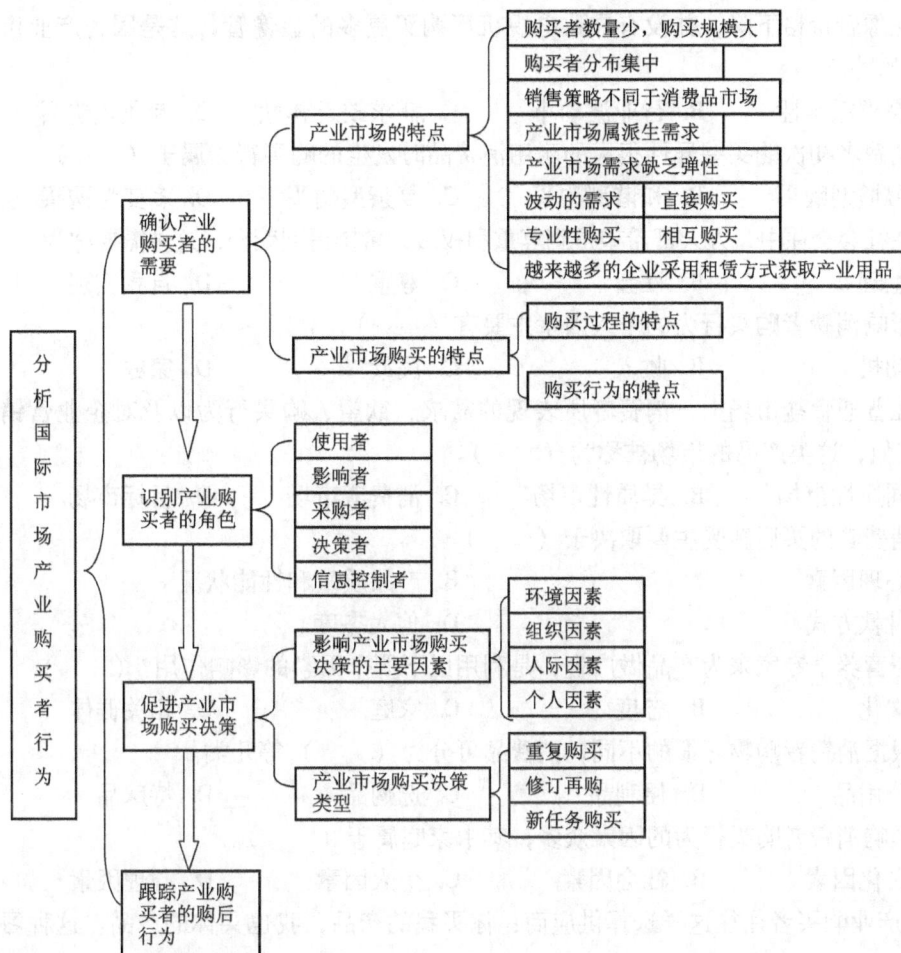

```
                                    ┌─────────────────────────┐
                                    │ 购买者数量少，购买规模大 │
                                    ├─────────────────────────┤
                                    │ 购买者分布集中           │
                        ┌───────────┤─────────────────────────┤
                        │ 产业市场的 │ 销售策略不同于消费品市场 │
                        │ 特点       ├─────────────────────────┤
            ┌───────────┤           │ 产业市场属派生需求       │
            │ 确认产业   │           ├─────────────────────────┤
            │ 购买者的   │           │ 产业市场需求缺乏弹性     │
            │ 需要       │           ├──────────┬──────────────┤
            │           │           │ 波动的需求│ 直接购买     │
            │           │           ├──────────┼──────────────┤
            │           │           │ 专业性购买│ 相互购买     │
            │           │           ├──────────┴──────────────┤
            │           │           │ 越来越多的企业采用租赁方式获取产业用品│
            │           │           └─────────────────────────┘
            │           │ 产业市场   ┌─────────────┐
            │           └─购买的特点 ┤ 购买过程的特点│
            │                        ├─────────────┤
            │                        │ 购买行为的特点│
            │                        └─────────────┘
  分        │           ┌────────┐
  析        │ 识别产业   │ 使用者 │
  国        │ 购买者的   │ 影响者 │
  际        ┤ 角色       │ 采购者 │
  市        │           │ 决策者 │
  场        │           │ 信息控制者│
  产        │           ┌──────────┐
  业        │ 影响产业市场│ 环境因素 │
  购        │ 购买决策的 │ 组织因素 │
  买        │ 主要因素   │ 人际因素 │
  者   ┌────┤           │ 个人因素 │
  行   │促进 │           ┌──────────┐
  为   │产业市│ 产业市场  │ 重复购买 │
       │场购买│ 购买决策  │ 修订再购 │
       │决策 │ 类型      │ 新任务购买│
            │ 跟踪产业购
            │ 买者的购后
            └ 行为
```

### 重要概念

购买行为  消费者黑箱  相关群体  品牌信念  动机  产业市场  中间商市场
采购中心  新任务购买  政府采购  招标

### 思考与练习

**一、填空题**

1. 影响消费者购买行为的因素可划分为四类：＿＿＿、＿＿＿、＿＿＿、
＿＿＿。

2. 影响产业市场购买决策的主要因素可分为＿＿＿、＿＿＿、＿＿＿、
＿＿＿四类。

3. 影响消费者行为最直接、起着决定性因素的是＿＿＿。

4. 消费者购买商品的过程可分为：认识需求、＿＿＿、选择评价、＿＿＿和
＿＿＿等五阶段。

5. 消费者的信息主要有_____、_____、_____和_____等几个方面的来源。

## 二、不定项选择题

1. 显像管价格下降，并没有导致电视机厂购买更多的显像管，这是因为产业市场具有（　　）的特点。

A. 需求派生性　　　B. 行业波动小　　　C. 需求缺乏弹性　　　D. 专业化购买

2. 消费者初次购买差异性很大的耐用消费品时发生的购买行为属于（　　）。

A. 习惯型购买　　　B. 和谐型购买　　　C. 复杂型购买　　　D. 多变型购买

3. 在社会交往中，人人都希望得到尊重和权威，希望得到荣誉，这种需要称为（　　）。

A. 生理　　　　　　B. 社会　　　　　　C. 尊重　　　　　　D. 自我实现

4. 影响消费者购买行为的个人因素主要有（　　）。

A. 动机　　　　　　B. 收入　　　　　　C. 民族　　　　　　D. 家庭

5. 在普通食盐市场上，消费者所表现的需求、欲望、购买行为以及对企业营销策略的反应都相似，这类产品的市场被称为（　　）。

A. 同质性市场　　　B. 异质性市场　　　C. 消费者市场　　　D. 目标市场

6. 消费者的买后感受主要取决于（　　）。

A. 心理因素　　　　　　　　　　　B. 产品质量和性能状况

C. 付款方式　　　　　　　　　　　D. 他人态度

7. 请营养学专家来为产品做广告，是利用以下哪个因素的影响作用？（　　）

A. 文化　　　　　　B. 态度　　　　　　C. 家庭　　　　　　D. 相关群体

8. 根据消费者购物习惯的不同，消费品可分为（　　）等几类。

A. 公用品　　　　　B. 便利品　　　　　C. 选购品　　　　　D. 特殊品

9. 影响消费者购买行为的因素众多，其中家庭属于（　　）。

A. 文化因素　　　　B. 社会因素　　　　C. 个人因素　　　　D. 心理因素

10. 产业购买者往往这样选择供应商：你买我的产品，我也买你的产品。这种习惯做法称为（　　）。

A. 直接购买　　　　B. 冲动购买　　　　C. 新购　　　　　　D. 互购

11. 为了制造、加工并从中获利而购买产品的企业属于（　　）。

A. 消费者市场　　　B. 生产者市场　　　C. 中间商市场　　　D. 集团购买者

## 三、判断题

1. 影响购买者决策的心理因素主要包括职业、生活方式、性格、动机等。　　　　（　　）

2. 马斯洛的需求层次论认为，人类的需求可以由低到高排成不同的层次，在不同时期各种需求对行为的支配力量不同。　　　　　　　　　　　　　　　　　　　　　　（　　）

3. 消费需求变化中最活跃的因素是个人可支配收入。　　　　　　　　　　　　（　　）

4. 相关群体对消费者的影响因购买产品的不同而不同，对价值小和使用时不易被他人察觉的商品影响小，反之影响大。　　　　　　　　　　　　　　　　　　　　　　（　　）

5. 文化对市场营销的影响多半是通过直接的方式来进行的。　　　　　　　　　（　　）

6. 消费者的欲望和需求不仅受人口变量的影响，而且受其他变量，特别是心理变量的影响。　　　　　　　　　　　　　　　　　　　　　　　　　　　　　　　　　　（　　）

7. 消费者市场的需求具有鲜明的可诱导性。　　　　　　　　　　　　　　　　（　　）

8. 营销学认为，在购买行为产生之前，购买过程已经开始。 （ ）

## 四、简答题

1. 根据马斯洛需求层次理论，说说你的需求动机。
2. 简述消费者购买行为的一般模式。
3. 什么是相关群体？相关群体是怎样影响消费者购买行为的？
4. 分别简述影响消费者和产业用户购买行为的因素。
5. 举例说明文化因素是怎样影响消费者的购买行为的？
6. 消费者市场与产业市场的差异何在？

## 实训课堂

### 能力训练目标

1. 能够利用消费者行为的基本模式，并根据影响消费者行为的主要因素全面观察和认识特定消费者的行为特点。
2. 根据消费者购买决策过程五个阶段的行为特点和要求，形成相应营销策略的基本思路。
3. 能够基本准确地判断特定消费者的购买行为类型，并提出有针对性的营销策略。

### 能力训练项目

#### 一、思维训练

**训练1 分巧克力**

小明得到一块巧克力，这块巧克力由三个方块构成（如图），小明想把它平均分成8份，请问，他该如何分？

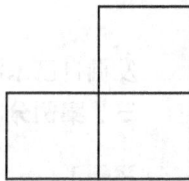

**训练2** 请快速说出"可以做笔的三种材料""笔的三种功能""笔的三种形态""笔与其他商品的三种销售组""三种推销笔的方法""说服客户购买你的笔的三个理由"。

**训练3 他为什么要自杀？**

马戏团里有两个侏儒，其中略矮的是一个瞎子。由于马戏团经营不善，需要裁员，两个侏儒只能留下一个。谁留下呢？按照马戏团的想法是谁矮谁留下，因为观众眼里，侏儒当然是越矮越受欢迎。大家都知道瞎的侏儒个子比较矮。但为了体现公平、公正，马戏团还是决定两个侏儒在公开的场合比身高。可是，在约定比身高的前一天，瞎子侏儒死在家里，现场只有木头做的家具和满地的木屑。经警方调查，死者是自杀。

瞎子侏儒比另一个侏儒矮，他为什么要自杀呢？

#### 二、营销游戏

**游戏1**

## 男女有别

目的：关注一下男女不同的行为模式，说明文化传统和固有习惯对人的行为模式具有重大影响。

用具：纸和笔。

用时：20分钟。

过程：5~7人一组（男女混合），要求每组分别列出10种消极的或不良的行为方式，其中5种是关于男性的，5种是关于女性的。

列出后，进行小组交流。交流过程中，要特别注意对行为方式的评价，如：为什么认为是消极的？为什么认为对男性（或女性）来说是消极的，而对女性（或男性）来说未必是消极的？为什么认为无论对男性还是女性来说都是消极的，等等。

替换过程：每组分别列出10种行为特征，其中5种是关于男性的，5种是关于女性的。过程同上。

讨论：

1. 男女共同的不良行为方式是什么？

2. 你认为哪种不良行为方式最为严重？试扮演一个行为方式不良的角色（如出租车司机、医生、小学生、中学生、大学生）。

3. 在男女不良行为方式中，你认为是男性还是女性更为严重？为什么？这些问题引起过你的注意吗？

4. 你能以积极的行为方式取代消极的行为方式吗？

5. 通过这个练习，你应该怎样对待固有的习惯？

**游戏2**

# 发掘需求

发掘自己未满足的需求，每人列出10个以上，并在讲台上大声说出。

三、案例分析

**案例1**

# 利用"相关群体"，巧妙打开市场

克莱斯勒公司在LH系列轿车全面上市之前，通过调查，从25个城市数万名社会杰出人士中选出6 000名企业或社会的领导者，让他们免费试用LH系列轿车。试用期间，公司与试用者保持密切接触，及时倾听他们的评价，迅速解决他们的问题，同时，向试用者提供大量的产品信息，以增进他们对轿车各项性能的了解。试用结束后，公司做了跟踪调查，发现98%的试用者都向他们的亲友推荐了这一新车型。克莱斯勒公司新车上市当年就出色地完成了销售任务。

【案例思考与讨论】

1. 克莱斯勒公司成功的原因是什么？

2. 此种模式还可用于哪些产品？每人举出三例。

**案例2**

# 谦虚是一种美德

一个人寄了许多履历表到一些贸易公司应聘。其中有一家贸易公司写了一封信给他：

"虽然你自认文采很好，但是从你的来信中，我们发现你的文章写得很差，而且文法上也有许多错误。"他非常生气，但转念一想："对方可能说得对，或许自己在文法及用词上犯了错误，却一直不知道。"于是他写了一张感谢卡给这个公司。几天后，他再次收到这家公司的信函，通知他被录用了。

**【案例思考与讨论】**

他被录取的原因是什么？假如你在未来应聘中遇到类似问题，你会如何处理？

**案例 3**

推销员李宾销售一种安装在发电设备上的仪表，他工作非常努力，不辞劳苦地四处奔波，但是收效甚微。您能从以下他的推销过程中找出失败的原因吗？

（1）李宾得悉某发电厂需要仪表，就找到该厂的采购部人员详细介绍产品，经常请他们共同进餐和娱乐，双方关系相当融洽，采购人员也答应购买，却总是一拖再拖，始终不见付诸行动。李宾很灰心，却不知原因何在。

（2）在一次推销中，李宾向发电厂的技术人员介绍说，这是一种新发明的先进仪表。技术人员请他提供详细的技术资料并与现有同类产品做一个对比。可是他所带资料不全，只是根据记忆大致做了介绍，对现有同类产品和竞争者的情况也不太清楚。

（3）李宾向发电厂的采购部经理介绍现有的各种仪表，采购部经理认为都不太适合本厂使用，说如果能在性能方面做些小的改进就有可能购买。但是李宾反复强调本厂的仪表性能优异，认为对方提出的问题无关紧要，劝说对方立刻购买。

（4）某发电厂是李宾所在公司的长期客户，需购仪表时就直接发传真通知送货。该电厂原先由别的推销员负责销售业务，后来转由李宾负责。李宾接手后采用许多办法与该公司的采购人员和技术人员建立了密切关系。一次，发电厂的技术人员反映有一台新购的仪表有质量问题，要求给予调换。李宾当时正在忙于同另一个重要的客户洽谈业务，拖了几天才处理这件事情，他认为凭着双方的密切关系，发电厂的技术人员不会介意。可是那家发电厂自此以后就转向了其他供应商。

（5）李宾去一家小型发电厂推销一种受到较多用户欢迎的优质高价仪表，可是说破了嘴皮，对方依然不为所动。

（6）某发电厂同时购买了李宾公司的仪表和另一品牌的仪表，技术人员、采购人员和使用人员在使用两年以后对两种品牌进行绩效评价，列举事实说明李宾公司的仪表耐用性不如另一品牌的仪表。李宾听后认为事实如此，无话可说，听凭该电厂终止了同本公司的生意关系而转向竞争者购买。

资料来源：吴健安. 市场营销学 ［M］. 二版. 北京：高等教育出版社，2008.

**【案例思考与讨论】**

1. 总结李宾六次推销失败的原因分别是什么？

2. 根据案例分析影响产业市场购买行为的因素有哪些？

**四、实战演练**

目的：加深对消费者行为中个人、社会和情景因素作用的理解。

1. 与几位同学一起，从后面这些产品类型中挑选出一个（或者自己另选一种）：眼镜、香水、鞋（男/女）、快餐、杂志、香烟。

2. 请到三家能购买到以上商品的商店中（最好选择三家完全不同的商店）去，观察并记录每家商店的零售环境。

3. 在这三家商店中观察人们购买以上商品，记下他们的特征（如年龄、种族、性别等）、所属的社会阶层，以及与该商品相关的行为。

4. 准备一份报告，描述你所发现的情景变量和消费者个人的差异，并说明他们是如何与产品的购买相联系的。

5. 向全班汇报自己的发现。

# 分析国际竞争者行为

## 营销格言

知己知彼，百战不殆。

——孙子

## 学习目标

**知识目标**

(1) 掌握有效识别和分析竞争者的步骤和方法。

(2) 熟悉和了解竞争定位的方法。

(3) 领会参与竞争的战略战术。

**技能目标**

能灵活运用现代市场竞争的一般原理和竞争性思维，有效识别和分析竞争者，准确进行竞争定位，并能有针对性地选择和制定适宜的竞争策略。

## 学习情境

情境任务1 ➡ 情境任务2 ➡ 情境任务3 ➡ 情境任务4

⬇ ⬇ ⬇ ⬇

识别国际市场竞争者 ➡ 分析国际市场竞争者 ➡ 实施国际市场竞争定位 ➡ 制定国际市场竞争策略

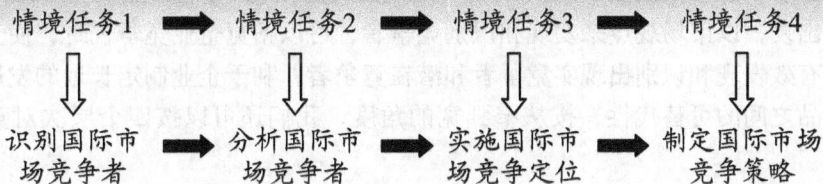

开展营销活动，不仅要满足消费者的需要，而且要比竞争对手更好地满足消费者的需要才能实现交换。分析竞争者，研究竞争者的优势，才能在竞争中求得生存和发展。企业首先要发现并有效识别出自己的竞争对手，然后对其进行"知己知彼"的分析，在此基础上明确自己在行业中的竞争定位，最后再根据本企业自身的资源、能力等因素，选择、制定出适宜的竞争战略和策略，以谋求建立自身的竞争优势。

# 情境任务1　识别国际市场竞争者

营销学大师科特勒说："别克汽车所面临的竞争对手不只是汽车制造商，还包括摩托车、自行车、卡车的制造商。最后，进一步广泛地说，竞争对手指所有竞争相同顾客的'钱包'的公司，别克汽车将与所有销售和提供耐用消费品、国外旅游、新房子、房屋装修等公司竞争。"

**讨论：** 你怎么理解科特勒的话？

## 情境认知

从市场竞争角度看，竞争者就是那些力求满足同一顾客需求或服务于同一顾客群的一组企业。识别竞争者看起来是一项简单的工作。然而，企业现实的和潜在的竞争者范围是广泛的，不能正确地识别就会患"竞争者近视症"（Competitor Myopia），一个企业更可能被新出现的对手以及潜在的对手，而非当前的对手打败。企业要善于从行业和市场两个方面，有效识别竞争者。

### 一、识别行业竞争者

提供同一类别产品或可以相互替代产品的企业，共同构成一个行业，如饮食行业、房地产行业和服装行业等。由于同行业企业之间产品的相似性和可替代性，在同行业内部，如果一种产品的价格上涨，就会引起相关替代商品的需求量增加。例如，果汁涨价会促使消费者转而购买茶饮料、汽水等其他替代饮品。行业中现有的竞争者之间采用的竞争手段主要有价格战、广告战以及增加对消费者的服务等。

### 二、识别市场竞争者

从市场方面来看，凡是满足相同的市场需要，或者服务于同一目标市场的企业，无论是否属于同一行业，都可能是企业的现实或潜在竞争者。从行业的观点来看，电影可能以同属于影视业的电视为主要的竞争对手。但是从市场的观点来看，特别是从满足消费者欣赏影视作品的需要来看，能够直接播放 VCD、DVD 的电脑也构成了对电影业的竞争威胁。从满足消费者需求出发，以市场观点来发现和识别竞争者，可以拓宽企业竞争视野，使企业从更广泛的角度来有效发现和识别出现实竞争者和潜在竞争者，利于企业制定长远的发展规划。

根据产品之间的可替代性，按从窄到宽的角度，我们还可以按四个层次对竞争者进行界定：

（1）品牌竞争者（Brand Competitor）——提供不同品牌的相同规格、型号的同种产品的企业。例如，主打农村市场的 21 英寸彩电品牌有长虹的"红双喜"、创维的"富临门"、康佳的"福临门"、厦华的"福满堂"、海信的"喜临门"、"TCL 王牌"等。

（2）形式竞争者（Form Competitor）——提供不同形式（款式、规格、型号）的相似、同类产品的企业。以近视眼镜为例，它的基本功能是使近视患者"恢复"正常视力，但满足这一需求的产品有各种各样的形式：普通眼镜、高档眼镜、隐形眼镜、特殊材质眼镜等。

除了矫正视力的功能外，有些眼镜还有遮阳、装饰等特殊功能，这些就是产品形式竞争。

（3）平行竞争者（Generic Competitor）——提供不同品种的相近产品，以不同方式满足顾客同种愿望、需要的企业。例如，为满足顾客对交通工具的需求，家用轿车、摩托车、自行车等生产厂家之间就形成了平行竞争的关系。

（4）隐蔽竞争者（Desire Competitor）——提供不同类产品，满足不同顾客愿望需要，但与自己争夺同一顾客群的有限购买力的企业，也称为愿望竞争者。对彩电制造商而言，生产VCD、家庭音响、个人电脑和家用空调等不同产品的厂家就是愿望竞争者。因为在购买力有限的情况下，消费者不可能同时购买诸多的大件商品。

如美国20世纪30年代"大萧条"时期，接管日趋没落的凯迪拉克汽车公司的经营者意识到，那些肯花7 000美元买一辆凯迪拉克的人，不是为了买一个交通工具，而是为了体现自己的声望地位。凯迪拉克汽车实际上是在同钻石和貂皮大衣竞争。这一观念的转变，使凯迪拉克公司取得了长足的发展。

### 情境提示

辨别、确定竞争者，范围不能过窄，仅仅局限于同行业，但也不宜过宽、"草木皆兵"，使注意力过于分散。应当既拓宽视野，又区分主次、抓住重点，最好是从行业和市场两个方面，将产品细分和市场细分结合起来，综合考虑，才有利于企业制定长期发展规划和竞争战略。每个企业都必须认真研究、明确自己的主要竞争对手，了解竞争对手的主要策略以及双方的实力对比情况，这样才能知己知彼，扬长避短，在竞争中取胜。

## 三、行业、市场竞争结构分析

不仅卖方之间存在竞争，买方之间以及买、卖双方之间也存在竞争，这就形成了复杂的行业、市场竞争结构，它主要包含五种直接影响、决定竞争程度的基本因素、力量。美国战略管理学大师迈克尔·波特首先提出了影响市场企业长期利润的"五种竞争力量"模型，如图2-3-1所示。五种竞争力量包括：现有竞争者的竞争、供应商讨价还价能力、购买者讨价还价能力、潜在竞争者的威胁、替代品的威胁。

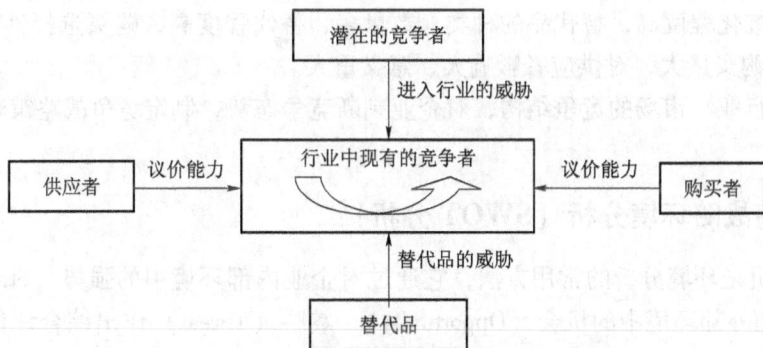

图2-3-1　波特的"五种竞争力量"模型

（1）行业内现有竞争者的数量越多，竞争力差距越小，产品差异程度越低，行业增长越慢，产品越是过剩，行业退出障碍（壁垒）即退出行业所必须付出的代价越高，则竞争越激烈。

（2）替代品是有相同或相似功能，可在一定程度上相互替代的产品。造成替代品对现有产品的较大威胁、压力、冲击的因素有：替代品的种类、数量多，增长快，相似、替代程度高；顾客转向替代品的代价即"转换成本"低；替代品有相对价格优势，或其价格超过现有产品价格的幅度不大；现有产品对替代品价格变动的反应敏感。

（3）潜在的竞争者指那些计划进入或有可能进入该行业参加竞争的其他行业的企业。新进入者将带来新的生产能力，其对资源与市场的要求，会改变原供求关系，加剧该行业内竞争。其可能威胁程度主要取决于行业进入障碍即进入行业所必须付出的代价，及行业内现有企业对新进入者可能做出的反应。进入障碍越低，现有企业反应越小，潜在竞争者就越容易或越想进入行业，从而对行业构成的威胁也就越大。造成行业进入障碍高的因素有：对经济规模的要求较大，资本需求量大；政府限制多、限制严；分销渠道较难获得，流通网络难以建立；顾客对现有企业、产品品牌的偏好强、忠诚度高，改变供应者的"转换成本"高；现有企业拥有明显的技术、经验、原料来源、资金和地理等优势。对于新进入者，如果现有企业有较强的竞争实力和市场控制力；或者市场能吸收新进入者的产品，对现有企业产品销路威胁不大；或者行业退出障碍低，易退出；或者现有企业缺乏做出强烈报复性反应的资金实力；以上情况下，一般来说现有企业的反应不会太强烈。

（4）同供应者和同购买者的议价（Bargain）能力，反映了买卖双方、交易谈判对手之间的竞争力量对比关系。能力较强者在竞争中处于"上风"、相对优势地位，对对方有较大的制约能力，能促使对手接受对自己更有利的交易条件，从而给对手造成威胁和压力。使一方具有较强议价能力的条件是：这一方数量较少、较集中，形成了有效控制甚至垄断市场的能力，内部竞争不激烈，或已掌握了较多、较准确的市场信息，而对方数量较多、较分散，内部竞争激烈，或掌握的市场信息较少、不够准确。

另外，造成供应者议价能力相对较强的因素有：供方行业进入障碍高；供应者向买方延伸、扩展业务的可能性大；产品有特色或专用性强，替代品的种类、数量少，替代程度低，购买者改变供应者的"转换成本"高；产品对购买者十分重要；购买量小，对供应者销售影响不大。

造成购买者议价能力相对较强的因素有：产业用品购买者向卖方延伸、扩展业务的可能性大；产品标准化程度高，替代品的种类、数量多，替代程度高，购买选择性强，"转换成本"低；产品购买量大，对供应者影响大、意义重大。

深入分析行业、市场的竞争结构，对企业判断竞争态势，制定竞争战略策略具有关键性意义。

## 四、营销战略环境分析（SWOT 分析）

SWOT 分析是环境分析的常用方法，它通过对企业内部环境中的强势（Strength）、弱势（Weakness）和外部环境中的机会（Opportunity）、威胁（Threat）作出综合评估，找出营销机会，消除环境威胁，根据企业自身的优势制定正确的营销战略。

### 1. 外部环境分析（机会/威胁分析）

企业的营销成功与否，与周围环境的变化密切相关。分析周围环境的变化，发现和利用营销机会，规避威胁是企业国际市场营销任务顺利完成的基础。因此，企业不但要监测那些影响其国际市场营销的主要宏观环境因素，如经济因素、政治因素、文化因素、法律因素等，还必须监测与国际市场营销密切相关的微观环境因素，如消费者的需求特征和购买行为、行业竞争优势、分销渠道等，这些因素都会影响企业产品的市场竞争力，从而影响企业的盈利能力。因此，企业应通过营销信息管理系统，加强营销调研，研究营销环境的发展趋势和规律，发现营销机会和威胁。

营销机会（Marketing Opportunity）是指一个企业能通过满足消费者需求而盈利的某一领域。营销机会可以从吸引力和成功概率两个方面加以分析。吸引力是指企业想进入某一市场的强度，它可以用市场规模、竞争强度、利润水平等指标来综合衡量。成功概率指企业进入某市场后能有效为消费者提供产品并获利的可能性，它不仅取决于企业的实力是否与该市场成功所需要的条件相符合，还取决于企业的实力是否超过其竞争对手，如图2-3-2所示。

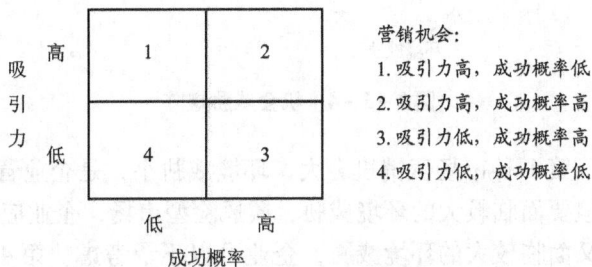

图2-3-2 营销机会矩阵

在图2-3-2中，市场2对企业吸引力高，成功的概率也高，是企业应重点把握的机会。市场1对企业界的吸引力高，但成功概率较低，如技术落后、实力不如竞争对手等，因此企业应该加强自己的竞争力量，待时机成熟再考虑进入该市场。市场3对企业的吸引力较低，但成功概率较高，如市场规模较小、利润水平较低等，对于这类市场企业应当通过产品开发和改进以满足消费者新的需求，否则应当放弃。市场4对企业的吸引力低，成功的概率也低，对这类市场企业可以不予考虑。

环境威胁（Environment Threat）是指一种不利的发展趋势所形成的挑战，如果不及时采取相应的营销行动，这种不利趋势将会侵蚀企业的销售额与利润。环境威胁可以从威胁的严重性和发生概率两方面进行评价。严重性是指威胁对企业可能造成损害的程度，发生概率则指这种损害发生的可能性的大小，如图2-3-3所示。

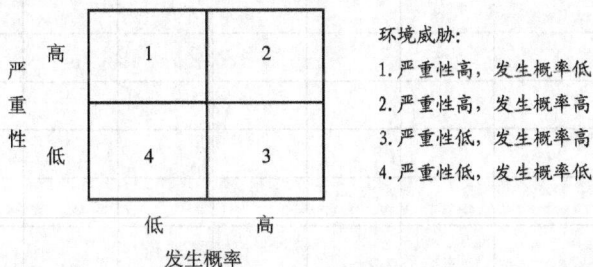

图2-3-3 营销威胁矩阵

在图2-3-3中，第2种市场威胁严重性高，发生概率也高，这种威胁对企业来说非常关键，因此企业需积极准备对策和应变方案。第3种市场威胁虽然严重性低，但发生概率高，企业应加强管理，降低其发生概率。第1种市场威胁虽然发生概率低，但其严重性高，一旦发生，对企业的损害很大，企业应当对其严密监视，预防其发生。第4种市场威胁的严重性低，发生概率也低，企业可以不予理会。

将企业面临的营销机会和环境威胁结合起来，我们可以得到企业未来的业务前景，如图2-3-4所示。

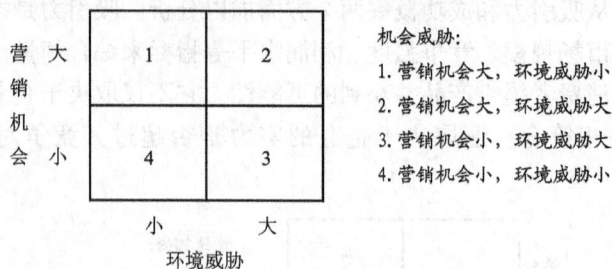

机会威胁：
1. 营销机会大，环境威胁小
2. 营销机会大，环境威胁大
3. 营销机会小，环境威胁大
4. 营销机会小，环境威胁小

图2-3-4 机会威胁矩阵

在图2-3-4中，第1种市场营销机会大，环境威胁小，是企业营销战略的重点。第2种市场营销机会大，但要面临较大的环境威胁，属风险型市场，企业应谨慎对待。第3种市场营销机会小，而且又面临较大的环境威胁，企业可以不予考虑。第4种市场营销机会小，环境威胁也小，一般属成熟产业或成熟产品的市场，对这类市场，企业的营销战略是努力改进产品，满足消费者新的需求或发现产品的新用途，以扩大企业的市场份额。

**2. 内部环境分析（优势/劣势分析）**

在对外部环境分析之后，企业找到了营销机会和面临的威胁，如何利用这些机会并消除威胁，企业还需对自己的内部实力进行分析，将自身的能力与市场所要求的能力进行比较，找出差距和不足，并采取相应的改进措施。对企业内部环境分析可采取分析企业优势和劣势的方法进行分析，企业内部环境分析表如表2-3-1所示。

表2-3-1 企业内部环境分析表

| 项　　目 | | 现有能力水平 | | | | | 重要程度 | | |
|---|---|---|---|---|---|---|---|---|---|
| | | 强 | 较强 | 中 | 较弱 | 弱 | 高 | 中 | 低 |
| 营销能力 | 1. 公司信誉 | | | | | | | | |
| | 2. 市场份额 | | | | | | | | |
| | 3. 产品质量 | | | | | | | | |
| | 4. 定价因素 | | | | | | | | |
| | 5. 分销渠道 | | | | | | | | |
| | 6. 促销宣传 | | | | | | | | |
| | 7. 服务水平 | | | | | | | | |
| | 8. 顾客忠诚度 | | | | | | | | |
| | 9. 销售人员素质 | | | | | | | | |
| | 10. 公共关系 | | | | | | | | |

| 项　目 | | 现有能力水平 | | | | | 重要程度 | | |
|---|---|---|---|---|---|---|---|---|---|
| | | 强 | 较强 | 中 | 较弱 | 弱 | 高 | 中 | 低 |
| 生产能力 | 11. 生产设备 | | | | | | | | |
| | 12. 生产技术与工艺 | | | | | | | | |
| | 13. 规模经济 | | | | | | | | |
| | 14. 劳动力状况 | | | | | | | | |
| | 15. 按时交货能力 | | | | | | | | |
| | 16. 生产控制 | | | | | | | | |
| 组织能力 | 17. 组织结构 | | | | | | | | |
| | 18. 领导者水平 | | | | | | | | |
| | 19. 企业文化 | | | | | | | | |
| | 20. 员工的忠诚度 | | | | | | | | |
| | 21. 团队精神 | | | | | | | | |
| | 22. 弹性和适应能力 | | | | | | | | |
| | 23. 创新精神 | | | | | | | | |
| 资金能力 | 24. 融资能力 | | | | | | | | |
| | 25. 资金成本 | | | | | | | | |
| | 26. 现金流量 | | | | | | | | |
| | 27. 资金稳定 | | | | | | | | |

## 3. 战略制订

经过分析企业内外环境中存在的机会、威胁、强势、弱势之后，对这四种因素进行组合，我们可以制订出相应的营销战略，如图 2-3-5 所示。

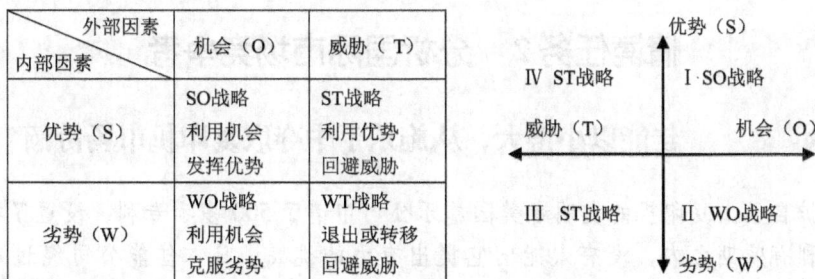

| 内部因素 ＼ 外部因素 | 机会（O） | 威胁（T） |
|---|---|---|
| 优势（S） | SO战略<br>利用机会<br>发挥优势 | ST战略<br>利用优势<br>回避威胁 |
| 劣势（W） | WO战略<br>利用机会<br>克服劣势 | WT战略<br>退出或转移<br>回避威胁 |

```
                    优势（S）
                      ↑
        Ⅳ ST战略      │    Ⅰ SO战略
                      │
  威胁（T）           │           机会（O）
    ←─────────────────┼─────────────────→
                      │
        Ⅲ ST战略      │    Ⅱ WO战略
                      │
                      ↓
                    劣势（W）
```

图 2-3-5　SWOT 的 4 种战略

情境案例

美国某汤料食品公司根据 SWOT 分析方法，制订了本企业的国际市场营销战略，具体情况如表2-3-2所示。

表2-3-2 某汤料公司的SWOT战略

| 外部因素\内部因素 | 机会（O）<br>1. 西欧联合的加强<br>2. 用户选购产品时对健康的关注<br>3. 亚洲自由市场经济的兴起<br>4. 对汤料需求增长10%<br>5. 北美自由贸易协定的签订 | 威胁（T）<br>1. 食品销售收入年增长率仅为1%<br>2. 某品牌电视食品占据27.4%的市场份额，居于领先地位<br>3. 亚洲经济的不稳定性<br>4. 罐头包装不能被降解<br>5. 美元贬值趋势加强 |
|---|---|---|
| 优势（S）<br>1. 流动比率增长到2.52<br>2. 盈利率上升到7<br>3. 员工积极性高<br>4. 安装了新的信息管理系统<br>5. 市场份额提高到24% | SO战略<br>1. 收购欧洲的食品公司（S1、S5、O1）<br>2. 在墨西哥投资建厂（S2、S5、O5）<br>3. 开发新的健康汤料食品（S3、O2）<br>4. 组建在亚洲销售产品的合资企业（S1、S5、O3） | ST战略<br>1. 开发新的微波炉加热电视食品（S1、S5、T2）<br>2. 开发新的可生物降解的塑料包装（S1、T4） |
| 劣势（W）<br>1. 法律诉讼尚未了结<br>2. 生产设备利用率下降到74%<br>3. 缺少战略管理系统<br>4. 研发支出增加了31%<br>5. 对经销商的激励效果不佳 | WO战略<br>1. 建立在欧洲销售产品的合资企业（W3、O1）<br>2. 开发新产品（W1、O2、O4） | WT战略<br>1. 停止在亚洲的不盈利业务（W3、T3、T5）<br>2. 多元化经营、进入非汤料食品市场（W5、TI） |

# 情境任务2　分析国际市场竞争者

情境导入 **佳能以小博大，从施乐手中夺取复印机市场份额**

为了保护自己，复印机的发明者美国施乐公司申请了500多项专利，设置了有效的进入壁垒。在专利有效期之内，没有人能向它提出有力的挑战。日本佳能公司经过市场调查发现：施乐的复印机属于集中复印的模式，价格昂贵，体积又大，又需专门培训人员操作，只有大企业或专门从事复印业务的机构才买得起，使用既麻烦又不保密；而很多小企业希望得到性能简单、价格低廉的复印机。佳能以此为突破口，发明了适合中小型企业用（即我们今天普遍使用的）的复印机。

为避免与施乐这样一个复印机领域的大佬直接竞争，也为了避免一旦产品畅销致使其他企业加入竞争，特别是那些与佳能具备同样或类似专长的日本公司加入，佳能选择了协同竞争。它把自已的发明设计以非常低的价格转让给美能达、理光和东芝等其他日本企业，实现了共同宣传、推广小型复印机，刺激了市场需求，形成了势头，用多家企业的集体力量去战胜一个强大的对手，实现了以小搏大、以弱胜强，从而获取市场份额的战略目标。

资料来源：高建华. 不战而胜：营销战略与竞争优势［M］北京：企业管理出版社，2001.

**讨论：**从佳能夺取竞争对手市场份额实施的战略来看，事先佳能做了哪些方面的考察和分析？

### 情境认知

企业对国际竞争者的进一步分析一般要明确以下四个方面的问题。

## 一、分析国际竞争者的市场目标

每个竞争者都有侧重点不同的目标组合，竞争者的目标可能是长期利润，也可能是市场占有率，还可能是短期利润等，有的企业是以满足目标利润为出发点，而不是以企业利润最大化为导向。对竞争者市场目标进行考察，并了解竞争者对自己的市场地位、经营状况和财务状况等是否满意，从而了解这个竞争对手的策略发展动向，及其对外部环境因素的变化或其他企业竞争策略的反应。例如，一个以"低成本领先"为主要目标的竞争者，对其他企业在降低成本方面的技术突破的反应，要比对增加广告预算的反应强烈得多。企业还必须注意监视和分析竞争者的行为，如果发现竞争者开拓了一个新的子市场，这对本企业来说，同样是一个市场营销机会；如果发觉竞争者正试图打入属于自己的子市场，那么，就应抢先下手，予以还击。

### 情境观察

竞争者目标的差异会影响到企业的经营模式。美国企业一般都以追求短期利益最大化模式来经营，因为其当期业绩是由股东评价的。如果短期利润下降，股东就会苦恼，失去信心，抛售股票，导致企业成本上升。日本企业一般按市场占有率最大化模式来经营。它们需要在一个资源贫乏的国家为一亿多人提供就业位置，因而对利润的要求较低，企业的大部分资金来源于寻求平稳的利息而不是高额风险收益的银行。日本企业的资金成本要远远低于美国企业。所以，日本企业能够把价格定得比较低，并在市场渗透方面显示出更大的耐性。

## 二、判定国际竞争者战略

竞争企业之间采取的竞争策略越相似，市场竞争的程度就越激烈。企业最直接的竞争者是那些为相同的目标市场推行相同战略的人。一个战略群体就是在一个特定行业中推行相同战略的一组企业。一般来说，市场上同行业的竞争企业越多，竞争就越激烈；市场越是由少数企业控制，竞争企业之间就越是有可能达成某种程度的默契与妥协，以形成竞争的均势。一旦控制了市场的少数大企业之间爆发了竞争，竞争的激烈程度和结果将更为惨烈。一般小型企业适于进入投资和声誉都较低的群体，这类群体较易打入市场；而实力雄厚的大型企业则可考虑进入竞争性强的群体。

## 三、评估国际竞争者的优势和劣势

评估竞争对手的优势与劣势，能够使企业更好地扬长避短，利用竞争者的弱点，来取得竞争优势，避免在竞争者的优势领域与之交锋。为此，需要广泛搜集有关竞争者近期业务情况的数据：

（1）产品，包括产品在的市场上的地位、产品适销性、产品组合策略等。

（2）销售渠道，包括渠道的广度与宽度、效率与实力、服务能力等。

（3）市场营销，包括营销组合的水平、调研与新产品开发能力等。

（4）生产经营，包括由规模经济和经验曲线等因素决定的生产规模，设施与设备的技术先进性与灵活性、专利与专有技术，质量控制与成本控制，区位优势，员工情况，原材料的来源与成本，纵向整合程度，等等。

（5）研发能力，包括企业在产品、工艺、基础研究和仿制等方面所具有的研究与开发能力，以及研究开发人员的创造性、可靠性和简化能力等方面的素质与技能等。

（6）资金能力，包括资金结构、筹资能力、现金流量和资信度等。

（7）组织，包括企业组织全体成员价值观的一致性与目标的明确性，组织结构与企业策略的一致性，组织结构与信息传递的有效性，组织对环境因素变化的适应性与反应速度，组织成员的素质，等等。

（8）管理能力，包括企业管理者的领导素质与激励能力、协调能力，管理者的专业知识，管理决策的灵活性、适应性和前瞻性，等等。

**情境链接**

## 重视竞争情报研究助力施乐公司夺回市场

随着理光和佳能等日本企业进入复印机市场，并采取以施乐公司的成本价销售，行业竞争日益激烈，垄断世界市场长达10多年之久的美国施乐公司全球市场份额更是由20世纪60年代的82%下降到20世纪80年代初的35%，被迫进入防御状态。经过对日本产品深入细致的竞争情报分析对比后，施乐公司才发现竞争对手企业在产品导入市场的时间和投入的人力都只有本公司的1/2，而且设备安装时间仅是本公司的1/3。

为了夺回已失去的市场份额，施乐公司开始重视全球性的竞争威胁情报研究，加强了对竞争对手情报的搜集、处理和分析工作，成立了专门的竞争情报研究部门，在三个层次上开展了竞争情报收集与研究：① 全球性的，由施乐公司的营业部负责收集和分析影响公司长期计划或战略计划的信息；② 全国性的，由美国顾客服务部收集美国国内的竞争情报；③ 地区性的，充分利用公司遍布在美国的37个销售服务网点，要求它们通过各自的市场经理收集和分析所在地区的信息，并在此基础上建立竞争对手数据库和顾客数据库。为了第一时间获得竞争对手的产品信息，施乐公司还成立了竞争评估实验室，组织实施逆向工程（Reverse Engineering），专门用以剖析竞争对手的产品或有竞争威胁的产品。情报专家们通过合法渠道将这些产品买来并拆开，对其进行非常细致的分析，包括每一个细节、每一个特点、每一个优点和每一个缺点，尤其是公司可能面临的专利技术和秘密技术的应用及特点，以了解竞争对手产品降低成本、提高质量的实用方法和制造原理，而后将分析报告传送给设计师和工程师，使他们能够了解竞争对手的产品开发动态。这些竞争策略的实施使施乐公司最终从日本佳能公司那里夺回了其应有的市场份额。

资料来源：许春燕，孟泽云，等. 新编市场营销 [M]. 北京：电子工业出版社，2009.

### 情境延伸

## 获取商业情报的途径

有效获取正确的、关键的商业情报，主要有以下十种途径：

（1）国家、政府部门网站公开发布的数据。国家统计部门每年都会发布一些公开的调查数据，相关政府职能部门也会定期或不定期发布行业动态有关信息。通过对这些数据的有效分析和利用，可以有效地掌握行业整体走势，确定行业投资的决策。

（2）行业协会。行业协会往往通过举办行业活动等方式获取行业的资料信息，因此很容易成为行业信息的枢纽，是获取整体信息的重要渠道。

（3）关键客户。许多大客户都同时购买某企业以及该企业的竞争对手的产品。一般情况下，厂家对大客户都能给予价格、销售政策和信用政策等多方面倾斜；大客户对厂家会比较清楚，甚至了如指掌。因此，询问大客户，建立客商信息交流反馈机制是十分重要的捷径。比如，通过询问竞争品牌的二级经销商可以知道产品的价格、市场支持力度、返点比例、市场销售量、产品结构、销售网络和广告策略等重要情报。关键客户包括竞争品牌的经销商、代理商、批发商和供应商等。

（4）竞争品牌的骨干。竞争品牌的骨干人员，往往会掌握竞争品牌的许多机密信息，甚至核心机密。招募竞争品牌的骨干人员，是搜集竞争品牌机密情报的有效途径。例如，法国的道达尔高薪挖走了壳牌的骨干人员，有效地建立了销售体系和销售政策，节约了大量的咨询、调查费用。竞争品牌人员的重要性由低到高为：一线销售人员、区域管理人员、总部销售人员、品牌和销售总监等。

（5）大型行业展览。几乎所有的厂家都会定期参加一些行业展览，在展会上会推出新的产品和制定新的销售政策。厂家希望通过展会提高自己的知名度并寻找潜在客户。在这种情况下，企业可以安排专人搜集相关资料。要注意的是：安排的人员必须对该行业清晰明了，并有较高的谈判能力，并且对方不认识。

（6）追踪竞争品牌领导的言行。竞争品牌领导的只言片语，往往预示着一些重大研发、投资、并购、重组、转行等行动的开始。跟踪竞争品牌领导的言行，分析他们不经意间流露出的信息，往往能未雨绸缪。

（7）通过参观或学习活动获取情报。最可靠、最真实的情报来自最贴近的、零距离式的参观学习。参观主要以投资考察或寻求合作的方式进入竞争品牌的防范区，获得竞争品牌的生产规模、销售渠道和制造程序等敏感信息。学习主要以技术交流或派人"实习"，得到一些重要的技术或秘方，如果再配以高科技的工具，则更有效。

（8）逆向工程。逆向工程就是通过拆卸、检查、化验和脱壳等手段学习竞争品牌的产品，熟悉其材料、成本、工艺和流程等经济和技术信息。

（9）研究专利寻找情报。以商标、技术为特点的专利是品牌产品的核心，能直接反映竞争品牌的技术水平和竞争态势。通过对分布在专利说明书和权利要求中的大量分散的、无序的性能和特征等方面的信息进行检索、分类、排序、分析等再加工，去粗取精，由表及里，掌握竞争品牌的优点等有益的信息。如果该专利过期了，或商标未注册或过期，自然更好。

（10）行业咨询公司或相关机构。行业咨询公司在从业过程中往往获取、积累了大量本行业的信息，并对其进行了深入的分析和研究，通过行业咨询公司往往可以了解到有效信息。

资料来源：中华管理在线［OL］，http：//chinakaiser09.bokee.com/viewdiary.12345172.html，2006 - 10 - 08.

### 四、判断国际竞争者的反应模式

企业要研究竞争者的经营理念和指导思想，估计竞争者的市场反应和可能采取的行为，以便为企业制定市场策略提供依据。一般来说，竞争者的市场反应可以分为以下四种类型：

（1）从容型竞争者。此类竞争者对市场竞争动态的反应不迅速或不强烈，行动迟缓，有时也称"迟缓"型竞争者。可能是因为竞争者对自己的实力过于自信，不屑于做出反应行为；也可能是竞争者未能及时捕捉到市场竞争变化的信息；也可能是受资金、规模和技术等能力局限，竞争者无法采取市场反应。

（2）选择型竞争者。此类竞争者对不同的市场竞争状况的反应是有区别的。多数企业对价格竞争措施总是反应敏锐而迅速，而对改善服务、改进产品和强化促销等非价格竞争措施反应迟缓或不做反应。了解竞争者会在哪些方面做出反应，可为企业提供攻击对象和目标。

（3）凶猛型竞争者。此类竞争者对市场竞争因素的变化十分敏感，一旦受到来自竞争者的挑战，就会迅速地做出强烈的市场反应，往往进行全面的、致命的，甚至是不计后果的报复和反击。凶猛型竞争者通常都是市场领导者，一般应尽量避免与其直接、正面交锋。

（4）随机型竞争者。此类竞争者对市场竞争元素的变化所做出的反应模式是无法预知的，无论根据其经济、历史或其他方面情况，都无法预见其将如何行事。

### 五、选择竞争对策应考虑的因素

企业选择竞争对策，即决定是发动进攻还是回避时，通常要考虑以下因素：

（1）进攻目标的价值。以进攻策略来引发市场竞争时应慎重，要做到不战则已，战则必胜。以弱势企业作为进攻的目标，风险小，参与竞争的时间和资金成本投入少，容易成功，但不容易获得大的战果；以较强的竞争者为进攻目标，只要抓住其弱点，出其不意，出奇制胜，就可获取更大的市场份额和更多的利润。因此，强大的竞争对手反而可能会成为最有价值的进攻目标。

（2）竞争者与本企业的相似程度。多数企业愿意与本企业相似的竞争者展开竞争，但是彻底击败与自己类似的竞争者可能于自身反而不利。20世纪70年代，美国博士伦眼镜公司在与其他生产隐形眼镜的企业的竞争中大获全胜，导致竞争者完全失败而竞相将自己卖给了竞争力更强大的大公司，结果使博士伦公司面临更强大的竞争者。

（3）竞争者的存在对企业的必要性与有益性。行业中良性竞争者的存在往往是必要的和有益的，他们按行业规则经营，其良性竞争行为刺激其他企业降低生产经营成本，提高效率，增加产品的差异性，形成正常合理的市场占有率和利润水平，有利于整个行业的稳定和健康发展，也符合企业和消费者的根本利益。然后，竞争者的存在有助于增加市场需求的总量，分担和降低产品开发和市场开发的成本，并有助于使新技术合法化；其次，竞争者可以为吸引力较小的细分子市场提供多样化的产品，增加产品的差异性；然后，竞争者的存在还有助于提高行业中的企业与政府或员工谈判的能力。

# 情境任务 3　实施国际市场竞争定位

### 情境认知

当一种产品进入成熟期后，同类竞争企业占有的市场份额相对稳定。占有市场份额的多寡决定了各企业在国际市场中的地位，据此，一个行业的企业可以分三类，最大的企业称为市场领导者，小企业称为市场补缺者，中型企业称为市场挑战者或市场跟随者。

## 一、市场领导者

市场领导者（Market Leader）指在某产品市场上占有率最高的企业。一般来说，大多数行业都存在一家或少数若干家市场领导者，如饮料行业的可口可乐公司、日化行业的宝洁公司和快餐业的麦当劳公司等，他们在新产品开发、价格制定、渠道覆盖、促销力度以及消费者对品牌的忠诚度等方面处于主导地位，为同业者所公认，是市场竞争的导向者，也是其他竞争者挑战、效仿或回避的对象。

## 二、市场挑战者

市场挑战者（Market Challenger）指在某产品市场上处于次要地位，但又具备向市场领导者发动全面或局部攻击的企业。这类竞争者，一旦条件和时机成熟，就会向市场领导者发起进攻，力求扩大市场占有率，并试图成为领导者，如饮料行业的百事可乐公司、日化行业的联合利华公司和快餐业的肯德基公司等。

## 三、市场跟随者

市场跟随者（Market Follower）指那些在某产品市场所占份额远远小于市场领导者，没有实力，也不愿意与市场领导者抗衡，愿意与市场领导者和市场挑战者在"共处"状态下求生存的企业。它们往往模仿和追随市场领导者的产品策略和经营策略。

## 四、市场补缺者

市场补缺者又称市场利基者（Market Nicher）。它以专业化为核心，谋求在大企业不屑一顾的细分市场中拾遗补缺，通常是在大企业的"缝隙"市场中求生存。

# 情境任务 4　制定国际市场竞争策略

### 情境认知

在对竞争者进行了系统和全面的分析后，每类企业、每个企业都要根据自己的营销目标、市场机会、资源拥有情况及其在本行业所处的竞争地位，来制定适宜的竞争策略。

## 一、市场领导者

多数行业都存在一家规模最大、品牌声望最高、市场占有率最大的领先企业，如汽车业的美国通用汽车公司、零售业的沃尔玛。他们在科技创新、产品开发、价格变动、销售渠道设置、促销宣传和服务支持等方面均处于同行业主导地位，是行业中其他企业模仿、跟随、躲避和挑战的对象。市场领导者的地位是在竞争中获得的，但不是固定不变的。企业如果没有获得法定的特许权，必然会面临竞争者的无情挑战，在内外环境变化的情况下，有可能滑落到第二、第三甚至更低。因此，企业必须随时保持高度的警惕并采取适当的措施，以免丧失领先地位。一般来说，市场领导者要保持自己的领导地位，通常可采取三种策略。

**1. 市场领导者的竞争任务**

领导者的主要任务就是保持领先地位。必须在三个方面做出努力：

（1）应对其他企业的挑战，即在产品的更新换代和成本控制等方面保持领先，防止丧失市场份额。

（2）不失时机地努力扩大市场份额，从而更积极地保持领先地位。

（3）如有可能，应力争扩大市场总需求，以便整个行业都受益。

**2. 市场领导者的竞争战略**

（1）保护市场占有率。保持市场高占有率是市场领先者的首要任务。各行业中的领先者对自己的竞争对手从未放松警惕。例如，可口可乐公司时时提防着百事可乐公司，麦当劳要正视肯德基的竞争，通用汽车公司从不敢放松对其竞争对手福特公司的关注。保护地盘似乎是种防御战略，但防御也不全是被动式防御，也包括积极防御。

进攻是最好的防御。市场领导者的竞争策略核心是防守，而市场领导者最有效的防御策略是主动发动进攻，不断创新，开发出更具特色、更能满足消费者需要的新产品或提供新的、更高水平的服务，以保持自己的特色。市场领先者要善于自己打自己，任何时候也不能满足于现状，必须在产品的创新、技术水平的提高、服务水平的提高、分销渠道的高效性和降低成本等方面不断创新，才能真正处于该行业的领先地位。当市场领导者不准备或不具备条件发起进攻时，至少也应做到严守阵地，填补空白，堵塞漏洞，保护其原有市场份额，绝不能暴露自己的某一单薄的侧翼，使竞争者发现自己明显的薄弱环节后乘虚而入。

### 情境延伸

## 市场领导者的防御策略

由于资源有限，任何市场领导者都无法固守自己在市场上的每一块阵地，因此，市场领导者必须善于清楚地辨认哪些是值得自己不惜代价去固守的"要塞"，哪些是无碍全局可以放弃的阵地，以便集中使用防御力量，最终守住阵地。防御策略的目标是要减少企业受到攻击的可能性，将攻击转移到威胁较小的区域并削弱其攻势。通常可供市场领先者选择的防御策略有以下六种。

（1）阵地防御。阵地防御就是在现有阵地周围建立防线，这是一种静态的、消极的防御，是防御的基本形式。对营销者来讲，单纯防守现有的阵地或产品，就会患"营销近视症"。遭受攻击的领导者如果集中全部资源，一味防御，那将是十分愚蠢的。可口可乐公司虽然已经发展到年产量占全球饮料半数左右的规模，但仍然积极从事多角经营，如兼并水果饮料公司、从事塑料和海水淡化设备等工业。

（2）侧翼防御。侧翼防御是指市场领先者除保卫自己的主阵地外，还应注意保护自己较弱的侧翼，防止对手乘虚而入。20 世纪 70 年代，美国的汽车公司因为没有注意侧翼防御，遭到日本小型汽车的进攻，失去了大片阵地。

（3）先发防御。先发防御是指在敌方对自己发动进攻之前，先发制人，抢先攻击。具体做法是，当竞争者的市场占有率达到某一危险的高度时，就开始发动攻击；或者是对市场上的所有竞争者进行全面攻击，使对手人人自危。有时，这种以攻为守的策略策重心理作用，并不一定会付诸行动。

当然，企业如果拥有强大的市场资产——品牌忠诚度高、技术领先等，面对对手的挑战，可以沉着应战，不轻易发动进攻。例如，美国亨氏公司对汉斯公司在番茄酱市场上的进攻，就置之不理，结果是后者以败阵告终。

（4）反攻防御。反攻防御是指在对手发动进攻时，不仅仅采取单纯防御的办法，而且主动组织进攻，以挫败对手。当市场领导者遭到对手降价或促销攻势，或改进产品、市场渗透等进攻时，领导者可选择迎击对方的正面进攻，迂回攻击对方的侧翼，或发动钳式进攻，切断从其根据地出发的攻击部队等策略。例如，当美国西北航空公司最有利的航线之一——明尼波里斯至亚特兰大航线受到另一家航空公司降价和促销进攻时，西北航空公司采取的报复手段是将明尼波里斯至芝加哥航线的票价降低，由于这条航线是对方的主要收入来源，结果迫使进攻者不得不停止进攻。

（5）运动防御。运动防御是指市场领先者把其经营范围扩展到新的领域中去，使企业在战略上有较多的回旋余地。运动防御可通过市场扩大化和市场多角化来实现：

① 市场扩大化。企业可以将其注意力从目前的产品导向转为市场导向。例如，把"石油"公司转变为"能源"公司，这意味着市场范围可以扩展到煤炭、核能和水利等其他能源工业。市场扩大化必须符合两条基本的军事原则：即目标原则和优势集中原则，即确定明确可行的目标，并集中优势兵力打击竞争对手的薄弱环节。

② 市场多角化。企业可以向彼此不相关联的其他行业扩展，实行多角化经营，如服装企业进军 IT 行业。

（6）收缩防御。收缩防御是指领先者主动放弃本企业实力较弱的市场阵地，实行战略收缩，把力量集中到实力较强的阵地上去。

（2）提高市场占有率。市场领导者设法提高市场占有率，是增加收益、保持领导地位的一个重要途径。美国的一项称为"企业经营战略对利润的影响（PIMS）"的研究表明，市场占有率是影响投资收益率关联性最强的一项指标，市场占有率高于 40% 的企业，其平均投资收益率相当于市场占有率低于 10% 的企业的 3 倍。在美国许多市场上，市场份额提高一个百分点就意味着数千万美元的收益，因此，领先型企业在实施相应的防御战略的同时还必须采取进攻性营销策略，强化品牌的核心竞争力，如专有技术、独特的销售网络、新颖的营销制度、健全的服务体系，以提高其市场占有率，维护其领先地位。

### 情境提示

不过，并不是在任何情况下市场占有率的提高都意味着收益率的增长，有时为提高市场占有率，企业所付出的代价会高于它所获得的收益。企业在提高市场占有率时应考虑以下三个因素。

（1）引起反垄断诉讼的可能性。当企业的市场占有率超过一定限度时，在许多国家都有可能遭遇反垄断的诉讼和制裁。

（2）经济成本。当企业的市场份额已达到一定水平时，再提高市场份额的边际成本非常高，甚至得不偿失。

（3）企业在争夺市场占有率时所采用的营销组合策略。

只有在下列两种情况下，市场占有率才同收益率成正比。

一是单位成本随着市场占有率的提高而下降。福特汽车公司在20世纪20年代销售T型车时便采取了这种策略。

二是公司在提供优质产品时，销售价格的提高大大超过其为提高质量所投入的成本。美国学者克罗斯比（Crosby）认为，质量是免费的，因为质量好的产品可减少废品损失和售后服务的开支等，这就节约了成本。但是，其产品应投消费者之所好，这样消费者就愿意支付超出成本的高价。

（3）扩大市场需求总量。市场需求总量的扩大，对于占有最大市场份额的领导者企业来说自然受益最大，还可提高声望、减少行业内部矛盾。市场领导者可通过以下途径扩大市场需求量。

① 发掘新的使用者。市场上总还有部分顾客还不知道这种产品，或者对产品还不甚了解，或是觉得产品价格偏高，又或者认为性能还有缺陷等原因而不想或尚未购买这种产品，所以每一种产品总是存在吸引新用户的潜力与可能。营销者可以通过发掘新使用者来扩大市场需求总量。例如，香水制造商设法说服男士使用香水，或者向其他国家或地区推销香水，来扩大市场需求总量。

② 开辟产品新用途。企业也可通过发现并推广产品的新用途来扩大市场。例如，杜邦公司不断发现已进入产品生命周期成熟阶段的尼龙的新用途，使得尼龙的市场需求不断扩大，每项新用途都使尼龙开始了一个新的生命周期。尼龙首先是用做降落伞的合成纤维，然后用做女袜的纤维，接着成为男女衬衫的主要原料，再后来又成为汽车轮胎、沙发椅套和地毯的原料。再如，凡士林刚问世时用做机器润滑油，在使用过程中，顾客发现凡士林还有许多新用途，如用做润肤膏、药膏和发蜡等。

③ 增加产品的使用量。使原有消费者更多地消费某产品，如通过教育或产品设计来提高消费者使用量、增加使用频度等。如牙膏生产厂家改变原先牙膏管口密封的做法，改为不密封且开口大，以提高消费者每次挤用牙膏的量。

**情境案例**　　　　**在更多场合使用米其林轮胎**

法国的米其林轮胎公司［Michelin Tire Company（French）］利用每个机会提高其轮胎的使用率是一个创造性的例子。它希望法国的汽车拥有者每年行驶更多的里程——这样会需要置换更多的轮胎。它构思出一个主意，就是以三星系统来评价法国各地的旅馆。它们报告说，许多最好的饭店设在法国的南部，许多巴黎人就开始在周末驱车到普罗旺斯（Provence，法国东南部一地区）和里维埃拉（Riviera，南欧沿地中海一地区）去度假。米其林公司还出版了带有地图和沿线风景的导游书，以鼓励更多的人驾车旅游。

资料来源：科特勒. 营销管理［M］. 北京：中国人民大学出版社，2001.

## 二、市场挑战者

行业中居于中等地位的企业或中型企业，如汽车行业的福特公司和软饮料行业的百事可乐公司等亚军企业，对待各自所在行业的竞争情势，大体上有两种态度：一种是攻击市场领先者和其他企业，以夺取更多的市场份额，采取该种进攻姿态的企业称为"市场挑战者"；另一种是参加竞争但不扰乱市场竞争格局，采取此种温和姿态者称为"市场跟随者"。市场挑战者如果要发起挑战，首先必须确定自己的挑战目标和挑战对象，然后再选择适当的进攻策略。

【情境案例】　　　"天天低价"，沃尔玛成为美国零售业"大哥大"

20世纪90年代初期，沃尔玛（Wall-Mart）还是个名不见经传的零售商，面对当时的"零售巨人"凯马特（K-Mart），明显处于劣势。但沃尔玛并没有轻易认输，而是一直在寻找这个巨人的漏洞。终于，它发现了一个绝好的机会：在对当时的消费市场进行了深入的调研后，沃尔玛发现消费者的价格需求还有向下滑落的趋势，而就在此时，凯马特却放弃了其一贯的"廉价零售店"的战略形象，欲树立较高价格的零售店形象。沃尔玛抓住了机会，不但坚持其廉价的形象，而且还打出"最低价格的商店"的招牌，强化其物美价廉的优势。随后而来的经济大回落，果然印证了业界对价格趋势的预测，而沃尔玛以其鲜明的廉价形象深入人心，终于在竞争中取得主动。到了21世纪初期，短短10年的时间，当年的无名小辈却成了美国零售业的"大哥大"，而凯马特却不得不借助美国的破产法来保护自己的残余利益。

资料来源：连漪. 市场营销理论与实务［M］北京：北京理工大学出版社，2007.

（1）明确挑战目标。市场挑战者应有计划性并把握好节奏。每一次攻击行动都必须有一个明确的和可以达到的目标，如扩大多少市场份额、花多大代价、盈利率提高多少等。

（2）确定挑战对象。确定挑战对象即准备向谁发动进攻，从谁那里夺取市场份额。选择同挑战目标密切相关，不同的目标针对不同的对象。攻击对象不外乎下述三种：

① 市场领导者。这一战略风险很大，但是潜在的收益可能很高。为取得进攻的成功，市场挑战者要认真调查研究顾客的需要及其不满之处，这些就是市场领导者的弱点和失误。例如，美国米勒啤酒之所以获得成功，就是因为该公司瞄准了那些想喝"低度"啤酒的消费者并以他们为开发重点，而这一市场在以前却被忽视了。此外，通过产品创新，以更好的产品来夺取市场也是可供选择的策略。例如，施乐公司通过开发出更好的技术用干式复印代替湿式复印，成功地从3M公司手中夺取了复印机市场。

② 规模地位相当的企业。市场挑战者也可以进攻一些与己势均力敌但经营不善的企业，以夺取它们的市场。攻击时机常常是其发生财务问题的时候。

③ 区域性小型企业。对弱小的企业，攻击目标常常是"吃掉"它，而不仅仅是夺取其部分市场份额。

（3）选择进攻策略。市场挑战者选择进攻策略，应遵循进攻战的集中优势兵力原则，攻击敌人要害或薄弱的地方。市场挑战者可选择以下五种策略。

① 正面进攻。正面进攻指集中兵力向对手的最具实力的环节或主要市场发动攻击，而不是对手的弱点。正面进攻是实力与耐力的较量，成功的条件是必须具有超过对手的实力优

势，如在技术、成本、资金等主要方面大大领先于对手。日本企业是实践这一策略的典范，他们通过在研究开发方面大量投资，降低生产成本，从而以低价格向竞争对手发动进攻，这是持续实行正面进攻策略最可靠的基础之一。

② 侧翼进攻。侧翼进攻即集中优势力量攻击对手的弱点，而非其有实力的环节。该战略通过辨认细分市场、寻找市场空当，并满足其需要，缓解许多企业为争夺同一目标市场浴血奋战的局面，并使顾客需求得到更高程度的满足，最能体现现代市场营销观念，即"发现需求并且满足它"，故是一个最积极有效而经济的竞争战略，较正面进攻有更多的成功机会。

侧翼进攻可以分为两种：一种是地理性的侧翼进攻，即在全国或全世界寻找对手相对薄弱的地区发动攻击。例如，IBM 公司的挑战者就是选择一些被 IBM 公司忽视的中小城市建立强大的分支机构，获得了顺利的发展。另一种是细分性侧翼进攻，即寻找市场领导企业尚未很好满足的细分市场。例如，德国和日本的汽车生产厂商就是通过发掘一个尚未被美国汽车生产厂商重视的细分市场，即节油小型汽车的细分市场，从而获得了极大发展。

③ 包围进攻。包围进攻是一种集中兵力指向对手的缺口、空当或弱点，全方位、大规模的进攻策略，同时在几个战线发动攻击，迫使对手分散兵力同时保卫其前方、两翼和后方。当进攻者拥有优于对手的资源，并确信围攻计划的完成足以打垮对手时，这种策略才能奏效。例如，日本精工表在国际市场上就是采取了这种策略。在美国市场上，日本提供了约 400 个流行款式，2 300 多种手表，占据了几乎每个重要的钟表商店，通过种类繁多、不断更新的产品和各种吸引消费者的促销手段，精工表取得了很大成功。

④ 迂回进攻。即绕过竞争对手的现有领地，避开任何直接的交战行动，进入易于进入和对手尚未进入甚至尚未想到的地方，因此，也可视为"避免竞争"的竞争战略，是最间接的进攻策略。具体办法有三种：一是发展无关的产品，实行产品多元化经营；二是以现有产品进入新市场，实现市场多元化；三是通过技术创新和新产品开发，以替换现有产品。例如，美国高露洁公司在面对宝洁公司强大的竞争压力下，就采取了这种策略，即加强高露洁公司在海外的领先地位，在国内实行多元化经营，向宝洁没有占领的市场发展，迂回包抄宝洁公司。高露洁公司陆续收购了纺织品、医药产品、化妆品及运动器材和食品公司，结果获得了极大的成功。

⑤ 游击进攻。游击进攻指向竞争对手的不同领域进行零零星星的或断断续续的进攻，目的是骚扰对方，瓦解士气，最终获得永久性据点。该策略主要适用于规模较小、力量较弱的企业，小企业进攻大企业时，常因实力较弱而难以使用侧翼进攻、正面进攻和包围进攻等策略，只能发动一系列短期攻击。游击进攻可采取多种方法，包括有选择的降价、强烈的突袭式的促销行动等。

应予指出的是，尽管游击进攻可能比正面围堵或侧翼进攻节省开支，但如果要想打倒对手，光靠游击战不可能达到目的，还需要发动更强大的攻势。挑战者也可以把上述策略组合起来使用，游击进攻可作为大规模进攻的准备活动，用以侦察对方的虚实和消耗其实力。

可以看出，市场挑战者的进攻策略是多样的。一个挑战者不可能同时运用所有这些策略，但也很难单靠某一种策略取得成功，通常是设计出一套策略组合，通过整体策略来改善自己的市场地位。

### 三、市场跟随者

并非所有在行业中处于第二位的公司都会向市场领导者挑战。在产品差异程度小、价格敏感度高的行业如钢铁、化工等，随时有可能爆发价格战，导致两败俱伤，为维护行业共同的利益，大多数企业都能够自觉地保持市场现有的格局，自觉地不互相争夺客户，不以短期市场占有率为目标，以免引起对手的报复，以保证获得长期、稳定的市场份额和建立良好的品牌形象，这些企业被称为市场跟随者。除非挑战者能够在实现产品重大革新或是配销等方面有重大突破，否则他们往往宁愿追随领导者，而不愿对领导者贸然发动攻击。

**1. 市场跟随者的竞争任务**

市场跟随者并非没有竞争任务和竞争策略，它必须把握好力度，执行一种不引起报复的增长方针。跟随者的竞争任务可归纳为三类：

（1）保持现有市场份额，为此必须为其顾客提供良好的服务、方便的地点和商业信贷。

（2）跟随者往往是挑战者的进攻对象，故必须保持低成本、高质量的产品和服务，确保不出现大的疏漏。

（3）当有新市场机会出现时，也必须跟进，否则就保不住市场份额。

**2. 市场跟随者的竞争战略**

跟随并不等于被动挨打，或是单纯模仿领导者，追随者必须要找到一条不会招致竞争者报复的成长途径。具体来说，跟随策略可分为以下三类。

（1）紧密跟随。这是指跟随者尽可能地在各个细分市场和营销组合领域效仿领导者。因为跟得紧，有时好像是挑战者，但只要它不从根本上危及领导者的地位，两者之间就不会发生直接冲突。他们紧跟领导者，从领导者的积极开拓中获得好处，自己很少主动刺激需求，有时被称为"市场寄生者"。

（2）有距离跟随。这是指跟随者在目标市场、产品创新、价格水平和分销渠道开拓等方面都追随领导者，很少干预领导者的市场开拓计划，并保持一定距离和若干差异。跟随者也可以通过兼并同行业中的弱小企业而使自己发展壮大。这种跟随者易被领导者接受，领导者也乐于让出一定市场份额，以免落下"独占市场"的指责。

（3）有选择地跟随。这是指跟随者在某些方面紧随领导者，而在另一些方面又自行其是。也就是说，它不是盲目追随，而是择优跟随，在跟随的同时还要发展自己的独创性，但同时避免同领导者直接竞争。在这类跟随者之中，有些可能发展成为挑战者。

### 👁 情境观察

有一种特殊的跟随者即"冒牌货""A货"，在国际市场上十分猖獗。这些产品具有很大的寄生性，它们的存在对许多国际驰名的大公司是一个巨大的威胁，是对知识产权的严重侵犯，已成为新的国际公害。

**讨论：** 如何打击"A货"的仿冒侵权？如何保护自身利益？

### 四、市场补缺者

几乎每个行业都有这样一些小企业，包括独立小企业、初创小企业和大企业跨行业经营的事业部或分公司，它们专心致力于市场中被大企业忽略的某些细分市场，在这些小市场上通过专业化经营来获取最大限度的收益。这种有利的市场位置就称为"利基（Niche）市场"，而占据这种位置的企业就是市场补缺者。

**1. 市场补缺者的竞争任务**

市场补缺者的竞争任务就是要找到一个或几个能够立足和赢利的补缺点（利基市场）。

**情境提示**

一个理想的利基市场具有以下五个特征：

（1）有足够的市场规模和购买力，为其服务有一定营业额和利润。

（2）市场有发展潜力。

（3）对行业主要竞争者不具有吸引力。

（4）企业具备有效地为这一市场服务所必需的资源和能力。

（5）企业已在顾客中建立起良好的信誉，在大企业进攻时能站稳脚跟。

**2. 市场补缺者的竞争策略**

市场补缺者的主要策略是专业化营销，补缺者为了获得利益，可在市场、顾客、产品或渠道等方面实行专业化。以下有九种可供选择的专业化方案。

（1）按最终用户专业化：即专门为某一类型的最终使用者提供服务。例如，外文翻译公司可专门提供英、法、德、日等文字的专业外文翻译工作；电脑行业有些小企业专门针对某一类用户（如医院或银行等）进行营销。

（2）按纵向专业化：即专门为企业的生产、营销链上的某个环节提供产品和服务。例如，制铝厂可以专门生产铝锭、铝制品或铝质零部件。

（3）按顾客规模专业化：专门为某一特定规模的顾客提供服务，补缺者可为被大公司忽略的小客户或个体消费者提供产品或服务。

（4）按地理区域专业化：专门为国际上某一地区提供产品或服务，尤其是那些落后的国家和地区，更适合补缺者。

（5）按产品（产品线）专业化：专门生产某一种（一类）具有独特性的产品，例如，日本的 YKK 公司只生产拉链这一类产品。

（6）按定制专业化：专门按照每个客户的订单制造产品。

（7）按质量和价格专业化：专门经营高档高价或低档低价产品。

（8）按服务专业化：专门提供一种或多种其他公司所没有的服务。例如，有的金融机构专门承办电话贷款业务，并为客户送款上门。

（9）按分销渠道专业化：专门生产只用于某一分销渠道的产品。

**情境提示**

市场补缺者要承担市场枯竭或受到攻击的风险，在这时，补缺者要找到新的补缺市场。因此，补缺者同时选择两个或两个以上的补缺市场优于只选择一个补缺市场。无论如何，只要有新的补缺点，企业就可以生存下去并获得利润。

## 小　结

1. 开展营销活动，不仅要满足消费者的需要，而且要比竞争对手更好地满足消费者的需要才能实现交换。分析竞争对手，研究竞争对手的优势，才能在竞争中求得生存和发展。企业首先要发现并有效识别出自己的竞争对手，然后对其进行"知己知彼"的分析，在此基础上明确自己在行业中的竞争定位，最后再根据本企业拥有的资源、能力等因素，实施竞争定位，选择、制定出适宜的竞争战略和策略，以谋求建立自身的竞争优势。

2. 占有市场份额的多少决定了各企业在市场中的地位，据此，一个行业的企业可以分三类，最大的企业称为市场领导者，小企业称为市场补缺者，中型企业称为市场挑战者或市场跟随者。不同地位的企业可采用的竞争战略不同。

3. 市场领导者是指行业中规模最大、品牌声望最高、市场占有率最大的龙头企业。

4. 在一个行业中居于中等地位的企业或中型企业，攻击市场领先者和其他企业，以夺取更多的市场份额，采取这种进攻姿态的企业，称为市场挑战者。

5. 在产品差异程度小，价格敏感度高的行业，随时有可能爆发价格战，为维护行业共同的利益，大多数企业都能够自觉地保持市场现有的格局，仿效市场领导者向消费者提供产品，以保证获得长期、稳定的市场份额和建立良好的品牌形象，这些企业被称为市场追随者。

6. 大多数行业中都有许多小企业，包括独立小企业、初创小企业和大企业跨行业经营的事业部或分公司，他们总是避免同大企业发生冲突，专门为某些细分市场服务，占据着市场的各个角落，这些市场部分或角落通常是那些大企业忽视、顾及不到或放弃的小市场。这些小企业、初创企业被称为市场补缺者。

## 学习情境2.3 分析国际竞争者行为 内容结构图

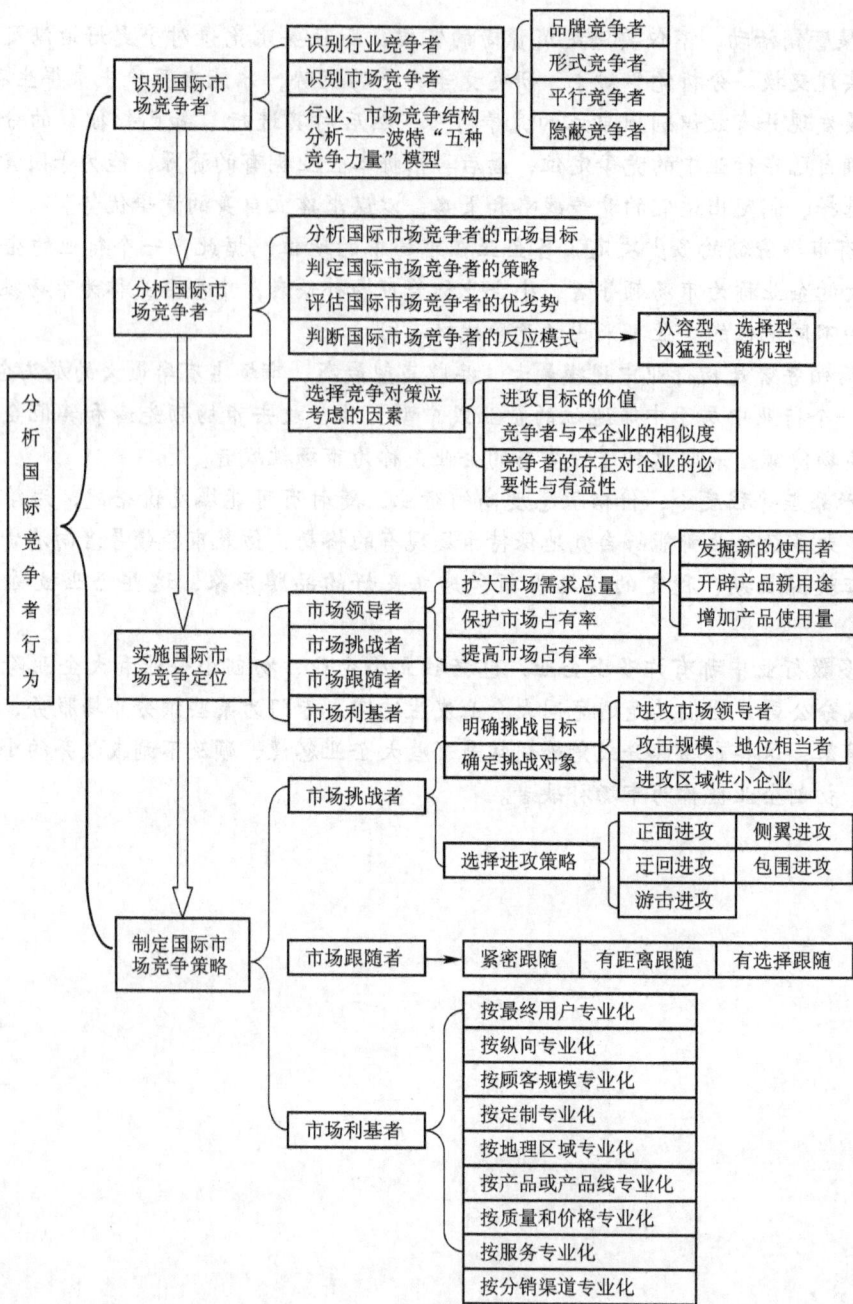

```
                            ┌─ 识别行业竞争者        ┌─ 品牌竞争者
              识别国际市场    │  识别市场竞争者        │  形式竞争者
              竞争者         │                      │  平行竞争者
                            └─ 行业、市场竞争结构    └─ 隐蔽竞争者
                               分析——波特"五种
                               竞争力量"模型

                            ┌─ 分析国际市场竞争者的市场目标
              分析国际市场    │  判定国际市场竞争者的策略
              竞争者         │  评估国际市场竞争者的优劣势
                            └─ 判断国际市场竞争者的反应模式 ─── 从容型、选择型、
                                                            凶猛型、随机型

              选择竞争对策应     ┌─ 进攻目标的价值
              考虑的因素        │  竞争者与本企业的相似度
                              └─ 竞争者的存在对企业的必
  分析                           要性与有益性
  国际
  竞争                         市场领导者    ┌─ 扩大市场需求总量  ┌─ 发掘新的使用者
  者            实施国际市     市场挑战者    │  保护市场占有率    │  开辟产品新用途
  行            场竞争定位     市场跟随者    └─ 提高市场占有率    └─ 增加产品使用量
  为                          市场利基者

                                          ┌─ 明确挑战目标   ┌─ 进攻市场领导者
                                          │               │  攻击规模、地位相当者
                              市场挑战者   └─ 确定挑战对象   └─ 进攻区域性小企业

                                          ┌─ 选择进攻策略   正面进攻  侧翼进攻
                                          │               迂回进攻  包围进攻
              制定国际市                   └─              游击进攻
              场竞争策略
                              市场跟随者 ── 紧密跟随  有距离跟随  有选择跟随

                                          ┌─ 按最终用户专业化
                                          │  按纵向专业化
                                          │  按顾客规模专业化
                                          │  按定制专业化
                              市场利基者   ┤  按地理区域专业化
                                          │  按产品或产品线专业化
                                          │  按质量和价格专业化
                                          │  按服务专业化
                                          └─ 按分销渠道专业化
```

## 重要概念

竞争者 市场领导者 市场挑战者 市场追随者 市场补缺者 利基市场 价格竞争 竞争优势 进入壁垒 退出障碍

**思考与练习**

**一、填空题**

1. 根据产品之间的可替代性，按从窄到宽的角度，可以将竞争者分为四个层次：_____、_____、_____、_____。

2. 迈克尔·波特首先提出了影响市场企业长期利润的"五种竞争力量"模型，分别是_____、_____、_____、_____和_____。

3. 一般来说，竞争者的市场反应可以分为_____、_____、_____和_____等四种类型。

4. 市场领导者通常可采取_____、_____和_____等三种策略保持自己的领导地位。

5. 市场利基者为了获得利益，可在市场、顾客、产品或渠道等方面实行专业化，有_____种可供选择的专业化方案，分别可从_____、_____、_____、_____、_____、_____、_____和_____等九个方面实行专业化。

**二、单项选择题**

1. 集中优势兵力打击敌人的弱点，是采用（　　）竞争战略。

A. 正面进攻　　　B. 侧翼进攻　　　C. 包围进攻　　　D. 迂回进攻

2. 市场领导者往往采取（　　）。

A. 进攻战略　　　B. 防御战略　　　C. 成本领先战略　　　D. 无定位

3. 我们把能满足购买者某种愿望的各种方法称为（　　）。

A. 愿望竞争者　　　B. 一般竞争者　　　C. 产品形式竞争者　　　D. 品牌竞争者

4. 如果一个行业处于"市场回报低，风险高"的状态，说明此行业是个进入壁垒（　　）、退出壁垒（　　）的行业。

A. 高；低　　　B. 高；高　　　C. 低；高　　　D. 低；低

5. 结合盈利能力考虑，企业占领目标市场份额（　　）。

A. 越大越好　　　　　　　　　B. 存在最佳市场份额限度

C. 以50%市场份额为限　　　　D. 不存在上限

6. 一般说来，"好"的竞争者的存在会给公司（　　）。

A. 增加市场开发成本　　　　　B. 带来一些战略利益

C. 降低产品差别　　　　　　　D. 必然造成战略利益损失

7. 市场补缺（利基）者的制胜之道是（　　）。

A. 有效的分销策略　B. 专业化经营　　C. 产品创新　　　D. 促销创新

8. 产品导向的适用条件是（　　）。

A. 产品供不应求　B. 产品供过于求　　C. 产品更新换代快　　D. 企业形象良好

9. 企业根据市场需求不断开发出适销对路的新产品，以赢得市场竞争的胜利属于（　　）。

A. 速度制胜　　　B. 技术制胜　　　C. 创新制胜　　　D. 优质制胜

10. 下面哪一个不是决定行业结构的因素？（　　）

A. 成本结构　　　　　　　　　B. 销售量及产品差异程度

C. 进入与流动障碍　　　　　　　　　　D. 社会变化

11. 企业的竞争优势主要由企业的资源拥有量、（　　）和管理效率因素决定。

A. 规模　　　　　　B. 公共关系　　　　　　C. 营销地位　　　　　　D. 技术领先程度

12. 市场领导者是指竞争对手中的市场份额达到（　　）的那些竞争对手。

A. ≤40%　　　　　　B. <40%　　　　　　C. 40%～20%　　　　　　D. ≥40%

13. 在一个行业中，所有的企业如果都只能是"价格接受者"而不是"价格制定者"，该行业就处在（　　）竞争状态。

A. 不完全．　　　　　　B. 充分　　　　　　C. 垄断　　　　　　D. 寡头

14. 在不考虑其他因素的情况下，如果企业资产的再利用性越差，企业（　　）就大，竞争力就差。

A. 退出壁垒　　　　　　B. 投资　　　　　　C. 进入壁垒　　　　　　D. 降低成本阻力

### 三、多项选择题

1. 决定行业结构的主要因素有（　　）。

A. 销售数量和差异程度　　　　B. 进入和流动障碍　　　　C. 退出和流动障碍

D. 成本结构　　　　E. 纵向一体化

2. 下列各项中，属于竞争者分析的是（　　）。

A. 识别竞争者　　　　B. 判定竞争者的战略和目标　　　　C. 评估竞争者的优劣势

D. 评估竞争者的反应模式　　　　E. 认识市场需求特征

3. 根据企业在市场上的竞争地位，企业的竞争定位可以分为（　　）。

A. 市场开拓者　　　　　　B. 市场领导者　　　　　　C. 市场挑战者

D. 市场跟随者　　　　　　E. 市场补缺者

4. 常见的竞争者反应类型有（　　）。

A. 从容型　　　　　　B. 选择型　　　　　　C. 凶猛型　　　　　　D. 随机型

5. 市场领导者所具备的优势有（　　）。

A. 产品销售量增长快　　　　　　B. 消费者对品牌的忠诚度高

C. 营销渠道的建立及其高效运行　　　　D. 营销经验的迅速积累

6. 扩大市场需求总量的主要途径有（　　）。

A. 发现新用户　　　　B. 开辟新用途　　　　C. 增加使用量　　　　D. 增加广告投入

7. 市场领导者可采取的战略有（　　）。

A. 扩大市场需求总量　　　　　　B. 保护市场占有率

C. 提高市场占有率　　　　　　D. 扩大产量和产品种类

8. 市场利基者要完成的三个任务是（　　）。

A. 创造利基市场　　　B. 改造利基市场　　　C. 扩大利基市场　　　D. 保护利基市场

9. 市场利基者的作用是（　　）。

A. 拾遗补缺　　　　　　B. 有选择地跟随市场领导者　　　　C. 见缝插针

D. 攻击市场追随者　　　　　　E. 打破垄断

10. 业务范围技术导向型企业把所有（　　）的企业视为竞争对手。

A. 使用同一技术　　　　B. 满足顾客同种需求　　　　C. 满足同一顾客群需求

D. 生产同类产品　　　　E. 产品售价相同

**四、判断题**

1. 由于外界环境和市场需求的变化性，实行多样化发展是每个企业的发展方向。

（　　）

2. 多样化发展战略亦称一体化发展战略。 （　　）

3. 职能战略是企业多个职能部门的长期性战略。 （　　）

4. 市场补缺战略的特点是专门化。 （　　）

5. 市场营销战略控制是将营销战略实施过程的信息反馈结果与预定的市销战略目标进行比较，检测二者的偏离程度，并采取有效措施进行修正；以达到营销战略目标的完整、完全的实现。

（　　）

6. 对于市场挑战者来说，侧翼进攻是一种最有效和最经济的策略。 （　　）

7. 市场补缺战略的特点是跟随领先者。 （　　）

8. 市场领导者通常在相关产品的市场上占有最大市场份额。 （　　）

9. 包围进攻是一种最有效和最经济的策略形式，较正面进攻有更多的成功机会。

（　　）

10. 市场营销组合是固定不变的静态组合。 （　　）

**五、简答题**

1. 简述如何进行竞争者分析。

2. 简述波特的行业竞争结构分析法。

3. 简述市场领导者及其竞争任务与主要竞争战略。

4. 简述市场挑战者的进攻战略与进攻对象。

5. 简述市场跟随者的竞争战略。

6. 简述市场补缺者的含义及利基市场的特征。

## 实训课堂

### 能力训练目标

1. 培养学生行业和竞争者的分析及识别判断能力，使之能做到有效识别和分析竞争者；

2. 培养学生的市场竞争意识，使之具备竞争定位的思维逻辑；

3. 使学生能有针对性地选择和制定适宜的竞争策略。

### 能力训练项目

**一、思维训练**

**训练1** 假设有一个池塘，里面有无穷多的水。现有2个空水壶，容积分别为5升和6升。问题是如何只用这2个空水壶从池塘里取得3升的水。

**训练2** 一个老人留下遗嘱，将他的17头骆驼分给3个儿子，长子分1/2，二儿子分1/3，三儿子分1/9。骆驼一头也不许宰杀。问每个儿子各分几头？

**二、营销游戏**

**游戏：巧妙要回多付的5 000元**

某银行柜台新来的服务员小余，在客户取钱时竟然多放了一沓钞票在客人的钱袋里，整整5000元。能不能找到那个客人并找到多付的5 000元？有人说："就算找得到，他也不见得会承认。"

讨论：假如是你，应如何处理？

三、案例分析

**案例1**

## "有所不为"——美国西南航空公司的经营策略

美国西南航空公司是过去25年中全美唯一一家连年盈利的航空公司。与其他大航空公司不同，西南航空公司主要经营短途飞行业务，他们在创业伊始，就把目标客户群锁定在自费旅游的家庭和小型企业出公差的普通职员上。机票的价格是这些目标客户最关心的因素。在西南航空公司未进入市场前，其他航空公司在这些航线上的票价大约是150～200美元，西南航空公司把票价降到60～80美元，开创了全新的低价位业务。

为了降低成本，西南航空公司采取了一系列的措施。

一是不通过旅行社卖票，旅客可以通过电话和网络直接订票，这就减少了中间环节的费用。

二是没有头等舱，这样既增加了经济舱座位数量，又减少了因头等舱常常空置而带来的浪费。

三是不提供行李转机服务，节省了地面服务人员的数量和费用。

四是不提供餐饮服务，节省了乘务员和加热餐食的设备。

如此一来，西南航空公司的服务与其他航空公司相比，有很多不完善的地方，但事实看来，西南航空公司"有所不为"的经营策略却带来了巨额利润。

资料来源：高建华. 不战而胜：营销战略与竞争优势［M］. 北京：企业管理出版社，2001.

【案例思考与讨论】

1. 西南航空公司成功的原因是什么？
2. 采用此种经营策略属于哪一种竞争者采用的哪一种竞争战略？

**案例2**

## 海尔在日本市场的竞争战略

日本的本土家电市场堪称世界顶级的市场，凭其高品质、高技术含量而独树一帜，加上其家电产品的精细化水平、消费者的苛刻和挑剔以及当地人对国产品牌的保护意识，令欧美的西门子、惠尔浦，以及韩国三星、LG等众多名牌家电在日本市场立足耗时10余年，也闯不出令人满意的成绩。但是青岛海尔集团凭着"创造市场"的信念和一系列人无我有的个性化产品，赢得了日本市场竞争的胜利。

海尔先对日本市场进行了深入的调查。发现，在日本单身贵族占了相当大的比例，大约有1 300万人，而市面上的洗衣机容量一般在4～6 kg，但这样的容量往往得不到充分利用。海尔很快推出了减少容量以及将功能减少到必要的最低限度的2.3 kg容量洗衣机——"个人洗衣间"，从而使外形尺寸缩小，重量也只有16.5 kg，并且用水量和耗电量也大大节省，该机还配备了可以在13分钟内完成洗涤的快速模式，这对于单身居住的用户相当有吸引力。产品备有白色、粉红和蓝色三种颜色，完全是按日本消费意识来设计的。"个人洗衣间"不仅深受日本单身消费者的青睐，还成为日本家庭和医院购买洗衣机的首选。在"个人洗衣间"迅速走红日本的同时，海尔又通过细分市场，找到最佳切入点，层出不穷地创造出个性化高科技产品，从个性化的"洗虾机"到"洗荞麦皮"的洗衣机，从"小小神童"到手搓式洗衣机；从世界首创的第四种洗衣机——"双动力"洗衣机到具有杀菌消毒功能的"保健家族系列"，一路领跑，且都在日本受到消费者的欢迎。2004年3月，据世界著名的GFK市场调查公司调查结果显示，海尔HSW-50S2波轮洗衣机当时在日本市场上单型号销量已连续5个月高居日本国外洗衣机品牌销量第一名，并成为日本家电市场销量上升最快的国外洗衣机新品。海尔通过关注用户需求相继推出的一系列人无我有的个性化产品，不仅创造了新的产品，更创造了新的需求，满足了不同国家、不同层次、不同消费者的不种需求，在赢得用户口碑的同时，取得了品牌效益和庞大的顾客群，很好地树立了海尔洗衣机的市场形象。

【案例思考与讨论】

1. 海尔的做法为什么能成功？

2. 很多中小企业在发展初期，往往选择市场已经饱和的产品进行生产，然后努力降低成本，抢占竞争对手的市场。海尔并不是这样做的，它实施的国际市场竞争采用了哪种战略？有何条件才可实施？

**四、实战演练**

搜集个案企业资料，小组汇报该企业的发展历程及其各阶段运用的成功竞争战略，并加以分析。

# 国际市场营销调研

对企业来说，不是缺少市场，而是缺少发现市场的慧眼和创意。

——菲利普·科特勒

市场调研是企业决策者了解消费者、竞争对手及市场状况，把握顾客需求的一种重要手段，是辅助企业决策的基本工具。

——美国市场营销学会

## 学习目标 ///

### 知识目标

（1）了解国际市场营销调研的流程设计。

（2）掌握国际市场营销调研资料的收集方法。

（3）掌握国际市场营销调研数据的整理与分析技术。

（4）掌握国际市场调研报告制作的要点。

### 技能目标

能灵活运用国际市场调研的知识和技术，设计有效的国际市场调研方案，确保国际市场调研活动的顺利实施，学会整理和分析调研数据，最终制作出科学的国际市场调研报告，以选择和制定适当的竞争策略。

## 任务驱动，做中学 ///

中国企业在国内市场国际化竞争激烈的形势下，实施"走出去"战略，积极开拓国际市场是不二选择。而南美洲近年来政治形势日趋稳定，经济建设稳步发展，投资环境不断改善，居民消费水平日益提高，是企业投资培育市场的良好之选。但由于缺乏对南美洲市场的充分了解，你所在的公司一直难以决策。出于稳妥考虑，首先要对南美洲市场进行周密的调研工作，建立该地区营销信息系统。公司委托你负责市场部进行营销调研，为公司提供准确决策参考咨询意见。请你制定该部门的工作规划与具体调研方案。

学习情境

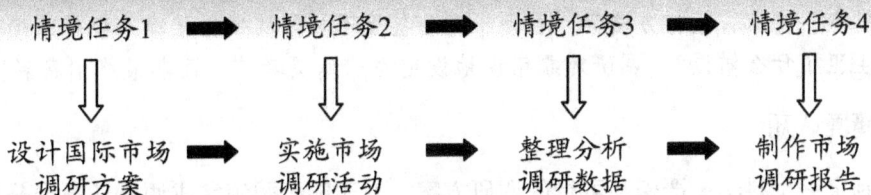

情境任务1　➡　情境任务2　➡　情境任务3　➡　情境任务4

设计国际市场　➡　实施市场　➡　整理分析　➡　制作市场
调研方案　　　　调研活动　　　调研数据　　　调研报告

**情境引子**

2008 年 11 月底由美国棉花公司和美国国际棉花协会共同完成的全球消费者调查揭示，全球有超过六成的消费者（62%）热爱或喜爱穿牛仔。其中德国消费者是最忠实的牛仔粉丝，高达 88% 的消费者热爱或喜爱穿牛仔。美国为 78%；巴西为 72%；日本为 69%。同时，全球消费者偏向于寻求易于打理的服装，包括抗皱和防污的功能性服装。

对消费者行为的分析和研究一直是企业和各专业机构调研的重点，企业通过了解消费者的需求和决策过程来改变营销策略，甚至寻求产品创意。

没有消费者就没有商业，现代营销观念的核心是以消费者为中心。彼得·德鲁克曾经指出："商业的唯一目的是产生消费者。"汤姆·彼得斯（Tom Peters）也指出："顾客是重要的创新来源。"

资料来源：许春燕，孟泽云，等. 新编市场营销 [M]. 北京：电子工业出版社，2009.

国际市场营销调研工作是有计划有组织的活动，是围绕着企业国际市场营销决策的需要而开展的。国际市场营销调研的任务在于通过运用科学方法来收集和分析数据并评估信息，为企业国际市场营销决策提供更多的选择机会，减少决策的不确定性，进而降低做出错误决策的风险。任何企业在进入一个新市场时，市场调研都是关键的环节。任何企业都应做好市场调研，并针对其结果制定产品价格、销售网络、服务体系等方面的策略。

# 情境任务1　设计国际市场调研方案

**情境导入**

很多企业家以前做生意靠经验，现在也认识到开发新产品要靠科学的调研。经营宠物食品生产的林先生从去年开始为产品设计做消费调查。最近两年，宠物食品市场空间增加了两三倍，竞争也把许多企业逼到了死角。林先生认为渠道都差不多，就看谁能开发出好产品。为了能够搜集更多的消费信息，林先生设计了精细的问卷，在上海选择了 1 000 多个样本，并且保证了所有的抽样在超市的宠物组购物人群中产生，内容涉及价格、包装、食量、周期、口味、配料等六大方面，覆盖了能想到的全部因素。沉甸甸的问卷让林先生的公司高层振奋。很快，根据调查结果而产生的新配方、新包装的狗粮产品上市了。短暂的旺销持续了一周，随后就是全面萧条，再后来，产品在一些渠道上甚至遭到抵制。过低的销量让公司高层不知所措，林先生更惊讶：为何科学的调研还不如以前凭感觉定位来得准确？1个月后，新产品被迫从终端撤回，产品更新策略宣布失败。林先生请教了十余个新产品购买者，原来拒绝再次购买的原因是宠物不喜欢吃！

**讨论：**科学的市场调研应先制订严密科学的调研方案，选定准确的调研问题、调研方向、调研类型、样本、抽样方法等，否则不完备甚至不科学的数据采集只会带来损失。本案例，林先生犯了什么错误？（调研对象错误地设定为"购买者"，而非最终消费者！）

### 情境认知

事先制定一个科学、严密和可行的调研方案，对于能否圆满完成调研任务十分重要和必要。设计市场调研方案在整个调研工作中起着统筹兼顾、统一协调的作用。

设计市场调研方案时，根据调研工作先后顺序，应考虑以下 12 个事项，如图 2 - 4 - 1 所示。

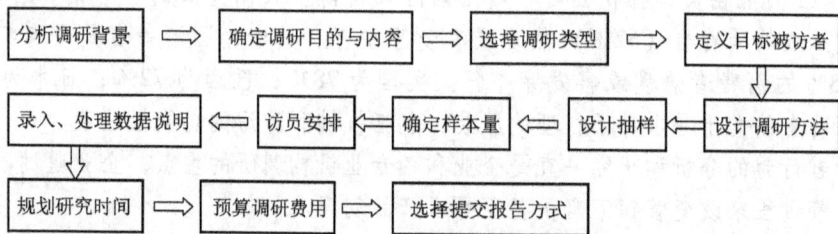

**图 2 - 4 - 1　设计市场调研方案应考虑的事项**

### 一、分析调研背景

调研背景是有关调研项目总体状况的描述和分析。在分析调研背景时，首先应对所处行业的发展状况、社会、经济和法律等宏观环境进行简要描述与分析，以此说明发展趋势以及项目目前的生存环境和市场空间；其次是对微观环境的分析，主要是针对现状和所面临的主要问题展开分析，从而确定本次调研工作的主题；最后，要对以上宏观背景和微观背景的分析进行简单的提炼和总结，说明选择本次调研项目的原因。

### 二、确定调研目的与内容

确定调研目的，就是明确在调研中要解决哪些问题。例如，通过调研要取得什么样的资料、取得的这些资料有什么用途等。确定调研内容，就是在调研目的的基础上，把调研问题展开和细化的过程。调研目的与调研内容应该高度精练。衡量一个市场调研方案设计得是否科学，主要就是看该方案的设计是否能体现调研目的和要求，是否符合客观实际。

### 情境延伸

## 国际市场营销调研的内容

**1. 国际市场营销机会调研**

国际市场营销机会调研的调研内容最为广泛，可以细分为国际宏观经济环境调研和国际市场产业发展情况调研。

2. 国际目标市场选择调研

国际目标市场选择调研主要包括：某目标市场经济、政治、法律、人文地理等宏观环境以及顾客特征、竞争企业的调研和分析等。竞争者情况调研包括了解目标市场同类企业的产品、价格等方面的情况，他们采取了什么竞争手段和策略等，做到知己知彼，以确定企业的目标市场竞争策略。

3. 国际营销组合策略调研

国际营销组合策略调研主要包括对国际目标市场产品信息调研；目标市场价格信息调研；目标市场分销渠道调研；目标市场促销调研，如表 2 - 4 - 1 所示。

表 2 - 4 - 1　国际营销调研的内容

| 一级指标 | 二级指标 | 三 级 指 标 |
|---|---|---|
| 国际市场营销机会调研 | 国际经济环境 | 全球经济发展概况 |
| | 产业发展趋势 | 国际上该产业的发展状况、各国该产业的发展水平、未来产业发展趋势 |
| | 产品的世界市场总体需求及趋势 | 需求在世界各国的分布、需求是否得到满足、需求潜在规模大小等 |
| | 国际市场竞争 | 价格、竞争对手、它们在市场中的地位及其营销策略 |
| | 产品供应能力 | 其他企业总生产能力、目标生产水平及其生产成本、是否规模经济 |
| | 自身内部条件 | 企业的人、财、物等资源条件 |
| 目标市场选择调研 | 宏观环境 | 经济、政治、法律、人文地理 |
| | 东道国市场目标顾客特征 | 目标顾客的规模大小、收入水平、年龄、地理位置、资信状况、受教育程度、价值观念、审美观念、消费习惯、消费者购买行为 |
| | 目标市场竞争情况 | 该国主要竞争对手是哪些公司，各来自哪些国家，各自的市场份额大小，其营销策略，它们的竞争优势与劣势 |
| | 目标市场进入方式 | 目标国的政治法律、外资外贸政策、市场容量、基础设施、资源条件（包括企业自身的资源条件） |
| 营销组合策略调研 | 产品调研 | 目标市场上产品生命周期阶段，产品线及产品组合的情况；有关产品生产技术发展变化；相关产品的尺寸、形态、大小、规格、使用；品牌知名度、包装、色彩、款式；目标市场国在产品质量检验、标准、产品责任方面的法律法规，产品的售前、售后服务要求 |
| | 价格调研 | 供求及影响供求的因素；竞争对手的生产成本；各个销售环节的市场价格；产品价格弹性及替代品价格；不同地区价格差异，目标国外汇政策 |
| | 销售渠道调研 | 竞争对手进入国际市场的方式、销售方式、销售渠道特点及利弊；主要的中间商有多少家，它们各自的销售量、规模、地区分布如何，以及中间商在技术服务、促销、资金及信誉方面的情况如何；目标市场国的运输、仓储、通信等基础设施 |
| | 促销调研 | 目标市场国对促销手段的具体规定；常见促销方式及其费用和效果；消费者对促销方式的接受程度；可供选择的广告媒体及其覆盖面；有关中介服务机构资金、技术、信誉度、经验等方面的综合实力 |

### 三、选择调研类型

常用的市场营销调研主要包括探索性调研、描述性调研、因果性调研和预测性调研。调研初期一般选择做探索性调研。其他多数的市场调研都属于描述性调研，如了解市场规模、竞争对手的情况、市场占有率如何等。目的就是收集、整理这些资料，并如实地描述、报告和反映。有时企业也会做因果性调研，目的在于确定关联现象或变量之间的因果关系，了解原因与结果之间的数量关系。

**情境提示**

### 市场调研类型

营销调研按其性质、目的及其在调研过程中的位置进行划分，主要有四种类型：

**1. 探索性调研**

探索性调研也称非正式或试探性的调研，一般用于调研开始阶段。由于此时调研问题及其范围不是很清楚，不能确定调研主题。为了明确问题，通过探索性调研发现问题、寻找机会或缩小问题范围。例如：说明饮料与白开水、电影与电视之间的需求差异。由于探索性调研还没有采用正式的调研计划的程序，因而其调研方法具有较大的灵活性，很少采用设计调研问卷、大样本以及样本调研计划等调研方法，在调研实施过程中也可以对调研方向随时进行调整。探索性调研一般通过收集二手资料、请教专家或定性调研等方式进行。

**2. 描述性调研**

描述性调研指目的在于描述一个或一种基本特征的调研。通常要明确与调研有关的六个问题，即谁、什么事情、什么时间、什么地点、什么原因、什么方法。描述性调研可以满足一系列的调研目标，如描述某类群体的特点；了解不同消费者群体之间在需要、态度、行为、意见等方面的差异；识别行业的市场份额和市场潜力等。许多商场经常使用描述性调研以了解他们的顾客在收入、性别、年龄、教育水平等方面的特征，并以此作为解决营销问题的参考。例如，一家商场从描述性调研中了解到该店的顾客67%是18～44岁的妇女，她们经常带着家人、朋友一起来购物。这种描述性调研提供了一个重要信息，它使商场直接向妇女开展促销活动。

**3. 因果关系调研**

因果关系调研指目的在于确定多个变量间的因果关系的调研。在探索性调研和描述性调研之后，进一步查清变量间的相互关系，说明"为什么"。例如，广告投入与销售量之间的因果关系调研。在因果性调研过程中，实验法是一种主要的方法。例如，某汽车销售厂商想要了解销售人员的态度和表现对汽车销售的影响，故设计了一个因果调研，在某地区连锁店中选出两组不同的汽车销售厂商进行比较。在其中一个厂商中安排了经过培训的销售人员，而另一个厂商的销售人员没有经过培训。半年以后，通过两个厂商销售量的比较，就大体能判断出销售人员对汽车销售的影响。

**4. 预测性调研**

预测性调研是为了估计未来一定时期内某国际市场营销变量发展趋势和状态的调研，说明"将来会怎样"，以预见市场变化的趋势。

## 四、定义目标被访者

定义目标被访者是根据调研目的，确定调研的范围以及所要调研的总体。目标被访者是由某些性质上相同的许多调查单位所组成的。在进行目标被访者定义时应注意，要严格界定调研对象的含义，并明确与其他有关现象的区别，以免在调研活动实施时因界定不清而发生差错。

## 五、设计调研方法

在设计调研方法时，采用何种方式、方法不是固定和统一的，而主要取决于调研对象和调研任务。一般情况下，为准确、及时、全面地取得市场信息，尤其应注意对多种调研方法的结合运用。

国际市场营销调研方法按其信息来源，可以分为案头调研法和实地调研法，如图2-4-2所示。

### 1. 案头调研法

案头调研（Desk Research）法又叫间接调研法、办公室调研法、文献调研法、二手资料分析法等，是通过收集已有的，由他人所搜集、记录、整理和

图2-4-2 市场调研方法图示

积累的资料，即二手资料、间接资料，并加以整理、分析、研究和利用的活动。其主要过程有：① 制定调研课题，明确调研目的；② 具体化信息需求；③ 详细陈述调研设计并确定资料来源；④ 搜集调研内部二手资料；⑤ 搜集调研外部二手资料；⑥ 整理和编辑二手资料；⑦ 统计和分析二手资料；⑧ 撰写调研报告。

（1）案头调研的优缺点具体包括：

案头调研具有相当的好处：① 节省费用；② 缩短调研时间；③ 超越时空限制；④ 搜集信息方便、自由、迅速。

案头调研也具有一定的局限性，主要是：① 时效性差；② 某些市场资料匮乏；③ 可靠性不稳定等。

（2）案头调研的功能主要包括以下四点：

① 案头调研可以作为一种独立的调研方法加以采用。

② 案头调研可为实地调查创造条件。

③ 案头调研可用于有关部门和企业进行经常性的市场调研。

④ 案头调研可取得实地调查无法获取的某些资料。

（3）案头调研的资料来源和收集渠道。案头调研资料可以从企业内部和企业外部获得。

企业内部资料主要来自于企业的财会部门、营销部门、统计部门、生产技术部门和档案室等收集的企业经济活动的各种记录。

企业外部资料主要来自：① 国际性组织；② 本国政府及外国政府的有关机构；③ 各种行业商会机构；④ 出版社等新闻媒介；⑤ 银行和证券商等金融机构；⑥ 消费者组织等公共机构；⑦ 研究机构或数据资料供应者；⑧ 各种在线数据库。

情境案例

# 日本人"透视"大庆油田

20世纪60年代，我国为甩掉贫油国的帽子，打破国外的封锁，集中人力、物力开发大

庆油田。当时这是国家的重大机密，国内大都不知道它的地址，可日本人却得到了，而且非常准确。他们是怎样了解我国这一秘密的呢？是特务、间谍、还是收买中方技术人员？都不是。出人意料的是，他们靠的就是零零星星收集到的关于大庆的公开资料，以及依次作出的合乎逻辑的分析和推理。

首先，日本大使馆经济官员发现北京大街上汽车顶上的煤气包不见了，就想到中国开发了自己的油田，但在哪儿却不清楚。时隔不久，日本人看到中国画报封面上的王铁人，身穿大棉袄，冒着鹅毛大雪工作的照片，断定油田就在东三省，而且靠北边，否则不会下这么大的雪，但具体地点仍不能确定。当他们看到《人民日报》的一篇报道，说王进喜到了马家窑，说了一声"好大的油海啊，我们要把中国石油落后的帽子扔到太平洋去！"就乐了，说找到了，马家窑是大庆的中心。我国对日出版的《人民中国》杂志又报道说，中国工人阶级发扬"一不怕苦，二不怕死"的精神，大庆设备不用马拉车推，完全是肩扛、人抬，从车站把设备运到现场。日本人据此分析，大庆车站离马家窑不远。地址找到了，什么时候出的油呢？他们也算准了，1964年王进喜光荣地出席第三届全国人民代表大会。日本人说肯定出油了，否则王进喜当不了人民代表。接下来他们又根据《人民日报》上一幅钻塔的照片，从钻台手柄的架式推算出油井直径的大小。根据油井直径和国务院的政府工作报告来套算，把全国石油产量减去原来石油产量，就是大庆的石油产量。在此基础上，他们很快设计出适合我国要求的炼油设备。不久以后，我国为进口炼油设备举行国际招标，其他国家没有准备，日本人早已胸有成竹，很快谈判成功。这项贸易的成功，靠的就是外部信息传播及精密的分析和推论。

（4）案头调研的方法具体包括：① 核算法；② 报告法；③ 汇编法；④ 筛选法；⑤ 剪辑法；⑥ 购买法；⑦ 参考文献查找法；⑧ 检索工具查找法；⑨ 计算机网络检索法；⑩ 情报联络网法。

**2. 实地调研法**

实地调研法是指调研信息资料直接来源于国际市场，从而取得第一手资料的调研方式。实地调研法与案头调研法的主要区别在于：前者是直接资料，后者是间接资料。实地调研法所得到的直接资料来源于两种方式：一种是调研人员亲自到现场进行调查从而收集到资料，另外一种方式是通过调查问卷等方式直接从被调查者处获得资料。常用的实地调研法包括访问法、观察法和实验法。

情境案例

## 肯德基进入中国的市场调查

为了进入中国市场，肯德基把对目标顾客的调查放在了首位。该公司的营销调研人员站在北京主要的商业街道，用秒表计算人流量。营销调研人员把样品送给人们品尝，并搜集人们对味道、价格和店堂布置等方面的重要信息。同时，营销调研人员还对北京的原材料市场做了调查，并带回鸡、油、面、盐、菜等进行研究。该公司营销调研部门通过仔细分析、研究得出了结论：北京是一个蕴藏着巨大机会的市场，在北京开店是个正确的决策。结果肯德基在北京市场获得了巨大成功，原计划5年收回的投资2年就完全收回了。

（1）访问法。访问法（Questionnaire Survey）是指市场调研人员直接向被调查人提出问题，并以所得到的回答作为调查结果，是实地调研最常用的一种方法，在获取消费者行为及态度方面的资料中比较常用。访问法按访问形式不同可分为面访调查、电话调查、留置问卷调查、邮寄调查和网络调查等。

① 电话调查（Telephone Survey），是通过电话向被访者进行询问，以获取信息资料的调研方法。这种方法抽样简便、速度快、效率高、费用低、完成快、容易接近不易接近的调查对象，适合于小样本调查，但调研范围小、易受时间限制、也易被拒。

② 面谈访问（Face to Face Survey），是指调研者通过与被访者面对面进行访谈，获取信息资料的一种调研方法。通常是调查人员根据事先拟好的问卷或调查提纲上的问题，依次发问，有时可采用自由交谈的方式进行，可以是个人访谈，也可以是集体访谈；既可以是依次面谈，也可以是多次面谈。按照访谈地点可分为入户访问和拦截访问。面谈访问比较灵活、效率高、最可靠，但费用大、时间长、代表性差，常用于商业性的消费者意向调查。

③ 邮寄调查（Mail Survey），是指将设计好的调查问卷通过邮政网络系统寄给选定的调查对象，并由被访者按规定的要求和时间填写并寄回问卷的一种调查方式。这种方法以如何提高邮寄问卷的回收率为关键点。

④ 留置问卷调查，是指调查者将调查问卷当面交给被调查者，说明调查目的和要求，由被调查者自行填写回答，调查者按约定的时间收回，它是介于面谈访问与邮寄访问之间的一种方法。其主要优点是：回收率高，被调查者的意见可不受调查人员的影响；由于问卷留给被调查者填答，被调查者可详细思考，认真作答，避免由于时间仓促或误解产生误差。其主要缺点是：调查区域范围受到一定限制，难以进行大范围的留置问卷调查，调查时间长、费用相对较高。

⑤ 网络调查（Internet Survey），是指企业利用互联网来搜集和掌握市场信息的一种调查方法。目前网络调查的方法主要有站点法、电子邮件法、随机 IP 法、视频会议法、在线访谈法和搜索引擎法等。

⑥ 小组座谈法（Focus Group Interview），是指采用小型座谈会的形式，挑选一组（8 ~ 12 个）具有代表性的消费者或客户，在一个装有单面镜和录音录像设备的房间内，在主持人的组织下就某个专题进行讨论，从而获得对有关问题的深入了解的一种调研方法。小组座谈法的主要优点是：资料收集快、效率高；取得的资料较为广泛和深入；结构灵活，能将调查与讨论相结合，可进行科学监测。小组座谈法的主要缺点是：对主持人的要求较高；容易造成主持人判断错误；调查对象回答散乱，后期资料整理工作有难度；有些涉及隐私、保密的问题，不宜在会上多谈；受讨论时间限制，很难深入交流。

⑦ 深层访谈法（In-depth Interview），是指在访问过程中，由掌握高级访谈技巧的调查员，与对某一问题（或专题）有丰富经验的人进行深入的访谈，用以揭示被该者对某一问题的潜在动机、态度和情感的一种调研方法。这种方法主要用于获取对问题理解的探索性研究。深层访谈法的主要优点包括：能更深入地了解被访者的内心想法和态度；能更自由地交换信息；便于对保密、敏感问题进行调查；能将被访者的反映与其自身相联系，便于评价所获资料的可信度。深层访谈法的主要缺点是：要求访员具有较高的访谈技巧，访谈效果的好坏更易受访员自身素质高低的影响；访谈结果的数据资料难以统计分析；时间长，经费多；调查对象难预约。

（2）观察法。观察法（Observational Survey）是调查者在商业街道、营业场所通过观察事情发生的经过，对被调查者的情况进行直接观察、记录，或者利用照相机、录音机及监视器等现代化手段间接地进行观察，以取得市场信息资料的一种调研方法。

① 观察法具体包括以下三种：

a. 直接观察法，又称行为记录法，包括现场观察，如参展；顾客动作观察，以设计门店布局、路线；时空观察，如统计客流量、车流量。

b. 间接观察法，又称实际痕迹测量法，如象征物观察及由此产生的"垃圾学"调查法、"食品柜"调查法等。

c. 借助机械的观察法，指市场调查人员借助摄像机、交通计数器、监测器、闭路电视、计算机、扫描仪等来观察或记录被调查对象的行为或所发生的事情，以提高调查的准确性。

**情境案例** **雪佛龙公司通过"垃圾学"调查法获得成功**

雪佛龙公司是美国一家食品企业。该公司在20世纪80年代初曾投入大量资金，聘请美国亚利桑那大学人类学系的威廉·雷兹教授对垃圾进行研究。雷兹教授和他的助手在每次的垃圾收集日的垃圾堆中，挑选出数袋，然后把垃圾内容依照其原产品的名称、重量、数量、包装形式等予以分类。如此反复地进行了近一年的分析和考察，获得了有关当地食品消费情况的信息：一是劳动者阶层所喝的进口啤酒比收入高的阶层多。这一调查结果大大出乎一般人的想象，如果不进行调查，生产和销售后果不堪设想。得知这一信息后，调查专家又进一步分析研究，得出了所喝啤酒中各种品牌的比率。二是中等阶层人士比其他阶层所消费的食物更多，因为双职工都要上班而太匆忙了，以致没有时间处理剩余的食物。三是了解到人们消耗各种食物的情况，得知减肥清凉饮料与压榨的橘子汁属高收入人士的良好消费品。公司了解到这些情况后，又根据这一信息进行决策，组织人力物力投入生产和销售，最终获得成功。

② 观察法的优缺点，具体包括：

a. 优点：可以观察到消费者的真实行为特征，资料的准确性高，内容客观、真实；能够收集到一些被访者无法直接用词语表达的信息资料。

b. 缺点：观察时间长，需要人员多，成本高；观察对象由于感觉到被观察，可能改变其行为方向，从而影响观察的持续进行；观察员易疲劳，影响观察质量；受时空影响，只能观察表面现象和外在行为，难以观察内在因素。

③ 观察法的注意事项，包括以下五项：

a. 为了使观察结果具有代表性，应设计好抽样方案；

b. 为了观察被访者的自然反应，最好不要让被访者有所察觉；

c. 为保证观察结果的客观真实，调查员必须实事求是、客观公正，不能带有主观偏见；

d. 为了保证观察结果具有可比性，观察记录用纸和观察项目最好有一定的格式；

e. 为了观察客观事物的发展变化过程，以进行动态对比研究，需要做长期反复的观察。

**情境延伸**

**神秘顾客法**

神秘顾客法，又叫神秘购物法（Mystery Shopping Studies），是法国居伊·梅内戈点子公司提出的一种在实际中应用的观察法。它是指由经过专门训练的神秘顾客，伪装购物，详细记录下购物或接受服务时所发生的一切情况，以发现商家在经营管理中存在的种种缺陷的一种调研方法。这种方法多用于餐饮、娱乐和零售行业。

（3）实验法。实验法是指在控制的条件下对所研究的现象的一个或多个因素进行操纵，以测定这些因素之间的关系，例如：食品的品尝会。它是因果关系调研中经常使用的一种行之有效的方法，如改变品种、包装、设计或价格对产品销量会有怎样的影响，广告以及服务对品牌态度的影响等。一般限于较小规模的活动。

实验法根据操作环境不同，分为实验室实验和现场实验。其中实验室实验是指营销调研者创造一种符合一定条件的环境，在对某些变量实施控制的同时，操纵另一些变量的变化，观察和测量自变量对因变量的影响程度。现场实验是在现实的环境中，观察和测量自变量对因变量的影响程度。两者的根本区别在于所处的环境不同，前者是在人造的环境中，后者居于自然环境中。

实验法的应用步骤包括以下五步：

a. 根据市场调查课题，提出研究假设。

b. 进行实验设计，确定实验方法。

c. 选择实验对象。

d. 进行实验。

e. 整理分析资料，做实验检测，得出实验结论。

实验法具有一定的可控性和主动性，可提高调查的精确度，其结果具有一定伪客观性和实用性。其中，现场实验法的优点是方法科学，能够获得较真实的资料，但是大规模的现场实验往往很难控制市场变量，影响实验结果的内部有效性。实验室实验正好相反，内部效度易于保持但难以维持外部有效度。此外，实验法实验周期较长，研究费用昂贵，实验的保密性及实验实施阻力较大等问题严重影响了实验方法的广泛使用。

---

**情境案例**

## 咖啡店的心理实验

日本三叶咖啡店曾做过一个颇有意义的心理实验。店主请来30多人，每人喝四杯分别用红、棕、黄、绿四种颜色的杯子盛放的咖啡，然后各自回答对不同颜色杯子中的咖啡浓度的感受。结果绝大多数人对浓度的排序是：最浓的为红色杯子，棕色杯子次之，黄色再次之，而绿色杯浓度最低。其实只有店主知道，所有这些咖啡的浓度都是一样的。该店从此以后一律用红色杯子盛咖啡，使顾客普遍感到满意。

## 六、抽样设计

抽样设计是根据调研项目自身的特点，采用最适合调研项目的抽样方法，以使调研的样本具有代表性，使调研结果翔实、可靠，并能充分反映调查总体的情况。

抽样设计主要需要解决抽样总体、样本大小及抽样方法等三个具体问题。抽样总体由调研对象总体构成，其具体范围由调研目的和调研特性确定。样本大小对调研结果的准确性有一定的影响，样本越大，调研结果越可靠，反之，调研结果的代表性就越差。但是，样本越大，调查费用就越高。因此，样本量要根据调研费用的限制、允许的抽样误差，以及被调研问题的基本性质等因素来确定，再结合项目的具体情况，选择最适合调研项目的抽样方法。

**情境延伸**

## 抽样方法

抽样方法很多，归纳起来可分为概率抽样和非概率抽样两大类别。不同的抽样方法，适用于不同的调查要求。

1. 概率抽样

概率抽样是指母体的全部基本单位都有同等被抽中的机会，也称随机抽样。概率抽样调查过程，首先按照随机原则从母体中选取调查样本，然后依据样本调查结果推算母体，并可以计算出抽样误差的大小。具体而言，又分为单纯随机抽样、分层随机抽样和分群随机抽样。

（1）单纯随机抽样，是母体中的每个基本单位（亦称子体）都有相等的被选中的机会。样本抽选完全排除任何有目的的选择，按随机原则选择。它的优点是简便易行，对于特征分布均匀的母体比较适用，并具有较高的可靠性。通常有抽签法和随机号码法来实现随机原则抽取样本。

采用单纯随机抽样法，在市场调查对象不明，难以划分组类，或总体内单位间差异小时效果更好。如果市场调查总体范围广、内部各子体之间差异大，一般不直接采用此法，而是与其他方法结合进行抽样。

（2）分层随机抽样，是将市场母体分成若干层，再从各层中随机抽取所需数量的基本单位，综合成一个调查样本。分层随机抽样在分层时，要将同一性质的基本单位分成一层，但层与层之间基本单位特性的差异则较大。即分层后要做到层内个体特性相似，基本代表了子体的某一特征；层间个体特性相异，代表了子体不同的特征。采用分层随机抽样的具体形式有：分层比例抽样、分层最佳抽样、最低成本抽样和多次分层抽样。

这种方法适用于母体基本单位特征差异大，且分布不均匀，采用单纯随机抽样有可能样本集中于某些特征、代表性差的层级。

（3）分群随机抽样，是将市场调查母体区分为若干群体，然后以单纯随机抽样方法选定若干群体作为调查样本，对群体内各子体进行普遍调查。分群随机抽样要求各群体之间具有相同性，每一群体内部的子体具有差异性。

分群随机抽样，是在单纯随机抽样基础上发展起来的。采用单纯随机抽样，有时会因样本单位过于分散而导致调查费用过高。采用分群抽样因抽中的单位比较集中，调查起来方便省时，可节省人力物力。在分群过程中，应注意分成的群体之间差异要小，以使抽取的群体代表性强。

分群抽样宜在界限不清，母体中不同质单位多、乱度高、不便于判定分层标准时采用，可以用地域或外部特征将调查母体分成若干群。

2. 非概率抽样

非概率抽样，是指概率抽样法范围之外的抽样法。当对调查的母体不甚了解，或者调查的母体过分庞杂时，往往采用非概率抽样方法抽取样本。非概率抽样的方法主要有任意抽样法、判断抽样法、配额抽样法和系统抽样法等。

（1）任意抽样法，是一种随意选取样本的方法。例如，在街头向过路行人作访问调查，在柜台销售商品过程中向购买者做面谈调查等，便属于任意抽样。任意抽样法，由于其样本的选取完全是随调查人员的方便而定，所以也可以称为便利抽样。任意抽样法简便、节省费用，但抽样误差较大、可信度低。因此，一般来说，任意抽样法多用于市场初步调查或对市场情况不甚明了时采用，在正式市场调查中较少采用。

（2）判断抽样法，是由市场调查人员根据经验判断选定样本的一种非概率抽样法。这种方法问卷回收率比较高、简便易行，但同时也易发生由于主观判断偏差而引起抽样偏差的情况。常用的典型调查、重点调查，其实质均属于判断抽样法的具体应用。

（3）配额抽样法，是指对市场调查母体按某些属性特征进行分层，对分层后的副次母体样本按一定的特征规定（或控制）样本配额，配额内的样本则由调查人员主观判断选定。从对市场调查的母体按特征分层并分别规定样本来看，配额抽样法同分层抽样法有类似之处，不过对于层内的抽样方法又有所不同。分层抽样是采用随机方法抽取样本，配额抽样是按判断抽样法抽取样本。

在实践中，采取配额抽样法抽取样本具有简便易行、节省费用的优点，也能较快地取得调查结果，而且样本不至于偏重于某一层。不足之处在于：与概率抽样相比，容易出现由于所依据的资料不确切而发生选择上的偏差的情况；同时，也不能像概率抽样那样可以估计抽样误差，并且不能够对调查人员访问调查对象的方法加以规定和控制。

（4）系统抽样法，是依据一定的抽样距离，从母体中抽取样本，所以又称等距抽样。采用系统抽样法，是先对母体中的单位（分子）进行有序编号，然后按一定的距离，确定样本的区间数并从母体中抽取样本。确定的公式是：

$$样本单位区间（距离）数 = N \div n$$

式中：$n$——样本数；

　　　$N$——母体单位（分子）的总数。

采取系统抽样法抽出的样本，能够使样本均衡地分散在母体的各单位中，不会过分集中于某些单位。从而有利于增强样本的代表性，并且抽样的方法简便易行。

系统抽样法，就其类型来讲，处于概率抽样和非概率抽样两种抽样方法之间，它是既可以属于非概率抽样法，也可以属于概率抽样的一种方法。究竟属于哪一种抽样法，主要取决于第一个样本的抽取方法。如果第一个样本是采取判断抽样法选取，那就是非概率抽样的一种方法；如果第一个样本是采取概率抽样法抽取的，则属于概率抽样法。

## 七、确定样本量

确定样本量时可以把握以下原则：总体小于 1 000 时，抽样比例不应小于30%；当总体达到 10 000 时，10% 的样本已经足够；总体达到 150 000 时，1% 的样本已经足够；当总体为 1 000 万及以上时，样本的增加实际上不产生作用。除非特别要求，样本数量一般无须超过 2 500。除此之外，样本量的大小还应考虑总体单位变异程度。如果变化范围大，变化值分散，样本量就大一些，反之就小一些。当然，还要兼顾调研费用和调研时间。

## 八、访员安排

安排访员主要是指调研的组织管理、调研项目组的设置、调研人员的选择与培训、调研质量的控制等。

## 九、录入、处理数据说明

这一部分要写明在数据录入与处理时所运用的统计分析软件，还要写明数据录入复核的方式和比例。

## 十、规划研究时间

这一部分通常是运用表格的形式，对各阶段的工作任务和起止时间进行规划，其目的是使调研工作能及时开展，按时完成。

## 十一、预算调研费用

开展市场调研，虽然能给企业带来管理性效益，但每次市场调研活动也都需要有一定费用的支出。因此，在调研方案设计过程中，应编制调研费用预算，合理估计调研的各项目（包括劳务费、问卷设计费、差旅费、邮寄费、电话费、受调查者礼品及礼金、杂费、税金等）和各阶段的费用支出。通常情况下，一个市场调研项目前期的计划准备阶段的费用安排占总预算的20%，实施调研阶段的费用安排占总预算的40%，后期整理数据、分析报告阶段的费用安排占总预算的40%。在编制费用预算时应注意这样一些原则：在保证实现调研目标的前提下，力求调研费用支出最少，或在坚持调研费用有限的条件下，力求取得最好的调研效果。

## 十二、选择提交报告方式

选择哪种报告提交方式，通常要跟客户沟通后再确定。调研报告提交方式主要包括书面报告和口头报告，提交的内容主要包括报告的形式、份数，基本内容、原始数据、分析数据、演示文稿和原始问卷等。

### ✎ 情境延伸

## 调研问卷设计

在一般的实地调研方法中，经常要采用问卷作为调研的工具。调研问卷是为了达到调研目的和收集必要信息而设计的问题集合。问卷设计是市场调研中极为重要的环节，问卷设计质量的高低，将对信息或数据的准确性、可靠性产生影响，同时也会影响调研成本的高低。

1. 问卷结构

问卷的基本结构一般包括三个部分，即说明信、调查内容和结束语或问卷证明记录。调查内容是问卷必不可少的，其他部分则根据设计者需要可取可舍。

（1）说明信，主要是调查者向被调查者说明调查的目的、意义、选择方法以及填答说明等，一般放在问卷的开头。

（2）调查内容，主要包括各类精心设计的问题、问题的回答方式及其指导语，这是调查问卷的主体，也是问卷设计的主要内容。

（3）问卷证明记录，一般放在问卷的最后面，记录调查者姓名、调研方式、调查时间、地点，被调查者姓名或单位、地址、联系方式等，采用匿名调查则不写被调查人姓名。

2. 问卷设计的程序

问卷设计的程序一般包括十大步骤：确定所需信息、确定问题的类型、确定问题的内容、研究问题的类型、确定问题的提法、确定问题的顺序、问卷的排版和布局、问卷的测试、问卷的定稿、问卷的评价。

3. 问卷设计的原则

第一，有明确的主题。根据调查主题，从实际出发拟题，问题目的明确，重点突出，没有可有可无的问题。

第二，结构合理，逻辑性强。问题的排列应有一定的逻辑顺序，符合应答者的思维方式。一般是先易后难、先简后繁、先具体后抽象。

第三，通俗易懂。问卷应使应答者一目了然，并愿意如实回答。问卷中语气要亲切，符合应答者的理解能力和认识能力，避免使用专业术语。对敏感性问题采取一定的技巧调查，使问卷具有合理性和可答性，避免主观性和暗示性，以免答案失真。

第四，控制问卷的长度。回答问卷的时间控制在20分钟左右，问卷中既不浪费一个问句，也不遗漏一个问句。

第五，便于资料的校验、整理和统计。

4. 问卷设计技巧

（1）确定问题的类型。问卷设计的问题类型归结起来分为三种：开放式问题、封闭式问题和混合式问题。

a. 开放式问题是指调查者对所提出的问题不列出具体的答案，被调查者可以自由地运用自己的语言来回答和解释有关想法的问题。如：

当您口渴时，您想喝＿＿＿＿＿＿＿＿＿＿。

开放式问题的优点是：回答比较灵活，能调动被调查者的积极性，使其充分自由地表达自己的意见和看法；对于调查者来说，能收集到原来没有想到，或者容易忽视的资料。同时由于应答者以自己的提问来回答问题，调查者可以从中得到启发，使文案创作更贴近消费者。这种提问方式特别适合于那些答案复杂、数量较多或者各种可能尚属未知的情形。当然，开放式问题也有缺点：被调查者的答案可能各不相同，标准化程度低，资料的整理和加工比较困难，同时还可能会因为回答者表达问题的能力差异而产生调查偏差。

b. 封闭式问题则是指事先将问题的各种可能的答案罗列出来，由被调查者根据自己的认识和看法来选择答案，一般打"√"即可。如：

您在购买汽车时，经常要考虑哪些因素？（多项选择）

□价格　　□品牌　　□款式　　□性能　　□质量

封闭式问题的优点是：标准化程度高，回答问题较方便，调查结果易于处理和分析；可以避免无关问题；回答率较高；可节省调查时间。缺点是：被调查者的答案可能不是自己想准确表达的看法；给出的选项可能会对被调查者产生诱导；被调查者可能猜测答案或随意乱选，使答案难以反映真实情况。单项选择题、多项选择题和顺位式问题均可以称为封闭式问题。

c. 混合式问题，又称半封闭式问题，是在采用封闭式问题的同时，最后再附上一项开放式问题。

（2）问题的措辞。一项调研工作中，信息资料是否真实、准确，问题的措辞至关重要。提问应做到：

a. 提问要尽量短而明确，避免使用长而复杂的语句。

b. 提问要具有针对性，避免一般性的问题。

c. 提问用词要准确，应避免用双重否定来表示肯定的意思，避免使用一些专业用语或模棱两可的词。

d. 提问要中性化，避免带有诱导性或倾向性的提问。

e. 提问应是被调查者能够且愿意回答的，避免令人困窘性的问题。

f. 提问时要考虑时效性和时间范围的明确表达。

g. 每项提问只能包含一项内容，避免一问两答。

（3）问题的排列顺序。一份调研问卷由许多问题组成，在每个单独提问设计好之后，下一步就要考虑如何将它们按一定顺序纳入问卷中。问题的编排顺序应注意以下四个方面：

第一，预热效应。这是指提问时应按照问题的复杂程度，先易后难、由浅入深地进行排列。最初的提问内容应能引起被调查者的兴趣和积极性，难度较大的问题和开放性问题、敏感性问题应尽量放在后面，以避免被调查者由于感到费力而对完成问卷失去兴趣或干脆拒绝访问。

第二，逻辑效应。在一份问卷中，通常会包含好几类问题。同类性质的问题应尽量安排在一起，以利于调查者集中思考作答。此外，调研人员应将一些无关紧要或被调查者难以回答的问题予以剔除或采用"跳答"的形式，请与该问题有关的被调查者回答，以增加提问的针对性。

第三，漏斗效应。在问题排列次序上，可运用"漏斗法"，即最初提出的问题较为广泛，然后根据被调查者的回答情况逐渐缩小提问的范围，即由广泛性问题到一般性问题，最后是某个专题性问题。

第四，激励效应。在调研过程中，被调查者可能会随着问题的深入，出现厌烦的情绪，甚至拒绝继续接受访问。此时，调研人员应适当添加一些鼓励回答的语言，如"下面的几个问题比较简单"等，以此不断增加被调查者的兴趣。

调查问卷的范例如下所示：

---

### ××化妆品市场调查问卷

尊敬的消费者：

您好！

我们是××化妆品公司的市场调查人员，为进一步了解、分析您对化妆品的需求状况，为您提供更为适宜的理想化妆新产品，我们特开展本次化妆品的大型市场调研活动，衷心感谢您在百忙中抽出时间为我们答卷，您的任何有价值的意见与建议都是我们的宝贵财富。希望您能认真填写调查问卷和个人信息，您将有机会获得本公司提供的精美礼品。

1. 请问您的性别是？
□男　　□女

2. 请问您的年龄是？
□20岁以下　□20～30岁　□30～40岁　□40～50岁　□50岁以上

3. 请问您属于何种肤质？
□干性　□油性　□中性　□混合型　□不清楚

4. 您喜欢什么成分的化妆品？
□深海矿物成分　□天然植物成分　□水果成分　□维生素衍生成分

5. 您认为化妆品的绿色是指？
□纯天然、无副作用　□所含化学成分比国家标准低　□和一般化妆品差不多

6. 您一般使用下列那一种类型的化妆品？（限一个答案）
□美白　□祛斑　□抗皱　□保养　□控油

7. 请问您从何种途径获得化妆品？
□化妆品专卖店　□百货商店化妆品专柜　□超市　□网店　□美容院

8. 您认为化妆品最重要的是?

功能□ 安全性□ 使用感□ 包装□ 价格□ 品牌□

9. 您认为何种价位的化妆品在市场上最受欢迎?

□50元以内 □50~100元 □100~150元 □150~200元 □200元以上

10. 您觉得现在市场上销售的化妆品的价格怎样?

□偏高 □一般 □偏低

11. 您在化妆品促销中,最喜欢的形式是?

□现场打折 □现金返还 □贵宾卡 □抽奖 □送实物礼品

12. 您希望商家提供何种形式的售后服务?

□产品回馈 □美容讲座 □答谢会 □会员服务 □促销活动

13. 假如您去购买化妆品,您主要考虑的因素是?

□适合皮肤 □时尚 □包装吸引人 □品牌知名度高 □上档次

14. 您在购买化妆品时,最重要的信息来源是?

□报纸、电视、杂志广告 □亲友推荐 □销售人员推荐 □流传口碑 □过去的经验

15. 您最认可的化妆品品牌是?

□小护士 □欧莱雅 □雅芳 □大宝 □绿丹兰 □其他

16. 您对化妆品是否有忠诚的品牌?

□有 □没有 □我使用的化妆品品牌经常变换 □我是某品牌的忠实粉丝

17. 下面何种因素在您购买化妆品决策时所起的作用较大?

□产品广告 □产品说明书 □促销员的介绍 □亲人与朋友劝说

18. 您对目前的化妆品有哪些方面的不满意,请具体说明:

_____

_____

××化妆品公司市场部

20××年×月×日

## 情境任务2 实施市场调研活动

### 错误的数据不如没有数据

**情境导入**

国内一家知名的电视机生产企业,在2004年年初使用同样的调研问卷、完全相同结构的抽样,由公司的市场调研部门分为两个小组同时开展调研,数据结论却差异巨大。

问题:列举您会选择的电视机品牌。

其中一组的结论是:15%的消费者选择本企业的电视机;另一组得出的结论却是:36%的消费者表示本企业的产品将成为其购买的首选。巨大的差异让公司高层非常恼火,为什么完全相同的调研抽样,会有如此矛盾的结果呢?公司决定聘请专业的调研公司来进行调研诊断,找出问题的真相。

受聘的普瑞辛格调研公司的执行小组与参加调查执行的访问员进行了交流,并很快提交了简短的诊断结论——第二组在进行调查执行过程中存在误导行为。首先,调研期间,第二组的成员佩带了公司统一发放的领带,而在领带上有本公司的标志,其尺寸足以让被访问者

猜测出调研的主办方。其次，第二组在调查过程中，把选项的记录板（无提示问题）向被访问者出示，而本企业的名字处在候选题板的第一位。以上两个细节向被访问者泄露了调研的主办方信息，影响了消费者的客观选择。

这家企业的老总训斥调研部门的主管："如果按照你的数据，我要将生产计划增加一倍，最后的损失恐怕不止千万！"

**讨论：** 市场调查是直接指导营销实践的大事，对错是非可以得到市场验证，只是人们往往忽视了市场调查本身带来的风险。那么如何保证调研实施过程的规范与真实呢？

### 情境认知

在调研方案完成后，接下来就是按照调研计划和调研活动进度表的规定实施调研活动，这是市场调研的核心环节。要想保障调研活动成功实施并顺利完成，这一阶段应做好调研人员的甄选与培训工作，监督及管理好整个调研活动过程。调研活动实施的步骤如图2-4-3所示。

组建调研实施队伍 ⟹ 培训调研实施队伍 ⟹ 监督及管理调研活动

**图2-4-3　调研活动实施的步骤**

## 一、组建调研实施队伍

调研队伍通常由项目主管、项目督导和调研员三部分组成。

**1. 挑选项目主管**

调研项目主管是调研实施过程中的统领者，在整个调研项目实施过程中起重要作用。项目主管首先应该掌握有关的市场调研基本理论和方法，具有丰富的工作经历和经验，还应该具有较强的组织、运作和管理能力。为了确保调研实施的顺利进行，项目主管必须做到以下六点：

（1）深入了解调研项目的任务、目的、内容及具体的实施要求。

（2）制订相应的调研实施方案和调研培训计划。

（3）挑选与培训项目督导、调研员。

（4）在调研实施过程中实施过程管理与质量控制。

（5）对项目督导和调研员的工作进行指导和监督。

（6）对最终的调研结果进行评价。

**2. 挑选项目督导**

项目督导是在调研实施过程中具体的项目运作监督人员，负责实施过程的检查、监督和对实施结果的检验查收工作。合格的项目督导应该做到以下八点：

（1）在调研实施过程中进行现场检查和指导。

（2）对没有经验的调研员进行有计划的陪访。

（3）对遇到拒访率较高的调研员进行有效的鼓舞和激励。

（4）对不符合调研实施要求的调研员进行纠错和指导。

（5）对调研实施进行必要的公开或隐蔽的监督。

（6）对调研员的访问结果进行尽可能频繁、尽可能早的检查。

（7）负责问卷的回收。

（8）对全部调研员的工作进行评价。

**3. 挑选调研员**

调研员是调研实施过程的具体执行者，因此调研员本身的素质是调研实施能够成功的最基本保证。合格的调研员应具备以下七项基本素质：

（1）有强烈的事业心和责任感。

（2）有高度的敏感性。

（3）有广博的知识和广泛的兴趣。

（4）有较高的综合分析能力。

（5）有良好的工作态度，严谨细致的作风。

（6）为人诚恳，待人亲切、自然，具有信任感。

（7）掌握现代化科学知识。

这七种道德素质和基本社会交往素质，是保证调研员能够准确理解调研问题，并能正确地向被访者说明本次调研的目的，灵活处理在调研中出现的有关问题的重要因素。

基于以上分析，我们在进行调研员的甄选时，除了要考察其是否具备一定的基本素质外，还应遵循以下原则：一是尽量选择与访问对象的人口特征、地理特征和社会经济特征相匹配的调研员；二是从调研员完成访问工作的有效性和可靠性方面考虑，应尽量选择调研技术过硬的调研员，但也不能就此排除没有经验的调研员，对有经验的和没有经验的调研员要进行合理的选择和搭配。

**情境提示**

调研员开展调研是否做到真实性、客观性，将决定调研结果是否真实有效，故调研员应遵循其职业道德：

（1）认真工作，不作弊。

（2）克服困难，完成调研任务。

（3）尊重调研对象，为被访者保密，为客户保密。

## 二、培训调研实施队伍

培训调研实施队伍对于提高数据收集的质量非常重要，培训能够保证所有调研员以同样的态度对待问卷，以使收集的数据具有一致性。为了使调研员尽快熟悉调研项目和基本内容，确保调研实施的成功，有必要对调研员进行常规培训和项目培训。

（1）常规培训。对调研员进行常规培训。首先是职业道德的培训，要求调查员认真作业，不作弊，为被访者保密，为客户保密，克服困难，完成作业；要让调研员明白他们在整个调查实施过程中的重要性，从开始培训到调研结束，每个调研员都应该保持诚实、客观、认真、负责和保密的工作态度。

其次是调研基础知识的培训。要让调研员掌握一些基本的访问原则和技巧。例如，在访问时间的选择上，通常会选择在周末 9：00～21：00 时间段内进行调研，但要避开被访者就餐的时间。在访问地点的选择上，通常会选择人口密集区或被访者家里。

（2）项目培训。项目培训首先是要向调研员介绍项目背景。讲解调研实施的方式和要求、调研技术说明和标准、调研实施指南以及其他与调研有关的事宜。

其次是发放调研问卷，对调研员进行问卷培训。问卷培训就是要遂题讲解问卷，并对问卷中的专业词汇和跳答题做强调，告诉调研员如何向被访者解释专业词汇，如何做好跳答题。

问卷培训完后，接下来要做的就是模拟调研访问。要求调研员两人一组，一个扮演调研员，一个扮演被访者。两人互相配合完成问卷的模拟访问。对在模拟访问过程中出现的问题，每组调研员要及时地向培训者反映，由培训者对问题进行解答。

**情境链接**

### 中国人寿保险公司营销行为调研培训手册

注意：请勿在调查问卷及卡片上涂写，注意事项记在自备笔记本上。

1. 基本情况及要求

（1）调查对象：购买过中国人寿保险的客户。

（2）调查内容：中国人寿保险公司营销员的服务行为、服务态度和服务质量。

2. 保险公司介绍保险业务情况及注意事项

3. 调查过程及要求

（1）提前一天打电话，顶约访问时间及地点，每天暂定为5个，实际发放6份问卷。要求如下。

① 每个样本联系3次以上不在，可放弃。

② 语言诚恳热情，表述清楚，减少拒访（开场白见问卷）。

③ 说明自己的身份、姓名和来意，进行甄别，说明调查结束将赠送小礼品，约定时间，问清地址及联系方式（做好记录）。

④ 如不能按时访问，应及时电话告知，另约时间。

⑤ 带好证件和物品，包括问卷、文件夹、调查卡片、地图、调研所简介、调查证、学生证、校徽、圆珠笔和礼品。

（2）调研要认真，严格按问卷进行，出示卡片，一问一答，不要问东问西。访问时要衣着整齐，记住市场调研所的电话，可以留一份给被访者。调查结束，赠送礼品，如遇障碍或不符合礼品赠送要求的，不要赠送。调查结束后，检查一遍问卷，看是否有漏答的题。

① 每天早上8点出发，晚上7点在448号房间回收问卷、座谈、领取问卷、礼品。

② 礼品务必送到，如调查对象确实不收，则将礼品交回并说明原因。

③ 问卷填写方式：由调查员提问、填写，不允许被调查对象填写，部分问题应向调查对象出示调查卡片；划"○"，封闭独立，不连笔；字体清楚端正。

④ 访问注意：衣着整洁，彬彬有礼，自信微笑，谈吐大方，不卑不亢。

⑤ 注意交通安全和人身安全。

⑥ 调研过程中如有问题，及时打电话联系，调查对象如有问题可以让其电话询问。

资料来源：许春燕，孟泽云. 新编市场营销［M］. 北京：电子工业出版社，2009.

## 三、监督管理调研实施队伍

市场调研实施队伍培训完毕后，接着就进入了市场调研活动实施阶段。在这个阶段中，市场调研活动的管理工作主要表现为以下三个方面：

（1）对调研工作质量进行监督和控制。项目督导要及时对现场工作人员进行评估，了解他们的工作状况，为寻找并建立更好、更高质量的调研队伍总结经验。调研评估标准在培训时就应该明确告诉现场调研人员，对现场调研人员的评估应该从成本、时间、调查成功率、调查质量和数据质量方面进行评价。

（2）对调研进度进行控制。为了保证调研项目能够按时完成，企业管理者必须对调研工作进度进行监督和控制，具体控制内容包括：要求调研团队定期提交书面报告；对调研情况加以汇报；定期与调研机构的有关人员交谈；了解工作进展，等等。

（3）对调研费用进行控制。在委托调研任务时，企业一般已经与调研机构达成了有关费用的协议。该协议是费用控制的基本标准，调研机构的费用应控制在协议范围以内，如果费用超出标准，除非有充分的理由，否则企业不予支持。

### 情境提示

## 项目督导调研监管措施

项目督导对调研队伍的监督与管理可通过以下措施来实现：对调研现场进行巡视，观察调研员是否在指定的调研地点进行调研，并对调研员的访问工作进度进行记录；在回收问卷时看调研员是否按计划完成调研任务，要认真检查和核对调研员的访问时间，向调研员询问调研过程中是否遇到了难以处理的问题，并让每个调研员写一份调研体会报告，主要汇报一下作为一线工作人员对调研工作的体会和建议，防止调研员出现作弊行为；此外，项目督导还可以通过抽样复核的方式来检验调研员的工作是否到位，例如抽取10%的问卷进行电话回访，询问被访者是否接受过调研，是否收到调研礼品等。

## 情境任务3　整理分析调研数据

市场调研所收集到的数据资料是分散的、零碎的和不系统的，是反映个体的，不是反映总体的。根据这样的数据资料，研究者难以对总体进行分析，也无法对总体做出判断和结论，因此必须首先对数据资料进行整理。那么，我们应该如何对市场调研所得到的原始数据资料进行科学的分类、分组、汇总和再加工呢？

### 情境认知

市场调研数据整理是一项理论性和技术性要求都很高的工作，整理后的数据必须达到一定的标准才能使用，这些标准包括以下七个方面：

（1）合格，是指整理后的数据必须符合调研目的，是有效的资料。

（2）真实，是指整理后的数据必须是发生过的客观事实，而不是弄虚作假、主观独撰的情况。

（3）可靠，是指整理后的数据必须具有可信度，无论是同一调研者多次重复还是由其他调研者复测，其结果应大体相同，这样的资料才有可信度。

（4）准确，是指整理后的数据要准确，特别是数字资料更应该准确。

（5）完整，是指整理后的数据必须尽可能全面地反映客观事实的全貌。

（6）可比，是指各种原始资料由于指标范围、口径、计算方法、计算单位等不同，不能进行比较，市场调研数据整理的目的之一就是将不可比的数据经过调整变成可比数据，以便进行对比和分析。

（7）系统，是指整理后的数据应尽可能条理化和系统化。

市场调研数据整理包括以下七个步骤：

（1）检查问卷。检查问卷就是检查所有问卷填写的完整性和数据质量，检查资料是否齐全、是否有重复或遗漏、是否具有可比性、是否存在差错、是否具有一致性等。对不合格问卷的处理方式通常包括将问卷返回给现场工作人员以获得更好的数据、填补缺失值或者丢弃不合格问卷。

**▣ 情境提示**

### 如何界定不合格的调研资料

通常一份不合格的调研资料有以下特点：

（1）收回的问卷不完整，如缺页。

（2）调研对象的回答表明他没有弄清楚问题的含义或没有阅读说明。

（3）答案几乎没有变化，例如，在整个调研表上的答案都是某一固定答案。

（4）调研问卷没有按时回收。

（5）调查对象不符合调研设计的要求，即不属于定义的样本。

（6）由于调研人员记录的内容不全面、不准确，造成答案含义的模糊不清，特别是对于一些开放性问题，这种现象尤为突出。

（7）不回答率偏高。

（8）甄别问题显示前后答案出现矛盾。

（2）编辑数据。

编辑数据是为了提高问卷数据的准确性和精确性而进行的再检查，目的是筛选出问卷中看不清楚、不完整、不一致或模棱两可的答案。

（3）编码数据。编码数据是为每个问题的每种可能的答案分配一个代码，通常是五个数字。一般应用于大规模的问卷调查中，借助于编码技术和计算机可大大简化调查资料的统计汇总工作。例如，将消费者关于性别问题的回答，在资料编码过程中可作如下处理：用数字1代表男性，2代表女性；将消费者关于年龄问题的回答，在资料编码过程中可根据分析的需要作如下处理：将消费者的年龄分为18岁以下、19~25岁、26~35岁、36~45岁、46岁以上五组，并分别用数字1~5代表。编码工作的基础是对资料中涉及的各个问题的回答概括归纳，形成恰当合理的分类。

**▣ 情境提示**

### 如何对开放性（非结构性）问题编码

1. 列出所有答案

例如，您为什么喜欢喝这个牌子的啤酒？

（1）因为它口味好。

（2）它具有最好的味道。

（3）我喜欢它的口味。

（4）我不喜欢其他啤酒太重的口味。

（5）它最便宜。

（6）我买任何打折的啤酒，而它大部分时间都打折。

（7）它不像其他牌子的啤酒使我的胃不舒服。

（8）其他牌子的啤酒使人头痛，而这个牌子不会。

（9）我总是选这个牌子。

（10）我已经喝了 20 多年了。

（11）它是大多数同事喝的品牌。

（12）我所有的朋友都喝它。

（13）这是我妻子在食品店中购买的牌子。

（14）我没有想过。

（15）不知道。

2. 合并同类答案。

3. 设置新编码。

4. 按照新编码将问卷进行编码。

| 回答类别 | 回答 | 分配的编码 |
| --- | --- | --- |
| 口味好/喜欢味道/ | （1）、（2）、（3）、（4） | 1 |
| 便宜/价格较低 | （5）、（6） | 2 |
| 长时间喝/习惯 | （9）、（10） | 3 |
| …… | …… | …… |

（4）转录数据。将经过编码的资料输入并储存在计算机中的过程称为转录数据。使用计算机进行资料的处理分析可极大地提高资料分析的质量和效率。将资料输入计算机可使用计算机卡片、光电扫描仪等设备，但最常见的还是使用计算机键盘直接输入。在大量的资料输入过程中，输入人员不可避免地会产生一些输入错误。为方便地改正输入错误，保证资料的转换质量，可采用编制程序自动检查的方法，或者采用重复输入两份数据，由计算机自动比对有无差异并予以纠正的方法。

（5）选择数据分析方法。数据分析方法的选择要考虑数据的特点，其中数据的测量尺度将对选择何种分析方法产生很大的影响。此外，研究设计也可能需要特定的分析方法，同时还需要考虑统计技术本身的特性，尤其是其用途和隐含的基本假设。总体来说，一个数据研究项目可能存在多种适用的统计分析方法。

（6）分析数据。运用所选择的数据分析方法和软件，对录入的数据进行统计处理和分析，得出符合调研要求的分析结果。

（7）保存数据分析结果。数据分析结果生成之后，可将其自带的数据格式进行存储，同时也可利用常见的数据格式进行数据输出，以供其他系统或编写调研报告使用。

# 情境任务 4　制作市场调研报告

## 情境认知

市场调研报告是整个研究成果的表现形式，是衡量整个市场调研质量和水平的重要标志，更是研究者与调研项目委托者进行沟通的有效方式。对企业和客户来说，开展市场调研活动的目的就是为了获得包含决策所需信息和依据的调研报告。因此，在进行了大量艰苦细致的调研之后，制作调研报告就成为整个调研过程中最重要的工作。

**情境提示**

### 撰写市场调研报告的要求

市场调研报告是企业进行市场经营决策的重要参考依据，因此，在撰写市场调研报告时，一定要实事求是，如实反映情况和问题。调查结论要明确，切忌模棱两可、含混不清。整个报告要简明扼要、重点突出，便于决策者参考。一般性调研报告的文字要通俗易懂，尽量少使用专业词汇，以提高阅读者兴趣，同时要注意避免引起误解。

**1. 制作封面**

制作封面时首先要注意排版设计的美观度，最好把与调研项目相关的图片放在封面上，以增加封面的美观度。此外，在内容上还应把调研题目、调研项目委托单位、调研机构名称、汇报日期写在封面上。

**2. 生成目录**

目录是为了便于读者快速了解调研报告的内容。目录应包含四个部分的标题和页码：章节目录、表格目录、图形目录、附录。

**3. 简单描述调研背景**

简单描述项目所在行业的宏观背景、所在企业的微观背景，以及做这个调研项目的目的和原因。

**4. 概述项目的执行情况**

在进行项目执行情况概述时，应包含两部分的内容：一部分是调研项目的具体实施情况（实施方法、实施时间和地点、人员安排、问卷回收情况等）；另一部分是有关本次调研被访者基本情况的描述（例如性别、年龄、职业和收入等）。

**5. 撰写调研基本结论**

这是调研报告中篇幅最长的部分。在这一部分中，要对调研中发现的基本事实资料进行有组织、有重点、层次分明的陈述。为了便于调研报告使用者理解有关文字说明，可选择重要且简单明了的数据分析图表插入相应的叙述内容中，过分复杂冗长的图表则列入附录部分。

**6. 写出小结与建议**

小结是对调研基本结论的总结和提炼。建议是在每个小结的基础上给出的，它是关于项目下一步改进和实施过程中将要运用的一些营销策略及方法。建议的提炼和写作一定要体现出可操作性，要与项目的可执行性相吻合，切勿空泛。从调研性质方面看，研究报告是不提供建议和对策的，所以是否撰写这部分内容，完全由研究人员自己决定。但是，随着市场调研业务竞争越来越激烈，研究人员主动提出建议以提高用户满意度的情况越来越普遍，因此，这一部分内容正在逐步成为研究报告的构成内容之一。

**7. 制作附录**

附录是对报告正文的补充或更为详细的专题性说明，这部分内容通常包括调研报告中引用的数据资料、统计报表、资料分类统计数据、研究方法的详细说明以及获取二手资料的参考文献等。

**情境链接**

### 调研结果的口头汇报应准备的材料及注意事项

口头汇报相对于书面报告要简短得多，但要达到理想的效果也不是一件容易的事情。除了要精心准备报告内容外，做口头汇报还要注意以下问题：

（1）了解听众的特点，根据其身份地位、文化层次、兴趣爱好以及目标要求确定口头报告的篇幅、重点和形式。

（2）口头报告要尽量简练清晰。内容组织要遵循两个原则，一是有效安排报告结构，二是要简明、直接、易懂。报告语调要自然轻松，切忌进行演讲表演。

（3）统计数据的介绍不要太多，有关研究方法只需简单提及即可，以减少造成报告枯燥无味的可能性。

（4）作报告以前要进行多次演练，提高熟练程度，正式汇报时，要注意着装、姿态，讲话的速度要适中，发音要清晰准确。主要内容介绍完后，要邀请听众提出问题，并耐心予以解答。

一般来说，向企业或客户作口头汇报之前需要准备好以下材料：

（1）汇报提要。为了帮助听众理解报告，报告人应该让每位听众手持一份关于汇报流程和主要结论的提要。注意，提要中应该留出足够的空间让听众做记录或评述。

（2）视觉辅助。如投影仪、笔记本电脑、幻灯软件等应该提前准备并安装好，如果已经安装好，应该再检查一下，以免现场出问题。一些需要讲解的调研结论、建议等应事先用幻灯软件做成演示文稿。

（3）执行性提要。每一位听众最好都有一份包括调研方法、调研结果、结论与建议的执行性摘要。

（4）最终书面报告的复印件。书面报告是市场调研的最终产品，是研究结果的一种实物凭证，在口头汇报时应事先准备好几份最终书面报告的复印件，供感兴趣的人索取。

资料来源：闫涛蔚. 市场营销调查 [M]. 济南：山东人民出版社，2002.

**情境案例**

### 丰田汽车"车到美国也有路"

"车到山前必有路，有路就有丰田车。"相信大家对日本丰田汽车公司的这句广告词并不陌生。然而，丰田车并非在一开始就"车到美国也有路"。初入美国时，丰田车遭遇了相当大的挫折，在美国市场的激烈竞争中一败涂地。面对困境，丰田公司制定了一系列的营销战略，这当中关键的一步就是进行大规模的市场调研工作，以把握美国的市场机会。丰田公司以调研为基础，制定了具体的策略。策略有二：一是钻对手的空子，进入几乎是"通用"、"福特"、"克莱斯勒"独霸的美国汽车市场。二是找对手的缺点。丰田定位于美国小型车市场，德国的大众牌小型车是其主要竞争对手。对手的空子就是自己的机会，对手的缺点就是自己的目标。

调研工作在两条战线上展开：

（1）丰田公司对"美国的代理商及顾客需要什么以及他们无法得到的是什么"等问题进行彻底的研究。

（2）研究外国汽车制造商在美国的业务活动，以便找到缺口，从而制定出更好的销售和服务战略。

调查结果发现：美国人对汽车的观念已由地位象征变为交通工具；美国人喜欢有伸脚空间、易于驾驶和行驶平稳的美国汽车，但希望在购车、节能、耐用性和易保养等方面能使拥有一辆汽车所花的代价大大降低；顾客对日益严重的交通堵塞状况较反感，对便于停放和比较灵活的小型汽车有需求；顾客认为买外国车花费大，而且一旦需要时却经常有买不到零配件的忧虑；调查还表明，"大众甲壳虫"的成功归因于它所建立的提供优良服务的机构。

根据调查结果，丰田公司的工程师开发了一种新产品——皇冠牌（Crown）汽车，一种小型、驾驶和维修更经济实惠的美国式汽车。经过不懈努力，到 1980 年，丰田汽车在美国的销售量已达到 58 000 辆，两倍于 1975 年的销售量，丰田汽车占美国进口汽车总额的 25%。

从初入美国市场遭受挫折，到如今在美国市场呼风唤雨，丰田公司成功的关键就在于通过市场调研不断地发现消费者需求的变化，并据此对产品加以改进。丰田公司真正实践了"了解顾客"的口号。丰田公司占领市场的战略就是不断完善其产品，以满足消费者的要求。

## 小　结

1. 国际营销调研的任务在于通过运用科学的方法来收集和分析数据并评估信息，为企业国际营销决策提供更多的选择机会，减少决策不确定性，进而降低做出错误决策的风险。完成一项国际市场营销调研活动，一般要经过设计调研方案、实施调研、分析调研数据和制作调研报告四个阶段的工作。

2. 制定一个科学、严密和可行的调研方案，对于能否圆满完成调研任务是十分重要和必要的。设计调研方案时，应开展 12 个工作流程项目：分析调研背景，确定调研目的与内容，选择调研类型，定义目标被访者，设计调研方法，设计抽样，确定样本量，访员安排，录入，处理数据说明，规划研究时间，预算调研费用，选择提交报告方式等。

3. 开展国际市场营销调研，涉及的研究内容主要有国际市场机会调研、国际目标市场选择调研及目标市场营销组合策略调研。调研类型可分为探索性调研、描述性调研、因果性调研、预测性调研四种。

4. 国际市场营销调研需要选择恰当的资料收集方法，主要有案头调研法和实地调研法，实地调研法又包括访问法、观察法、实验法；还要善于运用各种调研技术，包括问卷设计、抽样方法等，才能获得及时、准确、完整的资料；当获得了所需的资料以后，就要对资料进行整理和分析，才能从中获得有益的信息。

5. 调研队伍通常由项目主管、项目督导和调研员三部分组成；在调研实施过程中，还应注意加强对调研人员的培训、调研活动过程的监控和管理，确保数据质量、控制调研成本、遵守调研活动的时间计划等。成功的调研管理就是要满足决策者或用户的需求，为决策提供科学的依据。

# 学习情境2.4  国际市场营销调研  内容结构图

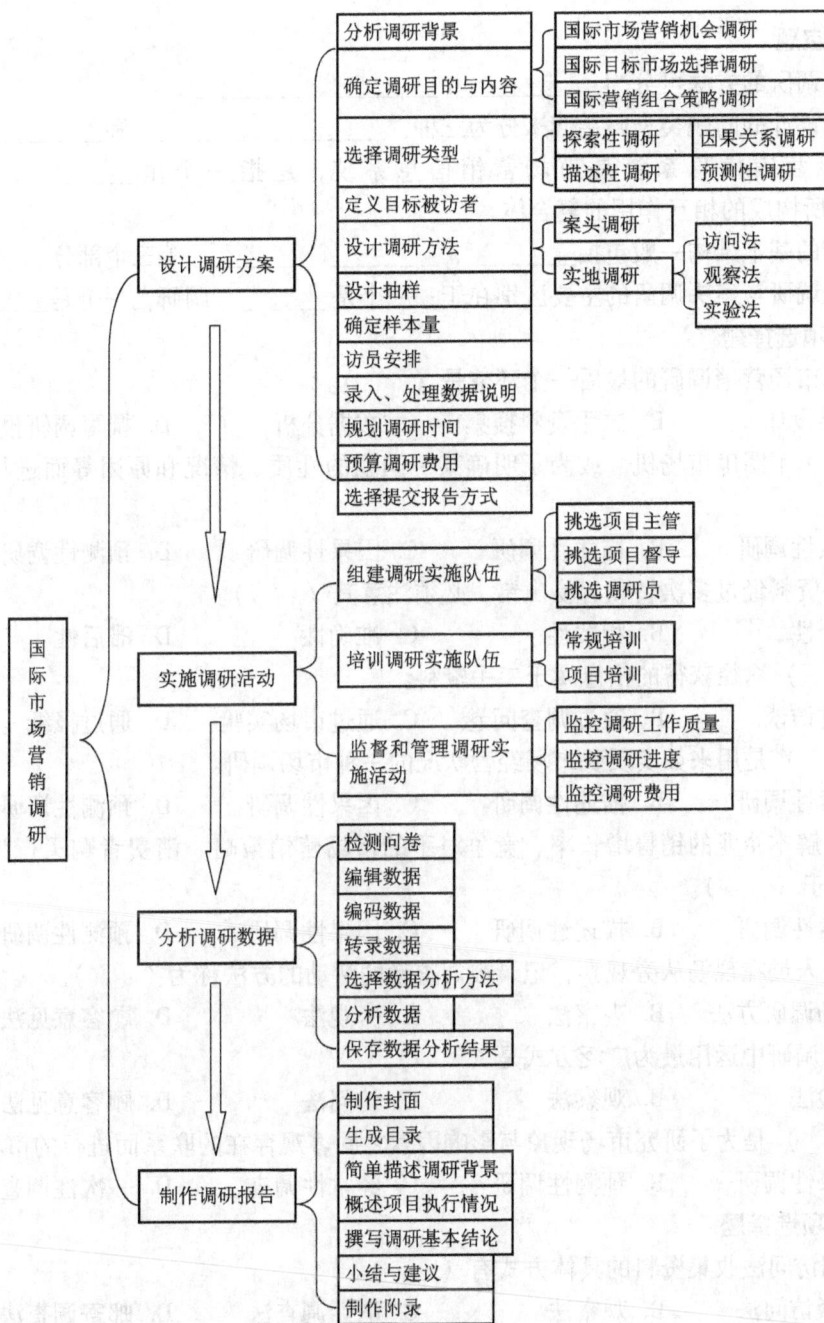

```
                                ┌─ 分析调研背景
                                │                      ┌─ 国际市场营销机会调研
                                ├─ 确定调研目的与内容 ──┼─ 国际目标市场选择调研
                                │                      └─ 国际营销组合策略调研
                                │                      ┌─ 探索性调研   因果关系调研
                                ├─ 选择调研类型 ───────┤
                                │                      └─ 描述性调研   预测性调研
                                ├─ 定义目标被访者
                    设计调研方案 ┤                      ┌─ 案头调研      ┌─ 访问法
                                ├─ 设计调研方法 ───────┤               │
                                │                      └─ 实地调研 ─────┼─ 观察法
                                ├─ 设计抽样                             └─ 实验法
                                ├─ 确定样本量
                                ├─ 访员安排
                                ├─ 录入、处理数据说明
                                ├─ 规划调研时间
                                ├─ 预算调研费用
                                └─ 选择提交报告方式

                                                       ┌─ 挑选项目主管
                                ┌─ 组建调研实施队伍 ───┼─ 挑选项目督导
                                │                      └─ 挑选调研员
  国                            │                      ┌─ 常规培训
  际          实施调研活动 ──────┼─ 培训调研实施队伍 ───┤
  市                            │                      └─ 项目培训
  场                            │  监督和管理调研实     ┌─ 监控调研工作质量
  营                            └─ 施活动 ─────────────┼─ 监控调研进度
  销                                                   └─ 监控调研费用
  调
  研                            ┌─ 检测问卷
                                ├─ 编辑数据
                                ├─ 编码数据
              分析调研数据 ──────┼─ 转录数据
                                ├─ 选择数据分析方法
                                ├─ 分析数据
                                └─ 保存数据分析结果

                                ┌─ 制作封面
                                ├─ 生成目录
                                ├─ 简单描述调研背景
              制作调研报告 ──────┼─ 概述项目执行情况
                                ├─ 撰写调研基本结论
                                ├─ 小结与建议
                                └─ 制作附录
```

## 重要概念

国际市场营销调研  案头调研  实地调研  访问法  观察法  实验法  抽样设计

## 思考与练习

### 一、填空题

1. 实地调研的方法可分为：_____、_____、_____。

2. 问卷设计的问题类型归结起来分为三种：_____、_____ 和_____。

3. 国际营销信息系统是市场营销信息系统，是指一个由 _____、_____、_____、所构成的相互作用的复合体。

4. 问卷的基本结构一般包括_____、_____、_____ 等三个部分。

5. 实地调研与案头调研的主要区别在于：一个是_____ 调研，一个是_____调研。

### 二、单项选择题

1. 国际市场营销调研的最后一个环节是（　　）。

A. 问卷设计　　　　B. 二手资料搜集　　C. 数据分析　　　　D. 撰写调研报告

2. 企业为了明确市场机会或为了明确某一问题的性质、情况和原因等而进行的调研属于（　　）。

A. 探索性调研　　　B. 描述性调研　　　C. 因果性调研　　　D. 预测性调研

3. 二手资料经过多次转载容易出错，必须注意其（　　）。

A. 充分性　　　　　B. 相关性　　　　　C. 准确性　　　　　D. 滞后性

4. （　　）途径获得的信息属于二手资料。

A. 通过访谈　　　　B. 通过调查问卷　　C. 通过市场实验　　D. 通过报纸、刊物

5. （　　）是用来如实反映市场经营状况的一种市场调研。

A. 探索性调研　　　B. 描述性调研　　　C. 因果性调研　　　D. 预测性调研

6. 为了解本企业的销售增长率、竞争对手的市场营销策略、消费者购买行为等进行的市场调研属于（　　）。

A. 探索性调研　　　B. 描述性调研　　　C. 因果性调研　　　D. 预测性调研

7. 调查人员在现场从旁观察，记录被调查者的活动的方法称为（　　）。

A. 市场调研方法　　B. 观察法　　　　　C. 旁观法　　　　　D. 顾客意见法

8. 实地调研中运用最为广泛方式是（　　）。

A. 实验法　　　　　B. 观察法　　　　　C. 访问法　　　　　D. 顾客意见法

9. （　　）是为了研究市场现象与影响因素之间客观存在的联系而进行的市场调研。

A. 因果性调研　　　B. 预测性调研　　　C. 经常性调查　　　D. 一次性调查

### 三、多项选择题

1. 采用访问法收集资料的具体方式有（　　）。

A. 面谈访问法　　　B. 观察法　　　　　C. 电话调查法　　　D. 邮寄调查法

2. 国际市场调研的类型有（　　）。

A. 因果关系调研　　　　　B. 描述性调研　　　　　C. 预测性调研

D. 探索性调研　　　　　　E. 说明性调研

3. 从信息开发的角度，一般可以将营销信息系统分为（　　）。

A. 内部报告系统　　　　　B. 国际市场营销情报系统

C. 国际市场营销调研系统　D. 国际市场营销决策支持系统

4. 国际营销信息系统将遵循如下原则（　　　）。

A. 战略性　　　　　B. 整体性　　　　　C. 实用性　　　　　D. 可操作性

5. 案头调研又称为（　　　）。

A. 直接调研　　　　B. 间接调研　　　　C. 办公室调研　　　D. 文献调研

## 四、判断题

1. 市场调研获得的信息都是真实的。　　　　　　　　　　　　　　　　　　（　　）

2. 在实践中，市场调研的结果不一定公正，常常带有一定的倾向性。　　　（　　）

3. 观察法是指通过直接观察取得第一手资料的调查方法。　　　　　　　　（　　）

4. 案头调查法又称直接调查法。　　　　　　　　　　　　　　　　　　　（　　）

5. 调研结果因为某些因素的影响，都会存在一定程度的误差。　　　　　　（　　）

6. 探索性调研用于探询企业所要研究的问题的一般性质。　　　　　　　　（　　）

7. 观察法是营销调研中使用最普遍的调查方法。　　　　　　　　　　　　（　　）

8. 一般来说，封闭式提问方法用途更广。　　　　　　　　　　　　　　　（　　）

9. 营销调研方法中的案头调研方法，常常能够收集到第一手资料，而且有较强的针对性，但成本较高。

10. 国际营销调研的工具和技术与国内营销调研完全相同，仅仅是环境有异。（　　）

## 五、简答题

1. 什么是国际市场调研？

2. 国际市场调研与国内市场调研的区别是什么？

3. 国际市场调研的基本方法有哪些？

4. 调研问卷设计有哪些原则？

5. 建立国际市场信息系统有哪些步骤？

## 实训课堂

### 能力训练目标

使学生了解调研问卷的基本框架结构，掌握调研问卷设计的方法技巧，熟悉市场调查人员的培训内容及培训方法，熟悉国际市场调研的程序，掌握并能灵活运用市场调研的访谈技巧进行实地调研，在此基础上，对企业的国际市场调研活动进行有效控制与管理。

### 能力训练项目

#### 一、思维训练

一个人花 8 元钱买了一只鸡，9 元钱卖掉了，然后他觉得不划算，花 10 元钱又买回来了，11 块卖给另外一个人。问：他赚了多少？

#### 二、营销游戏——坐地起身

步骤：

1. 首先要大家四个人一组，围成一圈，背对背的坐在地上。（坐的意思是屁股贴地，正常来说一个坐在地上的人，是无法手不着物地站起来的）

2. 四人手"桥"手，然后要他们一同站起来。很容易吧？那么再试试多人一组，如六至七个人，应该还不是太难。最后再试试十四五人一同站起来，那难度就会较高了。

说明：

这是一个让大家明白团队合作的重要性的游戏。这个游戏其实可以带出很多理论，非常适合团队课程。

## 三、案例分析

### 案例1

## 黄金与水

美国巨富亚默尔在少年时代，只是一名种地的小农夫。在他17岁那年，加州传来发现黄金的消息，于是，很快掀起了一股找金热。亚默尔也被这一浪潮所席卷，他历尽千辛万苦，来到加州，一头扑进山谷，投入到寻金者的行列。山谷里气候干燥，水源奇缺，寻找金矿的人最感痛苦的就是没有水喝，他们一面寻找金矿，一面不停地抱怨："要是有一壶凉水，老子给他一块金币。""谁要是让我痛饮一顿，老子出两块金币也干！"

这些话只不过是找金矿人一时发的牢骚，没有人在意，说过之后，人们又埋头找起金矿来。但在这一片"渴望"声中，亚默尔具有企业家素质的头脑第一次开始转动。这些抱怨对于他来说，无疑是一个小小的、但却非常有用的信息，他想，如果把水卖给这些人喝，也许比挖金子更能赚钱。于是，亚默尔毅然放弃了找矿，把手中的铁锹掉了个方向，由挖掘黄金变为挖水渠，他把河水引进水池，经过细沙过滤，变成清凉可口的饮用水。然后，他便把水装在桶里、壶里，卖给找金矿的人们喝，立即受到找金矿者的欢迎，那些唇干口燥的人们发疯似地向他涌来，一块块金币也投向他的怀中。

当时不少人都嘲笑他："我们千辛万苦到加州，就是为了挖金子、发大财，如果要干这种蝇头小利的生意，哪儿不能干，何必离乡背井跑到加州来呢？"对于这些挖苦，亚默尔根本不介意，继续卖他的饮用水。结果，在很短的时间里，亚默尔靠卖水就赚了6 000美元。这在当时不算个小数目，亚默尔受到鼓舞，继续坚持卖水，后来，当许多人因找不到金矿而忍饥挨饿，流落他乡时，亚默尔已经成为一个小小的富翁了。

【案例思考与讨论】

亚默尔是如何从一名种地的农夫变为一个小富翁的？

### 案例2

## 一条信息搞活了多家企业

A市的A公司何经理，上任的头一件事就是把信息网络建立起来。他对派驻各地的采购员、销售员说："你们出差在外，住什么吃什么我不管，但有一条，你们每天得向我汇报一条当地的经济信息。"他把捕捉、储备、运用信息当作公司开展业务、搞活生意的主要措施。

有一回，他派采购员小刘到广东省东莞市去出差。临行前向小刘交代，这次出差无论如何要抓几条重要的信息回来。一日，小刘闲着无事，来到该市某自行车配件经理部，发现这里积压了几十万条自行车轮胎。小刘问明价格和存货数量后，当晚打电话向何经理作了汇报。当时，自行车轮胎在A市并不畅销，这条信息暂时没有多少价值，何经理便将它储备待用。何经理认为，信息这东西有个时机问题，时机一到，信息就会起大作用。

没过多久，何经理到印度某地参加订货会，会上听到不少公司求购自行车轮胎。他马上想到了小刘上次告诉他的信息，当即手写一张纸广告，上面写清可供轮胎品种、数量、价格及交货地点。广告是上午10时贴出去的，午饭后就有不少人来洽谈，一个下午便订了20万条，而且订货势头不止。何经理回国立即联系小刘找货主要轮胎。此刻，国内货主正为轮胎积压过多发愁，听说一次就要20万条轮胎，喜出望外，立即联系装货。很快印度各订货公司都收到了货，而且对于如此快速交货，他们还一再表示感谢。这条信息，使A公司一下子净赚10多万元。可见：一条信息搞活了多家企业。

【案例思考与讨论】

何经理为什么要把捕捉、储备、运用信息当作公司开展业务、搞活生意的主要措施？从中你能得到什么有益的启示？

**案例3**

## 挂锁引发的设想

世界著名管理专家彼得·德鲁克讲述了他经历过的一件事情：1920年他在一家有着100多年历史的进出口公司实习，这是一家向印度出口小五金制品的公司，他们的产品是一种挂锁。该公司几乎每个月都有一整船的产品运往印度。但是这种挂锁不太牢靠，一枚大头针就能够把它打开，用力一拉也能够把它打开。在1920年以后，印度的生活水平不断上升，而这种锁的销量却在下降。老板认为可能是因为锁的质量问题而影响了销路，于是对锁进行了技术改造，重新设计了挂锁，加强了锁的质量。

但是事与愿违，改良过的锁根本卖不动。四年后该公司破产了，由一个原来规模只有他1/10的竞争对手取代了他的位置。因为竞争对手了解到了这样一个实际情况：原来挂锁向来是印度人神圣的象征，没有任何小偷敢去开启这种挂锁。因此钥匙从来没有被使用过，而且经常丢失，而这家进出口公司却强调挂锁的牢靠性，使消费者感到非常的不方便；但是对于新产生的中产阶级来说，挂锁的功能又明显不能满足他们的安全需要，于是销量减少了。当竞争对手了解到这个情况后，生产制造了两种锁：一种是没有锁头和钥匙只有一个拉拴的锁，售价不到原来的1/3；另一种锁则是相当牢靠，配有三把钥匙，但是售价是原来挂锁的2倍。两种产品都很畅销。

【案例思考与讨论】

1. 你对这个案例有什么想法？

2. 我国企业向国际市场推销中国的民族产品时，应该进行什么内容的营销调查？应该了解或者注意些什么问题？

**四、模拟训练**

**项目一：调研问卷设计**

实训目标：掌握并运用问卷设计技巧

步骤：

1. 分组：把班级分成若干项目小组，以学生自愿组合为主，指导教师调节为辅，每个小组约10名学生，每组确定一名小组长。

2. 由指导教师指派调研项目或由各个项目小组自选调研项目（理论假设）。

3. 进一步研究本次调研活动的目的，收集二手资料，初步明确所要调查的信息。

4. 设计问卷初稿，利用所学相关知识完成问卷设计初稿：问卷主题、问卷结构、问题类型、提问用语、问题排列顺序等。

5. 在指导教师的指导下，各小组对各组问卷进行比较和分析，完成问卷修改。通过问卷修改，让学生进行对比，发现在问卷设计中存在的问题。

6. 确定正式调研问卷。

**项目二：模拟营销调研面谈访问**

实训目标：掌握并运用营销调研技术的主要方式之一的面谈访问法

实训步骤：

1. 演练前先设定一个情景或背景。

2. 学生先熟悉营销调研面谈步骤（见后附参考资料一），然后以三人为一组，一位学生扮演市场营销调研员，一位学生扮演准客户，一位学生扮演观察员，运用所示范的话术（见后附参考资料二）进行营销调研面谈角色扮演。观察员使用营销调研面谈角色扮演反馈表（见后附参考资料三），认真记录营销调研面谈角色扮演情况。

3. 每次角色演练完，授课老师首先要赞美参与的学生，并请他们谈谈体会，也可以请观察员根据市场营销调研面谈角色扮演反馈表作评价：你发现他们刚才的演练中做得比较好的有……可以改进的地方是…… 换成你的话会怎样做？

4. 角色互换，力争让每个学生都有机会得到各种角色锻炼，充分调动学生的积极性。

注意事项：开始前注意营造轻松气氛，掌控好课堂纪律和时间，确保角色扮演神态自然，举止文雅，模拟逼真。营销调研面谈话术演练过程中只要不偏离训练的主题就可以，避免中途打断，多作鼓励，让学生越自然逼真越好。授课老师应在学生演练过程中作些笔记，便于最后总结点评，如有必要的话可亲自上阵演示一番，令学生印象更深刻。

**【参考资料】市场营销调研面谈的步骤及话术**

（一）营销调研面谈的步骤

第一步：寒暄赞美

第二步：表明来意

第三步：填表沟通

第四步：致谢告辞

（二）营销调研面谈话术

市场营销调研员："请问您是×先生/女士吗？"

客户："是的，您是……"

市场营销调研员："我叫××，是××公司的市场营销调研员，您的朋友×××，也是我的好朋友，他经常提到您是一位具有高度责任感，又乐于助人的人，今天有缘一见，果然名不虚传。"

"×先生/女士，您的朋友×××是我十分钦佩的人，他给我的工作和生活提供了很大的帮助和支持，我想我们的交谈也一定是愉快的。今天来访目的主要是想请您帮个忙，我们公司为了……特进行这次市场营销调研活动，麻烦您协助填写一下调研问卷，并请您对我们公司的服务提些建议，谢谢！"

……（填表沟通，在填写过程中对各项目进行描述，并根据实际情况作出反应）

市场营销调研员："您的每一点意见和建议我们都十分珍惜，在此我表示衷心感谢！也非常谢谢×××让我有这样的机会与您聊天，此行受益匪浅，下次我还可以再来拜访您吗？"

（三）市场营销调研面谈角色扮演反馈表

请根据下列各项给角色扮演中市场营销调研员的表现打分，同时请写下你认为有帮助的评语。

1. 步骤安排（是否恰当）　　　　　　　　　　　　　　　　评分（　　　）

优点

建议

2. 寒暄赞美（是否自然、流畅）　　　　　　　　　　　　　评分（　　　）

优点

建议

3. 表明来意（说明是否恰当、内容是否完整）　　　　　　　评分（　　　）

优点

建议

4. 填表沟通（引导是否合理、说明是否清晰）　　　　　　　评分（　　　）

优点

建议

5. 致谢 告辞（话语是否流畅、得体）　　　　　　　　　　　评分（　　　）

优点

建议

**项目三：综合调研模拟——××品牌产品市场调查方案**

实训目标：可根据教学计划情况，在授课老师指导下，灵活安排时间（一周左右），走向社会，为某企业或产品进行营销调研实践。为确保市场营销调研实践活动卓有成效，达到预期目的，首先要进行市场营销调研实践动员，让学生充分认识市场营销调研实践活动的意义，掌握必要的营销调研技巧和方法，然后进行营销调研。在调研中应根据企业要求或教师拟订的模拟条件，为其设计一份调查问卷。实践活动结束时，根据调研问卷进行调查的结果写出调查报告。实践成绩根据学生设计的调研问卷质量和调查报告以及市场营销调研活动表现评定，对优胜者还可颁发荣誉证书，以充分调动学生走向社会、进行市场营销调研实践活动的积极性。

实训步骤：

1. 精心进行市场营销调研准备，制订调研方案（见后附参考资料），设计好调研问卷。

2. 运用所学知识进行市场营销调研。

3. 写出调查报告。

4. 分组汇报，评价。

5. 认真撰写心得体会，上交营销调研实训报告。

【参考资料】

1. 调查目的：为了更好地扩大××品牌产品的销路，进一步提高其市场占有率和扩大声誉，特作此次调查。

2. 调查地点：北京、上海、天津、南京、广州、武汉、青岛、合肥等地。

3. 调查对象：以各地消费者、经销商为主。

4. 调查人数：每地选消费者1 000人（户）、经销商100家。

5. 调查时间：20××年×月×日～×日。

6. 调查内容：

（1）当地主要经济指标：如人口数量、国民生产总值、人均收入、居民储蓄情况和消费支出情况等。

（2）当地××产品销售的基本情况：如每人（每户、百户家庭）××产品拥有量、市场潜量、相对市场占有率等。

（3）当地消费者的基本情况：消费者的家庭状况、职业、受教育程度、收入水平等。

（4）当地消费者对××产品的基本态度：如购买××产品的主要目的、有何要求和爱好等。

（5）当地消费者对××品牌产品的态度：如是否愿买××品牌产品，对该品牌产品的名称、标志、质量、价格、广告等方面有何看法等。

（6）当地经销商的经销情况和经销态度：如当地经销商销售××品牌产品的数量、当地经销商的规模与类型、哪些经销商对经销××品牌产品持积极态度等。

（7）当地市场主要竞争产品的基本情况：如当地市场销量较大的主要有哪些产品，这些产品的不足之处何在等。

（8）本产品与主要竞争产品的比较情况：如与主要竞争产品比较，本产品有何优势和不足等。

7. 调查方式：以问卷式为主，配合采用查询式、摄影式等。

8. 调查结果：写出书面调查报告。

【注意事项】

全班分成若干个组（4～6人为宜），每组指定专人负责。尽量选择自己熟悉的市场、线路和比较有把握的方法与技巧进行调研实践。

营销调研活动质量可按下列标准进行评定：

（1）调查是在哪种条件下进行的。

（2）问卷设计是否恰当。

（3）面谈的方式是否恰当，被调查者的发言是否值得信任。

（4）抽样计划是否合理，是否严格执行。

（5）统计、编码是否经由系统管理。

（6）调查人员对结果的解释是否毫无偏见，是否符合逻辑。

五、实战演练

**项目：商机发掘**

实训目标：培养学生的商机意识和发掘市场机会的能力

实训步骤：

1. 5～10人组成模拟公司，经营业务自定。为实现公司在当地市场快速发展，不断推出新产品，占有更大市场份额，开展商机发掘工作。

2. 到市场上去观察、调查了解顾客，发掘本行业消费者未被满足的消费需求、潜在需求或潜伏的消费需求。

3. 各模拟公司根据自身对市场需求的调查分析，制订出市场商机开发方案，如开发哪些新产品、提供哪些新服务，并对每一商机做出初步评估。

4. 各模拟公司将自身的商机发掘方案在全班展示说明，并接受师生质疑，最后进行评估，确定方案优胜者。

**六、实训作业**

某公司（所处行业自选）打算进入亚洲市场，目前中国、印度是首先考虑的对象。请你为该公司产品进入中国市场进行市场调研，通过搜集和分析资料，完成目标国市场的宏观、微观环境调研报告。

学习情境 3

选择国际目标市场
及其进入模式

## 营销格言

　　企业知道他们无法满足某一特定市场内的所有消费者，至少无法让所有消费者得到同样的满足……每个企业都应研究整个市场，并选择比竞争对手更能满足顾客而且有利可图的细分市场……企业应集中努力满足一个或几个细分市场的需求才是明智之举。

——菲利普·科特勒

　　一个企业存在的目的，在于创造新客户及维系老客户。

——西奥多·莱维特

　　标新立异和目标集中是企业取得竞争优势的重要战略。

——迈克尔·波特

## 学习目标

### 知识目标

（1）理解国际市场细分的含义和意义，掌握国际市场细分的标准和方法。

（2）了解国际目标市场选择的影响因素，掌握选择国际目标市场的策略。

（3）了解国际市场定位的含义、程序，熟悉国际市场定位的策略。

（4）了解国际市场进入模式。

### 技能目标

（1）掌握国际市场科学细分的方法。

（2）学会运用国际目标市场选择的策略、技巧。

（3）熟悉国际市场定位的方法。

## 任务驱动，做中学

　　现在你已完成对于南美洲市场的调研，公司决策层也一致通过了进军南美市场的决议。下一步，公司希望你着手规划进入南美市场展开产品营销。你决定进入南美洲的哪个国家？服务于哪类客户？又如何吸引你的目标客户呢？

## 学习情境

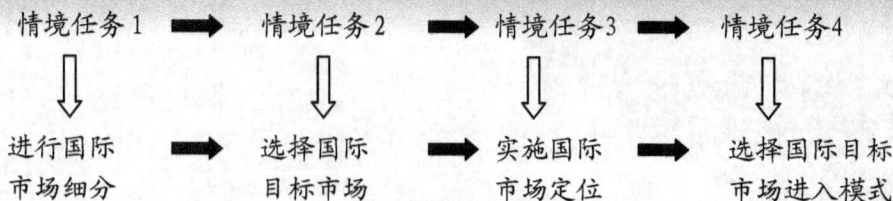

| 情境任务1 | ➡ | 情境任务2 | ➡ | 情境任务3 | ➡ | 情境任务4 |
|---|---|---|---|---|---|---|
| ⬇ | | ⬇ | | ⬇ | | ⬇ |
| 进行国际市场细分 | ➡ | 选择国际目标市场 | ➡ | 实施国际市场定位 | ➡ | 选择国际目标市场进入模式 |

**情境引子**　　　　**"斯航"开创商务人士新市场**

　　斯堪的那维亚航空公司（简称"斯航"）是由挪威、瑞典和丹麦三国合资经营的公司。由于价格竞争、折扣优惠及许多小公司的崛起，斯航在其国内和国际航线上都处于亏损状况。

1982 年年初，"斯航"首先设计了一种新的、单独的商务舱位等级，这种商务舱是根据工商界乘客不喜欢与那些寻欢作乐的旅游者同舱的特点设立的。工商界乘客常常因为一些情况必须改变日程，他们需要灵活性；他们在旅途中关心的是把工作赶出来，这意味着他们需要读、写，为会议或谈判作准备，或睡觉——以便到达目的地后能够精力充沛地投入工作。换句话说，他们不需要分散注意力或娱乐。旅游者却没有这种压力，对他们来说，旅途就是假期的一部分，而机票价格则是一个敏感的决定因素。设置紧凑的座位和长期预备的机票，使航空公司有可能出售打折扣的机票，因而使一些人获得了旅行的机会，这些人则把省下的钱更多地花在异国情调的度假生活中。商务旅行者与此不同，他们最重视的是时间和日程表，在"斯航"以前，没有一家航空公司懂得怎样在同一架飞机上满足这两类顾客不同的需求。

"斯航"的商务舱票价低于传统的头等舱，高于大多数的经济舱，但给予顾客更多的方便。在每个机场，"斯航"都为商务舱的乘客设置了单独的休息室，并免费提供饮料，有的还可以看电影。在旅馆，为他们准备了有会议室、电话和电传设备的专门房间，并提供免费使用的打字机，使他们能够完成自己的工作，他们还可以保留这些房间．而且不受起程时间、时刻表变动及最低住宿时间的限制，所有这些都以经济实惠的价格提供。机场还为商务舱乘客设置了单独的行李检查处，他们不必去和普通乘客一起拥挤地通过安检。在飞机上，他们享有单独的宽大座椅，放腿的空间更为宽敞，还装置了一些传统的头等舱才有的装饰品，比如玻璃器皿、瓷器、台布等，他们还可享用美味佳肴。

"斯航"开辟了一个独特的市场，并正在赋予它更多的价值。对工商界乘客来说，头等舱太贵，经济舱又太嘈杂，太不舒服，他们可能与旅游者挤在同一舱内，享受旅游者同等的待遇但却付出较高的价格——因为他们不能像旅游者那样，由于不受日程限制而等待减价或折扣机票。因此商务舱成为使工商界乘客及航空公司双赢供需办法。

"斯航"理所当然地夺去了竞争者的生意，成为明星。如今，绝大多数航空公司仿效"斯航"设置了商务舱。

通常情况下，由于激烈的竞争和自身实力的限制，任何企业产品都不可能为国际市场上的全体顾客服务，而只能满足一部分顾客的某种需求，所以企业必须选择最能发挥本企业优势的市场作为自己争取的目标，然后采取相应的国际市场营销手段，在目标市场取得盈利，这就是国际市场选择战略。

国际市场选择战略也可称为 STP（Segmenting，Targeting，Positioning）战略，包括三个决策步骤，如图 3－1－1 所示：

（1）国际市场细分（Segmenting），即将整个市场区分为几个不同的购买群体，他们各需不同的产品或者需要采用不同的市场营销手段。

（2）国际目标市场选择（Targeting），即选择一个或几个细分的市场，作为企业进军

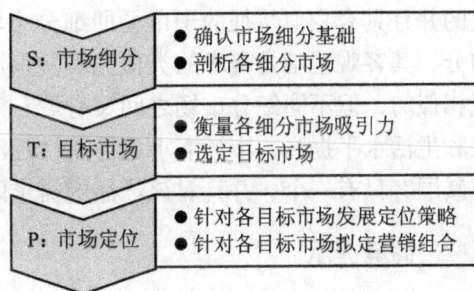

| S：市场细分 | ● 确认市场细分基础<br>● 剖析各细分市场 |
| T：目标市场 | ● 衡量各细分市场吸引力<br>● 选定目标市场 |
| P：市场定位 | ● 针对各目标市场发展定位策略<br>● 针对各目标市场拟定营销组合 |

图 3－1－1　STP 战略

的目标。

（3）国际市场定位（Positioning），即为本企业的产品确定一个有力的竞争位置和制定一套详细的市场营销策略。STP营销战略是决定企业营销活动成败的核心战略。

# 情境任务1 进行国际市场细分

**情境导入**

不要以为麦当劳实行无差异营销策略就不进行市场细分，其实，麦当劳的成功正是得益于其在地理、人口和心理因素上做足了细分的功课，并分别施以相应的战略，才最终达成了营销目标。

地理细分。麦当劳有国内和国际两大市场，麦当劳主要分析各区域的差异，如美国东西部的人喜欢喝的咖啡口味是不一样的。通过细分不同的地理单元，麦当劳做到了因地制宜。麦当劳进入中国时试图以美式产品牛肉汉堡来征服中国人，但后来发现鸡肉更适合中国人口味，在全世界只卖牛肉汉堡的麦当劳也开始卖鸡肉产品了。这一改变加快了它在中国市场的发展步伐。

人口细分。麦当劳根据年龄与生命周期细分人口市场为少年、青年、老年，并分析不同市场的特征与定位。如麦当劳把孩子作为主要消费者，十分注意培养他们的消费忠诚度。在餐厅用餐的小朋友经常会意外获得有麦当劳标志的气球、折纸等礼物。还有麦当劳叔叔俱乐部为3～12岁小朋友定期开展活动，让小朋友更喜欢麦当劳。

心理细分。根据生活方式细分，快餐业通常有方便型和休闲型两个市场。针对方便型市场，麦当劳提出"59秒快速服务"；针对休闲市场，麦当劳对餐厅布置非常讲究，尽量做到让顾客觉得舒适、自由，成为一个具有独特文化的休闲好去处。

讨论：麦当劳的市场细分对你有何感悟和启发？试说说不同行业的公司（童装、运动装、茶叶、咖啡、首饰、小汽车、玩具）进行市场细分应如何执行？

**情境认知**

## 一、国际市场细分的含义

市场细分（Market Segmentation）是1956年美国营销学家温德尔·史密斯提出的一个重要概念。它是指企业在市场调研的基础上，根据某种标准将大而分散的国际市场划分为若干独立的并且具有相似特征的子市场即细分市场（Sub-market）的行为过程。其实质是顾客需求细分，其客观基础是需求的类似性和差别性。每个细分市场内的顾客需求与行为特征是相同或相似的，但不同细分市场之间又有着一定程度的差别。随着科技进步和社会进步、生产发展和生活水平提高，市场需求的异质性逐渐增大，每一种产品或服务都有市场细分问题，除非其顾客只有一个，并且对该产品的需求既单一又固定不变。

**情境提示**

### 做好市场细分，对国际化企业的意义

有利于企业深入了解各细分市场顾客的不同需求及其满意程度，从而发现尚未满足或供

不应求的市场机会，发掘新市场。

有利于企业选择与自身资源相符合的、于己最有利的、能为之最有效服务的细分市场作为目标市场，从而合理配置、有效利用企业资源，在适度的经营范围内发挥竞争优势，从而避免盲目开发。

有利于企业准确把握目标市场的需求特点，了解消费者对不同营销措施的反应差异，从而制定出相应的国际营销组合方案，开展行之有效的目标营销，在国际市场上站稳脚跟。

所以市场细分也可被视为一种营销战略，它是进行目标市场选择与目标营销及市场定位的必要前提和基础。

## 二、国际消费者市场细分的标准

凡是使顾客需求产生差异的因素都可以作为市场细分的标准。

**情境案例**

泳衣市场分为运动员比赛穿着和一般游乐穿着两个细分市场，在制定营销策略时，两者有很大的不同。在产品设计上，比赛穿的，以实用、简单、轻便为主；游乐用的，款式繁多，且要配合年龄、体型。在销售渠道上，比赛用的，其经销商比较集中，可能限于体育用品商店；游乐用的，各种商店包括百货公司、服装店都会出售。在广告媒介上，比赛用的，以体育杂志为主；游乐用的，可能使用各种媒介，包括报纸、电视等。在定价上，比赛用的，可能普遍较高，因为市场小，竞争少，同时顾客也不重视价格；游乐用的，价格相差幅度可能极大，有极低廉的，也有十分昂贵的。

国际消费者市场的细分标准可以概括为地理因素、人口因素、心理因素和行为因素四个方面，每个方面又包括一系列的细分变量，如表 3-1-1 所示。

**表 3-1-1　消费品市场细分标准及变量一览表**

| 细分标准 | 细分变量 |
| --- | --- |
| 地理因素 | 地理位置、城镇大小、地形、地貌、气候、交通状况、人口密集度等 |
| 人口因素 | 年龄、性别、职业、收入、民族、宗教、教育、家庭人口、家庭生命周期等 |
| 心理因素 | 生活方式、性格、购买动机、态度等 |
| 行为因素 | 购买时间，购买数量，购买频率，购买习惯（品牌忠诚度），对服务、价格、渠道、广告的敏感程度等 |

### 1. 按地理因素细分（Geographical Segmentation）

地理标准是初步性的，同一地理市场有相似性，形成区域经济组织，但各国在经济政治上有差异性，需进一步细分。

（1）地理位置。可以按照行政区划，也可以按照地理区域来进行细分。例如，按地理标准可把全球市场分为：北美市场、西欧市场、东欧市场、南美市场、东南亚市场、大洋洲市场、中东市场、非洲市场。

（2）城镇大小。可划分为大城市、中等城市、小城市和乡镇。处在不同规模城镇的消费者，在消费结构方面存在较大差异。

（3）地形和气候。按地形可划分为平原、丘陵、山区、沙漠地带等；按气候可分为热带、亚热带、温带、寒带等。防暑降温、御寒保暖之类的消费品就可按不同的气候带来划分。

## 2. 按人口统计因素细分（Demographic segmentation）

由于人口变数比其他变数更容易测量，且适用范围比较广，因而人口变数一直是细分消费者市场的重要依据。

（1）年龄。一般细分为儿童市场、青年市场、中年市场、老年市场等。不同年龄段的消费者，由于生理、性格、爱好、经济状况的不同，对消费品的需求往往存在很大的差异。从事服装、食品、保健品、药品、健身器材、书刊等商品生产经营业务的企业，经常采用年龄变数来细分市场。如，美国"人生阶段"的四种维生素，为特定年龄的特殊需求采用了不同的配方：给4～12岁的"儿童配方"是可嚼的，给十多岁少年的是"少年配方"，给老年人的又是根据老年人的身体需要特制的配方。

（2）性别。可分为男性市场和女性市场。不少商品在用途上有明显的性别特征。如男装和女装、男表与女表。在购买行为、购买动机等方面，男女之间也有很大的差异，如妇女是服装、化妆品、节省劳动力的家庭用具、小包装食品等市场的主要购买者，男士则是香烟、饮料、体育用品等市场的主要购买者。美容美发、化妆品、珠宝首饰、服装等许多行业，长期以来按性别来细分市场。

（3）收入。根据平均收入水平的高低，可将消费者划分为高收入、次高收入、中等收入、次低收入、低收入五个群体。收入的变化将直接影响消费者的需求欲望和支出模式。收入高的消费者就比收入低的消费者购买更高价的产品，如钢琴、汽车、空调、豪华家具、珠宝首饰等；收入高的消费者一般喜欢到大百货公司或品牌专卖店购物，收入低的消费者则通常在住地附近的商店、仓储超市购物。因此，汽车、旅游、房地产等行业一般按收入细分市场。

（4）民族。世界上大部分国家都拥有多种民族，各民族都有自己的传统习俗、生活方式，从而呈现出各种不同的商品需求。

（5）职业。不同职业的消费者，由于知识水平、工作条件和生活方式等不同，其消费需求存在很大的差异，如教师比较注重书籍、报刊方面的需求，文艺工作者则比较注重美容、服装等方面的需求。

（6）教育状况。受教育程度不同的消费者，在志趣、生活方式、文化素养、价值观念等方面都会有所不同，因而他们的购买种类、购买行为、购买习惯也会有所不同。

（7）家庭人口。据此可分为单身家庭（1人）、单亲家庭（2人）、小家庭（2～3人）、大家庭（4～6人，或6人以上）。家庭人口数量不同，在住宅大小、家具、家用电器乃至日常消费品的包装大小等方面都会出现需求差异。

## 3. 按心理因素细分（Psychographic Segmentation）

（1）生活方式。越来越多的企业，如服装、化妆品、家具、娱乐等行业，重视按人们的生活方式来细分市场。生活方式是人们对工作、消费、娱乐的特定习惯和模式，不同的生活方式会产生不同的需求偏好，如"传统型"、"新潮型"、"节俭型"、"奢侈型"等。这种细分方法能显示出不同群体对同种商品在心理需求方面的差异性，有的服装公司就把妇女划分为"朴素型妇女"、"时髦型妇女"、"男子气质型妇女"三种类型，分别为她们设计不同款式、颜色和质料的服装。

（2）性格。消费者的性格也会影响其对产品的选择。性格可以用外向与内向、乐观与悲观、自信、顺从、保守、激进、热情、老成等词句来描述。性格外向、容易感情冲动的消费者往往好表现自己，因而他们喜欢购买能表现自己个性的产品；性格内向的消费者则喜欢大众化，往往购买比较常见的产品；富于创造性和冒险心理的消费者，则对新奇、刺激性强的商品特别感兴趣。

（3）购买动机。还按消费者追求的利益来对市场进行细分。消费者对所购产品追求的利益主要有求实、求廉、求新、求美、求名、求安等，这些都可作为细分的变量。例如，有人购买服装为了遮体保暖，有人是为了美的追求，有人则为了体现自身的经济实力等。因此，企业可对市场按利益变数进行细分，确定目标市场。

**情境案例**

宝洁（P&G）公司针对人们对洗发、护发、养发的不同需求，在中国市场上推出了五个品牌的洗发水：飘柔、海飞丝、潘婷、沙宣和伊卡璐。如果你想拥有柔顺的秀发，你可以选择飘柔（Rejoice）；要是你一直被头屑困扰，那么海飞丝（Head&Shoulders）是你的最佳选择；潘婷（Pantene）是营养专家，为你提供秀发美食；沙宣（Sassoon）是美发先锋的首选；假如你喜欢纯天然的洗发用品，伊卡璐能够满足你的要求，提取天然植物精华的这款洗发水能够给你的秀发带来花草的芬芳。

### 4. 按行为因素细分（Behavioural Segmentation）

（1）购买时间。许多产品的消费具有时间性、季节性，如烟花爆竹的消费主要在春节期间，月饼的消费主要在中秋节以前，旅游商品在旅游旺季生意最兴隆。因此，企业可以根据消费者产生需要、购买或使用产品的时间进行市场细分，如航空公司、旅行社在寒暑假期间大做广告，实行优惠票价，以吸引师生乘坐飞机外出旅游；商家在酷热的夏季大做空调广告，以有效增加销量；双休日商店的营业额大增，而在元旦、春节期间，销售额会更大等。因此，企业可根据购买时间进行细分，在适当的时候加大促销力度，采取优惠价格，以促进产品的销售。

**情境案例**

上海某KTV公司突破主要面向年轻人的时间安排，推出K歌早场优惠活动，吸引了许多结束晨练、买菜的中老年人结伴前往。使他们在边吃早饭、边唱久违的老歌中找到了新的生活乐趣，满足了"婆婆妈妈级"歌友也争当"麦霸"、一展歌喉的娱乐需求。

（2）购买数量。据此可分为大量用户、中量用户和少量用户。大量用户人数不一定多，但消费量大，许多企业以此为目标，反其道而行之也可取得成功。如文化用品大量使用者是知识分子和学生，化妆品大量使用者是青年妇女等。

（3）购买频率。据此可分为经常购买、一般购买、不常购买（潜在购买者）。如铅笔，小学生经常购买，中学生按正常方式购买，而工人、农民则不常买。

（4）购买习惯（对品牌忠诚度）。据此可将消费者划分为坚定品牌忠诚者、多品牌忠诚者、转移的忠诚者、无品牌忠诚者等。企业必须辨别他的忠诚顾客及特征，以便更好地满足他们的需求，必要时给忠诚顾客以某种形式的回报或鼓励，如给予一定的折扣。

### 三、国际产业市场的细分标准

上述消费者市场的细分标准有很多都适用于产业市场的细分，如地理环境、气候条件、交通运输、追求利益、使用者对品牌的忠诚度等。但由于产业市场有它自身的特点，企业还应采用其他一些标准和变数来进行细分，最常用的有：用户要求、用户规模、用户地理位置等变数。

（1）按用户的要求细分。产品用户的要求是产业市场细分常用的标准。不同的用户对同一产品有不同的需求，如轮胎生产企业可根据轮胎用户的不同将市场细分为飞机制造市场、军工市场、工业市场、农用市场和商业市场，飞机制造公司对所需轮胎要求的安全性特别高；军工市场特别注重产品质量；工业用户要求有高质量的产品和服务；农用市场注重耐用性及合理价格；商业市场主要用于转卖，除要求保证质量外，还要求价格合理和交货及时。因此，企业应针对不同用户的需求，提供不同的产品，设计不同的市场营销组合策略，以满足用户的不同要求。

（2）按用户经营规模细分。用户经营规模也是细分产业市场的重要标准。用户经营规模决定其购买能力的大小。按用户经营规模划分，可分为大用户、中用户、小用户。大用户用户数虽少，但其生产规模大、购买数量多，注重质量、交货时间等；小客户数量多，分散面广，购买数量有限，注重信贷条件等。许多时候，和一个大客户的交易量相当于与许多小客户的交易量之和，失去一个大客户，往往会给企业造成严重的后果。因此，企业应按照用户经营规模建立相应联系机制和确定恰当的交易条件。

（3）按用户的地理位置细分。每个国家或地区大都在一定程度上受自然资源、气候条件和历史传统等因素影响，进而形成若干工业区。这就决定了产业市场往往比消费者市场在区域上更为集中，地理位置因此成为细分产业市场的重要标准。企业可按用户的地理位置细分市场，选择客户较为集中的地区作为目标，有利于节省营销人员往返于不同客户之间的时间，而且可以合理规划运输路线，节约运输费用，也能更加充分地利用销售力量，降低营销成本。

市场细分并不需要采用所有的标准，企业只需根据实际情况，并服从营销目标，侧重选择若干个因素、变量做标准。标准不能过多，也不能一成不变，要注意创新。另外，由于有些标准界限不十分明确，有时难以做到精确细分，只能进行模糊细分。

### 四、国际市场细分的步骤与方法

国际市场细分通常以国家、区域为单位先做宏观细分（或按地理位置细分，或按经济发展状况细分，或按语言、宗教等文化特征细分），然后再做一国之内的微观细分。

#### 1. 国际市场细分的七步法

美国市场营销学家麦卡锡提出细分市场的一整套程序，这一程序包括七个步骤，如图3-1-2所示。

（1）选定产品市场范围。即确定进入什么行业，生产什么产品。产品市场范围应以顾客的需求，而不是产品本身特性来确定。例如，某一房地产公司打算在乡间建造一幢简朴的住宅，若只考虑产品特征，该公司可能认为这幢住宅的出租对象是低收入顾客，但从市场需

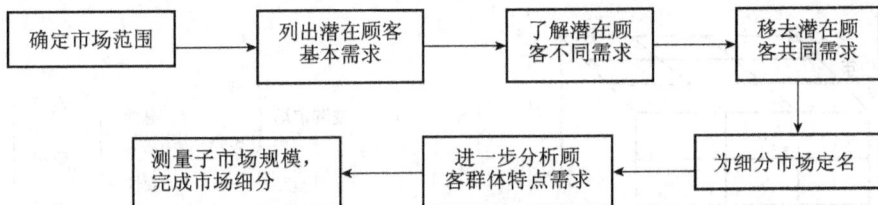

图 3 − 1 − 2  细分市场步骤

求角度看，高收入者也可能是这幢住宅的潜在顾客。因为高收入者在住腻了高楼大厦之后，恰恰可能向往乡间的清静，从而可能成为这种住宅的顾客。

（2）列举潜在顾客的基本需求。比如，房地产公司可以通过调查，了解潜在消费者对前述住宅的基本需求。这些需求可能包括：遮风蔽雨，安全、方便、宁静，设计合理，室内陈设完备，工程质量好，等等。

（3）了解不同潜在用户的不同要求，进行初步的市场细分。对于列举出来的基本需求，不同顾客强调的侧重点可能会存在差异。比如，经济、安全、遮风蔽雨是所有顾客共同强调的，但有的用户可能特别重视生活的方便，另外一类用户则对环境的安静、内部装修等有很高的要求。通过这种差异比较，不同的顾客群体即可初步被识别出来。

（4）移去潜在顾客的共同要求，而以特殊需求作为细分标准。上述所列购房的共同要求固然重要，但不能作为市场细分的基础。如遮风蔽雨、安全是每位用户的要求，就不能作为细分市场的标准，因而应该剔除。

（5）根据潜在顾客基本需求上的差异方面，将其划分为不同的群体或子市场，并赋予每一子市场一定的名称。例如，西方房地产公司常把购房的顾客分为好动者、老成者、新婚者、度假者等多个子市场，并据此采用不同的营销策略。

（6）进一步分析每一细分市场需求与购买行为特点，并分析其原因，以便在此基础上决定是否可以对这些细分出来的市场进行合并，或作进一步细分。

（7）估计每一细分市场的规模，即在调查基础上，估计每一细分市场的顾客数量、购买频率、平均每次的购买数量等，并对细分市场上产品竞争状况及发展趋势作出分析，完成整个细分市场工作。

**2. 国际市场细分的方法**

市场细分的方法主要有单一变量法、综合因素细分法、系列因素细分法等。

（1）单一变量法。即用一个因素对市场进行细分，如按性别细分化妆品市场，按年龄细分服装市场等。这种方法简便易行，但难以反映复杂多变的顾客需求。

（2）综合因素细分法。即用影响消费需求的两种或两种以上的因素进行综合细分，例如用生活方式、收入水平、年龄三个因素可将妇女服装市场划分为不同的细分市场，如图 3 − 1 − 3 所示。

（3）系列因素细分法。当细分市场涉及的因素有多项，且各因素按一定的顺序逐步进行，可由粗到细、由浅入深，逐步进行细分，这种方法称为系列因素细分法。目标市场将会变得越来越具体，例如某地的皮鞋市场就可以用系列因素细分法进行细分，如图 3 − 1 − 4 所示。

（4）三层面组合因素评估法。国际市场细分还应特别考虑市场目标国的政治条件，如

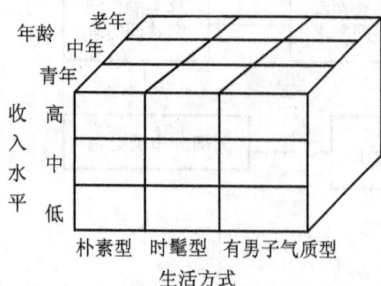

图 3 - 1 - 3　妇女服装市场的综合因素细分法

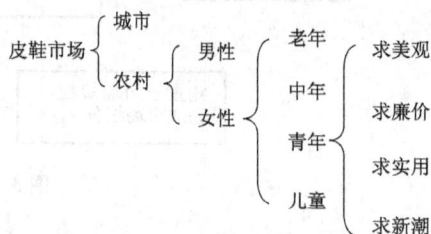

图 3 - 1 - 4　皮鞋市场的系列因素细分法

国家类型、政治法律制度、政治形势、政局稳定性、政府在经济活动中的作用、国家间关系等，分析其对企业是否适合和有利。此时，可运用里兹克拉 1980 年提出的三层面组合因素评估法，分析目标国的市场潜力、市场风险和本企业在目标国的市场竞争能力，选择潜力较大、风险较低、竞争能力较强的国家作为可选择的细分市场。

> **情境模拟**
>
> 　　着眼于消费者追求的利益，为指定的或是你熟悉的某种产品或服务进行市场细分（如饮料、牙膏、洗发水、口香糖、瓜子、眼镜、钱包）。

## 五、国际市场细分的有效性

企业进行市场细分的目的是通过对顾客需求差异予以定位，来取得较大的经济效益。但是产品的差异化必然导致生产成本和营销费用的相应增长，所以，企业必须在市场细分所得收益与市场细分所增成本之间做一权衡。由此，有效的市场细分必须具备一定条件，遵循一定的原则：

（1）可衡量性，指用来细分市场的标准和变数及细分后的市场是可以识别和衡量的。如果细分市场后无法界定，难以描述，那么市场细分就失去了意义。

（2）可进入性，指营销活动的可行性，即企业能够进入所选定的市场部分，能进行有效的促销和分销。

（3）可盈利性，指细分市场的规模要大到能够使企业足够获利的程度，能获得理想的经济效益和社会服务效益。

（4）可区分性，指细分市场在观念上能被区别并对不同的营销组合因素和方案有不同的反应。

（5）相对稳定性，指细分后的市场能在一定时间内保持相对稳定，有较长的生命周期，企业值得为之花费较高成本专门设计和实施一套营销方案。

> **情境模拟**
>
> 　　市场过度细分合适吗？请举例说明。

# 情境任务 2　选择国际目标市场

索尼创始人的儿子盛田英夫于 1999 年在加拿大的一片原始森林的边缘，建造了一座漂浮于海上的垂钓宾馆——国王太平洋宾馆。这个世界十大最奇异住所之一又被称为"太平洋国王小屋"，建造于一艘浮动游艇之上，住店的唯一途径就是乘坐帆船或水上飞机抵达，每年 5 月至 10 月酒店被拖到不列颠哥伦比亚省的大公主岛，漂浮于加拿大美丽的风光之中。既可漂流、垂钓，还能偷偷观察熊的一举一动。住宿客人既可以体验原始荒野，又能享受五星级服务的舒适。

国王太平洋宾馆只在每年的 5 月至 10 月间营业，但年营业额 230 万美元，利润 36 万美元，17 个房间的入住率达 85%。这是个把生态保护与赚钱结合得天衣无缝的经营项目。

**讨论：** 盛田英夫建造国王太平洋宾馆的目标客户是哪些人？为何盛田英夫把目标设定在该细分市场上？

国际目标市场的选择实质是确定企业应该进入一个还是多个国家，进入何种国家类型，以及该国哪个区域或哪些细分市场。一般而言，最容易进入的是与本国市场环境条件类似且市场在扩大，与本国关系较好的国家的市场；最方便进入的是周边、邻近国家的市场。企业在选择国际上新的目标市场时，可单独采用或结合使用的战略模式有：波及式——由近及远，逐步扩大市场范围；攀高式——选择经济、技术水平高的国家，取长补短，提高自身竞争力；落差式——选择经济、技术水平较低的国家，发挥自身的比较优势或绝对优势；渗透式——见缝插针，尽可能多地占有市场。前两种模式多为发展中国家的企业所采用，后两种模式多为发达国家的企业所采用。当然，目标市场不是永恒不变的，可以有短期和长期目标市场、主要和次要目标市场之分。

## 情境认知

### 一、目标市场的含义

目标市场（Target Market）就是企业决定要进入的市场。企业并非所有的市场都能够进入，也并非所有的市场都值得进入。如果企业为存在需求差异的全部顾客提供一切产品和服务，在所有领域同其他企业展开竞争，一般来说既不可能也没必要，况且不经济。任何企业都只能满足部分顾客的某些需求。选择目标市场是企业制定营销战略和策略的出发点。

### 二、选择国际目标市场的标准

为了准确选择目标市场，企业在对整体市场进行细分之后，要对各细分市场进行全面评估，根据细分市场的潜力、市场竞争结构，并充分考虑本企业任务、目标、资源、能力、成本、利润的现状和变化趋势，进行比较、权衡，决定把哪一个或哪几个细分市场作为目标市场。一般来说，拟进入的国际目标市场应符合以下三个条件：

（1）有一定的规模和增长潜力。进入适当的规模和增长潜力的市场，企业才有利可图，否则企业进入也难以获得发展；而相对本企业资源而言过于宽泛的市场，又会使本企业的营销与管理能力显得薄弱，增加的销售额与利润还不足以弥补投入的开支。当然，适当规模是一个相对于企业规模与实力的概念。大企业可能对较小的细分市场不感兴趣，而小企业因自身有限的资源与能力，则有意避开较大规模的细分市场，选择购买量小的细分市场。

（2）有足够的市场吸引力。所谓吸引力，主要指长期获利的大小。一个具有适当规模与增长潜力的细分市场，有可能缺乏盈利潜力，则不具备吸引力。决定一个细分市场是否具有长期盈利潜力的因素有五种，即前述提到的波特的五力竞争模型分析：是否已有众多实力雄厚的竞争者；潜在的新进入者对市场份额的争夺；是否存在替代品或潜在替代品的威胁，使潜在收益下降；供应商的供应能力、价格及产品和服务质量的变化；购买商的议价能力是否强大等。应充分估计这五种力量对长期获利造成的影响，正确预测细分市场的预期利润。

（3）符合企业的目标与资源。细分市场是否与本企业的目标与资源状况一致，如是否符合企业总体目标，能否发挥企业竞争优势，企业是否拥有足够的资源条件和经营能力。如不一致则应放弃该细分市场。

### 三、选择国际目标市场战略

确定了拟进入的目标市场后，企业的一切营销活动紧紧围绕目标市场有的放矢地展开。企业针对目标市场特点有计划地进行营销活动的战略即称为目标市场战略，一般有以下三种类型可供选择。

#### 1. 无差异市场战略（Undifferentiated Marketing）

无差异市场战略是企业把全部目标市场视为一个同质市场，关注消费者的需求共同点，忽略差异，设计单一的营销组合方案去满足该市场大多数顾客的共同需要，"一把钥匙开所有的锁"，如图 3 - 1 - 5 所示。

**图 3 - 1 - 5　无差异目标市场战略**

情境案例

美国可口可乐公司从 1886 年问世以来，一直采用无差别市场策略，生产一种口味、一种配方、一种包装的产品满足世界 156 个国家和地区的需求，称作"世界性的清凉饮料"，资产达 74 亿美元。由于百事可乐等饮料的竞争，1985 年 4 月，可口可乐公司宣布要改变配方的决定，不料在美国市场掀起轩然大波，许多电话打到公司，对公司改变可口可乐的配方表示不满和反对，公司不得不继续大批量生产传统配方的可口可乐。可见，采用无差别市场策略，产品在内在质量和外在形体上必须有独特风格，才能得到多数消费者的认可，从而保持相对稳定性。

该战略的优点是：批量的标准化产品生产，统一的营销组合策略，较低的制造和营销成本，可获得较高的规模经济效益（Economies of Scale）。但缺点是：容易使竞争者加入，导致竞争激化甚至恶化；另一方面，缺乏针对性，难以长期满足所有顾客需求，经营风险较大。

因此该战略一般仅适用于少数需求广、差异小、产量大、品种少、选择性差、适应性强的一般产品，主要是初级产品、通用器材、标准件、药品及营养保健品等。该战略在产品生命周期的导入期和成长前期可以选用，在经济发展水平低、居民收入普遍较低、产品供不应求时也可选用。此战略适用于研发、投资规模大、全球制造、分销能力较强的企业。

### 2. 差异化目标市场战略（Differentiated Marketing）

差异化目标市场战略是在市场细分的基础上，将全部或多个细分市场作为目标市场，并针对每个子市场制定营销组合方案，以满足细分市场的需要，"多把钥匙开多把锁"，如图3－1－6所示。

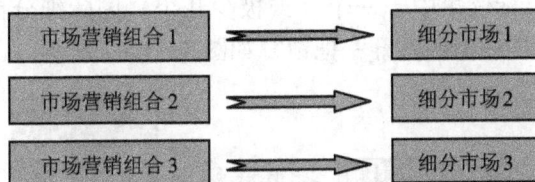

**图3－1－6　差异化市场战略**

该战略的优点是：针对性强，能通过多品种、小批量产销，机动灵活地满足顾客的多样化需求，分散经营风险，增强企业竞争力，壮大企业声誉影响，提高整体市场占有率。但缺点是：产销、管理成本高，产品价格高，有可能影响顾客购买；分散企业资源，从而影响企业竞争力和效益。

**情境案例**

★中国移动通信公司有三大品牌："全球通"——针对高端市场，高收入、电信高消费用户，满足商务成功人士的移动办公、商务需要；"神州行"——针对中低市场，低收入、电信低消费用户，满足普通顾客通话需要；"动感地带"——针对中低市场，低收入、电信高消费用户，主要是15～25岁的学生、年轻上班族、"拇指族"，满足这些追求时尚、崇尚个性、思维活跃、娱乐休闲社交比重大但对资费敏感的好"动"新生代的语音和数据套餐的需要。

★海尔实施家电个性化生产，提出"你设计，我生产"的口号，实施"定制营销"，从而把差异性营销战略推向了极致。海尔不断为各类用户开发出能洗地瓜、能洗虾的洗衣机；为小户家庭或单身人群提供"个人洗衣间"小功率洗衣机；消费者可以根据家具的颜色或是自己的品位，定制自己喜欢的外观色彩或内置设计的冰箱。

因此该战略广泛适用于各类加工制成品，尤其是家电、汽车、服装、个人护理用品等。该战略在产品生命周期的成长后期和成熟期可以选用，在经济发展水平较高、居民收入普遍较高、产品供过于求时也可选用。一般要求企业有较强的实力、较高的经营管理水平；销售额增幅大大高于成本增幅。

**情境提示**

## 定 制 营 销

所谓定制营销，是指企业在大规模生产的基础上，将每一位顾客都视为一个单独的细分市场，根据个人的特定需求进行不同的市场营销组合，以满足每位顾客特定需求的一种营销方式。现代的定制营销与以往的手工定做不同，定制营销是在简单的大规模生产不能满足消费者多样化、个性化需求的情况下提出来的，它以大规模生产为基础，运用现代制作技术、信息技术和管理技术，把产品的定制生产问题转化为批量生产，实现企业的规模效应。同时，企业借助产品设计和生产过程的重新组合，更好地适应消费需求的变化，最大限度的满足消费者的多样化需求。其组成最终产品的许多零部件仍是大规模生产的产物。

### 3. 集中性市场战略（Concentrated Marketing）

集中性市场战略将目标仅集中于一个（或极少几个）国际细分市场，采用单一的营销组合方案服务于该市场，"一把钥匙开一把锁"如图3-1-7所示。

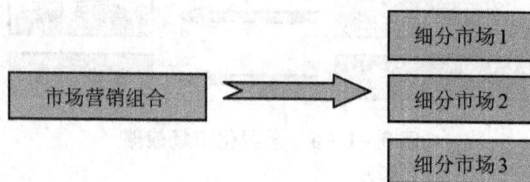

**图3-1-7　集中性市场战略**

该战略优点是：可集中企业资源，实行高度专业化的产销，易管理，成本低，有助于企业提供针对性强的最佳服务，在较小的市场上获得较高的市场份额，逐步打响品牌，树立较高知名度和美誉度；通过生产和营销的集中性，使企业获得规模效益。但缺点是：市场范围小，单一市场的依赖性会加剧经营风险，如果目标市场的需求情况突然发生变化，企业就可能陷入困境。因此该战略一般适用于创业初期、资源有限、实力还不强的中小企业。

`情境案例`

★如何正确地培养孩子，已成为新时代的父母，特别是母亲的一个重要课题。开设"母子书店"就是种特色营销，专门销售幼儿教育、儿童文学、小学教辅、才艺兴趣、智能训练、父母读物、儿童食谱、孕婴保健等方面的专业书籍和音像制品，在经营模式上更是增加书籍租赁、书籍寄售等创新手法。

★南京一下岗女士开设专为求职大学生提供超低价住宿以及与求职相关的设施条件和信息服务的旅馆，很受去南京求职的大学生欢迎，每月营业收入数万元。

★日本尼西奇起初是一个生产雨衣、尿垫、游泳帽、卫生带等多种橡胶制品的小厂，由于订货不足，面临破产。总经理多川博偶然从一份人口普查表中发现，日本每年约出生250万个婴儿，如果每个婴儿用两条尿垫，一年需要500万条。于是，他们决定放弃尿垫以外的产品，实行尿垫专业化生产。一炮打响后，又不断研制新材料、开发新品种，不仅垄断了日本尿垫市场，还远销世界70多个国家和地区，成为闻名于世的"尿垫大王"。

### 四、选择国际目标市场战略的依据

进入目标市场究竟应选择何种市场战略，除了考虑各战略的优缺点，还应考虑以下因素，如表3-1-2所示。

表 3 - 1 - 2　选择目标市场战略类型应考虑的因素

| 战略类型<br>因素 | 无差异战略 | 差异化战略 | 集中性战略 |
|---|---|---|---|
| 市场同质性 | 高 | 低 | 低 |
| 产品供求态势 | 卖方市场 | 买方市场 | 买方市场 |
| 产品同质性 | 高 | 低 | 低 |
| 产品生命周期阶段 | 导入期、成长前期 | 成长后期、成熟期 | 导入期、衰退期 |
| 企业资源 | 多 | 多 | 少 |
| 企业实力 | 强 | 强 | 弱 |
| 竞争者数量 | 少 | 多 | 多 |
| 竞争者战略类型 | — | 差异性或无差异性 | 差异性 |

# 情境任务 3　实施国际市场定位

## 美国宝洁婴儿尿布的市场再定位

**情境导入**

　　婴儿尿布，宝洁吃了大亏。这种"用后即可丢弃"的尿布投放市场后 20 年，市场占有率还不足 1%。宝洁请资深广告专家为其诊断，将过去定位"给予做母亲的一种方便"更新为"对婴儿更好"，并起了个动听的名字——"帮宝适"，很快就打开了销路。

　　**讨论：**试分析宝洁对于尿布的宣传角度作了怎样的调整？是出于什么考虑？原来的定位为何不如后面的再定位来得成功？

### 情境认知

　　企业通过市场细分，选定目标市场及目标市场战略后，还要进一步确定企业及其产品在目标市场上的具体位置、地位，即进行市场定位才能据以策划和运用适当的营销组合方案。

## 一、国际市场定位含义

　　国际市场定位（Marketing Positioning）就是根据竞争者现有产品在市场上所处的位置，针对消费者或用户对该种产品某种特征或属性的重视程度，强有力地塑造出本企业产品是与众不同的，给人印象鲜明的个性或形象，并把这种形象生动地传递给顾客，从而使该产品在市场上确定适当的位置。其目的是使自身与竞争者及其产品、服务、品牌区别开来，在顾客心目中占据一个独特的有价值的位置。其实质就是顾客心理定位，锁定目标顾客群，并吸引更多的顾客，提高企业市场占有率和经济效益。

### 情境提示

　　需要指出的是，市场定位的前提是假定消费者对产品的重要特征进行相互比较，强调消费者不大重视甚至忽略的产品特征并不能取得市场定位的成功。

## 二、国际市场定位的程序

国际市场定位的程序包括三个步骤：

### 1. 识别本企业的竞争优势

这一步骤的中心任务是要回答三个问题：① 竞争对手的产品定位如何；② 目标市场上顾客欲望的满足程度如何以及确实还需要什么；③ 针对竞争者的市场定位和潜在顾客的真正需要的利益要求，企业应该及能够做什么。要回答这三个问题，企业市场营销人员必须通过调研，系统地设计、搜索、分析并报告有关上述问题的资料和研究结果。

通过回答上述三个问题，企业就可以从中把握和确定自己的潜在竞争优势在哪里。企业可与竞争对手相区别的优势可以在以下三个方面体现：

（1）产品优势：可以是产品的差异化，如设计、外观、性能、质量；可以是个性差异化，如包装、品牌优势；也可以是服务差异化，如便利、速度、交货、安装调试、维修、保证、咨询、培训等。

（2）人员优势：包括技术素质、服务态度、职业道德、文化水平、精神风貌、仪表着装等。

（3）形象优势：包括品牌识别、企业标志、媒介、氛围、事件等。

### 2. 准确选择竞争优势，对目标市场初步定位

竞争优势表明企业能够胜过竞争对手的能力。这种能力既可以是现有的，也可以是潜在的。企业所选择的竞争优势或者说定位特征须符合三个条件：一是目标消费者最重视的产品特征，且是消费者有能力支付的；二是竞争者所忽视的市场空隙及不易为其复制；三是企业所拥有的相对竞争优势。

选择竞争优势实际上就是一个企业与竞争者各方面实力相比较的过程。比较的指标应是一个完整的体系，只有这样，企业才能准确地选择相对竞争优势。通常的方法是分析、比较企业与竞争者在经营管理、技术开发、采购、生产、市场营销、财务和产品等七个方面究竟哪些是强项，哪些是弱项，据此选出最适合本企业的优势项目，以初步确定本企业在目标市场上所处的位置。

### 3. 传播独特的竞争优势和定位

这一步骤的主要任务是企业要通过一系列的宣传促销活动，将其独特的竞争优势准确传播给潜在顾客，并在顾客心目中留下深刻的印象。为此，企业首先应使目标顾客了解、知道、熟悉、认同、喜欢和偏爱本企业的市场定位，在顾客心目中建立与该定位相一致的形象。其次，企业通过各种努力如强化目标顾客的形象，保持对目标顾客的了解，稳定目标顾客态度和加深目标顾客的感情等来巩固与市场相一致的形象。最后，企业应注意目标顾客对其市场定位理解出现的偏差或由于企业市场定位宣传上的失误而造成的目标顾客模糊、混乱和误会，以便及时纠正与市场定位不一致的形象。

## 三、国际市场定位依据

各个企业经营的产品不同，面对的顾客也不同，所处的竞争环境也不同。总的来讲，国际市场定位可考虑的因素有以下六点：

（1）根据产品本身的属性来定位。以产品本身的属性定位指根据产品的属性、利益、

价位和档次来定位。如在中国星巴克定位于高档咖啡厅；茅台酒定位于高档白酒，而二锅头定位于物美价廉的低档白酒；新飞冰箱突出保鲜的功能，而伊莱克斯冰箱突出静音设计。

（2）根据使用场合来定位。即根据产品特定的使用场合来进行定位。如李连杰代言的广告"关键时刻，我只穿中华立领"把柒牌男装定位于出席重要场合的衣着；脑白金强调在送礼的时候用到。

（3）根据产品新用途定位。为老产品找到一种新用途，是为该产品创造新的市场定位的好方法。小苏打曾一度被广泛地用作家庭的刷牙剂、除臭剂和调味汁和肉卤的配料，现在已有不少的新产品代替了小苏打的上述一些功能，但有一家公司发现它还可以作为冬季流行性感冒患者的饮料；再如我国曾有一家生产"曲奇饼干"的厂家最初将其产品定位为家庭休闲食品，后来又发现不少顾客购买是为了馈赠，又将之定位为礼品，提高了销量与价格，增加了效益。

（4）根据使用者类型定位。根据使用者类型定位是指根据使用者类别进行定位，以便根据其需求与爱好，对产品和营销组合因素进行改进，使之符合消费者的需求与偏好；或将产品指向某一类特定的使用者，以便根据这些顾客的看法塑造恰当的形象，如此对消费者的营销刺激作用也更大。如羽西化妆品定位于亚洲女性；霸王防脱发洗发水定位于脱发、掉发的人群。

（5）以区别于竞争对手来定位。即以区别于竞争对手产品的不同属性或利益来定位。如多数饮用水厂家都在强调纯净的时候，农夫山泉特别强调其产品"有点儿甜"以区别于竞争对手；"泰宁诺"止痛药的定位是"非阿司匹林的止痛药"，显示药物成分与最大的竞争对手"阿司匹林止痛药"有本质的差异。

（6）多重因素定位。事实上，许多企业进行国际市场定位的因素往往不止一个，而是多个因素同时使用。因为要体现国际企业及其产品的形象，国际市场定位必须是多维度的、多侧面的。如劳力士手表产品本身优质高价深入人心，这是以产品本身的属性来定位，同时它又定位于成功人士，是以使用者类型来定位。但也要注意定位依据不可过多，否则会使产品定位模糊。

## 四、国际市场定位策略

### 1. 对抗定位

对抗定位又称迎强定位，是指企业在目标市场上选择与实力最强或较强竞争对手接近或重合的定位方式来确定自身产品位置，与其在产品、价格、分销及促销各方面展开针锋相对的竞争。此类定位要求企业产品总体上优于竞争对手，或至少与对手相同；目标市场具备相当的规模或潜力；该定位能发挥本企业资源条件与竞争优势。

优点：对抗定位策略的竞争过程惹人注目，可能会产生轰动效应，企业及其产品将较快为消费者认知，易于达到树立市场形象的目的。

缺点：对抗定位策略的风险相当大，企业应正确估价自身实力，避免以卵击石。

> 情境案例

麦当劳和肯德基是一对"欢喜冤家"，有麦当劳的店铺，相隔不远便会看到肯德基。这种亦步亦趋，短兵相接，就是对抗定位的必然手法。对消费者来说，几乎是"同类"的选择，在这种市场结构下，如果不对竞争对手亦步亦趋，很快便发现会落在下风，最终失利收场。肯德基和麦当劳在中国是多年的老对手，肯德基之所以占得上风，是因为中国人爱吃鸡，鸡鸭鱼肉，鸡排在首位，而麦当劳在全世界最畅销的是牛肉巨无霸，中国人的胃，帮了肯德基的忙。面对形势，麦当劳当然要设法扭转下风，其后推出麦香鸡、麦辣鸡腿汉堡，一场"鸡战"便揭开序幕。

### 2. 避强定位

避强定位是将产品定位于竞争对手的远处或另一市场区域内，使自己的产品在某些特征或属性方面与最强或较强对手有比较显著的区别，力图避免与其直接发生竞争。如"七喜"汽水的定位是"非可乐"，强调它是不含咖啡因的饮料，从而避开与占市场主导地位的可口可乐的正面竞争，由此成为紧随可口可乐和百事可乐之后的第三大饮料品牌，取得了巨大成功。

优点：此定位法风险较小，成功率高，能迅速占领目标市场，并能在消费者或用户中树立形象。

缺点：同时此法也意味着企业必须放弃某个最佳的市场位置，很可能会使企业处于最差的市场位置。

### 3. 补缺定位

补缺定位指定位于各竞争对手忽略的市场"空隙"但有潜在需求的位置，填补市场空缺。如上海均瑶集团建立的吉祥航空公司避开一般民营航空公司定位低端市场的做法，瞄准高端商务市场。再如北京一女青年针对国内外电器规格、使用方法以及行李托运规格等不同，开设"出国用品店"。此法应注意在技术上、经济上是否可行，有无足够的市场容量，能否为企业带来合理而持久的盈利等。

优点：风险较小，成功率较高。

缺点：很有可能因自身技术、管理等能力不足，造成失败或资源大量浪费，或开发产品及启动成本太高，获取的收益无法弥补。

### 4. "高级俱乐部"定位

"高级俱乐部"定位指把自己与行业中公认的最强的几家企业划为一个档次，借此提高自己的地位。如克莱斯勒公司提出美国三大汽车公司的概念，把自己与通用、福特并列，从而吸引消费者注意力。此法适用于无法取得行业第一位置的企业。

### 5. 重新定位

重新定位指企业为了改变市场对其原有的印象，使目标顾客对企业及其产品其建立新的认识的一个过程。当企业发现竞争者定位接近而侵占本企业部分市场，或消费者需求偏好改变而致销量骤减，或本企业自身资源发生变化或原来定位过高、过低或定位混乱等，企业必须重新定位，以适应市场环境变化。但企业应考虑重新定位的成本与收益问题，还要考虑消费者对某品牌每一属性的效用功能应当达到或必须达到何种要求才会接受。

`情境案例` **万宝路品牌再定位**

1924年万宝路香烟刚问世时针对女性，烟体细长，象牙色的烟嘴显得优雅、柔和，广告语是"像五月的天气一样温和"。为讨得女烟民欢心，公司后来甚至将烟嘴染成了红色，却也无济于事。20多年间万宝路一直销量平平，得不到女性烟民的青睐，其轻柔的定位更无法得到广大男性烟民的认可。20世纪50年代，莫里斯公司请来著名的李奥·贝纳广告公司为万宝路重新作策划。万宝路被建议接受"变性手术"——从定位于"女士香烟"转变为定位于"男子汉香烟"。新万宝路在包装和外观上采取了更为男性化的设计，粗犷豪迈的"西部牛仔"形象让万宝路一炮而红，几十年不懈的诉求也成功地让人们将男子气概与万宝路联系在一起。万宝路品牌再定位策略取得了巨大成功，成了现今最有价值的世界品牌之一。

# 情境任务4　选择国际目标市场进入模式

## 情境导入　TCL绕道国际市场

2003年11月4日，TCL集团与全球四大消费电子类生产商之一的法国汤姆逊签署了彩电业务合并重组协议。而美国当地时间11月24日，美国商务部初步裁定中国一些电视机生产商向美国市场倾销其产品，长虹、TCL、康佳、厦华都被认定存在倾销，倾销价差为27.94%到45.87%。这个裁定，对这几家的打击是致命的，特别是长虹，它占据国内出口到美国份额的半数以上。而TCL因为兼并，不仅不会受损，反而成为最大的受益者，填补了其他企业留下的市场空白。

汤姆逊公司在彩电领域拥有34 000多项专利，中国彩电产品只要出口，就很快落入专利陷阱。2002年底，汤姆逊公司向我国彩电企业提出索要专利费的通牒，提出的专利共达20项。而联姻汤姆逊，TCL就轻易化解了专利危机。根据协议，汤姆逊所有的电视和DVD研发中心都归合资公司所有，这样也很好地解决了TCL研发环节薄弱的问题。汤姆逊是欧洲和北美当地的强势品牌，在欧美已建立了相当完善的营销网络，旗下的THOMSON和RCA两个品牌在欧美市场拥有良好的品牌形象，利用这些条件，TCL可以大大节约欧美数字彩电的营销渠道和品牌推广成本。

讨论：此例说明中国企业进入国际市场的模式之——兼并的优势，但是同时也存在一些劣势，必然失去了在欧美推广TCL自有品牌的方式等。你能再谈谈兼并的其他问题吗？进入国际市场还有哪些模式，分别在什么条件下适用？

企业一旦选定了进入的目标市场，就必须选择最佳的进入模式。进入模式的选择对于开展国际营销的企业来说至关重要。因为做出选择意味着企业需要投入很多前期成本和渠道建设与维护成本。如选择不适，则面临高昂的转换成本。

## 情境认知

所谓进入模式，是指使企业有可能将其产品、技术、工艺、管理及其他资源进入国外市场的一种规范化的部署。可供选择的进入模式分为四大类：出口进入模式、合同进入模式、投资进入模式和国际战略联盟。企业应当根据自身营销能力，目标市场的营销环境，进入成本、风险、盈利、控制等因素对上述模式进行评估和选择。

### 一、出口进入模式

长期以来，出口一直被作为企业进入国际市场的重要方式。从宏观角度看，由于出口有利于增加国内就业、增加国家外汇收入、提高本国企业的国际竞争力，因此出口一直受到各国政府的鼓励。同时，从企业的角度看，为了降低国内竞争所带来的风险和进行自身扩张，各国的企业也都将扩大出口作为进入国际市场的重要方式。

出口模式有许多优点。第一，由于出口面临的政治风险最小，它常被企业作为进入国际市场的初始方式。第二，当目标市场潜量未能准确探知时，出口方式可以起到投石问路的作用。第三，当企业发现目标市场具有吸引力时，可以利用出口为将来直接投资积累经验。第四，当目标市场的政治、经济状况恶化时，可以以极低的成本终止与这一市场的业务关系。

出口模式也有一些缺点。例如，汇率的波动和政府贸易政策的变动会给出口企业的收益带来负面效果。此外，出口企业也常常会发现难以对目标市场的变动作出迅速的反应，对营销活动的控制也较差。

出口可分为间接出口和直接出口两种方式。

（1）间接出口。间接出口是指企业使用本国的中间商来从事产品的出口。通过间接出口，企业可以在不增加固定资产投资的前提下开始出口产品，开业费用低、风险小，而且不影响目前的销售利润。况且，企业可借助此方式，逐步积累经验，为以后转化为直接出口奠定基础。

（2）直接出口。直接出口是指不使用本国中间商，但可以使用目标国家的中间商来从事产品的出口。在直接出口方式下，企业的一系列重要活动都是由自身完成的，这些活动包括：调查目标市场、寻找买主、联系分销商、准备海关文件、安排运输与保险等。直接出口使企业部分或全部控制外国营销规划，可以从目标市场快捷地获取更多的信息，并针对市场需求制定及修正营销规划。

## 二、合同进入模式

合同进入模式是国际化企业与目标国家的法人单位之间长期的非股权联系，前者向后者转让技术或技能。其特点是以输出企业的知识和技能为主，无须产品输出和投资。

### 1. 许可证进入模式

国际营销活动的深入发展使得许可证已成为一种被广泛采用的进入模式。在许可证进入模式下，企业在一定时期内向一外国法人单位（如企业）转让其工业产权，如专利、商标、产品配方、公司名称或其他有价值的无形资产的使用权，获得提成费用或其他补偿。许可证合同的核心就是无形资产使用权的转移。

许可证进入模式是一种低成本的进入模式。其最明显的好处是绕过了进口壁垒，如避过关税与配额制的困扰。当出口由于关税的上升而不再盈利时，当配额制限制出口数量时，当目标国家货币长期贬值时，制造商可由出口进入模式转向许可证进入模式。许可证进入模式的另一个优点是其政治风险比股权投资小。当企业由于风险过高或者资源方面的限制而不愿在目标市场直接投资时，许可证进入模式不失为一种好的替代模式。

许可证进入模式同时也有许多的不利方面。企业不一定拥有外国客户感兴趣的技术、商标、产品配方及公司名称，因而无法采用此模式。同时，这种模式限制了企业对国际目标市场容量的充分利用；它有可能将接受许可的一方培养成强劲的竞争对手；许可方有可能失去对国际目标市场的营销规划和方案的控制；甚至还有可能因为权利、义务问题陷入纠纷、诉讼。鉴于许可证进入模式存在的这些弊端，企业在签订许可证合同时应明确规定双方的权利和义务关系，以保护自身的利益。

## 2. 特许经营进入模式

**情境提示**

采用特许经营必须具备四个条件：① 产品、服务得到广泛认可；② 具有特色；③ 特许的过程和系统易学并能很快投入运营；④ 边际利润要能满足双方的投资收益标准。

这种模式是指企业（许可方）将商业制度及其他产权诸如专利、商标、包装、产品配方、公司名称、关键技术和管理服务等无形资产许可给独立的企业或个人（特许方）。被特许方用特许方的无形资产投入经营，遵循特许方制定的方针和程序。作为回报，被特许方除向特许方支付初始费用以外，还定期按照销售额的一定比例支付报酬。

**情境提示**

特许经营进入模式与许可证进入模式很相似，所不同的是，特许方要给予被特许方以生产和管理方面的帮助，例如提供设备、帮助培训、融通资金、参与一般管理等。

特许进入模式的优点和许可证进入模式很相似。在这种模式下，特许方不需太多的资源支出便可快速进入外国市场并获得可观的收益，而且它对被特许方的经营具有一定的控制权，有权检查被特许方各方面的经营。如果被特许方未能达到协议标准和销售量或损害其产品形象时，特许方有权终止合同。另外，这种模式政治风险较小，且可充分发挥被特许方的积极性，因而它是广受欢迎的一种方式。特许进入模式的缺点是：特许方的盈利有限；特许方很难保证被特许方按合同所约定的质量来提供产品和服务，这使得特许很难在各个市场上保证一致的品质形象；有可能把被特许方培养成自己未来强劲的竞争对手。

### 情境案例

麦当劳是运用特许经营的公司，前身是由莫里士和理查麦当劳兄弟于 1930 开办的一家汽车餐厅。如今，麦当劳已在 100 多个国家开设了 70 000 多家分店，年销售额已达 175 亿美元，两倍于它的最大对手汉堡王，三倍于第三位的温迪汉堡。麦当劳的股票已从 1994 年 12 月份的 29 美元，上升到 1998 年的 46 美元。麦当劳全球连锁经营模式，即所谓的特许经营体系使得它的供应商、特许经营店店主、雇员以及其他人员共同向顾客提供了他们所期望的高价值。该公司通过授权加盟向符合条件的特许经营者收取首期使用费，并按特许经营者每月销售额收取服务费和许可费。

## 3. 合同制造进入模式

合同制造进入模式是指企业向外国企业提供零部件由其组装，或向外国企业提供详细的规格标准由其仿制，由企业自身保留营销责任的一种方式。

利用合同制造模式，企业将生产的工作与责任转移给了合同的对方，以将精力集中在营销上，因而是一种有效的扩展国际市场的方式。其优点包括：对外投资少，风险低；能够与海外制造商建立合作伙伴关系；企业掌握产品营销的控制权。

但这种模式存在如下缺点：有可能把合作伙伴培养成潜在的竞争对手；有可能失去对产品生产过程的控制；有可能因为对方的延期交货导致本企业的营销活动无法按计划进行。

#### 4. 管理合同进入模式

这种模式是指管理公司以合同形式承担另一公司的一部分或全部管理任务，以提取管理费、一部分利润或以某一特定价格购买该公司的股票作为报酬。这种模式可以保证企业在合营企业中的经营控制权。

管理合同进入模式具有许多优点，企业可以利用管理技巧而不发生现金流出来获取收入；风险低；还可以通过管理活动与目标市场国的企业和政府发生接触，利于扩大企业在当地市场的影响力，为未来的营销活动提供机会。

这种模式的主要缺点是具有阶段性，即一旦合同中约定的任务完成，企业就必须离开东道国，除非又有新的管理合同签订；与接受服务方是同类企业，难与对方竞争。

#### 5. 交钥匙承包进入模式

这种模式是指企业通过与外国企业签订合同并完成某一大型项目，然后将该项目交付给对方的方式进入外国市场。企业的责任一般包括项目的设计、建造，在交付项目之后提供服务，如提供管理和培训工人，为对方经营该项目作准备。交钥匙合同除了发生在企业之间外，许多是就某些大型公共基础设施如医院、公路、码头等与外国政府签订的。

交钥匙承包进入模式最具吸引力之处在于，它所签订的合同往往是大型的长期项目，且利润颇丰。但正是由于其长期性，也就使得这类项目的不确定性因素增加，如可能会遭遇政治风险。对企业来说，预期外国政府的变化对项目结果的影响往往是很困难的。

### 三、投资进入模式

投资进入模式是指企业在国际目标市场投资建立或扩充一个永久性企业，并对其经营管理拥有一定程度的控制权的市场进入模式。投资进入模式具有许多的优点：母公司具有更大的控制权，可更密切地接近当地市场以及市场渗透的程度更深，生产地点的转移可以增强发掘企业竞争优势的机会，能够节省运输费用、海关关税等，最终降低产品成本，有效提高产品对当地市场偏好的适应性。其缺点是占用资源以及因此而带来更大的风险，投资回报时间较长而导致初期投入成本过高，进而导致公司的战略调整缺乏灵活性。投资进入模式包括直接投资与间接投资、合资与独资等投资方式。

（1）直接投资和间接投资。直接投资进入是指企业通过在目标市场国家直接投资，建立公司或分支公司，从事生产和销售活动，从而进入该目标市场的方式；间接投资是一种以证券为媒介的投资活动，国际间接投资的主要形式是证券投资。

（2）合资与独资。合资经营是指与目标国家的企业联合投资，共同经营，共同分享股权及管理权，共担风险；独资经营是指企业独自到目标国家去投资建厂，进行产销活动。

### 四、国际战略联盟

#### 1. 国际战略联盟的含义

国际战略联盟（International Strategic Alliances）又称跨国战略联盟或战略经营同盟，是国际市场竞争的新战略。未来国际市场的竞争不再是企业与企业的竞争，而是战略联盟之间的竞争。国际战略联盟指两个以上的企业为了实现优势互补、提高竞争力及扩大国际市场的共同目标而制定的双边或多边长期或短期的合作协议。战略伙伴必须坚持平等互惠、共享利益，共担风险的原则。

**情境提示**

国际战略联盟与国际合资合作合营的区别：国际合作、国际合资经营是一种短期营销策略，而国际战略联盟偏重"战略"，即它并不以追求短期利润最大化为首要目的，也不是一种为摆脱企业目前困境的权宜之计，而是与企业长期计划相一致的战略活动，组织灵活、风险小，具有地位平等、自主经营、市场调控等特点。

**2. 国际战略联盟的形式**

国际战略联盟包括以下五种：

（1）技术开发联盟。这种联盟的具体形式有多种，如在大企业与（中）小企业之间形成的技术商业化协议。即由大企业提供资金与市场营销力量等，而由小企业提供新产品研制计划，合作进行技术与新产品开发。又如合作研究小组，即各方将研究与开发的力量集中起来，在形成规模经济的同时也加速了研究开发的进程。与此类似的还有联合制造工程协议，即由一方设计产品，另一方设计工艺。

（2）合作生产联盟。合作生产联盟即由各方集资购买设备以共同从事某项目生产。这种联盟可以使加盟各方分享到生产能力利用率高的益处，因为各参与方既可以优化各自的生产量，又可以根据供需的不同对比状况及时迅速地调整生产量。

（3）市场营销与服务联盟。合作各方共同拟定适合于合作者所在国或某地特定国家市场的市场营销计划，从而使加盟各方能在取得当地政府协助的有利条件下，比其他潜在竞争对手更积极、更迅速地占领市场；加盟各方也可经由这种联盟形成新市场。

（4）多层次合作联盟。这种联盟实际上是上述各种联盟形式的组合，即由加盟各方在若干领域内开展合作业务。企业加入这种联盟可采取渐进方式，从一项业务交流发展到多项合作。

（5）单边与多边联盟。它是按所处地域以及合作网络的形式而区分的战略联盟。市场营销与服务联盟大多为单边联盟，即两国、两企业的联合，因为市场营销协议总是针对某个特定的国家的消费及其市场的。

**情境观察**

当今国际战略联盟已从制造业拓展到服务业，从传统产业发展到高新技术产业。诸如戴姆勒—奔驰汽车公司同美国克莱斯勒汽车公司组成的越洋公司；柯达与佳能结盟，由佳能制造复印机，而以柯达的品牌销售的联盟；摩托罗拉与东芝达成协议，利用双方的专有技术制造微处理器；美国国民银行公司与美洲银行公司合并成为美国最大的商业银行；日本与美国两大金融机构即日兴证券与美国旅行者公司进行资本重组；美国 AT&T 和日本 NEC 建立了战略联盟；英特尔公司与微软公司结成了战略联盟；等等。

## 五、国际市场进入方式的比较

除了战略联盟外，国际市场的三种进入模式反映了国际营销由低到高三个发展阶段，各自应用目的与条件也有较大区别。出口进入模式基本上为处于国际营销初始阶段的企业所采用，目的是消化生产能力，扩大销售市场；合同进入模式则是企业根据自身的某些资源优势，有目的、有针对性地进行的国际营销活动，基本上只参与管理，获取收益，不涉及股权分配问题；直接投资进入模式是国际营销最高阶段，企业的目的除了获取收益，还包括掌握企业的控制权和所有权，使海外子公司服务于公司的全球战略利益，跨国公司模式是这一阶段的典型代表。具体来说，这三种进入模式在以下四方面存在较大差别，具体的比较如表 3 - 1 - 3 所示。

（1）进入深度。进入深度是指企业在国际化经营中将资源投入到东道国市场的相对程度，可用单位产品生产成本中本企业的资源比例加以衡量，比例越高，进入程度越深，反之则越浅。直接投资模式进入程度最深，出口方式最浅。同种模式中不同方法进入深度也不同，如直接出口进入深度就比间接出口深，独资经营比合资经营深。

（2）控制程度。控制程度指企业在国际化经营中对东道国的经营主体所拥有的控制权和决策权，它包括有关经营主体的组织架构、经营范围、采购生产、销售、研发、人事、财务、利润分配及战略规模等各领域。控制权问题是国际经营投资各方最为敏感的问题，关系到企业自身利益的保护和总体战略的实施。一般来说，控制程度与进入深度密切呈正相关性。

（3）灵活性。灵活性指企业转变经营内容、方式、地位的成本水平。不同的国际市场进入模式，企业面对的沉淀成本也不同。沉淀成本与灵活性呈负相关，灵活性也与进入深度、控制程度呈负相关。对国际企业来说，不确定因素越多，越应选择灵活性大的进入模式。

（4）风险。风险指经营过程中不确定因素引发损失的可能性及程度，包括经营风险、交易风险、经济风险、政治风险等。风险与进入程度、控制程度呈正相关，与灵活性呈负相关。

表 3 - 1 - 3　国际市场进入模式的特征比较

| 进入模式\特征 | 间接出口 | 直接出口 | 许可证经营 | 特许经营 | 合同制造 | 合资经营 | 独资经营 |
|---|---|---|---|---|---|---|---|
| 进入深度 | < | < | < | < | < | < | < |
| 控制程度 | < | < | < | < | < | < | < |
| 灵活性 | > | > | > | > | > | > | > |
| 风险 | < | < | < | < | < | < | < |

## 六、影响国际市场进入模式的因素

### 1. 内部因素

影响国际市场进入模式选择的内部因素主要来源于企业产品特征、企业资源条件和企业投入愿望这三个方面。

（1）产品特征。企业的产品特征主要是指产品的相对地位、产品要素密集程度、产品技术含量和生命周期、产品适应性及产品对服务的要求等。

① 产品的相对地位。产品的相对地位是指产品对企业的重要性。企业的主线产品或者对企业发展至关重要的产品，大多采取控制程度较高的投资进入模式；而非主线产品或者说非重点发展产品则可能采取控制程度较低的市场进入模式；如出口、许可贸易等。据美国学

者戴维森（William H. Davidson）对美国跨国公司的调查研究表明，产品的相对地位与市场进入模式存在一定的关系，其研究结果如表3-1-4所示。

表3-1-4 产品地位与市场进入模式的关系 单位：%

| 市场进入模式 | | 重点发展产品 | 非重点发展产品 |
|---|---|---|---|
| 许可贸易 | | 9.2 | 19.7 |
| 合资经营 | 少数股权 | 10.7 | 10.8 |
| | 同等股权 | 7.2 | 5.8 |
| | 多数股权 | 8.6 | 7.4 |
| 独资经营 | | 64.3 | 56.3 |

资料来源：William H. Davidson, Experience Effects in International Investment and Technology Transfer, Ann Arbor University of Michigan Press, 1980.

② 产品要素密集程度。劳动密集型和资源密集型产品一般以具有丰富的廉价劳动力和自然资源的国家或地区为生产基地，如果在本国生产，则应选择出口进入模式，如在东道国生产，则宜选择直接投资进入模式；资本密集型和技术密集型产品则应选择许可贸易或直接投资的进入模式。

③ 产品技术含量和生命周期。对于技术含量高、专有性强的处于生命周期前期阶段的产品，为了防止技术泄密和保证产品质量，一般采取直接投资甚至独资的市场进入模式；到了产品生命周期的成熟阶段，技术已公开并被普及，此时可采取许可证经营、特许经营等模式以获取利润。美国学者戴维森和麦克弗崔奇（Donald G. McFetridge）对美国57家企业调查后发现，产品年龄、技术含量与直接投资模式存在一定的相关关系，结果如表3-1-5所示。

表3-1-5 产品生命周期、技术含量与直接投资的关系

| 产品年龄（年） | 产品研发经费/销售额（%） | 直接投资比率（%） | 产品年龄（年） | 产品研发经费/销售额（%） | 直接投资比率（%） |
|---|---|---|---|---|---|
| 1 | 2 | 74 | 1 | 5 | 82 |
| 5 | 2 | 68 | 5 | 5 | 78 |
| 10 | 2 | 65 | 10 | 5 | 76 |
| 15 | 2 | 63 | 15 | 5 | 74 |

资料来源：William H. Davidson and D. G. McFetridge, International Technology Transaction and the Theory of Firm, 1982.

④ 产品适应性。对那些适应性差，要求做出大量改变以适应国外销售市场的产品宜选择合同或直接投资进入模式，而对那些无须作多大改变就可以在国际市场销售的产品则可以选择本国生产、出口销售的进入模式。

⑤ 产品对服务的要求。如果产品要求一系列的售前和售后服务，则应采取分支机构或子公司出口以及在当地生产的进入模式。

（2）资源条件。企业的资源条件则指企业的资金、技术、管理水平及营销能力等资源

方面的拥有状况。如果企业在人力、资金、技术、管理等方面拥有丰富的资源，企业在进入模式上的选择余地就比较大，一般会选择直接投资等高投入的市场进入模式。反之，企业只能选择出口等低投入的市场进入模式。企业的国际营销经验及能力也是影响市场进入模式选择的重要因素，经验丰富、能力较强的企业一般会选择直接投资等进入模式；而对刚涉足国际市场，能力不强的企业只能选择出口、许可贸易等低投入的模式。

（3）投入愿望。企业市场进入模式的选择还受到企业管理者投入愿望的限制。如果管理者开拓国际市场的愿望较强烈，则会选择高投入的市场进入模式，如直接投资；如果管理者对在国外销售的愿望不大，或者仅作为国内市场的一个补充，即使企业的资源条件再丰富，可能也只是选择一些低投入低风险的市场进入模式。

**2. 外部因素**

（1）目标国家的市场因素，具体包括以下三个方面：

① 目标国家的市场规模。如果目标国家的市场规模较小，发展潜力又不大，则可以选择出口进入模式或合同进入模式。反之，如果目标国家规模较大，或者发展潜力很大，则应采取分支机构或子公司出口，或者直接投资进入模式。

② 目标国家的市场竞争结构。如果目标国家的市场结构属自由竞争，则应选择出口进入模式；如果目标国家的市场结构属垄断竞争或寡头垄断，则应选择直接投资进入模式，以使本企业有足够能力在当地与实力雄厚的企业竞争；如果竞争过于激烈，企业则可以选择许可证经营或特许经营的进入模式，既可获得一定的利润收入，又可避免承担风险。

③ 目标国家的营销基础设施。如果目标国家的营销基础设施较好且较容易获得，则可考虑采取出口进入模式，反之，则应考虑采取合同或投资的进入模式。

（2）目标国家的生产因素。生产因素包括生产所需各种生产要素及交通、通信、港口等基础设施。如果目标国家的生产要素容易获得且价格较低，则应选择直接投资的进入模式。如果目标国家生产要素缺乏，生产成本高于在国内生产的成本加运费，则应选择出口的进入模式。

（3）目标国家的环境因素，具体包括以下四个方面：

① 政治法律环境。如果目标国家政治稳定、法制健全、政治风险较小则可以考虑采取高投入的直接投资进入模式；如果目标国家政局不稳，没收和征用等政治风险较高，则应采取出口或合同的进入模式。

② 经济环境。如果目标国家的国民生产总值和人均国民收入较高，经济处于快速增长的阶段，国际收支保持平衡，汇率稳定，则可以选择直接投资的进入模式，反之，则应选择出口进入模式或合同进入模式。

③ 社会文化环境。如果目标国家与本国之间的社会文化差异较大，营销活动的不确定性也随之增大，则应选择控制程度较低的出口或合同等市场进入模式，反之，则可以选择控制程度较高的直接投资模式。

④ 地理环境。如果目标国家与本国的距离遥远，导致运输成本较高，削弱了出口产品与当地产品的竞争力，这种情况下，企业一般不会选择出口进入模式，而是选择合同经营或直接投资的模式，在目标国家或邻近国家生产产品，以降低产品的运输成本。

（4）国内环境因素，包括以下四个方面

① 国内市场规模。如果国内市场规模较大，企业首先致力于国内的发展，待向海外扩

张时已具有一定的规模和实力，这时往往采取直接投资的进入模式。相反，如果国内市场较小，限制了企业的发展，其规模和实力较小，向海外扩张时，则一般选择出口进入模式。

②国内市场结构。如果本国市场结构属垄断竞争或寡头垄断，当一个企业向海外经营时，其竞争对手也会随之而至，为了能迅速有效地占领海外市场，降低追随者们的跟随行动造成的威胁，企业一般会采取直接投资的进入模式。如果本国市场结构属自由竞争，则企业更倾向于选择出口模式或某些合同模式。

③本国资源条件。如果本国的生产资源丰富，生产要素价格较便宜而且容易获得，生产成本较低，则可以采取先在本国生产然后向国外市场出口的模式。反之，则应采取合同模式或直接投资模式进入目标市场。

④国内政策。如果本国政府对出口采取鼓励或扶持政策，或者说对对外投资采取严格限制，则应采取出口模式进入国际市场。反之，则应考虑合同进入模式或直接投资进入模式。

## 七、市场进入选择决策模型：竞争优势模型

英国学者邓宁（J. H. Dunning）在其专著《国际生产和跨国企业》一书中提出了国际生产综合理论（The Eclectic Theory of International Production）。该理论认为，国际生产、营销的特点及其行动模式取决于所有权优势（Ownership Advantage）、内部化优势（Internalization Advantage）及区位优势（Location Advantage）三组因素的组合。美国学者艾加沃尔（Sanjeev Agarwal）和拉麦斯瓦米（Sridhar Ramaswami）则从企业特征和市场特征两个角度分析所有权优势、内部化优势和区位优势三个因素对国际市场进入模式选择的影响。他们对美国 500 多家设备租赁公司进行调查，分别考察这三个因素单独与综合作用对国际市场进入模式选择的影响。

所有权优势是指国际化经营企业独有的或在相同条件下东道国企业无法获得的生产要素资源，主要包括技术、企业规模、组织管理能力、融资能力等。内部化优势是指企业能够通过内部交易而将所有权优势保持在企业内部的能力。内部化理论认为，如果市场机制不健全，容易导致交易成本的增加和所有权优势的丧失，如技术泄密、规模效应递减等，通过内部市场转移价格，可以减少交易成本，避免各种市场障碍，保证企业获得最大的利润。区位优势则是指投资建厂地理位置的选择给企业带来的利益。由于不同国家自然资源、劳动成本、基础设施、市场规模及政治、法律环境的区别，选择在这些方面具有优势的国家进行生产经营，能给企业带来竞争优势。

根据邓宁的研究结果，所有权优势、内部化优势及区位优势组合对国际市场进入模式选择的影响，如表 3-1-6 所示。

表 3-1-6　企业优势与国际市场进入模式

| 竞争优势<br>有无优势<br>进入模式 | 所有权优势 | 内部化优势 | 区位优势 |
|---|---|---|---|
| 出口模式进入 | 有 | 有 | 无 |
| 合同模式进入 | 有 | 无 | 无 |
| 投资模式进入 | 有 | 有 | 有 |

从上表可以看出，出口模式需具备所有权和内部化两种优势，合同模式只需具备所有权一种优势，而投资模式则必须同时具有全部三种优势，因此，所有权优势是任何一种模式都须具有的。若一个企业同时具备三种优势，则其可以选择三种进入模式中的任何一种模式，究竟哪种模式最合适，则需要综合考虑所有的因素。单个因素对于国际市场进入模式的影响，首先是所有权优势，其次是内部化优势，因为出口模式和直接投资模式都须具备内部化优势，再次是区位优势，只有直接投资模式须具备。

## 小　结

1. 选择国际目标市场战略简称为 STP 战略，即包括"S"——国际市场细分（Segmenting）、"T"——选择国际目标市场（Targeting）、"P"——市场定位（Positioning）三个战略决策步骤。

2. 企业通过国际市场细分，易于认识和掌握顾客的需要，了解消费者对不同营销措施的反应的差异，可分为国际宏观细分和国际微观细分。

3. 国际目标市场的主要选择模式有五种，分别是市场集中化、选择专业化、产品专业化、市场专业化和市场全面化。确定目标市场后，可以从无差异、差异化和集中性等三种目标市场营销战略中选择一种战略进入目标市场。选择何种目标市场营销战略还应综合考虑本企业资源、产品同质性、市场同质性、产品生命周期和竞争对手市场战略等因素。

4. 最后企业还要考虑其产品或企业自身应该以何种形象出现在目标顾客面前，究竟在市场中占据何种地位，即实施国际市场定位战略。国际市场定位可依据产品特色、消费者利益、产品新用途、使用者类型等实施定位。国际市场定位战略可分为对抗定位、避强定位、补缺定位、"高级俱乐部"定位、重新定位等五种方法。

5. 企业进入国际市场模式可分为四大类：出口进入模式，合同进入模式、投资进入模式和国际战略联盟。其中，出口进入模式、合同进入模式及投资进入模式在进入深度、控制程度、灵活性和风险等方面存在较大差别。影响国际市场进入模式选择的因素主要来自内部与外部这两个方面。内部因素主要来源于企业产品特征和企业资源条件。企业的产品特征主要是指产品的相对地位、要素密集程度、技术含量和生命周期、适应性及对服务的要求等；企业的资源条件则指企业的资金、技术、管理水平及营销能力等资源方面的拥有状况。外部因素包括目标国家的市场因素、生产因素、环境因素及国内环境因素。国际市场进入模式选择决策取决于所有权优势、内部化优势及区位优势三组因素的组合。

## 学习情境3 选择国际目标市场及其进入模式 内容结构图

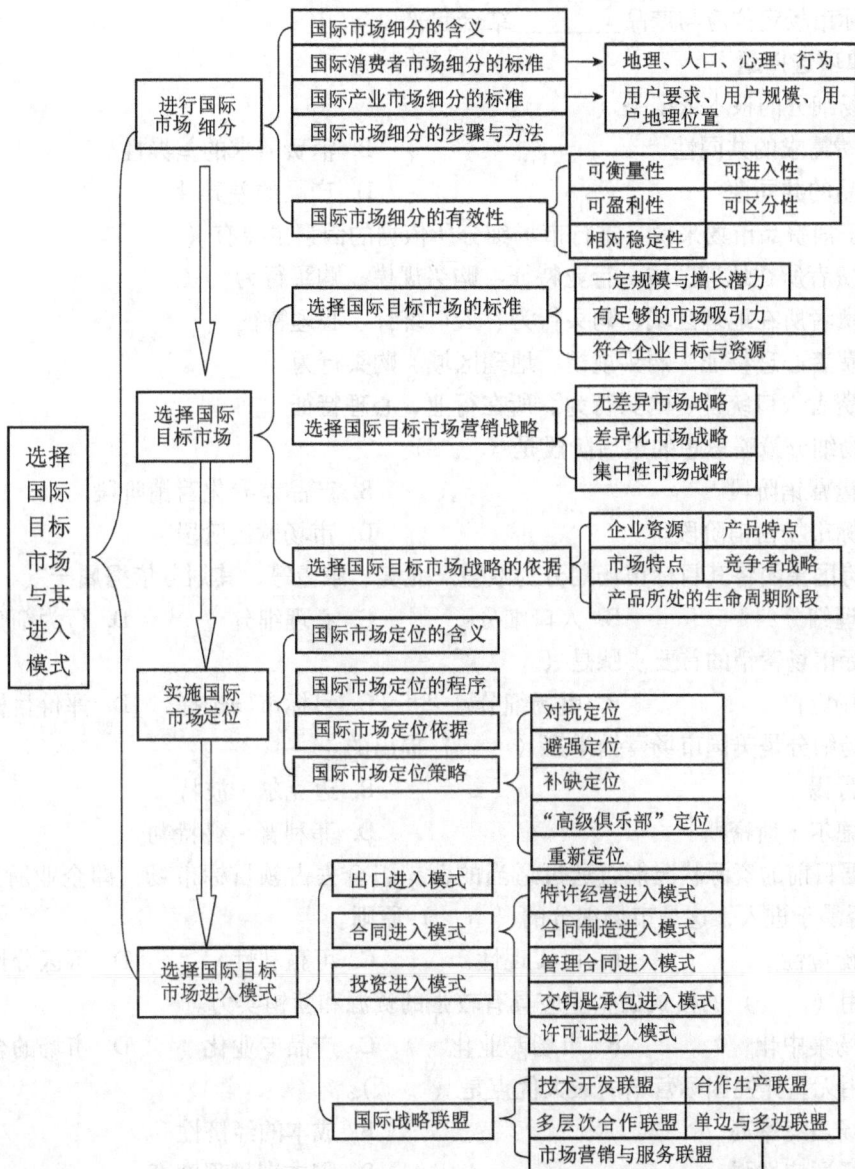

```
                        ┌─ 国际市场细分的含义
                        │  国际消费者市场细分的标准 ──→ 地理、人口、心理、行为
         ┌─ 进行国际 ───┤  国际产业市场细分的标准 ──→  用户要求、用户规模、用
         │   市场 细分   │                              户地理位置
         │              │  国际市场细分的步骤与方法
         │              │                        ┌─ 可衡量性    可进入性
         │              └─ 国际市场细分的有效性 ──┤  可盈利性    可区分性
         │                                        └─ 相对稳定性
         │
         │                                        ┌─ 一定规模与增长潜力
         │              ┌─ 选择国际目标市场的标准 ─┤  有足够的市场吸引力
         │              │                          └─ 符合企业目标与资源
  选择    │              │
  国际    │   选择国际   │                          ┌─ 无差异市场战略
  目标 ───┼─ 目标市场 ───┤  选择国际目标市场营销战略 ┤  差异化市场战略
  市场    │              │                          └─ 集中性市场战略
  与其    │              │
  进入    │              │                          ┌─ 企业资源    产品特点
  模式    │              └─ 选择国际目标市场战略的依据┤ 市场特点    竞争者战略
         │                                          └─ 产品所处的生命周期阶段
         │
         │              ┌─ 国际市场定位的含义
         │              │  国际市场定位的程序
         │   实施国际   │                      ┌─ 对抗定位
         ├─ 市场定位 ───┤  国际市场定位依据    │  避强定位
         │              │                      │  补缺定位
         │              └─ 国际市场定位策略 ───┤ "高级俱乐部"定位
         │                                      └─ 重新定位
         │
         │                                      ┌─ 特许经营进入模式
         │              ┌─ 出口进入模式         │  合同制造进入模式
         │   选择国际目标│  合同进入模式 ───────┤  管理合同进入模式
         └─ 市场进入模式┤  投资进入模式         │  交钥匙承包进入模式
                        │                      └─ 许可证进入模式
                        │
                        │                      ┌─ 技术开发联盟    合作生产联盟
                        └─ 国际战略联盟 ───────┤ 多层次合作联盟   单边与多边联盟
                                                └─ 市场营销与服务联盟
```

### 重要概念

国际市场细分　目标市场选择　国际市场定位　出口进入模式　合同进入模式　投资进入模式　交钥匙承包进入　国际战略联盟

### 思考与练习

**一、填空题**

1. 市场细分是 20 世纪＿＿＿＿年代提出的。

2. ＿＿＿＿＿差异的存在是市场细分的客观依据。

3. 实行无差异国际营销的企业把_____看作一个大的目标市场。

4. 采用_____国际营销的企业，只选择其中某一细分市场作为目标市场。

5. 国际市场定位应与产品_____结合起来。

## 二、单项选择题

1. 市场细分的根本依据是（　　　）。

A. 消费需求的共同性　　　　　　　　　B. 消费需求的差异性

C. 产品的共同性　　　　　　　　　　　D. 产品的差异性

2. 对于消费品市场来说，进行市场细分所依据的因素主要有（　　　）。

A. 消费者所在地理区域、行业特征、购买规模、购买行为

B. 消费者所在地理区域、购买行为、人口统计、心理特征

C. 消费者心理特征、购买规模、地理区域、购买行为

D. 消费者人口统计、购买行为、所在行业、心理特征

3. 市场细分策略思想的最后阶段是（　　　）。

A. 大量营销阶段　　　　　　　　　　　B. 产品差异化营销阶段

C. 目标市场营销阶段　　　　　　　　　D. 市场营销阶段

4. 某跨国集团将其目标市场划分为欧盟、北美、东盟等，其划分依据属于（　　　）。

A. 地理细分　　　　　B. 人口细分　　　　　C. 心理细分　　　　　D. 行为细分

5. 目标市场营销的首要步骤是（　　　）。

A. 市场定位　　　　　B. 市场细分　　　　　C. 目标市场选择　　　D. 评价目标市场

6. 市场细分是美国市场营销学家（　　　）提出的。

A. 麦肯锡　　　　　　　　　　　　　　B. 迈克尔·波特

C. 温德尔·斯密斯　　　　　　　　　　D. 菲利普·科特勒

7. 依据目前的资源状况能否通过适当的营销组合去占领目标市场，即企业所选择的目标市场是否易于进入，这是市场细分的（　　　）原则。

A. 可衡量性　　　　　B. 可实现性　　　　　C. 可赢利性　　　　　D. 可区分性

8. 采用（　　　）的模式的企业应具有较强的资源和营销实力。

A. 市场集中化　　　　B. 市场专业化　　　　C. 产品专业化　　　D. 市场的全面覆盖

9. 采用无差异性国际营销的最大优点是（　　　）。

A. 市场占有率高　　　　　　　　　　　B. 成本的经济性

C. 市场适应性强　　　　　　　　　　　D. 需求满足程度高

10. 集中性国际营销尤其适合于（　　　）。

A. 跨国公司　　　　　B. 大型企业　　　　　C. 中型企业　　　　　D. 小型企业

## 三、多项选择题

1. 选择国际目标市场策略包括（　　　）。

A. 无差异国际营销　　　　　　　　　　B. 差异国际营销

C. 集中性国际营销　　　　　　　　　　D. 专业化策略

E. 市场化策略

2. 根据西方市场营销理论，企业差异化营销方案可以根据（　　　）方面进行。

A. 产品差异　　　　　　　　　　　　　B. 个性化差异

C. 服务差异　　　　　　　　　　　　D. 技术差异

E. 质量差异

3. 无差异国际营销战略具有（　　　）。

A. 成本的经济性　　　　　　　　　　B. 不进行市场细分

C. 适宜于绝大多数产品　　　　　　　D. 只强调需求共性

E. 适用于小企业

4. 企业采用差异性国际营销战略时（　　　）。

A. 一般只适合于小企业　　　　　　　B. 要进行市场细分

C. 能有效提高产品的竞争力　　　　　D. 具有最好的市场效益保证

E. 以不同的营销组合针对不同的细分市场

5. 企业在国际市场定位过程中（　　　）。

A. 要了解竞争产品的市场定位

B. 要研究目标顾客对该产品各种属性的重视程度

C. 要选定本企业产品的特色和独特形象

D. 要避开竞争者的市场定位

E. 要充分强调本企业产品的质量优势

6. 市场细分的原则是（　　　）。

A. 可衡量性　　　　B. 可进入性　　　　C. 可获利性　　　　D. 长期稳定性

## 四、判断题

1. 国际市场细分就是通过市场调研，根据消费者明显的不同特征，把整体市场划分为两个或更多的子市场。　　　　　　　　　　　　　　　　　　　　　　　（　　　）

2. 国际市场定位就是企业将自己的产品定在某个地理区域内。　　　　（　　　）

3. 如何选择目标市场，应根据企业的实际而定，如果企业的实力不强，可以采用集中性国际营销。　　　　　　　　　　　　　　　　　　　　　　　　　　　（　　　）

4. 细分市场对于任何企业在任何环境下都是适用的。　　　　　　　　（　　　）

5. 采用差异化营销主要着眼于消费者需求的异质性。　　　　　　　　（　　　）

6. 一般标准化的产品不可以通过差异化区别于竞争者。　　　　　　　（　　　）

7. 同质性产品适合于采用集中性市场营销战略。　　　　　　　　　　（　　　）

8. 与产品市场生命周期阶段相适应，新产品在引入阶段可采用无差异性营销战略。

（　　　）

9. 产品专业化即生产不同性能和规格的产品，服务于同一细分市场。适用于有技术垄断优势或市场垄断优势的企业。　　　　　　　　　　　　　　　　　　　（　　　）

10. 市场定位的关键是企业要设法在自己的产品上找出比竞争者更具有竞争优势的特性。　　　　　　　　　　　　　　　　　　　　　　　　　　　　　　　（　　　）

## 五、简答题

1. 简述国际市场细分的重要意义及细分原则。

2. 简述国际市场细分的步骤。

3. 影响国际目标市场选择要考虑哪些因素？

4. 国际目标市场营销战略有哪三种，分别有何优劣点？

5. 国际市场定位有哪些战略？

## 实训课堂

### 能力训练目标

（1）培养学生对市场细分的认识和把握能力，使学生掌握市场细分的一般方法并具有良好的思维能力，能进行一定的创新性市场细分。

（2）培养学生强烈的目标市场营销意识，使之具有对不同企业目标市场的观察能力和判断能力。

（3）使学生能正确运用定位策略，为自己营销的产品、品牌进行定位。

### 能力训练项目

#### 一、思维训练

**训练1　情侣苹果**

某高校俱乐部前，一老妇守着两筐大苹果叫卖，因为天寒，问者寥寥。一教授见此情形，上前与老妇商量几句，然后走到附近商店买来节日编花用的红彩带，并与老妇一起将苹果两两一扎，接着高叫道："情侣苹果！两元一对！"经过的情侣们甚感新鲜，用红彩带扎在一起的一对苹果看起来很有情趣，因而买者甚众。一会儿，尽数卖光，收入颇丰，老妇感激不尽。

这是市场定位的好例子，营销的核心在于去满足目标顾客的需求，并在其心目中占有某种位置。

要求：每个人的思维延伸、延伸、再延伸，扩散、扩散、再扩散。

讨论：苹果还可如何定位？孕妇？老人？向其他场合延伸？向其他时间延伸？

**训练2　亚历山大·福特的职业定位**

亚历山大·福特是英国顶尖寿险营销人员、美国百万圆桌会议会员。他被推崇为"全球四位最佳寿险业务员"。

亚历山大·福特在自我职业定位上有一套有趣的说法。

他设想自己在逛商场，在一楼，一个小公司的负责人问福特："你从事什么行业？"福特说："我帮企业主从债权人的手上保护他们的资产，并告诉他们如何增加、保护他们的财富。"

在二楼，有一位要退休的有钱女士问："你从事什么行业？"福特则回答说："我是一个守护财富的专家。我擅长避税和房地产规划。因此每个人可以为自己和未来的受益人获得财富。"

在三楼，有一位带着小孩的女士问："你从事什么行业？"福特说："我帮助别人减少债务，帮他们规划未来。比如为小孩的教育费用和他们的未来进行规划。"

福特总会针对不同的人做出不同的职业定位，以便吸引顾客的注意力并获得信赖。当然，这个定位的原则是以不变应万变。

讨论：亚历山大·福特的不同定位给你带来什么启发？

## 二、营销游戏

步骤：

1. 每组 4 个人，两人相向站着，另外两人相向蹲着，一个站着和一个蹲着的人是一方。

2. 站着的两个人进行石头剪子布，由获胜者一方蹲着的人去刮输的一方蹲着的人的鼻子。

3. 输方轮换位置，即站着的人蹲下，蹲着的人站起来，继续开始下一局。

游戏点评：

1. 如何看待责任？

2. 当别人失败的时候，有没有抱怨？

3. 两个人有没有同心协力对付外来的压力？

## 三、案例分析

### 案例 1：

日本口香糖市场年销售额约为 740 亿日元，其中大部分为"劳特"所垄断。其他企业再想挤进口香糖市场可以说难于上青天。但江崎糖业公司对此却并不畏惧。公司成立了市场开发班子，专门研究"劳特"的四点不足：第一，以成年人为对象的口香糖市场正在扩大，而"劳特"却仍旧把重点放在儿童口香糖市场上；第二，劳特的产品主要是果味型口香糖，而现在消费者的需求正在多样化；第三，劳特多年来一直生产条板状口香糖，式样十分单调；第四，"劳特"产品价格是 110 日元，顾客购买时需多掏 10 日元的硬币，往往感到不便。

【案例思考与讨论】

请大家为江崎公司针对成人口香糖市场进行市场细分，选择目标市场，并制订相应的市场营销策略。

### 案例 2：

## 雀巢公司的市场细分

瑞士雀巢公司，是以生产和销售优质食品而闻名于世的企业。它生产的食品属于差异性大、市场变化快的产品。咖啡是雀巢公司系列产品中的骄子。为适应不同消费者的口味，它针对四种消费市场制作了四种咖啡：专为特殊口味人士制作的金牌咖啡；为嗜好厚重口味者制作的特浓咖啡；为满足爱喝咖啡却嫌弃咖啡因的消费者需要，制作不含咖啡因但又保留咖啡真味的特制咖啡；用玉米糖、植物油、乳脂等制作的咖啡伴侣，冲在咖啡中，让人感到甜润适口，适于那些喝不惯咖啡苦涩味的人饮用。

此外，雀巢公司还生产奶类、谷类速溶营养饮品、烹调食品、巧克力、婴儿系列食品等。公司紧紧跟随消费者需求的变化，不断改进和开发营养丰富、品质高级的食品，使企业不断发达，享誉世界。

咖啡市场就是咖啡市场，瑞士雀巢公司却在咖啡市场做出了多种花样，把一个市场做成了多种市场，既扩大了咖啡总体市场的容量，又扩大了自己的咖啡市场。真是一箭多雕，妙不可言。

**【案例思考与讨论】**

1. 试借鉴雀巢公司的经验，对自己熟悉的某种食品市场进行细分，设计出你的细分方案。

2. 你认为雀巢公司对咖啡市场还可以进行哪些细分，试想出三种以上方案。

**四、实战演练**

**项目一：**

**方便面产品的市场定位**

通过模拟训练，让学生在目标市场分析与选择后了解市场定位的方式和方法，掌握不同产品如何进行市场定位。

品牌一：

方便面品牌名称：_____

最大的特色是什么？（根据自己的理解进行判断）_____

你对这种特色的评价：_____

品牌二：

方便面品牌名称：_____

最大的特色是什么？（根据自己的理解进行判断）_____

你对这种特色的评价：_____

品牌三：

方便面品牌名称：_____

最大的特色是什么？（根据自己的理解进行判断）_____

你对这种特色的评价：_____

**项目二：**

每个同学到市场上找出10种品牌的产品及其电视、广播、报纸、杂志、车体等广告，看看这些品牌产品是如何定位的，并利用自己所学的定位知识，分析其成功的方面是什么？不足的地方又是什么？

**五、模拟训练**

请针对学习情境2某国外产品进入中国市场所完成的目标国市场宏观、微观环境调研分析报告，设计某公司产品进军中国市场的营销战略，为该公司的产品进入中国市场进行市场细分，确定目标市场，并最后进行市场定位。

# 学习情境 4

# 设计国际市场营销组合

所谓"营销组合"，是指企业可以控制的各种营销因素的综合运用，这些因素包括四大类，即产品（Product）、定价（Price）、分销（Place）、促销（Promotion）。因为四大因素的第一个英文字母都是"P"，故简称4Ps。营销组合是国际营销计划的重要内容。营销组合应是企业可以控制的各种因素的组合，还要能根据内外部环境的变化，不断变化重组，构造出最佳组合。营销组合是4Ps的大组合，而其中每个"P"又包含许多组合，企业不仅要注意4"P"之间的有机联系，还应注意每个"P"本身的有机联系。企业在国际营销过程中在适当的地点、时间，以适当的方式和适当的价格向消费者提供适当的产品，进行整体营销，上述活动分属于企业的不同职能部门，因此，企业要达到整体营销的目的，需要各部门的通力合作，而连接各部门的纽带就是营销组合。

# 制订国际市场产品策略

学习目标 ////

**知识目标**

（1）掌握产品整体概念；掌握产品组合的分析及策略，理解国际产品的标准化与差异化及产品适应性问题。

（2）理解国际产品生命周期理论，掌握产品生命周期各阶段的特征及其对策。

（3）掌握国际市场新产品的分类，理解新产品的研发风险及对策，了解新产品开发程序。

（4）理解国际产品的相关概念及设计要求，掌握国际产品策略。

（5）理解国际产品包装的相关概念和设计要求，掌握国际产品包装策略。

**技能目标**

（1）产品组合的分析及设计。

（2）学会判断某一产品的生命周期阶段，并能在产品的生命周期各阶段灵活运用合适的营销策略。

（3）制订产品品牌策划方案。

## 任务驱动，做中学

在学习情境3中，你的公司决策层决定先开拓南美的巴西市场，向巴西市场销售休闲服装（或茶叶或休闲鞋或陶瓷餐具或电动自行车或……），请你根据巴西市场的实际情况，拟定产品策略与市场推广方案。请问，你需要考虑哪些问题？

## 学习情境

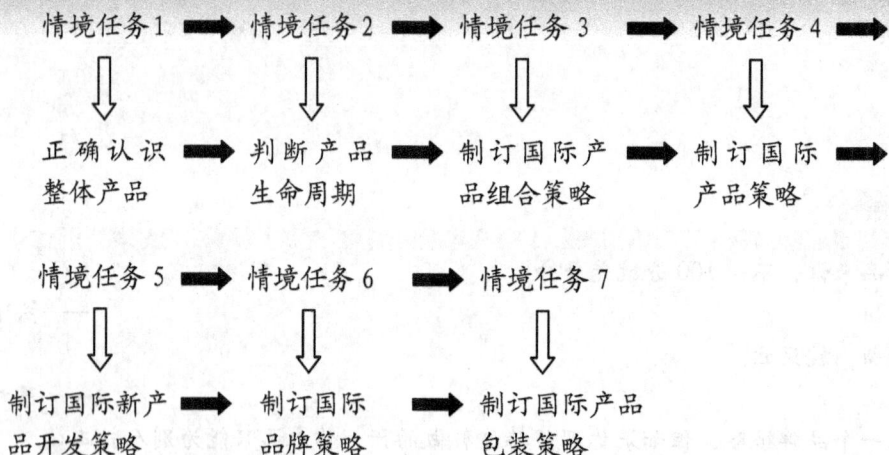

## 情境引子　　宝洁在日本市场销售婴儿尿布的营销组合

在20世纪80年代早期，宝洁公司在日本销售婴儿尿布用的是日语配音的纯正美国化的商业广告，婴儿尿布本身也是根据美国人的喜好设计的，没有考虑到日本的父母会比美国的父母更频繁地更换婴儿的尿布，尿布吸湿性也较差。结果可想而知，宝洁在日本损失了上百万美元。痛定思痛，宝洁公司引入了一种吸水性更强的一次性尿布——Uta尿布，其设计目的是使婴儿保持干燥的状态。由于日本家庭的柜架、壁橱的空间很小，宝洁还将其尿布改进得更薄，这样就能装在一个更小的盒子里出售。宝洁还要求在日本的任何一个经理必须学习日语、日本文化，与经销商建立较密切的私人关系。同时，宝洁还确保其公司名称在所有的包装、广告上都用日文标出，因为日本消费者更喜欢那些为其所购买的品牌开展营销活动的公司。所有这些变化的结果是，宝洁公司成为日本一次性尿布市场的领先者，年销售额很快达到10亿美元的高峰。

## 情境任务1　　正确认识整体产品

### 情境导入

雅芳公司宣称："我们不光卖化妆品，我们卖的是美丽与期望。"IBM的经营理念是"不是卖计算机，而是卖服务"；微软公司对未来利润来源的展望是：20%来自产品销售本身，

80% 来自产品售后的维修、升级和咨询等业务。

　　**讨论：** 为何各大品牌企业都纷纷重视基于产品的服务体系建设？

### 情境认知

　　人们通常理解的产品是指具有某种特定物质形状和用途的物品，是看得见、摸得着的东西。这是一种狭义的定义。市场营销学认为，广义的产品，也即整体产品，是指能提供给市场，供使用和消费的、可满足某种欲望和需要的有形物体和无形物体之和，包括：实物、服务、人员、场所、组织、主意和策划等。现代营销理论认为，整体产品包含五个层次，如图4-1-1所示。

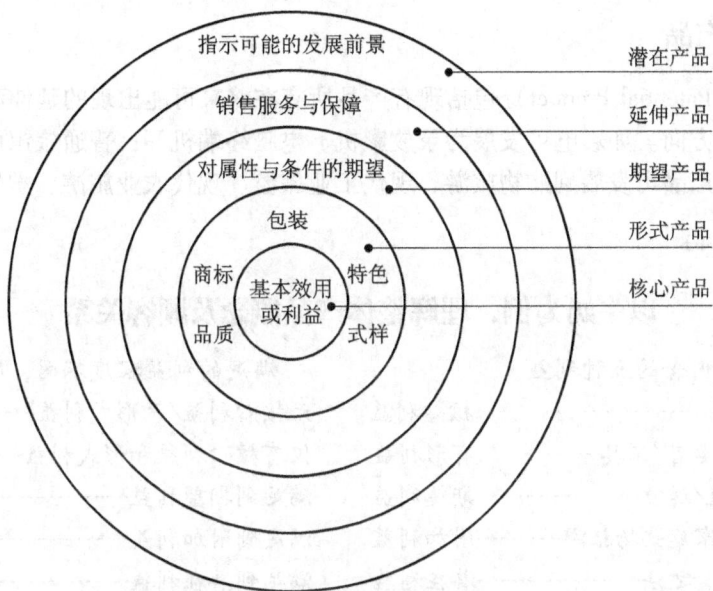

图 4-1-1　整体产品的 5 个层次

## 一、核心产品

　　核心产品（Core Product）是指顾客购买产品时所追求的基本效用或利益，即产品的使用价值。顾客购买某种产品，并不是为了获得这种产品本身，而是为了满足某种需要。核心产品是产品整体概念中的最基本最重要的部分。如洗衣机——满足机械洗衣服务节省劳力的需要；旅馆——满足休息与睡眠的需要。

## 二、形式产品

　　形式产品（Formal Product）是指产品的形体和外在表现，即核心产品借以实现的载体，包括产品的外观设计、式样、商标、包装等产品的外在形式。例如：电视机的画面、音质、款式、品牌等；旅馆内的设施，如床、毛巾、浴室、卫生间、衣柜等。

## 三、期望产品

　　期望产品（Expected Product）是指购买者在购买产品时期望得到的东西，实际上是指与产品密切相关的一整套属性和条件。如旅客对旅店服务产品的期望包括干净整洁的床、干净的毛巾、清洁的厕所、相对安静的环境、完善的设施等。期望得不到满足时，会影响消费者对产品的满意程度、购后评价及重复购买率。

## 四、延伸产品

延伸产品（Augmented Product）或称附加产品，是指提供超过顾客期望的服务和利益的部分，它是引起消费者购买欲望的有力促销措施。如旅馆提供数字电视节目、网络接口、鲜花、美味晚餐、优质服务等，使消费者获得惊喜和满足。营销者利用延伸产品实现自身产品区别于竞争者产品。

## 五、潜在产品

潜在产品（Potential Product）包括现有产品所有在将来可能出现的延伸和演进部分，指出产品未来发展方向。如彩电可发展为录放影机、电脑终端机等；普通旅馆可发展为全套家庭式旅馆；旅游产品可发展到购物旅游、现代工业旅游、现代农业旅游、学外语旅游等。

### 情境延伸

### 以牛奶为例，理解整体产品概念及顾客关系

| 牛奶中内含的五种利益 | | 满足的利益程度不同，顾客关系不同 | |
|---|---|---|---|
| 营养健康…………………… | 核心利益 | 无核心利益/无形式利益…………… | 无顾客 |
| 牛奶/包装/卖者/工具………… | 有形利益 | 仅有核心利益和形式利益……… | 有零星顾客 |
| 干净/好味道/送货………… | 期望利益 | 满足到期望利益……………… | 有满意顾客 |
| 定期安排到家庭奶场旅游……… | 附加利益 | 满足到附加利益……………… | 有偏爱顾客 |
| 提供牛奶饮食之法………… | 潜在利益 | 满足到潜在利益……………… | 有忠诚顾客 |

随着社会进步、人们消费水平和层次的提高、市场竞争的加剧，竞争焦点不断转移，产品整体概念的外延不断延伸扩展，内容越来越丰富。尤其是延伸产品不再是产品整体系统中一个可有可无、可多可少的附属部分，而是日益重要的产品支持服务，是现代企业竞争、高层次竞争的关键性手段。

### 情境模拟

你能举例说说身边形形色色的附加产品吗？

总之，产品是满足消费者的复杂利益集合，营销人员开发产品前应注意产品的整体概念，从而创造出最大限度满足消费者的一系列利益组合。

### 情境观察

### IBM：制造业率先引入服务营销

从汤姆斯·沃森创办IBM以来，IBM已有90多年的历史，美国人一直称它为"蓝色巨人"。它更被视为卓越管理和先进技术的典范。多年来其推出的各种型号的计算机称霸于世。1991年美国经济徘徊于低谷，IBM公司破天荒出现29亿美元的亏损；1992年，IBM又

亏损50亿美元。1993年3月公司董事会选定51岁的计算机外行——郭纳士为下一任总裁。

郭纳士上台后，推出"服务至上"的理念，大打服务牌，提出"得客户者得天下"的口号。明确提出对客户做到"四个C"，即客户的需要（Customer），客户可承受的价格（Cost），客户能方便地买到产品（Convenience），厂商与客户的双向交流与沟通（Communication）。由于每个方面的内容在英语中的第一个字母都是C，故简称为"四个C"的客户服务战略。在这一宗旨的推动下，郭纳士这个计算机"门外汉"终于让快要倒下的蓝色巨人又以挺拔的身姿站了起来。目前IBM仅在中国就已建立了300多家零售店，在61个城市建立起72个服务点。这对于一向以为自己是计算机行业的大哥来说，并不容易。

讨论：郭纳士领导下的IBM经营理念、指导思想发生了什么变化才令其扭亏为盈的？

# 情境任务2　判断产品生命周期

**情境导入**

20世纪90年代媒体及刊物曾经有评论，抨击了日本等发达国家在20世纪80年代将其国内早已过时、淘汰的黑白电视、窗式空调等生产线、产品当作先进技术、高科技产品输入中国，并还因此获得了可观的效益的行为；同时，文章也批评了国内政府官员没有深入考察，花了大价钱换取的却不是世界最先进的技术与生产线的错误。

讨论：日本等发达国家为什么能够以高价输出其落后技术、生产线或淘汰的产品？

**情境认知**

## 一、产品生命周期的含义

产品和人的生命一样要经历形成、成长、成熟、衰退的发展变化过程，即产品生命周期（Product Life Cycle）。产品生命周期指的是产品的市场寿命，它不同于产品使用寿命，它是指产品从进入市场开始到被市场淘汰的整个过程，由导入期、成长期、成熟期和衰退期四个阶段组成，如图4-1-2所示。

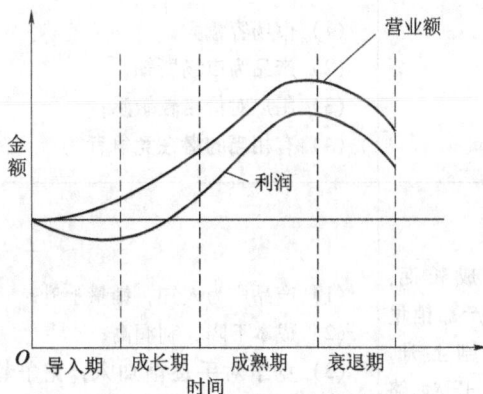

图4-1-2　产品生命周期曲线

**情境提示**

产品生命周期曲线的特点：在产品开发期间该产品销售额为零，公司投资不断增加；在导入期，销售缓慢，初期通常利润偏低或为负数；在成长期销售快速增长，利润也显著增加；在成熟期利润在达到顶点后逐渐走下坡路；在衰退期间产品销售量显著衰退，利润也大幅度滑落。该曲线适用于对一般产品的生命周期的描述。

## 二、典型产品生命周期各阶段的特征及营销策略

典型的产品生命周期的四个阶段呈现出不同的市场特征，企业的营销策略也就以各阶段

的特征为基点来制定和实施，如表4-1-1所示。

表 4-1-1　典型产品的生命周期各个阶段的特点及应采取的营销策略

| 产品生命周期阶段 | 市场特点 | 营销方针与营销目标 | 相应的营销策略 |
|---|---|---|---|
| 导入期：产品刚投放市场 | （1）绝大多数消费者没意识到该产品；<br>（2）知道的人购买欲望强，不大在乎价格；<br>（3）产品存在潜在的竞争对手；<br>（4）企业想提高产品声誉 | 方针："快"——人无我有，尽快打开销路，在目标市场上站稳脚跟<br>目标：培养顾客，提高产品知名度 | 快速撇脂策略（高价高促销），即产品一投入市场便定高价并大力采用促销活动加以配合 |
| | （1）市场规模有限；<br>（2）大多数消费者对产品有所了解；<br>（3）购买者对价格不敏感；<br>（4）潜在的竞争对手少 | | 缓慢撇脂策略（高价低促销），即高价格、低促销的方式推出产品 |
| | （1）市场规模大；<br>（2）消费者对该产品知晓甚少；<br>（3）购买者对价格敏感；<br>（4）潜在竞争对手多且竞争激烈 | | 快速渗透策略（低价高促销），即采用定价低、高促销活动来大力推出新产品 |
| | （1）市场容量大；<br>（2）产品为市场所知；<br>（3）用户对价格较敏感；<br>（4）有相当的潜在竞争者 | | 缓慢渗透策略（低价低促销），即采用定价低、低宣传推广活动推出新产品 |
| 成长期：指产品销量急剧上升，打开销路阶段 | （1）产品广为人知，销量上升；<br>（2）成本下降，利润高；<br>（3）竞争对手逐渐加入，竞争趋于激烈 | 方针："好"——人有我优，塑造良好品牌形象，加强品牌地位<br>目标：培养顾客偏好，提高产品美誉度 | （1）改善产品品质，增加品种款式；<br>（2）寻找新的细分市场；<br>（3）改变广告宣传重点；<br>（4）适时降价 |

续表

| 产品生命周期阶段 | 市场特点 | 营销方针与营销目标 | 相应的营销策略 |
|---|---|---|---|
| 成熟期：指产品迅速普及的阶段，此阶段的产量和销量最大且持续增长 | （1）成熟期一般持续的时间长，可分为三个阶段：<br>① 成长中的成熟——总销售额缓慢上升；<br>② 稳定中的成熟——销售额最高，市场趋于饱和；<br>③ 衰退中的成熟——销售额开始下降<br>（2）产品销售量与利润均最高，企业的经济收入主要靠成熟阶段；<br>（3）潜在顾客减少，认品牌购买者多；<br>（4）市场竞争激烈，各种牌号同类产品增加 | 方针："长"——延长产品的成熟期，努力维护企业市场地位，保持市场占有率<br>目标：培养忠诚顾客，提高产品信赖度，实现利润最大化 | （1）产品改良策略；<br>（2）市场改良策略；<br>（3）营销组合改良策略 |
| 衰退期：销量每况愈下，开始衰退 | （1）产量和销量急剧下降，新产品逐渐替代老产品；<br>（2）价格下降，成本上升，并终因无利可图而退出市场；<br>（3）促销手段已不起作用 | 方针："缩"、"转"——缩减产销规模，转产新产品，适时推陈出新<br>目标：最大限度增收节支，减少损失 | （1）维持策略；<br>（2）集中策略；<br>（3）榨取策略 |

第一阶段：导入期（Introduction Stage）

产品从设计投产直到投入市场试销，就进入导入期。此时产品品种少，顾客对产品还不了解，除少数追求新奇的顾客外，几乎无人实际购买该产品。该阶段产品生产批量小、制造成本高、广告费用大、产品销售价格偏高、销售量极为有限，企业通常不能获利，反而可能亏损。

根据导入期的特点，企业应加快产品生产定型，对外加强宣传与促销，提高产品的知名度，让消费者尽快认识和购买；还可把价格与促销水平进行匹配，采取撇脂或渗透的策略。

（1）快速撇脂策略。以高价格、高促销费用推出新产品。该策略可尽快收回投资，适用于有较大的需求潜力，面临潜在竞争者的威胁，需求价格弹性小的新、特、优产品。

（2）缓慢撇脂策略。以高价格、低促销费用推出新产品，目的是以尽可能低的费用开支求得更多的利润。该策略适用于市场规模较小，已有一定的知名度，目标顾客熟悉、稳定，选择性不强，潜在竞争威胁不大，需求价格弹性较小的产品，如必需品、专用品、收藏品等。

（3）快速渗透策略。以低价格、高促销费用推出新产品。目的在于先发制人，快速打入市场，取得尽可能大的市场占有率后，再降低成本，取得规模效益。该策略适用于市场容量相当大，潜在竞争较为激烈，目标顾客对产品不了解，选择性强，需求价格弹性较大的日用品。

（4）缓慢渗透策略。以低价格、低促销费用推出新产品。该策略适用于市场容量大，潜在竞争者威胁不大，知名度较高，选择性强，需求价格弹性较大的产品。

**情境提示**

导入期的营销策略，用一个字概括："快"。

第二阶段：成长期（Growth Stage）

成长期是产品逐渐为顾客接受，市场销量迅速增长的阶段。此时需求量和销售额剧增，成本大幅度下降，利润迅速增长，竞争开始加剧。

针对成长期的特点，企业为维持其市场增长率，延长获取最大利润的时间，应培养顾客偏好，提高产品美誉度。可以采取下面六种策略：

（1）技术改造或扩大批量生产。积极筹措和集中必要的人力、物力和财力，进行基本建设或技术改造，以利于迅速增加或扩大生产批量，并降低成本。

（2）改善产品品质。如增加新的功能，改变产品款式，发展新的型号，开发新的用途等，在商标、包装、款式、规格和定价方面做出改进，可以提高产品的竞争力，满足顾客更广泛的需求，吸引更多的顾客。

（3）寻找新的细分市场。通过市场细分，积极开拓新的市场，创造新的用户，扩大销售。

（4）努力疏通并寻找新的流通渠道，扩大产品的销售面。

（5）改变广告宣传的重点。把广告宣传的重心从介绍产品转到建立产品形象上来，树立产品品牌，维系老顾客，吸引新顾客。

（6）适时降价。在适当的时机，可以采取降价策略，以激发那些对价格比较敏感的消费者产生购买动机和采取购买行动。

**情境提示**

成长期的营销策略，用一个字概括："好"。

第三阶段：成熟期（Maturity Stage）

经过成长期之后，随着购买产品的人数增多，市场需求趋于饱和，产品进入成熟期，此时是产品的主要销售阶段。产销量大，成本降至最低点，利润达到最高点，销售量由增长缓慢变为缓慢下降，竞争进一步加剧，导致广告费用再度提高，利润下降。

对成熟期的产品，应培养忠诚顾客，提高产品信赖度，以实现利润最大化。有的弱势产品应该放弃，以节省费用并开发新产品。可以采取以下三种营销策略：

（1）产品改良策略。在保持原有用途的情况下，在原有市场推出经过改进的产品，如品质改良即增加产品耐用性、可靠性、速度或口味等功能性效果；特性改良即增加规格、重量、材质、附加物、附属品等新特性；式样改良即增加产品美感上的需求。或者发现产品的新用途以获得新的用户，使产品销售量得以扩大。

（2）市场改良策略。开发新市场来保持和扩大自己的市场份额。寻找市场中未被开发的部分，如使非使用者转变为使用者；通过宣传推广使顾客更频繁地使用以增加购买量；通过市场细分，努力打入新的市场区划，如地理、人口、用途的细分；赢得竞争者的顾客等。

（3）营销组合改良策略。将现有产品以新的价格、新的渠道，进行新的促销，刺激销售量的回升。常用的方法包括降价；改变广告方式引起消费者兴趣；采用多种促销方式，如大型展销或附赠礼品等；扩展分销渠道；提高服务质量或改进货款结算方式等。

### 情境提示

成熟期的营销策略归纳为一个字就是"长"，即采取各种策略措施，延长产品的成熟期，或使产品生命周期出现再循环，以获取较多的利润。

第四阶段：衰退期（Decline Stage）

随着科技的发展，新产品或替代品出现，以及消费习惯的改变等，产品老化，销量锐减，利润迅速下降，竞争者纷纷退出，从而进入淘汰阶段，直至产品最后完全撤出市场。

面对处于衰退期的产品，企业应最大限度增收节支，减少损失。企业可选择"维持"、"集中"、"榨取"等三种策略。

（1）维持策略。保持原有细分市场，沿用原有营销组合，销售维持在一个低水平上，待适当时机，停止该产品的营销，退出市场。

（2）集中策略。集中资源于最有利的细分市场、最有效的分销渠道、最容易销售的品种和款式，以缩短经营战线，从最有利的市场获得尽可能多的利润。

（3）榨取策略。通过进一步降低生产成本和销售费用，如停止广告宣传、减少销售人员等，来增加眼前利润，通常为产品停产前的过渡策略。

### 情境提示

衰退期的营销策略可归纳为"缩"、"转"二字，即缩减产销规模，转产新产品，用开发的新产品去占领市场。

### 情境延伸

## 延长产品生命周期的方法

#### 1. 增加产品的功能和用途

就是在原有产品功能的基础上增加新的功能。例如电风扇，在原有功能的基础上增加定时功能，方便了消费者。

#### 2. 开辟新的市场

（1）在同一地区开辟新的目标市场。

（2）到新的地区去占领市场。

国际市场广阔，基础条件不一，同一产品在不同市场上会处在不同的市场生命周期阶段，即出现产品在此处积压彼处脱销的现象。比如，在城市饱和而在农村尚待推广，在国内市场上饱和，而在国际市场上还很畅销。

#### 3. 改进市场营销策略

如增加服务项目，降低价格，加大促销力度，提供优惠的付款方式等。

#### 4. 转移生产场地

把处于成熟期、衰退期的产品转移到尚处于产品生命周期较早阶段的国家或地区去进行生产，这是发达国家常采用的方法之一。如20世纪七八十年代，美、日的部分企业把处于成熟期的电视机、音响转移到中国香港、中国台湾、韩国、新加坡等国家和地区生产。因为处于成熟期的产品，降价已成为主要的市场对策，而发展中国家和地区的工资低，从而可以大幅度地降低成本。这些产品返销回国或在国际市场上销售都有较强的竞争力，同时还能占领发展中国家的一部分市场。

### 情境延伸

## 特殊的产品生命周期

特殊的产品生命周期包括风格型产品生命周期、时尚型产品生命周期、热潮型产品生命周期、扇贝型产品生命周期四种特殊的类型，它们的产品生命周期曲线并非通常的S形，如图4-1-3所示。

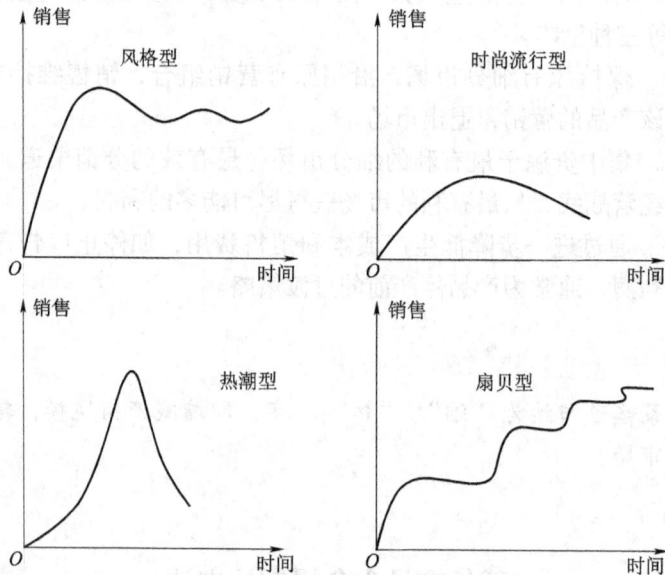

图4-1-3　特殊的产品生命周期曲线

风格（Style），是一种在人类生活基本固定但特点突出的表现方式。风格一旦产生，可能会延续数代，根据人们对它的兴趣而呈现出一种循环再循环的模式，时而流行，时而又可能并不流行。

时尚（Fashion），是指在某一领域里，目前为大家所接受且欢迎的风格。时尚型的产品生命周期的特点是，刚上市时很少有人接纳（独特阶段），但接纳人数随着时间慢慢增长（模仿阶段），终于被广泛接受（大量流行阶段），最后缓慢衰退（衰退阶段），消费者开始将注意力转向另一种更吸引他们的时尚。

热潮（Fad），是一种来势汹汹且很快就吸引大众注意的时尚，俗称时髦。热潮型产品的生命周期往往快速成长又快速衰退，主要是因为它只是满足人类一时的好奇心或需求，所吸引的只限于少数寻求刺激、标新立异的人，通常无法满足更强烈的需求。

扇贝型产品生命周期主要指产品生命周期不断地延伸再延伸，这往往是因为产品创新或不时发现新的用途。

### 三、国际产品生命周期

站在国际市场的角度看，由于不同国家的地区科技、经济发展不平衡，生产力水平高低不同，影响产品生命周期的因素不同，同一产品在不同国家和地区很可能处于生命周期的不同阶段。针对这种经济现象，美国经济学家雷蒙德·弗农 1966 年首先提出了"国际产品生命周期"（International Product Trade Cycle）的理论。该理论认为，在国际贸易中的产品一般会经过三个阶段——新产品阶段、成熟产品阶段、标准化产品阶段。弗农指出，像美国、日本这样高度发达的国家在世界贸易中起着开创性作用，随后又遭到其他发达国家的激烈竞争，最后发达国家又不得不向发展中国家购买产品，而把重点转移到发展更新的产品上，从而形成一个国际产品生命周期。

（1）新产品（New Product）阶段，也称导入期。由于美国、日本等高度发达国家有先进的技术和雄厚的资金，因而首先致力于产品的开发以满足本国消费需要。当在本国市场销售达到一定程度后，凭借对技术的垄断，以较高价格向其他发达国家（如欧洲市场）出口，导入国际市场。这是一国出口垄断阶段。

（2）成熟产品（Maturing Product）阶段，也称产品成长和成熟初期。新产品在欧美市场销路良好，这时发达国家开始在新产品的基础上仿制或研制同类产品。到了成长期后期，发达国家自己研发的同类产品更适应本国需要，美国产品逐步退出欧美市场，转而到发展中国家寻找市场，而欧洲等发达国家精明的厂商也开始盯上发展中国家，美国的出口优势渐失。这是多国生产、出口阶段。

（3）标准化产品（Standardized Product）阶段，也称产品成熟后期。产品不断完善，已形成标准化生产，发展中国家也大力引入发达国家的技术设备，以较低的成本成功地生产出标准化产品投放市场。此时美国厂商竞争力尽失，逐步退出市场，本国的消费也逐渐转为进口，企业集中资金和精力开发更新的技术。这是全球竞争、向原创国"反向出口"阶段。像电视机、洗衣机从发展中国家流入发达国家的比重不断提高正是例证。

在国际产品生命周期发展中显示了这样的变化：

新产品的开发国（高度发达国家）：最先的出口国——后为该产品进口国。

发达国家：最先的进口国——后为该产品出口国。

发展中国家：开始是进口国——后向上面两类国家出口产品。

#### 情境提示

国际产品生命周期理论给我们提供了许多有益启示：营销人员要利用产品在不同市场所处的不同阶段，不断调整市场结构，及时转移目标市场，以延长产品的生命周期，长久占领国际市场；同时发展中国家的营销人员更应因势利导，及时转产先进国家淘汰和转移的产品，填补某些国家市场空缺，利用本国低成本优势展开国际竞争；拥有技术原创优势的企业在出口后期应转为对外直接投资，当地化生产，巩固国际竞争地位。

### 四、产品生命周期各阶段的判断

产品生命周期各阶段的判断一般采取销售趋势分析法、产品普及率分析法、同类产品类比法等。

（1）销售趋势分析法。销售趋势分析法是用各个时期实际销售增长率的数据（$\Delta Y/\Delta X$）的动态分布曲线来划分各阶段。其中：$\Delta Y$ 表示销售量的增加量；$\Delta X$ 表示时间的增加量。

若 $\Delta Y/\Delta X$ 之值大于 10%，则该产品处在成长期；

若 $\Delta Y/\Delta X$ 之值在 0.1% ~ 10%，则该产品处在成熟期；

若 $\Delta Y/\Delta X$ 之值小于 0，则该产品处在衰退期。

（2）产品普及率分析法。产品普及率分析法即按人口平均普及率或家庭平均普及率来分析产品生命周期所处的阶段。

$$人口平均普及率 = 社会拥有量/人口总数$$
$$家庭平均普及率 = 社会拥有量/家庭户数$$

当平均普及率处于 15% 以下时为导入期，处于 15% ~ 50% 时为成长期，处于 50% ~ 80% 时为成熟期，超过 80% 时为衰退期。

（3）同类产品类比法。对于一些新产品，由于没有销售资料，很难进行分析判断，此时，可以运用同类产品的历史资料进行对比分析。

# 情境任务3    制订国际产品组合策略

当企业刚刚进入一个新的国际目标市场，它该向当地市场提供多少种产品和产品线？哪些产品合适呢？

## 情境认知

国际营销企业为了满足需求、扩大销售、分散风险、增加利润，往往经营多种产品，进行产品组合，以求保证产品的国际竞争力。

## 一、产品组合及组合要素的含义

产品组合（Product Mix）又称产品结构或产品搭配，是指一个企业向市场提供的全部产品线和产品项目的组合方式，是一个企业所经营全部产品的质的组合与量的比例关系，可以通过广度、深度、长度和关联度反映出来。例如雅芳的产品组合包括化妆品、珠宝首饰、时装和日常用品四条主要产品线，每条产品线还可以包括几个子产品线，如化妆品可细分为口红、眼线笔、粉饼等，每个产品线有许多单个独特的产品项目。雅芳的产品组合包含了1 300 多个产品项目。

产品项目（Product Item）是指产品的品种，即列入企业销售目录产品的名称。

产品线（Product Line）是指一组密切相关的，具有类似功能，满足同类需求，消费群体、销售渠道等相近的产品组合。例如，电冰箱、果汁机、抽油烟机、煤气炉等产品都是为了满足做饭所需要的产品，因而构成厨房设备产品线。又如，一个大型服装工业公司生产各种服装，男服、女服、儿童服装构成了产品组合。其中女服就是一条产品线，这条产品线中的西装、大衣、连衣裙等分别是产品项目。

产品组合的广度是指企业所有的产品线的数量。如美国宝洁公司拥有六条产品线，即牙膏、肥皂、洗涤剂、除臭剂、尿布和咖啡，则它的产品组合广度是 6。产品线越多，产品组合就越宽，反之就越窄。较宽的产品组合有利于提高企业在国际市场上的竞争力。

产品组合的深度是指一条产品线内有多少不同的产品项目。项目越多，产品组合越深。如上面提到的厨房制品产品线，若它有电冰箱、果汁机、抽油烟机、煤气炉等产品项目，则该产品的产品线的深度是 4。较深的产品组合有利于满足同一目标市场消费者的多样化需求。

产品组合的长度是指产品组合中所有产品项目的总数。

产品组合的关联度是指企业各条产品线之间在资源供应、生产条件、资源利用、分销渠道、最终用途等方面相关联的程度。增加产品组合的关联度，可以充分利用企业现有技术、生产资源和营销能力，从而提高企业在同行业中的竞争能力。

**情境案例**

宝洁公司部分产品组合如表 4 – 1 – 2 所示。

**表 4 – 1 – 2　宝洁公司部分产品组合**

| 产品线长度 | 产品组合的宽度 | | | | |
| --- | --- | --- | --- | --- | --- |
| | 洗涤剂 | 牙膏 | 香皂 | 尿布 | 纸巾 |
| 品牌 | 象牙雪<br>洁拂<br>汰渍<br>快乐<br>奥克多<br>达士<br>大胆<br>吉思<br>黎明 | 格里<br>佳洁士 | 象牙<br>柯柯<br>拉瓦<br>佳美<br>爵士<br>舒肤佳<br>海岸<br>玉兰油 | 帮宝适<br>露肤 | 媚人<br>白云<br>普夫<br>旗帜 |

表 4 – 1 – 2 中，宝洁公司有五条产品线，即宝洁公司产品组合的广度为 5；宝洁公司产品组合的长度为 25，则该产品组合的平均深度为 25/5 = 5；洗涤剂产品线深度为 9，牙膏产品线深度为 2，香皂产品线深度为 8，尿布产品线深度为 2，纸巾产品线深度为 4。宝洁公司产品都是日化产品，因此关联程度较高。

**情境模拟**

举例说明知名企业的产品线数目，产品组合广度、深度及关联度等情况。

## 二、产品组合类型

产品组合就是企业根据市场需要及企业的资源、设备、资金、技术力量等内部条件，选择产品组合的广度、深度及其关联性来确定经营的规模、范围。常见的产品组合类型有全面全线型、市场专业型、产品线专业型、特殊产品专业型、选择性专业型等，如图 4-1-4 所示。

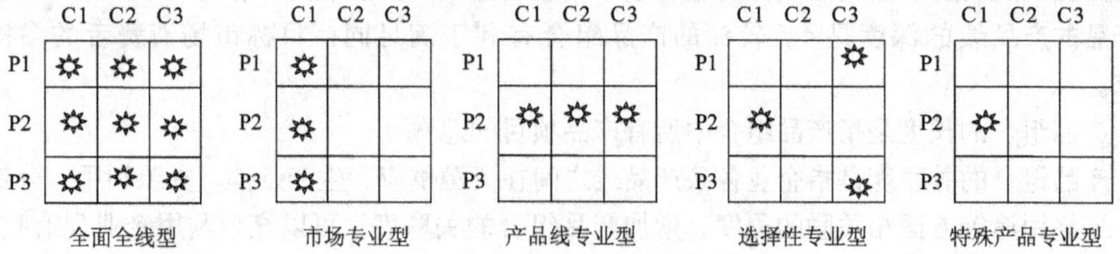

图 4-1-4　五种产品组合模式

注：横坐标表示产品，纵坐标表示市场

（1）全面全线型，是指向市场提供所需要的各种产品，即其广度和深度都大，而对产品线之间的关联性没有严格的限制，即多种经营。

（2）市场专业型，是指向某个专业市场提供所需要的各种产品，也就是其广度和深度都较大但关联度较小的产品组合。例如，以建筑业为产品市场的工程机械公司，其产品组合就应该由推土机、翻斗车、挖掘机、起重机、水泥搅拌机、压路机和载重卡车等产品线所组成。

（3）产品线专业型，是指企业专注于某类产品的生产，即广度和深度较小但密度大的产品组合。如某汽车制造厂，其产品都是汽车，但根据不同的市场需要，设立小轿车、大客车和运货卡车三条产品线以适合家庭用户、团体用户和工业用户的需要。有的企业集中经营单一的产品线，即广度最小、深度一般的产品组合。如有的汽车制造厂专门生产作为个人交通工具的小汽车，不生产大客车、运货卡车以及其他用途的汽车。

（4）选择性专业型，指企业只生产某类产品中一个或少数几个品种的产品来满足市场需求的产品组合策略。

（5）特殊产品专业型，是指企业根据消费者的特殊需要而专门生产特殊产品项目。建立这种产品线，一般来说市场小、竞争威胁较小、易管理、风险大。

## 三、产品组合分析与优化

企业应定期检查、评估现行的产品组合，分析其能否使企业在未来销售增长、销售稳定与获利三方面实现均衡发展。

### 1. 四象限评价法

四象限评价法又称为波士顿矩阵法、BCG 法，即"市场成长—市场份额"矩阵图（Growth – Share Matrix），是美国波士顿咨询（顾问）集团首创的决策咨询方法和工具，可用于企业产品组合分析、优化和对企业内各战略经营单位元进行资源配置决策，它结合产品生命周期理论，十分简便易行。BCG 矩阵的纵坐标为销售（销售量或销售额）增长率，横坐标为相对市场占有率，即本企业产品的市场占有率与同行业最大竞争对手的产品的市场占有率之比（亦即二者的销量之比）。假设销售增长率以 10% 为分界线，相对市场占有率以 1 为界限（这个数字不绝对，可提高或降低），则 10% 以上为高增长率，10% 以下为低增长率；1以上为高占有率，1以下为低占有率，这样就形成了4种组合、4个象限、4类产品，如图4-1-5所示。

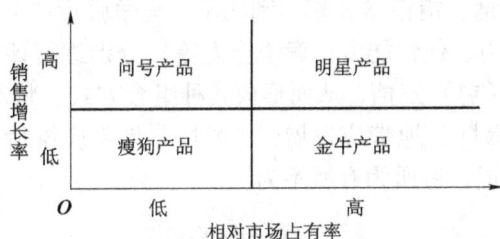

图4-1-5　四象限评价法矩阵图

BCG矩阵的分析如表4-1-3所示。

表4-1-3　BCG矩阵分析

| 产品类型 | 特征 | 产品生命周期阶段 | 营销对策 |
|---|---|---|---|
| 明星（Star）产品，也称为热门产品、抢手产品 | 销售增长率高，相对市场占有率也较高 | 成长期，市场潜力大 | 企业应重点支持、优先保证，需投入大量现金来维持其高增长率和占有率 |
| 金牛（Cash Cow）产品，也称为奶牛产品、摇钱树产品、厚利产品 | 销售增长率低，但相对市场占有率很高 | 成熟期，能为企业提供大量现金收入和利润 | 保护、维持其市场份额，努力延长其市场寿命，并以盈利来支持其他需要投资的产品 |
| 问号（Question Mark）产品，也称为问题产品、幼童（Problem Child）产品、野猫（Wild Cat）产品 | 销售增长率较高，但相对市场占有率低 | 导入期，市场前景难卜 | 企业应做多种准备，或者积极扶持，投入大量现金来提高市场占有率；或者暂时维持；或者提前淘汰 |
| 瘦狗（Dog）产品，也称为不景气产品、疲软产品、衰退产品、失败产品 | 销售增长率和相对市场占有率都很低 | 衰退期，有时可能产生一些收入，但通常利润微薄甚至亏损，得不偿失 | 企业应有计划地减产，适时从市场上撤退 |

企业应有足够的金牛产品以提供现金，支持明星产品、问号产品、瘦狗产品；同时应投资有前途的问号产品，使之变成明星产品；应支持明星产品，使之变成金牛产品。如果问号产品和瘦狗产品大大多于明星产品和金牛产品，企业经营情况就会恶化。

**2. 九象限评价法**

九象限评价法又称为GE矩阵法、产品系列平衡法、麦肯锡矩阵法，由美国麦肯锡

（McKinsey）咨询公司首先提出，在通用电气公司（GE）得到了成功应用，后经日本企业进一步改进、量化的多因素投资经营业务组合矩阵。GE法运用加权平均方法对企业各种产品的市场引力（包括市场容量、销售增长率、利润率、竞争强度等）和企业实力（包括生产能力、技术能力、管理能力、促销能力、竞争能力等）分别进行评价，按加权平均的总分，划分为大（强）、中、小（弱）三档，从而形成九种组合方式、状态（如图4-1-6所示）以及三个区域、地带："绿灯"地带应发展，"黄灯"地带应维持，"红灯"地带应削减，企业应在市场上"有进有退，有所为有所不为"。

| 竞 争 能 力 | | |
|---|---|---|
| **强** | **中** | **弱** |

| 市场吸引力 | 强 | 中 | 弱 |
|---|---|---|---|
| **大** | 保持优势<br>★以最快、可行的速度投资发展<br>★集中努力，保持力量 | 巩固投资<br>★向市场领先者挑战<br>★有选择地加强力量<br>★加强薄弱环节 | 有选择地发展<br>★集中有力量<br>★努力克服缺点<br>★如无明显增长就放弃 |
| **中** | 有选择地发展<br>★重点投资最有吸引力部分<br>★加强竞争力<br>★提高生产能力，以增加赢利能力 | 选择和维持<br>★在赢利能力强、风险低的单位集中投资<br>★维持现有投资水平 | 有限发展或缩减<br>★寻找风险小的发展方法，否则尽量减少投资，合理经营 |
| **小** | 固守和调整<br>★保持现有收益<br>★集中力量于有吸引力的单位<br>★保存力量 | 保持现有收益<br>★在大部分赢利单位保持优势<br>★尽量减少投资 | 放弃<br>★在赢利可能最小时出售<br>★降低固定成本，避免投资 |

图4-1-6 九象限评价法

　　GE矩阵法为了对产品线组合进行评估分析，采用了市场吸引力和产品线竞争能力两大指标。其中，市场吸引力主要根据该行业的市场规模、市场增长率、历史毛利率、竞争强度、技术要求、通货膨胀、能源要求、环境影响以及社会、政治、法律因素等加权评分得出，分为高、中、低三档。产品线竞争能力主要根据企业产品线的市场份额、市场增长率、产品质量、品牌信誉、分销网、促销效率、生产能力与效率、单位成本、物资供应、研究与开发实绩、管理人员等加权评分得出，分为强、中、弱三档。GE矩阵法较之BCG矩阵法综合考虑更多因素更全面，但可操作性降低。

## 四、国际营销产品组合策略

　　国际营销产品组合策略，是指企业根据国际市场的需要、企业的经营目标和实力，对产品组合的宽度、深度、关联度进行优化组合，以达到最佳产品组合的策略。企业通常采取的产品组合策略有以下三种：

### 1. 扩展策略

　　（1）扩大产品组合的宽度。即企业开发和经营市场潜力大的新产品线，扩大生产经营范围以至实现跨行业的多样化经营。例如，海尔集团在经营中不断扩大产品线，由原来生产冰箱、洗衣机扩展到生产电视机、计算机、手机、厨房用品、建筑材料等。采用这种策略，可以扩大企业的经营范围，充分利用企业资源，减小经营风险，提高经济效益，并且可以利用原有产品线的声誉、形象来开拓市场，增强竞争能力。

**情境案例**

## 康师傅扩大产品组合的宽度

"康师傅"是中国最为消费者熟悉的品牌之一。康师傅控股有限公司于1992年开始生产方便面，由于市场营销策略准确得当，取得了可喜的销售业绩。公司从1996年扩大业务至糕饼及饮品，均使用"康师傅"品牌销售。目前，康师傅作为中国食品行业的领导企业，集团的三大品项产品，皆已在中国食品市场占有显著的市场地位。AC Nielsen2009年12月的零售市场研究报告显示，在这期间康师傅集团在方便面、即饮茶及包装水销售额的市场占有率分别为54.6%、48.4%和19.6%，同时稳居市场领导地位；稀释果汁及夹心饼干分别以14.2%及25.5%居同类产品第二位。

康师傅集团产品组合如表4-1-4所示。

**表4-1-4　康师傅集团产品组合**

| 方便食品 | 康事业部：红烧牛肉｜香辣牛肉｜麻辣牛肉｜麻辣排骨｜辣旋风<br>海陆鲜汇｜亚洲精选｜酱香传奇｜东北炖｜油泼辣子<br>酸香世家｜江南美食｜本帮烧｜山珍海烩｜老火靓汤<br>千椒百味｜蒸行家｜油辣子传奇｜陈泡风云｜面霸<br>干拌面｜食面八方｜好滋味｜劲爽拉面｜点心面<br>福事业部：金牌福满多｜超级福满多｜福香脆｜福满多｜一碗香 |
|---|---|
| 饮品 | 冰红茶｜劲凉冰红茶｜绿茶｜鲜の每日C｜矿物质水｜<br>甜蜜一族康果汁｜酸梅汤｜实粒派｜茉莉清茶｜大麦香茶 |
| 糕饼 | 妙芙蛋糕｜3+2夹心饼干｜威酥夹心｜甜酥夹心｜美味酥<br>蛋黄也酥酥｜蛋酥卷｜彩笛卷｜乐芙球｜珍宝珠｜巧芙派｜米饼｜五谷珍宝 |

（2）扩大产品组合的深度。即企业增加产品线中产品的项目，使同一种产品的规格更加齐全。如尼康的数码相机有专业、准专业之分，每类都有1 200万像素、1 800万像素、2 400万像素等不同品种，这样可以满足不同消费者在不同情况下的需要。

**情境案例**

## 日本厂商扩大产品组合的深度

日本厂商在很多领域中都用增加产品品种为一项主要的市场渗透战略，日本手表制造商大概最能体现这一点。其在美国销售的精工表就有400多种，既有石英表，也有机械表，在世界范围内，其精工制造和销售的手表型号总共达2 300余种。

佳能在照相机行业取得的成功，也是围绕着产品多样化这条主线进行的。佳能所获得的一大成功是它的AF-1型35毫米单镜头反光相机，接着它又出售许多不同型号的相机，而这些相机正是在原先型号的基础上略加改装而成的。佳能的销售策略在许多日本企业中是具有代表性的：当一种新产品投放市场时，下一个就将接踵而来。

（3）扩大产品组合的关联度。即企业增加关联度比较大的产品线，从而充分利用企业原有的人力、物力、财力，扩大经营规模和范围，提高企业在同行中的声誉。例如，某家用电器公司拥有电视机、DVD、组合音响、复读机生产线。一些著名的时装公司像金利来、皮尔·卡丹等，他们不仅生产西装、衬衫，还生产皮包、皮带、领带、领带夹这些与服装关联性较强的产品，增强了企业在这一领域的服务效能，建立了企业的整体品牌形象。

### 2. 缩减策略

产品组合状况直接关系到企业销售额与利润。在市场竞争中，产品线有不断扩展的趋势，原因是许多企业的生产能力过剩，使得产品经理不断增加新产品，营销部门也会促使企业进一步完善产品线以满足顾客的要求。但是随着产品线的扩展，设计、仓储、运输、促销等费用相应增加，如果减少产品项目的结果是能增加利润，则表明现有的产品线过长。企业应从产品组合中剔除那些获利很小甚至无利或者亏损的产品线或产品项目，集中力量发展效益高、前景好的产品线和产品项目，从而促进生产经营专业化程度的提高，向市场纵深发展，提高市场竞争力。例如，IBM 公司为了全力以赴向 IT 服务转型，2004 年 12 月 IBM 公司做出将 2003 年税前营运亏损 1.18 亿美元的个人计算机业务终止的决定，并以 12.5 亿美元将个人计算机业务卖给联想。

### 3. 产品延伸策略

产品延伸策略包括向上延伸、向下延伸、双向延伸三种。

（1）向上延伸：企业将原来定位于低端市场的产品线向上延伸，增加中高档的产品项目。例如，日本本田公司在打开美国摩托车市场时，采用向上延伸的产品策略，即将摩托车档次从低于 125 cc 延伸到 1 000 cc，从而在国际摩托车市场上显示了较强的竞争力。企业采取向上延伸的产品策略一般受高端市场的快速增长率和高利润所吸引；或高档市场竞争者较少，市场容易占领；或企业希望发展成为全线制造商。

（2）向下延伸：企业将最初定位于市场高端的产品线向下延伸，将产品的档次向中低档次方向扩展。企业采取向下延伸策略一般基于以下原因：如企业的高、中档产品已树立了良好的形象；高档产品的销售增长速度缓慢或下降；开拓市场吸引更多购买者。例如，上海通用针对中国市场，将品牌从凯迪拉克向下延伸至别克、雪佛兰。2005 年，上海通用旗下豪华品牌为凯迪拉克 CTS，中档品牌有别克凯越与定位在入门家用车的雪佛兰景程，低档品牌为雪佛兰赛欧。

（3）双向延伸：企业在经营中档产品的同时向高档产品、低档产品两个方向延伸。日本丰田公司对它的产品线采取了双向延伸战略。在它的中档产品花冠的基础上，为豪华汽车市场推出凌志轿车，为高档市场增加了凯美瑞，为低档市场增加了威驰。凌志的目标是吸引高级经理；凯美瑞的目标是吸引中层经理；花冠的目标是吸引低层经理；威驰的目标是手里钱不多的首次购车者。

# 情境任务4　制订国际产品策略

### 情境导入

国际营销面对的是世界各国（地区）不同的市场环境，因此，企业面临的重要决策问题之一是：向全世界所有不同的市场都提供标准化产品，还是为适应每一特殊的市场而设计差异化产品？

**情境认知**

# 一、国际产品标准化策略

## 1. 产品标准化策略及其意义

国际产品的标准化策略是指企业向全世界不同国家或地区的所有市场都提供相同的产品。实施产品标准化策略的前提是市场全球化。自 20 世纪 60 年代以来，社会、经济和技术的发展使得世界各个国家和地区之间的交往日益频繁，消费者需求也具有越来越多的共同性，如可口可乐、麦当劳快餐、好莱坞电影、苹果手机等产品的消费者遍及世界各地。

**情境提示**

在经济全球化步伐日益加快的今天，企业实行产品标准化策略，对夺取全球竞争优势无疑具有重要意义：可使企业实现规模经济，大幅度降低产品研究、开发、生产、销售等各个环节的成本而提高利润；有利于树立产品全球统一形象，强化企业的声誉，有助于消费者对企业产品的识别，从而提高知名度；产品标准化可降低企业全球营销管理的难度，另一方面可集中营销资源，从而增强营销活动的控制力。

## 2. 选择产品标准化策略的条件

企业应根据以下四方面来决定是否选择产品的标准化策略。

（1）产品的需求特点。从全球消费者的角度来看，需求可分为两大类。一类是全球消费者共同的与国别无关的共性需求；另一类则是与各国环境相关的各国消费者的个性需求。在全球范围内销售的标准化产品一定是在全球具有相似需求的产品。营销人员应当正确识别消费者在产品需求中究竟是无差别的共性需求占主导地位，还是有差别的个性需求占主导地位。对共性需求占主导地位的产品，宜采取产品标准化策略。

**情境提示**

下列产品的需求特征表现为无差别的共性需求成分偏大：大量的工业品，如各种原材料、生产设备、零部件等；某些日用消费品，如软饮料、胶卷、洗涤用品、化妆品、保健品、体育用品等；具有地方和民族特色的产品，如中国的丝绸、法国的香水、古巴的雪茄等。

**情境案例** ## 雀巢的国际产品标准化

成立于 1867 年的瑞士雀巢集团，是世界上最大的食品公司之一。雀巢产品主要涉及咖啡、矿泉水、猫狗食品、冰淇淋，在同行业中均处于领先地位。此外，在奶粉、调味品、巧克力糖果、眼科医疗用品等产业也享有较高声誉。为了更好地对产品的质量、品牌等进行管理，雀巢公司作出了统一的战略部署：

标签化标准（Labelling Standards），对标签设计组成的各种元素做出明确规定，如雀巢咖啡的标识、字体和使用的颜色，以及各个细节相互间的比例关系。这个文件还列出了各种不同产品的标签图例。

包装设计手册（Package Design Manual），提出了使用标准的各种不同方式，例如包装使用的材料及包装的形式。

品牌化战略（Branding Strategy），包括了雀巢产品的营销原则、背景和战略品牌的主要特性的一些细节。这些主要特性包括：品牌个性、期望形象、与品牌联系的公司、《标签化标准》和《包装设计手册》涉及的视觉特征以及品牌使用的开发。

（2）产品的生产特点。从产品生产的角度来看，适宜于产品标准化的产品类别为在研发、采购、制造和分销等方面获得较大规模经济效益的产品。具体表现为，技术标准化的产品，如电视机、录像机、音响等产品；研究开发成本高的技术密集型产品，这类产品必须采取全球标准化以补偿产品研究与开发的巨额投资。

（3）竞争条件。如果在国际目标市场上没有竞争对手出现，或市场竞争不激烈，或者市场竞争虽很激烈，但本公司拥有独特的生产技能，且是其他公司无法效仿的，企业可以采用标准化策略。

（4）实施标准化产品策略必须做成本—收益分析。严格根据收益情况来进行决策。产品、包装、品牌名称和促销宣传的标准化无疑都能大幅度降低成本，但只有对大量需求的标准化产品才有意义。

尽管产品标准化策略对从事国际营销的企业有诸多有利的一面，但难以满足不同市场消费者不同的需求。

## 二、国际产品差异化策略

（1）产品差异化策略的含义。国际产品差异化策略是指企业向世界范围内不同国家和地区的市场提供不同的产品，以适应不同市场的消费者因所处不同的地理、经济、政治、文化及法律等环境尤其是文化环境的差异而形成的对产品的千差万别的个性需求。与社会文化的关联性强的产品，国际消费者需求差异更加突出。

（2）产品差异化策略的优劣分析。跨国公司实行差异化策略的竞争优势主要体现在：有利于使跨国公司的产品融入当地文化，更好地满足当地消费者需求；有利于形成强有力的行业进入障碍；降低购买商对价格的敏感度，或提高购买商的转换成本，削弱购买商讨价还价的能力。

然而，产品差异化策略对企业也提出了更高的要求：首先是要鉴别各个目标市场国家消费者的需求特征，这对企业的国际市场调研能力提出了很高的要求；其次是要针对不同国家的市场开发设计不同的产品，要求企业有很强的研究开发能力；第三是企业生产和销售的产品种类增加，其生产成本及营销费用将高于标准化产品，企业的管理难度也将加大。因此，企业应分析自身实力以及投入产出比，综合判断，再作抉择。

## 三、标准化和差异化融合策略

标准化和差异化策略各有优劣，简单地采用一种策略已经不能适应现代经济全球化的变化发展，在尽量标准化基础上的适度差异化是必然选择。折中但富有效率的做法是对国际市场进行宏观细分，即根据某种标准（如地理、经济、文化等）将整个世界分为若干子市场，每一个子市场由许多国家组成，它们具有基本相同的营销环境。针对各子市场的不同特点和需求，企业实行差异化的营销策略，但在每一个子市场内实行高度标准化的策略。

**情境案例**　　　　喜力（Heineken）啤酒：标准化生产与营销上的自由

　　这个世界第二大酿酒厂十分注意产品的连贯性，它所有的啤酒都坚持一个配方，确保每个地方的产品都是一样的。每隔 14 天，他们的酿酒厂都会送样品到挪威的专业品酒师那里。公司甚至会从远在上海的小店里回购瓶装啤酒进行测试。员工不允许改动标签上的字、减淡包装颜色或改变酒瓶的样子。

　　但喜力的 CEO 卡尔（Karel Vursteen）承认让营销标准化是不可能的。"我们不相信可以用相同的方法传达给不同的文化。在美国和西欧，啤酒是生活的普通组成部分，它是用来解渴的。在澳大利亚和新西兰，啤酒是非常男性化的产品。在很多东南亚国家，啤酒几乎是精制的'女性化'产品。因此，我们给当地销售人员很多销售和广告上的自由。"

## 四、国际营销中的产品适应

　　目标市场的环境限制，语言、产品使用条件、法律标准、安全要求和产品责任规定的差异等，都决定了产品难以标准化。适应目标市场的消费者需求特点，是从事国际营销活动的企业在产品策略上的主导方向。

　　（1）强制性的产品适应。为了保护本国消费者或者维持已有的商业习惯，各国政府会针对产品制定出一些特殊法律、规则和要求。如每个国家的大众健康标准和保健方法不同，发达国家坚持对产品进行临床检验；美国对消费品安全法规的十条规定，出口到美国的产品，只用美国的安全标准衡量，而忽略贸易合同相关条款和出口国的规定标准。再如出口彩电机型方面，国外消费者要求产品设计不能有太多的剩余功能。举例说，美国的电视制式是 NTSC，销往美国的彩电只做成 NTSC 就行了，绝对不要再加什么 PAL 制式，但同时美国市场上所要求的彩电须具有防暴力防色情画面的 V—CHIP 功能却不能少。

✎ **情境延伸**

### 各国对产品的强制性规定

　　中国质量监督检验检疫总局和中国认证认可监督管理委员会，公布实施新的强制性产品认证制度，新制度自 2002 年 5 月 1 日起实施。列入目录的产品必须经认证及格、加施认证标志后，方可出厂、进口、销售和在经营活动中使用。新认证标志的名称为"中国强制认证"，英文缩写为 CCC。另加认证种类标注（如"S"代表安全认证）。

　　美国政府虽然不立法搞强制认证，但他们充分利用第三方权威认证机构及认证体系，开展对涉及安全、卫生、环保的产品认证，其中 UL 就是最有代表性的一个。虽然美国联邦政府并未要求产品一定要达到 UL 标准，但联邦政府在调查安全案时就用 UL 规定的标准进行检验，美国消费品安全委员会在裁决产品是否安全时，UL 的测试结果是他们的主要依据。

　　日本对进口产品不仅有严格的标准，而且还通过认证制度和产品的合格检验等对进口商品设置重重障碍。日本通产省管理认证产品占全国认证产品总数的 90% 左右，实行强制性和自愿性两类产品认证制度。强制性认证制度以法律的形式颁布执行，其认证产品主要有消费品、电器产品、液化石油气器具和煤气用具等。

　　澳大利亚对汽车、家用电器等实行强制管理制度。

　　（2）文化要求的产品适应。企业必须对各国物质文化、教育等方面影响所形成的消费习惯和心理加以适应。将一种产品投放到并不需要该物品甚至禁忌该物品的文化环境中，无论该产品如何价廉物美，品牌知名度如何高，也无法赢得消费者的青睐。如穆斯林信仰的伊斯兰教是禁止饮酒的，那么无论是法国的葡萄酒，还是苏格兰的威士忌，投放到穆斯林国家都是徒劳无益的。

（3）产品使用习惯的适应。不同的国家或地区，市场上相同产品的使用方法可能存在区别，主要是因为世界各国的文化、生活方式以及气候、地理因素等造成，产品要进行相应的改变。

**情境案例　美国热水器巨头 A·O·史密斯的节能技术牌**

美国热水器巨头 A·O·史密斯刚刚进入中国时，发现消费者为了省电，会频繁地拔插头。电是省了，但很不方便，而且无法随时享用热水。结果是，热水器只被用来洗澡，因为洗澡还值得兴师动众一下。而洗碗、洗菜、洗手、洗衣服的时候，热水器就被遗忘了。

针对中国消费者的生活习惯，A·O·史密斯研制出了 AES 自适应节能系统。AES 自适应节能系统能够按照用户的使用习惯提前预先加热。而在非用水时间 AES 则启动中温保温方程式，根据设定温度计算出最节能的保温温度，减小热水器内外温差，因而大大减少保温加热次数，真正做到不拔插头更省电。结果受到了中国消费者的欢迎。

（4）环境保护要求的适应。各国的自然环境以及对环境的关心程度大有不同。如欧盟严格控制固体垃圾、福特拟采用环境标准 ISO 14001 为全球标准。

**情境观察**

欧盟 25 国在 2005 年 8 月 13 日正式实施《报废电子电气设备指令》（WEEE 指令），指令要求在今后欧盟市场上流通的电器生产商（包括其进口商和经销商），必须承担支付报废产品回收费用。2006 年 7 月 1 日正式实施《关于在电子电气设备中禁止使用某些有害物质指令》（ROHS 指令）。指令规定，欧盟市场上将禁止含有特定有害物质的产品出售及使用。这两项指令涉及产品近 20 万种，几乎涵盖了我国主要出口机电产品，直接涉及金额达 122亿美元。中国的电子产品似乎总是游离于欧美各种技术壁垒之间，尤其在环保领域，每一次新环保法案的实施，对中国企业都是一次"锁喉令"。继欧盟对彩电、日光灯、打火机等产品高筑技术壁垒之后，欧盟这两个新环保法案成为横亘在我国企业面前一道更加难以逾越的新环保"门槛"。

**讨论**：很多学者认为这是欧盟新的贸易保护主义举措。我们应该抨击这种做法并进行对等的还击，还是努力适应呢？

# 情境任务5　制订国际新产品开发策略

**情境导入**

企业有四种建立竞争优势的途径：提供给顾客更好、更新、更快或是更便宜的产品及服务。在产品生命周期不断缩短的现代竞争环境中，加速创新程序是最基本的工作。在家电行业全球领先的日本市场，海尔却能独领风骚，靠的就是不断创新。海尔通过大量的市场调查和细分市场，迅速推出了专为日本消费者设计的全自动洗衣机"个人洗衣间"、专为中老年消费者设计的洗衣机，从个性化的"洗虾机"到"洗荞麦皮"的洗衣机，从手搓式洗衣机到世界首创的第四种洗衣机——"双动力"洗衣机，再到具有杀菌消毒功能的"保健家族系列"，都受到了挑剔的日本消费者的欢迎。海尔成为日本家电市场销量上升最快的国外洗衣机品牌。海尔通过关注用户需求层出不穷地创造出一系列人无我有的个性化高科技产品，不仅创造了新的产品，更创造了新的需求，在获得庞大顾客群的同时，很好地树立了海尔洗衣机的市场形象。

**讨论：**不断推出新产品对于企业占有及扩大市场份额有较大帮助，但是新产品的研发需要大量成本，也得承担失败的风险，一般是大企业充当研发先锋。中小企业如何平衡创新与成本及风险的关系呢？

科学技术的迅猛发展和市场竞争的加剧迫使国际营销企业对动态的、具有前瞻性的新产品开发有迫切的需要。开发新产品不仅能迎合消费者对新事物永无止境的需要，还能使企业自身在发展中巩固和更新可竞争资源，强化自身竞争力。

### 情境认知

## 一、新产品的含义及分类

新产品是一个相对的概念，是指新发明的产品，或者在原有产品基础上对产品的结构、性能、材料或技术特征等方面有所创新或改进，或者在某些地区的国际市场上初次出现的产品。根据新产品的含义，可以把新产品划分为以下四种类型。

(1) 全新产品，是指采用新技术、新原理、新工艺、新材料研制出的全新的产品。例如汽车、飞机、电视机和电子计算机的问世。全新产品的开发不仅需要大量的资金和先进的技术做支撑，而且风险很大。据估计，开发一种新药将至少耗时 15 年，且费用高达 3 亿美元。

(2) 换代新产品，又称革新产品，是指对原有产品局部革新，部分采用新技术、新工艺、新材料、新结构，功能、性能有显著提高的新产品。例如，电视机由黑白电视机到彩色电视机再到数字电视机。

(3) 改进新产品，是指对现有产品的性能、规格、式样、功能、结构、包装等进行小改进，使其具有新的特点和新的用途。如将普通移动闪存 U 盘改成在移动存储的功能上加有 MP3 音乐播放、数码录音、收音等多项功能的存储设备等。这种改进所需资金少，风险小。市场上销售的大部分新产品均属于此种类型。日本的索尼公司，80% 的产品构思都是通过改进和修正现有的产品得来的。

(4) 仿制新产品，是指企业在不侵犯他人知识产权条件下仿制国际市场已有产品，稍加改变或不做改变，打上本企业品牌投产上市。仿制新产品投资少，难度小、风险小，对发展中国家而言，企业有计划引进和仿制国外的新产品，能大大缩短和国际先进水平之间的差距。我国在 20 世纪 80 年代生产的彩色电视机，如"金星"、"黄河"，就是应用日本"日立"、"东芝"彩色电视机的原理生产的。

## 二、新产品的开发方向

(1) 节能产品。能源短缺是世界性和长期性问题。无论是工业产品还是日用消费品，都应尽可能节约耗能。在国际汽车市场上，美国汽车一向是无可替代的。然而，20世纪70年代的石油危机使得耗能低的日本汽车战胜美国汽车，取代了美国汽车多年的霸主地位。

（2）小型和微型产品。人们的审美观念已从厚、重、长、大转向轻、薄、短、小。因此小巧的商品受到重视，如袖珍收音机、微型计算机等。

（3）多功能产品，指产品的性能和用途扩大。产品一物多用，一机多用。

（4）操作简单产品。新产品趋向使用高科技，但操作要力求简单、安全、自动。例如，新型的煤气热水器做到了"水龙头一开，热水即来"，受到了消费者的偏爱。

（5）多样化产品。指通过对现有产品的扩大、缩小、部件替换、组合等方法改变产品结构，增加品种、规格、型号等，满足更多顾客、更多方面的需求。例如，可伸缩的晾衣架给消费者带来了方便。

### 三、国际市场新产品开发程序

新产品的开发程序在国内市场与国际市场都大致相似，一般分为八个阶段，如图4-1-7所示，即新产品的构思、创意的筛选、产品概念的形成与测试、拟定初步的营销规划、商业分析、新产品研制、市场试销、商业化。

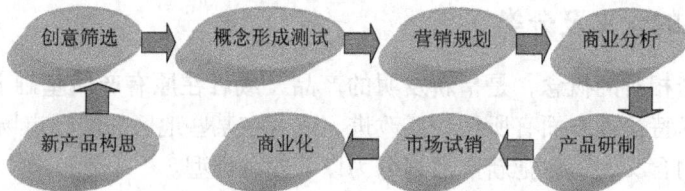

**图4-1-7　新产品的开发程序示意图**

#### 1. 新产品构思

一个新产品的形成，始于构思。所谓构思就是满足国际目标市场一种新需要的设想。国际市场新产品的构思来源于诸多方面，如国外消费者需求、企业技术人员和业务人员、国际市场竞争者、国际市场经销商和企业海外营销人员、国外营销调研公司、咨询公司、国外科技研讨会、国际产品展销会、博览会、国内的研究机构、高等院校等。企业需积极地在世界范围内寻找好的产品构思。

#### 2. 创意的筛选

创意的筛选就是对形成的构思进行评估，研究其可行性，并筛选出可行性高的构思，淘汰那些不可行或可行性较低的构思，将企业的资源集中于成功机会较大的创意上。据对产品经理的一项调查，100个新产品创意中，约有17个能通过开发程序，8个能真正进入市场。因此，企业须制定严格的国际化选拔标准，兼顾产品自身与市场两个因素，评估其对全球不同市场的适宜性与局限性。由于各个区域市场的不同，一个不适宜于西欧的构思也许在南美就成了奇思妙想。

#### 3. 产品概念的形成与测试

经过筛选的产品构思要进一步发展成为产品概念。所谓产品概念是从消费者的角度用文字图案、模型对产品构思所做的具体的详尽的描述，具有特定产品的形象。一般一个产品构思可以发展成为若干个产品概念。如一个生产手表的企业关于时尚手表的产品构思，可从以下几个方面将其具体化：时尚手表的主要目标顾客是谁（中年、青年、少年）？时尚手表的价格（高档、中档、低档）、款式如何确定？这样可以形成若干个产品概念。

企业将产品构思发展成产品概念后要选出最佳的产品概念，并进行目标顾客测试。企业在测试时，应该了解清楚以下六个问题：

（1）购买该产品的目标顾客是谁。

（2）顾客对该产品是否感兴趣，是否知道该产品的优点。

（3）顾客对该产品的需求程度。

（4）顾客认为该产品的价格相对其价值来说是否合理。

（5）顾客是否愿意购买该产品。

（6）顾客对该产品的改进意见。

产品概念测试获得的信息对企业完善产品构思、开发新产品很重要。测试结果一方面可以作为新产品设计研制的依据，另一方面也可以作为企业拟定初步营销规划的依据。

### 4. 拟定初步营销规划

企业在研究最佳的产品概念并经过产品概念的测试后，还必须制定一个把该产品引入市场的初步营销规划。初步的营销规划一般应由三部分组成：第一部分阐述目标市场的规模、结构、顾客的购买特点、新产品的市场定位及最初几年的产品销售量、市场占有率、投资利润率等；第二部分阐述新产品的预期价格、分销渠道和第一年的营销预算；第三部分阐述较长时期的计划销售量、投资收益率及不同时期的市场营销组合策略。

### 5. 商业分析

商业分析是判断营销规划在商业活动中的可行性，实际上是经济效益分析。商业分析包括对产品销售额的估计、对成本和预期利润的估计。

### 6. 新产品研制

新产品研制包括设计、制造和测试三个步骤：

（1）新产品的设计是将产品概念中所确定的产品性能、结构、尺寸、型号、工艺要求及制造中所需的原材料等用文件、图纸的形式表示出来，设计要求精确、思路清晰。

（2）新产品制造是按照设计图纸、工艺文件等试制出新产品样本。试制出的产品各项性能指标、功能、成本与产品概念相吻合，就可以确定其试制基本成功。

（3）新产品的测试是指在产品概念转化为产品模型或样品后，对其进行严格的功能测试及消费测试，以发现新产品在使用中的问题并进行必要的改进。如新药试制出来后要经过几年的动物试验和人体实验，测试合格经过批准后才能投入市场。

### 7. 市场试销

企业在进行大量资金投放和全面推广产品之前，通过试销产品来获得经验，并较真实地了解顾客的反应，测试产品和整个营销方案——市场定位战略、广告、销售、定价、品牌和包装、预算标准等是否切实可行。

✎ 情境延伸

## 新产品试销策略

新产品试销应对以下五个问题做出决策。

（1）试销的地区范围。在市场试销地区的选择上，应保证试销地区可以作为主要目标市场的缩影，且具备足够的广告与市场调查机构，以及适宜的产品推广网络等基础设施。

（2）试销的费用开支。

（3）试销的规模。市场试销的规模主要取决于两个方面。一是投资费用和风险的高低。新产品的投资费用大、风险高，试销的规模就应该大一些，如美国联合利华公司就曾把一种型号的肥皂在向市场推广之前，在亚特兰大试销了两年。二是市场试验费用的多少和时间的长短。新产品的市场试验费用越多、时间越长，市场试销的规模就应相对大一些，反之可以小一些。一般而言，市场试验费用不宜在新产品开发费用总额中占太大的比例。

（4）试销中所取得的资料。主要了解首次购买情况（试用率）和重复购买率（再购率）。

（5）试销的营销策略及试销成功后应进一步采取的战略行动。

### 8. 商业投放

新产品试销成功后，就可以正式大批量生产，全面推向市场，实现产品的商业化。新产品投放市场初期常常销售量小、利润低，甚至会出现亏损。因此企业应对产品投放市场的时机、区域、目前市场选择和最初营销组合等方面做出慎重决策。

**情境延伸**

## 新产品商业投放策略

### 1. 推出新产品的时机

新产品推出的时机，有多种因素需要考虑。如果新产品季节性强，应在季节到来时才向市场推出。如果新产品推出时面临竞争，可以抢先推出，使新产品取得先入为主的优势；同时推出，和竞争者分享"第一"的好处，开展竞争有推动作用，同时可以和竞争者分担促销费用；后期推出，从而了解竞争者暴露出来的弱点，以便修正自己的营销策略，同时可以减少企业开拓市场的费用。如果新产品是企业的换代新产品，应在老产品的库存销完后再上市比较恰当。

### 2. 推出新产品的地点

在国际市场营销中一般是向有吸引力的国家或地区的市场首先推出新产品。有吸引力的市场应该具有市场规模较大，市场潜力大，本企业在市场上有良好的声誉及形象，推出新产品所需成本低，市场竞争不很激烈，该市场对其他国际市场有较大的影响等特征。

### 3. 新产品的目标顾客

企业必须明确新产品卖给谁。通过试销，企业对新产品的潜在顾客已经比较了解，他们一般具有如下特征：是新产品的早期采用者；是新产品的大量使用者；有一定的社会影响力和扩散力，能对产品进行正面宣传。企业把他们作为目标顾客，能利用他们来影响其他购买者，使新产品得到迅速扩散和采用。

### 4. 推出新产品的方法

企业要想顺利地将新产品推向市场，要制定相应的市场营销组合策略、营销预算和组织相关的市场营销活动，如产品展销会、新闻发布会等。

## 四、新产品开发风险降低策略

（1）优质策略。即开发起点高、质量高的优质产品，并注意适合国情、适合顾客需要；

注意市场潜力，才能有助于新产品迅速占领市场，增强企业的竞争力。

（2）低成本策略。在开发过程中要注意大力降低成本，主要从研制的技术路线、产品结构、使用材料、工艺改革等方面挖掘潜力，以低廉的成本优势扩大市场占有率，迅速形成大批量生产，提高利润。

（3）配套策略。根据企业自身的具体情况，主动为支柱企业和大型企业开发生产所需的配套产品，为其提供配套服务。如一些中小型企业为大型汽车厂配套生产电动刮水器、新型电灯等。一般说来，为主导企业提供配套的产品若能达到其需求时，新产品的销路就不成问题。

（4）拾遗补缺策略。即积极开发急需的或短缺的新产品。这种策略有利于企业填补空白，在市场上抢占优势地位。

# 情境任务6　制订国际品牌策略

## 情境导入　　国际品牌价值

　　2011 年 5 月 9 日，华通明略（Millward Brown Optimor）发布了 BrandZ 全球品牌 Top100（简称 BrandZ 品牌100 强）排行榜，排行中的前 20 强，如表 4 - 1 - 5 所示。100 强排行榜印证了强大品牌具有从经济衰退中迅速恢复的能力。2010 年 BrandZ 品牌 100 强创出总值高达二兆亿美元的品牌价值，相较 2006 年首次公布的相比，增加了 40%，也比 2009 年全球金融危机时增加了 4%。苹果以（2010 年）84% 的惊人价值增长，成为全球最具价值品牌，结束了 Google 连续四年雄踞 BrandZ 最具价值全球品牌 100 强榜首的历史。谷歌不仅跌落至第 2 位，品牌价值更下跌了 2%，是 10 大品牌中唯一价值下跌的品牌。这个排行榜上前 10大都是科技及电信公司，技术创新是品牌价值提升的主要驱动力。品牌 100 强中 19 个来自新兴市场，较上一年的 13 个多；另外，随着全球经济重新增长，品牌 100 强总价值增加了 17%。

　　BrandZ 品牌的排名主要依据三个关键指标：① 品牌价值；② 品牌贡献，即品牌对企业盈利能力的贡献；③ 品牌动力，即未来一年品牌增加、增长前景。

表 4 - 1 - 5　2010 年 BrandZ 品牌 20 强品牌价值排行表

| 排名 | 升降 | 英文品牌名 | 中文名 | 地区 | 行业 | 品牌价值（百万美元） | 品牌价值变化(%) | 品牌贡献 | 品牌动力 |
|---|---|---|---|---|---|---|---|---|---|
| 1 | ↑2 | Apple | 苹果 | 北美 | 科技 | 153 285 | 84 | 4 | 9 |
| 2 | ↓1 | Google | 谷歌 | 北美 | 科技 | 111 498 | -2 | 4 | 4 |
| 3 | ↓1 | IBM | IBM | 北美 | 科技 | 100 849 | 17 | 3 | 5 |
| 4 | ↑2 | McDonald's | 麦当劳 | 北美 | 快餐 | 81 016 | 23 | 4 | 7 |
| 5 | ↓1 | Microsoft | 微软 | 北美 | 科技 | 78 243 | 2 | 4 | 7 |
| 6 | ↓1 | CocaCola | 可口可乐 | 北美 | 软饮料 | 73 752 | 8 | 5 | 9 |
| 7 | ↑15 | AT&T | AT&T | 北美 | 电信 | 69 916 | (N/A) | 3 | 4 |

续表

| 排名 | 升降 | 英文品牌名 | 中文名 | 地区 | 行业 | 品牌价值（百万美元） | 品牌价值变化（%） | 品牌贡献 | 品牌动力 |
|---|---|---|---|---|---|---|---|---|---|
| 8 | ↓1 | Marlboro | 万宝路 | 北美 | 烟草 | 67 522 | 18 | 4 | 4 |
| 9 | ↓1 | China Mobile | 中国移动 | 亚洲 | 移动运营商 | 57 326 | 9 | 4 | 9 |
| 10 | ↓1 | GE | 通用电气 | 北美 | 综合集团 | 50 318 | 12 | 1 | 2 |
| 11 | — | ICBC | 中国工商银行 | 亚洲 | 金融机构 | 44 440 | 1 | 2 | 5 |
| 12 | ↓2 | Vodafone | 沃达丰 | 欧洲 | 移动运营商 | 43 647 | -2 | 2 | 4 |
| 13 | ↑7 | Verizon | Verizon | 北美 | 移动运营商 | 42 828 | (N/A) | 3 | 4 |
| 14 | ↑1 | Amazon | 亚马逊 | 北美 | 零售 | 37 628 | 37 | 3 | 10 |
| 15 | ↓2 | Walmart | 沃尔玛 | 北美 | 零售 | 37 277 | -5 | 2 | 5 |
| 16 | ↑14 | Wells Fargo | 富国银行 | 北美 | 金融机构 | 36 876 | 97 | 3 | 2 |
| 17 | ↓1 | UPS | 联合包裹 | 北美 | 服务 | 35 737 | 35 | 4 | 8 |
| 18 | ↓6 | HP | 惠普 | 北美 | 科技 | 35 404 | -11 | 3 | 4 |
| 19 | 新上榜 | Deutsche Telecom | 德国电信 | 欧洲 | 电信 | 29 774 | (N/A) | 2 | 4 |
| 20 | ↓2 | Visa | Visa | 北美 | 金融机构 | 28 553 | 15 | 4 | 9 |

↑上升，↓下降，—持平

资料来源：BrandZ's Top100 Most Valuable Global Brands 2011.

**讨论：**为何品牌有价值，尤其是名牌价值很高？它是企业资产吗？可以转售吗？为何中国企业创出世界名牌的比较少？

## 情境认知

### 一、品牌与商标的含义

美国市场营销协会将品牌（Brand）定义为一种名称、术语、标记、符号或设计，或是它们的组合运用，其目的是以此辨认某个销售者的产品或劳务，并使之同竞争者的产品或劳务区别开来。品牌作为一个集合的概念，包括品牌名称（Brand Name）、品牌标志（Brand Mark）。

（1）品牌名称是指品牌中能够读出声的部分，如海尔、百事可乐、索尼、耐克等。

（2）品牌标志是指品牌中不能读出声的但可以识别的部分，又称Logo，包括色彩、图案、符号及独特的字体。

**情境模拟**

为你所关注的企业或其产品设计你认为更适合的Logo。

企业在政府有关主管部门注册登记的品牌或品牌的一部分称为商标。企业注册成功便获得商标专有权,受法律保护,其他任何组织和个人都不得仿效使用。而且商标权是一种资产、权益,有价值,可作价、可依法继承、抵押、转让,也可作为对其他企业的投资。

**情境提示**

商标是一个法律名称,是经过合法注册的产品名称、标志、图案和设计等;而品牌则是一个商业名称,没有经过合法注册,不受法律保护。品牌与商标是总体与部分的关系,所有的商标都是品牌,但品牌不一定是商标。

一个品牌可以传递特定属性、利益、营销价值与顾客价值、个性、使用者类型、象征的文化等六个方面的内涵。

## 二、品牌、商标的作用

对于消费者,品牌、商标是识别商品的最重要标志,是商品广告信息的标志化,比企业名称、商品名称更能发挥区别功能,方便人们认知、辨别、记忆、寻找、选购商品,从而简化交易。商标能够体现商品、商品生产经营者的个性。好的品牌、商标能提高顾客满意度,使顾客产生信任感,为顾客创造附加价值。商标是对顾客的承诺,保证商品一定的质量、特色,防止受骗。

对于企业、商品生产经营者,品牌、商标是产品整体概念的重要组成部分,是企业精神的象征,是"无声的宣传员",是一种"长久性广告",是商誉的一部分。品牌是企业重要的无形资产,是现代市场竞争的核心内容,好的品牌、商标可增加企业产品的价值,增强市场竞争力,取得"名利双收"的效果。美国品牌价值协会主席拉里·莱特说:"拥有市场比拥有工厂重要,而拥有市场的唯一途径就是拥有占统治地位的品牌。"在国际市场上,没有商标的产品一般被认为是劣质产品。

**情境案例**

法国皮里耶集团公司生产的"皮里耶"矿泉水,被美国人发现有13瓶含苯超量,该公司立即将销往全世界的1.6亿瓶矿泉水就地销毁,造成两亿多法郎的经济损失,被新闻界称为"疯狂的决定",但它维护了自身的品牌信誉。

对于国家,通过商标注册管理,可加强对商品质量的监督,打假治劣,维护消费者和生产经营者的合法权益;有利于建立、维持正当竞争的市场秩序,促进社会经济健康发展。

## 三、国际营销的品牌策略

企业进行品牌决策,基本上有三个层次性问题需要分别考虑,如图4-1-8所示。此外,还应适时延伸品牌,必要时变更品牌。

### 1. 品牌化策略（Branding）

品牌化策略即企业使用品牌与否的策略,包括使用品牌还是不使用品牌,以及品牌是否注册为商标。

使用品牌对企业有如下好处:利于订单处理和对产品的跟踪;可保护产品的某些特征不被竞争者模仿;为吸引忠诚顾客提供了机会;有助于市场细分;有助于树立产品和企业

形象。

尽管品牌化是商品市场发展的大趋势，但对于单个企业而言，是否要使用品牌还必须考虑产品的实际情况。因为在获得品牌带来的上述好处的同时，建立、维持、保护品牌也要付出巨大成本，如包装费、广告费、标签费和法律保护费等。所以在欧美的一些超市中又出现了一种无品牌化（No Brand）的现象，如细条面、卫生纸等一些包装简单、价格低廉的基本生活用品，这使得企业可以降低在包装和广告上的开支，以取得价格优势。

在国际营销中，品牌化意义不大的话，可以"无牌"，如：生产工艺简单、无技术标准的产品；超市出售的简装廉价的不注册商品；电力、煤炭、自来水、钢材等均质产品；无法确保质量标准的

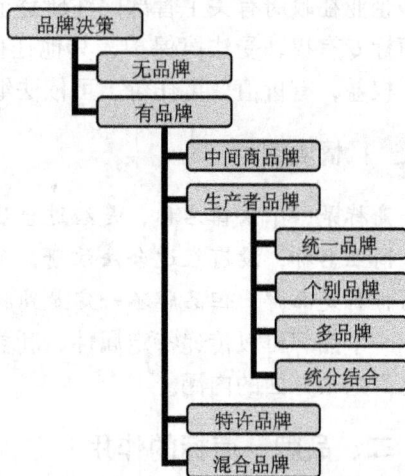

图4-1-8　国际品牌决策策略图

农、牧、矿类初级产品；临时的一次性生产产品；试产试销产品；小范围销售产品；习惯上只认货不认牌的商品；低质易耗的小商品等。

**2. 品牌归属策略**

企业在决定使用品牌后，应对使用谁的品牌做出决策，在品牌的选择与使用上可以有四种选择。

（1）生产者的品牌。生产者的品牌也叫制造商品牌、工业品牌。使用生产者品牌是品牌策略中应用最广泛的一种选择。生产者采用自己的品牌出售产品可以建立企业的信誉和实施名牌战略，中间商使用生产者的品牌可节省宣传费用，便利地为消费者提供售后服务和保障。如"海尔"、"联想"、"丰田"等。

（2）中间商的品牌。指产品在销售过程中不使用生产商的品牌，而采用中间商的品牌。在目前的国际市场上，一些实力超群的中间商都建立了自己的品牌，可增强对供货企业的控制，从而降低进货成本，提高市场竞争能力，树立良好的企业形象。如美国著名的零售连锁店西尔斯（Sears）销售的产品中90%以上都用自己的品牌。

**情境提示**

一般而言，如果企业生产技术先进，具备良好的市场声誉，综合实力强，市场占有率高，甚至是市场上的领先者，就应该使用自己的品牌；如果企业实力弱，产品没有知名度，企业开拓市场能力不足，或是想进入陌生的国外市场，则可以考虑采用中间商品牌"借船出海"，借用中间商良好的商誉和完善的销售系统来销售自己的产品。

**情境案例**　　　　　**沃尔玛自有品牌**

至2005年年底，作为中间商，沃尔玛在全球有40个自有品牌，其中23个是全球性品牌，在全球范围内已开发出了超过19万种商品。沃尔玛主打的3个品牌分别是"Great Value"（中文名为惠宜），主要覆盖食品和非食品；"Mainstays"（中文名为明庭），主要覆盖家居用品；"Simply Basic"（中文名为简适），主要覆盖服装产品。由于省去了许多中间环

节，特别是广告推广和超市入场费，并通过规模效益降低销售成本，自有品牌产品通常具有明显的低价格、高品质的竞争优势。

（3）特许品牌。对于实力较弱、产品的市场占有率较低和企业声誉尚待建立的生产企业来说，可以考虑利用特许经营形式，在一定期限内支付给对方使用许可费，使用制造商的品牌，以促进企业的产品销售，提高市场占有率。特许产品的年销售额在全世界约为1 020亿美元。

（4）混合品牌。企业也可以决定部分产品采用自己的品牌，部分产品采用中间商的品牌。

### 3. 品牌关联策略

品牌关联策略是指企业确定品牌数量的决策，也称家族品牌策略。企业若决定其大部分或全部产品都使用自己的品牌，就要进一步决定其产品是分别使用不同的品牌，还是统一使用一个或几个品牌。企业可供选择的品牌关联策略主要有以下四种。

（1）统一品牌策略。指企业决定其所有的产品使用同一个品牌的策略，"一牌多品"。当企业现有产品在市场上具有较高声誉和知名度，市场占有率高，且本企业所有产品都具有相同的性质和质量时，可以采用这一策略。如 PHILIPS（飞利浦）、MITSUBISHI（三菱）等品牌。这种策略的优势在于：企业可以节省品牌业务的管理费用，尤其是在新产品促销宣传方面，可以借助原有品牌的声誉使新产品迅速占领市场；有利于扩大企业声誉，树立知名品牌的市场形象。但缺点是"一荣俱荣，一损俱损"，若某一产品经营失败就会影响其他产品和整个企业的信誉，故须严加管理，确保所有产品质量水平相当。

（2）个别品牌策略。指企业决定其不同的产品分别使用不同的品牌，"一品一牌"。当企业的产品品种较多，生产条件、技术专长等在各种产品上又有较大差别时，采用这一策略较为有利。采用这种策略可以避免不同大类的产品相互混淆，例如，史威夫特公司生产火腿和化肥两类完全无关联的产品，就分别取名为"普利姆"和"肥高洛"。个别品牌策略的优点还在于企业可以分散风险，对不同商品起隔离作用；便于消费者选择，满足不同细分市场需求；可以促进各类产品间的竞争，扩大品牌阵容，提高企业声望。但其缺点是因品牌过多，不易管理，品牌管理与营销相关费用高，也不易树立企业统一形象，创立名牌需要付出更多的时间与努力。

---

情境案例

瑞士 SMH 公司有 Swatch（斯沃琪）、OMEGA（欧米茄）、RADO（雷达）、LONGINES（浪琴）、TISSOT（天梭）等品牌；英荷联合利华公司有：OMO（奥妙）、Lux（力士）、HAZELINE（夏士莲）、Clear（清扬）、Comfort（金纺）、Vaseline（凡士林）、Pond's（旁氏）等品牌。

（3）多品牌策略。指企业决定对同一类产品使用两个或两个以上的品牌，"一品多牌"。由于消费者多是品牌转换者，不会永远忠于某品牌，为适应消费者换牌消费的需要，宝洁公司于1950年首创了将区别化策略推向极致的"一品多牌"策略，即功能完全相同或机会完全相同的产品也使用多品牌，吸引品牌转换者。比如单是洗发水就开发出主打柔顺的"飘柔"、主打滋养的"潘婷"、主打去屑的"海飞丝"、主打美发的"沙宣"等品牌。这样不仅能使总销量大于单一品牌的销量，而且有助于开展企业内部竞争，提高品牌经营绩效。

"与其等对手开发出新品去瓜分自己的市场，还不如让本企业各品牌产品分别占领市场，巩固自己的市场地位"。但是品牌也不是越多越好，应注意时时优胜劣汰。

### 情境链接

## 宝洁公司洗衣用品的多品牌策略

宝洁公司在洗衣用品市场上，通过市场细分，划分出 11 个不同的细分市场，并运用自身技术优势，研制出若干种适应不同细分市场的产品配方，并采用多品牌策略，形成了对洗衣用品市场的全面控制，其在美国的市场份额一度超过 50%，这是单个品牌所无法达到的。宝洁洗衣用品各品牌的名称及功能如下：

"汰渍"，是针对洗衣格外费力的使用环境的全能家庭洗衣粉，它强效，能洗净纤维内层。

"护色快乐"，具有卓越的清洁和保护功能，适用于热水、温水和凉水。它不含刺激性香味，不具有染色作用。

"博德"，是带有织物柔顺剂的洗衣粉，具有清洁、柔顺和控制静电三大功能。液体"博德"还能使柔软后的衣物有怡人清香。

"索罗"，是带有织物柔软剂的液态洗衣剂。

"埃拉"，是"天生去污手"，能去除顽固污渍。

"德洗"，可洗去顽固污渍且"只要很低的价格"。

"奥克雪"，含有漂白剂，使衬衫更加亮白。

"醉肤特"，含有天然的清洁剂，适于洗涤内衣、婴儿衣物和尿布。

"象牙雪"，是高纯度的中性肥皂，洗涤后不会留下任何不良化学成分，尤其适用于洗涤尿片和婴儿衣物。

"碧浪"，是针对西班牙裔消费者的高效清洁剂。

"甘原"，是含酶洗衣粉，洗后衣物不但干净，还有怡人的清香。

资料来源：菲利普·科特勒，加里·阿姆斯特朗·营销学导论［M］. 俞利军，译. 华夏出版社，2003.

（4）统分结合策略。即公司品牌和单个产品品牌相结合的策略，"主品牌 + 子品牌"。采用统分结合品牌兼具统一品牌策略和个别品牌策略的优点，既享受企业的声誉，节省促销费用，又使各品牌保持自己的特点和相对独立性。汽车业、计算机业、家电业多采用此策略。如英特尔（Intel）公司下有赛扬（Celeron）、奔腾（Pentium）、志强（Xeon）、网擎（Net Structure）、迅驰（Centrino）、安腾（Itanium）等品牌。大众（VW）汽车公司下有甲壳虫、奥迪、辉腾、帕萨特、桑塔纳、捷达、高尔夫、高尔、宝来、途锐等品牌。

### 情境观察

## 欧莱雅：为何"淡化"总品牌？

值得注意的一个细节是——宝洁的多品牌战略又有另外一种叫法，即"背书品牌战略"（担保品牌战略）。宝洁公司在推出它旗下的许多产品时，往往会给它们打上宝洁的印记，如"潘婷——宝洁公司优质产品"，以加强产品的权威感，提高消费者的信任度。

同样是世界 500 强企业，欧莱雅为什么不采取这样的策略呢？这是由欧莱雅所处的化妆品行业的属性所决定的。化妆品是一个以情感性利益和自我表现性利益为产品主要诉求的行业，品牌与品牌之间的最大区别不是功能，而是品牌所代表的不同的身份、不同的品位、不同的生活方式、不同的审美风格，总品牌无法支持各种不同的审美风格。许多时候，这种品牌间的差异往往是巨大的。对于一部分高端消费者来说，在大卖场选购化妆品，或把大众化妆品摆上她们的化妆台，简直是不可想象的。所以，对于"兰蔻"、"赫莲娜"等奢侈品牌来说，以"欧莱雅"这个中档品牌来背书是不合适的。

这样的策略同样存在于宝洁的 SK - Ⅱ。SK - Ⅱ作为宝洁公司化妆品的旗帜，背后并没有被大张旗鼓地宣扬，而是以一种更独立的姿态特立于宝洁公司旗下的各个品牌。

资料来源：中国营销传播网，2006 - 05 - 19，作者：翁向东、高建义。

**讨论：**说说你身边还有什么企业"淡化"总品牌。

#### 4. 品牌延伸策略

企业可利用已成功的品牌来推出改良产品或新产品，一方面在新产品上实现了品牌资产的转移，另一方面又以新产品形象延续了品牌寿命。品牌延伸可以是纵向延伸，推出同一产品大类的新品种、新口味、新成分、新款式和新包装等，如"昂立1号"扩展到"昂立多邦"；或者横向扩展，推出不同大类的产品，如"苹果"从计算机扩展到手机，"本田"相继推出了摩托车、汽车、除雪机、船用引擎、履带式雪上汽车、割草机等六条产品线。这一策略多适用于扩展相关产品、相关领域的产品，但应避免过度延伸后，进入过多不相关领域，稀释品牌信息、模糊品牌定位、削弱品牌联想，而引起消费者心理冲突，影响原品牌声誉。

#### 5. 品牌变更策略

当企业在现有品牌影响力逐渐丧失的情况下，顾客偏好发生转移时，可以创立一种新的品牌形象，进行品牌商标变更或品牌重新定位。在做出重新定位选择时，企业必须考虑将品牌转移到另外一个细分市场的费用，包括产品广告宣传费用、包装费用、品牌管理费用，以及定位于新位置的获利能力等。例如，美国七喜公司进行的"非可乐"饮料的重新定位宣传使企业获得了非可乐饮料市场的领先地位。

### 四、品牌、商标的设计要求

在国际市场上开展营销活动，品牌、商标是否被人们接受并留下深刻印象是至关重要的。一个好的品牌与商标能极大地促进产品的成功。企业可自己设计商标，也可委托有关机构设计或向社会公开征集商标设计。

商标设计首先必须符合商标法及有关法律法规的规定，不违背国际惯例，只有合法才能获准注册，受法律保护。

**情境延伸**

### 不得作商标的标志

我国商标法规定：任何能够将自然人、法人或者其他组织的商品与他人的商品区别开的可视性标志，包括文字、图形字母、数字、三维标志和颜色组合，以及上述要素的组合，均可以作为商标申请注册。申请注册的商标，应当有显著特征，便于识别，并不得与他人先取得的合法权利相冲突。

下列标志不得作为商标使用：同中华人民共和国的国家名称、国旗、国徽、军旗、勋章相同或者近似的，以及同中央国家机关所在地特定地点的名称或者标志性建筑物的名称、图形相同的；同外国的国家名称、国旗、国徽、军旗相同或者近似的，但该国政府同意的除外；同政府间国际组织的名称、旗帜、徽记相同或者近似的，但经该组织同意或者不易误导公众的除外；与表明实施控制、予以保证的官方标志、检验印记相同或者近似的，但经授权的除外；同"红十字"、"红新月"的名称、标志相同或者近似的；带有民族歧视性的；夸大宣传并带有欺骗性的；有害于社会主义道德风尚或者有其他不良影响的。

县级以上行政区划的地名或者公众知晓的外国地名，不得作为商标。但是，地名具有其他含义或者作为集体商标、证明商标组成部分的除外；已经注册的使用地名的商标继续有效。商标中有商品的地理标志（指标示某商品来源于某地区，该商品的特定质量、信誉或者其他特征，主要由该地区的自然因素或者人文因素所决定的标志），而该商品并非来源于该标志所表示的地区，误导公众的，不予注册并禁止使用；但是，已经善意取得注册的继续有效。

下列标志不得作为商标注册：仅有本商品的通用名称、图形、型号的；仅仅直接表示商品的质量、主要原料、功能、用途、重量、数量及其他特点的；缺乏显著特征的。前款所列标志经过使用取得显著特征，并便于识别的，可以作为商标注册。以三维标志申请注册商标的，仅由商品自身的性质产生的形状或者使商品具有实质性价值的形状等，不得注册。

另外，很多国家规定，不能未经许可使用他人姓名、艺名、肖像或企业名称、标志，以及受知识产权法保护的艺术形象作商标。

品牌、商标应有显著性即独特性、个性强，不落俗套。现代商标设计出现了无含义的纯文字化、标记化的趋向，因为纯文字越有创造性，越有利于区别商品，越容易注册，得到较强的法律保护，成为"强商标"，而有含义的商标为"弱商标"，因容易与其他注册商标相近，难以获准注册。我国商品使用有含义的商标如"长城"、"熊猫"、"凤凰"等，以及用企业简称，如"上（海）×"（上工、上食、上汽、上药等）牌太多，缺乏显著性。另外，商标也不宜使用以下标志：极简单、常见的标记（点、线、圆、钩等）；无特色的字母、数字；重要节日名称；常见普通姓氏（因很多国家禁止使用）。

品牌、商标设计时一定要详细了解、掌握国内外市场上有效商标的使用情况，避免"商标雷同"，即在同种商品或者类似商品上使用（名称、标志的形、音、意）相同或者近似的商标，否则很难获准注册，即使注册成功，也可能引出纠纷。有时即使商品并不类似，也不宜用雷同商标。

**情境案例**

甘肃《读者文摘》杂志1981年创办，1989年注册，但美国杂志《Readers Digest》早在1982年就在我国进行了其中文译名《读者文摘》的注册，甘肃的杂志不得不于1993年改名为《读者》。再如，沈阳一家调味品公司的酱油商标"扇贝"与英荷壳牌（Royal Dutch/Shell）石油公司的商标图形相似，遭到异议，官司未完，前者已支撑不住而被迫停产。

品牌、商标设计应讲求艺术性和实用性，要使商标好看、好听、好读、好记。品牌、商标名称应简短、通俗，顺耳、顺口，外文译名也应易读，无不良含义；图案应简洁、单纯、集中、清晰、醒目，有视觉冲击力，易于理解，使人一看便知是商标而不是其他；图、文应美观且协调，与商品一致，有象征性、寓意性、启发性，有艺术感染力，文化含量高，适应消费者的心理和当地风俗习惯、时尚爱好。

情境案例 **较成功的商标设计**

★1958 年，东京通讯工业公司（TTK）是个毫无海外知名度的小公司，领导人盛田昭夫不惜代价，将公司改名为索尼。Sony（属于强商标）取自拉丁文"声音"（sonus）和英文称呼"小弟弟、小家伙"（sonny），简短易认、发音顺口，而且在世界各地的读音都相同，无异义。盛田昭夫说："改名能使公司扩展到世界各地，因为旧的名字外国人不容易念出来。我们希望改变日本产品品质低劣的形象。"

★"柯达"Kodak 发音顺口，近似按照相机快门的声音。英特尔芯片从 8086、286、386、486 升级到 586 时改为"奔腾"（Pentium），意为给计算机装上一颗"奔腾的心"。美国眼镜商标 OIC 谐音"Oh，I see"（噢，我看见了）。我国臭豆腐商标以明星莫文蔚姓名的谐音命名为"莫闻味"（莫本人没有反对）。

★我国"回力"译为 Warrior（勇士），"美加净"译为 MAXAM，"美的"译为 Midea，"海信"译为 Hisense，天津"狗不理"译为 go believe。Coca Cola 译为"可口可乐"（最初译为"口渴口特"），Pepsi Cola 译为"百事可乐"，Lays 译为"乐事"，Sprite（原意为鬼怪、小妖精）译为"雪碧"（优于"事必利"），Seven up 译为"七喜"，Benz 译为"奔驰"（优于"本茨"、"平治"、"宾士"），Hummer 译为"悍马"，Goodyear 译为"固特异"（优于"好年"），Gold Lion 译为"金利来"（优于"金狮"）。

★1983 年 SMH 公司（瑞士钟表集团）将斯沃琪（Swatch）手表定位为一种流行、时尚的配件。产品命名时，与其合作的美国广告公司从"Swiss Watch"、"Second Watch"中取名"Swatch"，此名称在包括英语在内的任何欧洲语言及汉语中的发音都很动听，这一创意与不断创新使斯沃琪的品牌不仅强化了与消费者的关系，成功拯救了差点被精工表收购的公司，还使品牌价值得到了巨大增长。

商标设计是一门综合性工艺美术，还要适合商品包装和广告宣传的技术要求，便于制作、传播和防伪。设计一个好商标很不容易，需投入大量时间、财力和人力。例如，EXXON（埃克森）商标就是原美孚石油公司耗时 6 年，耗资 1.2 亿美元，请经济学、社会学、心理学、语言学、商品学等方面专家仔细研究了 55 国语言、习俗，从一万多个方案中选出来的。

情境案例 **品牌商标应符合当地的风俗习惯**

★新泽西标准石油公司曾在国外 150 多个市场上用 54 种语言试用了好几种品牌，结果发现叫"安科"的品牌在日语中的发音意思是坏引擎。福特汽车公司名为费尔拉（Fiera）的经济型小货车本来可望在墨西哥热销，实际却相反，因为该名称翻译成墨西哥俚语后的含义为"丑陋的老太太"。在国际市场上，各国的风俗习惯存在着巨大差异，因此品牌名称应符合当地的风俗习惯。

★中国人视为国宝的熊猫，伊斯兰国家却都十分厌恶，因此"熊猫"牌产品是不能在伊斯兰国家销售的。

### 五、商标注册

商标注册是商品生产经营者依法办事的一种经济行为。自然人、法人或其他组织对其生产、经营的商品或者提供的服务，需要取得商标专用权的，均应申请商标注册。各国商标主管机关不同，如美国是商务部专利商标局，英国是商务部专利局，法国是工业部工业产权局，日本是通产省专利局，我国是国家工商行政管理总局商标局。企业应增强商标意识，积极主动注册。一些跨国公司注册商标达数万件之多。

**情境延伸**

### 我国的商标注册管理

我国国内商标注册一般实行自愿注册（只对极个别商品如人用药品和烟草制品目前还实行强制注册）。我国商标注册体制是集中注册、分级管理。从1993年7月起，全面实行商标代理制，企业可自己选择、委托商标事务所或商标代理人代理注册，也可直接向商标局申请。申请时要根据工商行政管理总局制定、公布的商标注册用商品和服务分类表按类填报，一类一件。对于书面申请，我国不同于有些国家只进行形式审查（审查申请主体资格和审查申请文件、手续是否完备），还要依法进行实质审查（审查申请内容是否合法）。为申请商标注册所申报的事项和所提供的材料应当真实、准确、完整。商标为外文或者包含外文的，应当说明含义。

对于"雷同商标"的申请，我国不同于极少数国家实行的"使用在先"、"先用即专用"原则，也不完全等同于许多国家实行的"注册在先"、"先注即专用"原则，而是实行"申请在先"为主、"使用在先"为辅的原则，即：如果两个或两个以上申请人，在同一种商品或者类似商品上，以相同或近似的商标申请注册，初步审定并公告申请在先的商标；同一天申请的，初步审定并公告使用在先的商标，各申请人应当自收到商标局通知之日起30日内提交其申请注册前在先使用该商标的证据；同日使用或者均未使用的，各申请人可自收到商标局通知之日起30日内自行协商，并将书面协议报送商标局；不愿协商或者协商不成的，商标局通知各申请人以抽签的方式确定一个申请人，驳回其他人的注册申请。凡是不合法的，或者同他人在同一种商品或类似商品上已经注册的或初步审定的商标相同或近似的，驳回申请，或要求限期修正。

## 情境任务 7　制订国际产品包装策略

**情境导入**

#### 1. 榨菜的精细化包装

原产四川的榨菜，大坛装运，获利甚微；上海人买入，改为中坛，获利见涨；香港人买入，小坛出售，获利倍之；日本人买入，破坛，切丝，装铝箔小袋中，获利又倍之，与四川大坛榨菜相比较，获利翻番又翻番矣。

#### 2. 农药过分包装

由于受产品包装"精美化"的影响，不少农药的包装也越来越考究。一种名为"扑虱灵"的粉剂农药,小包装如同袋装榨菜,中包装与市场上的橘子粉相似。而作为特殊产品的农药,应力求注重内在质量,包装则应尽量讲求实用,过分的精美势必加大农药成本,增加农民负担;另外,农药包装若与食品等其他产品包装相仿时,也易发生误码、误食、误用的意外事故。

**讨论:**包装最基本的功能是什么?包装是否可作为一种重要的竞争手段?如何平衡"重视包装"与"限制过度包装"二者的关系?

**情境认知**

## 一、包装的含义与作用

包装是在流通中为了保护产品、方便储运、促进销售,按一定技术方法而采用的容器、材料及辅助物等的总体名称,是产品的重要组成部分。

### 1. 包装的类型

包装可分为以下三种类型。

(1)产品的内包装,也称首要包装,即产品的基本容器,如牙膏的软管、酒瓶、香水瓶等。

(2)中层包装或销售包装,重在美化商品、促进销售和便于使用,也有保护内包装的作用,随产品一起卖给顾客,如香水瓶、牙膏等外面的盒子。

(3)外包装即运输包装,这是产品在储存、识别和运输时所必需的包装。

此外,标签也是包装的一部分,它可能单独附在包装物上,也可能与包装物融为一体,用以标记产品的制造日期、产品说明、有效期、等级分类等信息,促进产品的销售。

包装是整体产品的重要组成部分。随着顾客自助服务方式的不断发展,产品的包装就成了"无声的推销员",包装的重要性也日益受到人们的关注。

### 2. 包装的作用

(1)保护产品,提供方便。这是包装的原始和基本功能。良好的包装可以防止产品的毁损、变质、散落、被窃等,便于储运、点检、销售和携带。

(2)美化商品,区别商品。精美的包装可以改进产品外观形象,吸引消费者。不同包装使产品之间有档次差异,消费者可根据包装辨别商品。包装上的说明,可增进顾客对产品知识的了解。

(3)促进销售,增加盈利。包装本身是一种少花钱或不花钱的广告载体,具有增加产品特色、提高竞争力的推销功能。精美的包装提高产品价值,成本增加不多,但能带来较多利润。

## 二、包装的设计要求

包装要起到它应有的作用,设计是关键的。归纳起来,包装的设计要求有如下两个方面。

### 1. 保护商品,造型美观

设计产品包装,首先要能保护商品。因此,设计要科学、要能够保证商品在运输和储存中不受损。同时,包装的造型要美观大方、生动形象,图案设计要新颖,能对顾客产生吸引力。

### 2. 经济实用

包装设计要尽可能做到既能节约包装费用又能节约储运费用，而且使用方便。经济实用的含义是指以下五个方面：

（1）选用的包装材料要尽量便宜。选择包装材料时，应尽量选用来源比较充足的材料代替稀缺材料，用较便宜的材料代替昂贵的材料，用国产和本地产的材料代替进口和外地的材料，用新型包装材料代替传统包装材料。

（2）要设计多用途和可多次使用的包装。

（3）要尽可能合理地利用包装空间。

（4）要避免过分的包装。

（5）使用方便。运输包装要设计成大包装，销售包装要设计成小包装，因此，包装的设计要求大、中、小并举。这样，既保证了运输的安全方便，也为橱窗陈列和做广告提供了方便，又为保管创造了便利条件。同时，在包装的设计中还要注意携带方便。

在倡导改进包装、扩大包装宣传作用的同时，也要避免过度包装或夸大包装，以防因包装过度而引起产品出口受阻。

**情境观察**

### 食品和化妆品包装须"瘦身"

化妆品和礼品装的酒、茶叶、保健品等种类的食品，是过度包装的重灾区，这些商品往往以精美的包装来吸引消费者的眼球。为了节能减排，国家质检总局和国家标准委联合发布的《限制商品过度包装要求——食品和化妆品》国标于 2010 年 4 月 1 日起正式实施。新国标对食品和化妆品销售包装的空隙率、层数和成本等指标，都有强制性规定。如包装成本不得超售价两成，食品和化妆品的包装层数不得超过 3 层、包装空隙率不得大于 60%、初始包装之外的所有包装成本总和不得超过商品销售价格的 20%；饮料酒的包装空隙率不得超过 55%、糕点的包装空隙率不得超过 50%、保健食品和化妆品的包装空隙率不得超过 60%；饮料酒、糕点、保健食品和化妆品的包装层数均不得超过 3 层。

为防止欺骗性包装，日本制定了《包装新指引》，规定要求：尽量缩小包装容器的体积，容器内的空位不应超过容器体积的 20%；包装成本不应超过产品出售价的 15%；包装应正确显示产品价格，以免对消费者产生误导。

### 3. 与产品的价值相符合

由于产品包装已成为产品的一部分，所以产品包装必须与产品价值相符合。"一等产品，二等包装"固不可取，但是不考虑产品内容、用途和销售对象，而单纯追求包装的精美华丽，以此来吸引顾客，其结果往往是主次颠倒、弄巧成拙。

### 4. 显示出产品的特点

要能够从包装的图案、形状和色彩等方面显示出产品的特点和独特风格。例如，化妆品的包装要色彩艳丽、造型优美、装潢雅致；贵重的工艺品的包装要材质华贵、造型独特、装潢富丽；儿童品的包装要五彩缤纷、活泼美丽；食品的包装要喜庆吉祥，以吸引消费者购买。

### 5. 选用符合产品性质和消费者心理的色彩

色彩对人们的兴趣、爱好等心理活动有很大的调节作用。因此，在产品包装的设计中要注意选用适当的颜色，要考虑不同年龄、不同地区、不同民族对色彩的不同爱好。

**情境延伸**

## 色彩与包装

笨重的产品采用淡色的包装，会使人觉得比较轻巧；轻巧的产品采用深色包装，会产生庄重的感觉；食品和洗涤剂采用乳白色或淡绿色包装，使人会感到卫生清洁；药品采用绿色包装，给人以健康安宁、充满生机的感受。

### 6. 文字设计一目了然

有些产品的性能、使用方法、使用效果常常不能直观显示，而需要用文字加以说明。包装上的设计，要抓住顾客对不同产品的不同心理，以指导其消费。如药品类产品，要说明成分、功效、服用量、禁忌及是否有副作用等；服装类产品，应说明用料、规格、尺码、洗涤和保存方法等。

### 7. 考虑国际目标市场的需求

进入国际市场的产品包装要考虑各个国家和地区的储运条件，分销时间，气候状况，消费偏好，销售条件，环境保护，风俗习惯，审美观，收入水平及各国的法律规定等。此外，产品包装还需考虑各国分销商、零售商的需要。

**情境链接**

## 不同国家产品包装的习俗和禁忌

日本：在输往日本的产品包装上应忌用荷花，因为日本人认为荷花意味着祭奠，是到极乐世界去的象征。日本人对饰有狐狸或獾图案的物品也很反感，因为日本人认为狐狸和獾是贪婪、狡猾的象征。

英国：出口到英国的产品包装上忌用白象。白象在英国象征好吃懒做，有大而无用之意。英国人还忌用山羊和孔雀做商标。山羊在英国是"goat"，而"goat"有"不正经男子"、"坏人"之意。在英国孔雀是祸鸟，孔雀开屏在英国被认为是自我炫耀的不良习性。

法国：对墨绿色特别厌恶，这是基于第二次世界大战的痛苦回忆，因为希特勒法西斯军队穿的是墨绿色的军装，所以法国人见到墨绿色就触景生情，产生反感。

非洲：北非一些国家忌用狗，认为狗是不洁之物，尤其是在穆斯林地区，认为狗是厄运或邪恶的象征。有的非洲国家不欢迎面带慈祥笑容的老寿星，因为在他们看来，"笑"不是友好的象征，小辈见了长辈不能笑，甚至于男女青年双方谈恋爱也不笑，有一方笑就意味着感情破裂。

出口到阿拉伯国家的产品和包装图案不能用美女照片，也不宜用男性人像作装饰图案，因为当地的妇女佩戴面纱，不能见陌生的男人。

### 三、国际产品包装策略

国际产品包装策略主要有以下六种：

（1）类似包装策略。类似包装策略是指企业所有产品在图案、色彩、形状、风格等方面均采用相同或相似的包装形式。这种策略可以降低包装成本，扩大企业影响，特别是在推出新产品时，可以利用企业的声誉，使顾客首先从包装上辨识出产品，从而使产品迅速占领市场。若企业产品的品质相差过大，则不宜采用这种包装策略。

（2）组合（配套）包装策略。组合包装策略是指按照不同国家消费者的习惯，企业将若干有关联的产品放在同一包装物中成套出售的包装策略。如化妆品的组合包装、成套餐具包装、急救箱组合包装、运动产品组合包装、节日礼品盒包装等都属于这种包装策略。组合包装有利于企业推销产品，能促进消费者的购买，特别是在推销新产品时，企业可将其与老产品组合出售，创造条件使消费者接受、试用。

（3）附赠品包装策略。附赠品包装策略是指企业在产品的包装物中附赠一些能引起消费者购买兴趣的物品，从而诱发顾客重复或多次购买，如在包装中附赠优惠券、小礼品等。

（4）再使用（双重用途）包装策略。再使用包装策略是指企业将包装物制作得比较精美，除包装产品的功能外，当产品使用完毕后，包装还可另做他用。如设计精美的酒瓶，可用做花瓶。这样，购买者可以得到一种额外的满足，从而激发其购买欲望。包装物在继续使用过程中，还可起到广告宣传的作用，增加顾客重复购买的可能性。

（5）等级包装策略。等级包装策略是指企业将产品分为若干个等级，对不同等级的产品采用不同包装，便于不同阶层消费者选购。高档产品包装精美、高贵，体现产品的品质与高档的定位；普通产品采取一般包装，使包装与产品内在质量相符，包装简略，以减少产品成本。

**情境案例**

## 人参等级包装

以前我国出口的东北优质人参，采用木箱和纸箱，每箱 20～25 千克，不仅卖不了好价钱，而且还使不少外商怀疑是否是真正的人参，因为他们认为像人参这么贵重的药材不可能用那样的包装。后来我们改变了以前的大包装，改用小包装，内用木盒，外套印花铁盒，每盒 1～5 只，既精致又美观，身价倍增。

（6）改变包装策略。改变包装策略是指企业在产品销量下降、市场声誉跌落时采取的改变产品包装的策略。首先改进产品的质量，同时适时地改变产品的包装形式，从而以新的产品形象出现在市场上，扭转产品在消费者心目中的不良影响，以高质量的产品、全新的包装恢复企业的声誉，重新占领市场。

总之，企业应考虑不同产品、不同销售渠道、不同目标市场国等方面的具体特点，从满足消费者要求、方便消费者购买的角度出发，选择合理、恰当的包装策略，以最终实现在国际市场上树立良好形象，扩大市场占有率的目的。

## 小　结

1. 国际营销产品是指能够提供给国际市场以满足消费者需要和欲望的东西，它包含着五个层次。企业开展国际市场营销要树立产品的整体概念。通常情况下，企业不仅仅生产一个产品，而是生产一系列甚至是多个系列的组合产品。因此，在组织营销活动时，必须注意各个组合产品之间的联系，充分运用好产品组合策略。

2. 产品生命周期是指从新产品开始投放市场到最后退出市场的整个过程，一般包括产品的导入期、成长期、成熟期和衰退期四个阶段。不同发展水平的国家或地区，同一产品所处的生命周期阶段不同。企业可以充分利用产品国际市场生命周期理论调整市场结构和产品结构，适时、适地地开展国际市场营销。

3. 新产品开发策略是国际营销产品策略的重要内容，新产品有全新产品、换代新产品、改进新产品、仿制新产品等几种类型。开发新产品要经过八个阶段。

4. 国际营销中的产品品牌、商标策略，包装策略也是产品开发策略中不可忽视的重要因素。国际营销中品牌、商标的设计必须符合不同国家或地区消费者的风俗和传统文化。

5. 包装是产品的主要组成部分。它有保护商品、方便储运、促进销售、指导消费等作用。

总之，为了使产品更好地满足国际市场的需要，企业必须不断加强新产品研究和开发工作，在此基础上注重国际市场对产品质量、品牌和包装策略的运用，针对国际产品的不同生命周期，采取不同的营销策略。

## 学习情境 4.1　制订国际市场产品策略　内容结构图

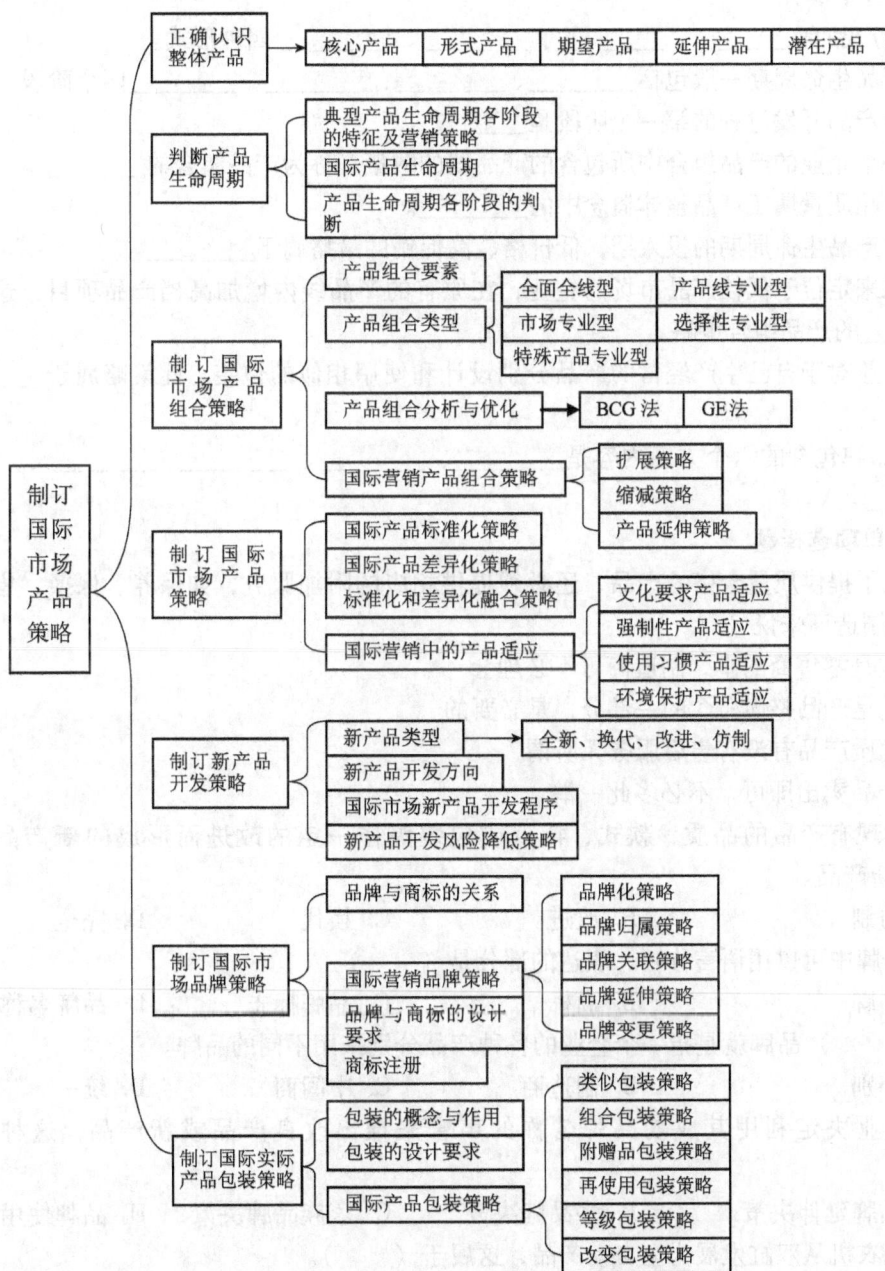

制订国际市场产品策略

- 正确认识整体产品
  - 核心产品
  - 形式产品
  - 期望产品
  - 延伸产品
  - 潜在产品
- 判断产品生命周期
  - 典型产品生命周期各阶段的特征及营销策略
  - 国际产品生命周期
  - 产品生命周期各阶段的判断
- 制订国际市场产品组合策略
  - 产品组合要素
  - 产品组合类型
    - 全面全线型
    - 产品线专业型
    - 市场专业型
    - 选择性专业型
    - 特殊产品专业型
  - 产品组合分析与优化 → BCG 法　GE 法
  - 国际营销产品组合策略
    - 扩展策略
    - 缩减策略
    - 产品延伸策略
- 制订国际市场产品策略
  - 国际产品标准化策略
  - 国际产品差异化策略
  - 标准化和差异化融合策略
  - 国际营销中的产品适应
    - 文化要求产品适应
    - 强制性产品适应
    - 使用习惯产品适应
    - 环境保护产品适应
- 制订新产品开发策略
  - 新产品类型 → 全新、换代、改进、仿制
  - 新产品开发方向
  - 国际市场新产品开发程序
  - 新产品开发风险降低策略
- 制订国际市场品牌策略
  - 品牌与商标的关系
  - 国际营销品牌策略
    - 品牌化策略
    - 品牌归属策略
    - 品牌关联策略
    - 品牌延伸策略
    - 品牌变更策略
  - 品牌与商标的设计要求
  - 商标注册
- 制订国际实际产品包装策略
  - 包装的概念与作用
  - 包装的设计要求
  - 国际产品包装策略
    - 类似包装策略
    - 组合包装策略
    - 附赠品包装策略
    - 再使用包装策略
    - 等级包装策略
    - 改变包装策略

**重要概念**

产品　产品组合　产品线　产品项目　产品生命周期　新产品　品牌　商标　品牌策略　统一品牌　品牌延伸　包装

**思考与练习**

**一、填空题**

1. 现代营销理论认为，产品整体概念包含_____、_____、_____、_____、_____五个部分。

2. 新产品有_____、_____、_____、_____四种形式。

3. 产品生命周期一般包括_____、_____、_____、_____四个阶段。

4. 新产品开发过程的第一个阶段是_____。

5. 一个企业的产品组合中所包含的产品线的数量，称为产品组合的_____。

6. 产品质量属于产品整体概念中的_____。

7. 在产品生命周期的投入期，低价格、高促销的策略属于_____。

8. 原来定位于低档产品市场的企业，在原有的产品线内增加高档产品项目，这是采用了_____的产品组合策略。

9. 企业对于自己生产经营的产品分别设计和使用相似的包装，此策略属于_____包装策略。

10. 品牌包含的六个方面内容是_____、_____、_____、_____、_____和_____。

**二、单项选择题**

1. 除了提供质量合格的产品，还必须提供相应的附加服务，如保养、保换、售后服务等，这对制造商来说（　　　）。

A. 这是零售商的事，制造商可不必理会

B. 这是产品整体概念的一部分，是必要的

C. 优质产品有没有售后服务无所谓

D. 产品卖出即可，不必多此一举

2. 对现有产品的品质、款式、特点或包装等作一定的改进而形成的新产品，就是（　　　）新产品。

A. 仿制　　　　　　　　B. 改进　　　　　　　　C. 换代　　　　　　　　D. 完全

3. 品牌中可以用语言称呼、表达的部分是（　　　）。

A. 品牌　　　　　　　　B. 商标　　　　　　　　C. 品牌标志　　　　　　D. 品牌名称

4. （　　　）品牌就是指一个企业的各种产品分别采用不同的品牌。

A. 个别　　　　　　　　B. 制造商　　　　　　　C. 中间商　　　　　　　D. 统一

5. 企业决定利用其成功品牌名称的声誉来推出改良产品或新产品，这种决策叫（　　　）。

A. 品牌延伸决策　　　　B. 多品牌决策　　　　　C. 家族品牌决策　　　　D. 品牌使用者决策

6. 洗衣机从双缸发展为全自动产品，这属于（　　　）。

A. 全新产品　　　　　　B. 换代产品　　　　　C. 改进产品　　　　D. 仿制产品

7. 用料和设计精美的酒瓶，在酒消费之后可用作花瓶或凉水瓶，这种包装策略是（　　）。

A. 配套包装　　　　　　B. 附赠品包装　　　　C. 分档包装　　　　D. 再使用包装

8. 向顾客提供基本效用和利益是产品整体概念中的（　　）。

A. 基础产品　　　　　　B. 附加产品　　　　　C. 核心产品　　　　D. 潜在产品

9. 在产品生命周期的各阶段中，销售增长率最高的是（　　）。

A. 介绍期　　　　　　　B. 成长期　　　　　　C. 成熟期　　　　　D. 衰退期

10. 某企业生产的产品有冰箱、冷柜、空调三大类，其中：冰箱有四种型号、冷柜有两种型号、空调有五种型号。据此可以推知（　　）。

A. 该企业产品线的宽度为3，冰箱、冷柜和空调各产品线深度分别为4、2、5

B. 该企业产品线的宽度和深度分别为3和11

C. 该企业产品线的宽度和深度分别为11和3

D. 该企业冰箱、冷柜和空调各产品线的宽度分别为4、2、5

### 三、多项选择题

1. 产品组合包括四个变数（　　）。

A. 产品组合策略　　　　　　　　　　B. 产品组合的宽度

C. 产品组合的长度　　　　　　　　　D. 产品组合的深度

E. 产品组合的关联度

2. 产品市场生命周期包括（　　）四个阶段。

A. 投入期　　　　　　　B. 高峰期　　　　　　C. 成长期　　　　　D. 成熟期

E. 衰退期

3. 品牌的内容主要包括（　　）。

A. 品牌的命名　　　　　B. 品牌的名称　　　　C. 品牌的标志　　　D. 品牌的系列

E. 商标

4. 导入期市场的特点是（　　）。

A. 产品销售量大　　　　　　　　　　B. 促销费用高

C. 竞争者少　　　　　　　　　　　　D. 成本高

E. 消费者对商品认知少

5. 商品包装的功能包括（　　）。

A. 保护产品　　　　　　B. 促进销售　　　　　C. 提高成本　　　　D. 便于储运

E. 增加赢利

### 四、判断题

1. 进入衰退期的产品在特定的条件下还有可能进入新的成长期。　　　　（　　）

2. 不同产品采用不同品牌比所有产品采用同一品牌风险要大。　　　　（　　）

3. 对于企业来说，使用自己的品牌比使用中间商的品牌费用要多。　　　　（　　）

4. 某摄影用品公司经营照相机、摄影器材、冲洗药品等，其中照相机就是一个产品线，在相机这类产品中，海鸥DF相机就是一个产品项目。　　　　（　　）

5. 某企业经营儿童"六一"礼品袋，将不同的玩具、学习用品装在一个袋子里，它采

取的是附赠品包装策略。 （ ）

6. 一个设计出色的产品包装，不但可以保护产品，还可以增加商品本身的价值，进而增加企业的利润。 （ ）

7. 典型的产品生命周期包括四个阶段，其中第一个阶段是成长阶段。 （ ）

8. 按照市场营销学对新产品的定义，新品牌产品不属于新产品的范畴。 （ ）

9. 开发新产品首先要提出目标，搜集"构想"。 （ ）

10. 某产品已进入大批量生产并稳定地进入市场销售，这时我们可以认为该产品正处在其生命周期的成熟阶段。 （ ）

## 五、简答题

1. 简述整体产品的含义及其对企业实际工作的指导作用。

2. 结合产品生命周期各阶段的特点谈谈企业相应营销策略。

3. 开发新产品的程序包含哪几个阶段？

4. 什么是产品组合？产品组合的宽度、长度、深度和关联性各指什么？

5. 企业品牌策略的主要内容是什么？

6. 包装有什么作用？企业的包装策略有哪些？

7. 表4-1-6为某公司的产品组合，请分析该公司的产品组合的宽度、长度、深度和关联性。

表4-1-6 某公司产品组合

| 服装 | 皮鞋 | 帽子 | 针织品 | 手套 |
|------|------|------|--------|------|
| 西装 | 男皮鞋 | 礼帽 | 棉毛衫 | 皮手套 |
| 中山装 | 女皮鞋 | 女帽 | 棉毛裤 | 毛手套 |
| 青年装 | 男凉鞋 | 男帽 | 汗背心 | |
| 休闲装 | 女凉鞋 | 童帽 | 棉毛袜 | |
| 儿童装 | 儿童皮鞋 | 工作帽 | | |
| | 儿童凉鞋 | | | |

## 实训课堂

### 一、思维训练

**训练1 物品组合，推陈出新**

分别在A和B两个物品集合中自由填入5~8个物品名，并将A和B中的物品进行配对组合，并考虑是否可以产生一种新的效用，以此进行新产品创意。

**训练2 讨论环保产品及其产品开发**

**训练3 金矿石升值——不一样的思维**

在新疆，一立方米金矿石经粉碎加工后冶炼出的金子价值700元，某人稍动脑筋，将一立方米金矿石，卖出了几千元的价格，因而很快富甲一方。他的方法是将一立方米金矿石加工成大理石板材，正常加工，一立方米金矿石能加工出18张板材，每平方米价值300元。面对同样的金矿资源，和世世代代的加工方法，他只是稍动脑筋就使同样一块金矿石价值升了许多倍。

讨论：金矿石还有什么其他的升值方法？越多越好。

## 二、营销游戏

游戏 1：找卖点

目标：培养发散思维、创新创意思维，良好的口头表达能力。

步骤：6 人为一组围坐，指定座号，选择一个熟悉的产品，掷骰子按点数要求相应座号人员快速（5 秒钟内，否则视为失败）说出产品的独特卖点和优点，并计分，20 分钟后，积分高者胜出。

游戏 2：把小刀、回形针或简装洗发水等卖给同学

目标：确定产品特色与优点，并针对不同对象说明不同的产品特色与优点。

步骤：准备好游戏物料，在 30 分钟的时间里，学生把物料卖给同学。目的是探索各销售人员在陈述产品特色与优点、好处方面的技巧与不同点，寻找自身的不足。

## 三、案例分析

### 案例 1

## "无声小狗"便鞋在生命周期各阶段的营销术

美国费林公司给鞋子起名为"无声小狗"，意指此鞋穿上去十分轻便，走起路来没有任何声响。同时，该公司还设计了"一只长着忧郁的眼睛、耷拉着耳朵的矮脚猎狗"作为广告标志。

1. 投入期的营销策略

1957—1958 年，是该产品的投入期，产品的知名度不高、市场占有率和销售增长率都很低，公司采取了如下营销策略：① 加强了广告宣传。"无声小狗"鞋广告，主要刊登在发往 35 个城市的《本周》杂志上，拿出销售额的 17% 用作广告预算。② 调回分散在各地的推销人员，集训 1 个多月后，再将他们派往各个城市推销。

2. 成长期的营销策略

1959 年，该公司进一步扩大了广告的范围，利用《旅行》杂志做广告，又在《家庭周刊》的星期日副刊以及别的报纸杂志上刊登广告。与此同时，又不断开发新款式男便鞋。公司将价格由每双的 7.95 美元提高到了 9.95 美元，同时确定了重点经销商，发展了新款式。款式不但有女式便鞋，而且还开发了 5 岁以上儿童的各式猪皮便鞋。

3. 成熟期的营销策略

1963 年，产品开始跨入成熟期，开始较详细地调查消费者购买"无声小狗"便鞋的资料。采取了以下策略：① 开始采用电视广告，还增加了 13 种杂志广告。② 强调"无声小狗"鞋的特点是舒适。③ 继续拓展销售渠道，发展新的零售点。产品价格涨到了 11.95 美元。

4. 衰退期的营销策略

从 1966 年开始，便鞋的总销售量、利润开始逐年下降，特别是年销售增长率出现了急剧下降的势头。公司对男鞋消费者的调查表明，购买"无声小狗"鞋的原因，有 60% 的人认为舒适，而不愿购买的原因有 47% 的人是由于不喜欢它的款式，公司对女鞋的调查也得到了类似的结果。

【案例思考与讨论】

1. "无声小狗"便鞋在生命周期各阶段的都采用了哪些营销策略？这些策略是否正确？

为什么？

2. 为了延缓"无声小狗"便鞋的衰退期，你认为应采用什么样的营销策略？

**案例 2**

## 国际营销中的运动鞋

曾经有这么一个时代，运动鞋就是运动鞋：便宜、适用于任何运动场合，清一色的帆布料质地，购买者唯一需要做的决定就是：购买高筒的还是低筒的。

之后，诸如阿迪达斯（Adidas）、纽巴伦（New Balance）、耐克（Nike）、彪马（Puma）、锐步（Reebok）等厂商开始生产专供人们跑步用的运动鞋，并推出了如篮球鞋、网球鞋等一系列专业用途运动鞋。

在这场竞争中，耐克（Nike）公司无疑跑在了鞋业发展的最前沿，凭借其品牌的强大威力，耐克又从成功的鞋业跨入运动服饰市场，最终转变成优美体型和健康活力的象征。接着，耐克公司又采取一连串行动，将自身定位为运动生活型公司，巧妙地利用著名人士，如篮球明星迈克·乔丹和高尔夫球星，泰格·伍兹等，与他们签约使用耐克产品，从而使消费者把自己的生活与这些名人联系在一起，效仿使用耐克产品。

此外，耐克公司的营销手法也很高明，包括制作让人产生无限遐想的传统广告，在内陆城市兴建篮球场，向中学捐赠整套耐克产品等，利用各种宣传方式不断塑造其品牌形象，让更多人成为其创新时髦产品的追逐者。

耐克公司还利用其品牌投资于"耐克"专卖店和职业运动团体（购买一支巴西足球队），从而更贴近消费者，并且获得了市场份额，保持了较高的价格。这一切的结果是，耐克获得了史无前例的好市场，为自身和投资者赢得了较好的财务回报。

【案例思考与讨论】

1. "耐克"运动鞋采用了哪些营销策略使自身实现从单一产品到运动服饰品牌再到运动生活型公司象征的转变的？

2. 如何理解耐克的整体产品？

**四、模拟训练**

项目：制订校园男用化妆品产品组合策略。

**五、实战演练**

项目一：选择某一商家（制造商、销售商均可）的几个产品的包装，以小组为单位认真进行观察，并寻找、探讨该商家的产品包装有些什么特点，使用了什么包装策略？然后将小组的讨论结果进行汇报。

项目二：请为校园食堂、手机等产品或服务开展调研，撰写调研报告。

# 制订国际市场价格策略

## 营销格言

没有任何一个决策比错误定价更让你白白送钱给别人。

——赫尔曼·西蒙

严守不二价，减价反而会引起混乱和不愉快，有损信用。

——松下幸之助

## 学习目标

**知识目标：**

(1) 理解影响国际企业定价的成本、需求、竞争等因素。

(2) 掌握国际市场营销的定价方法。

(3) 掌握国际市场营销的定价策略。

**技能目标：**

(1) 针对企业不同产品具体情况制定相应的定价策略。

(2) 培养运用价格策略的能力。

## 任务驱动，做中学

你的公司与巴西某渠道商初步谈妥一批服装销售业务，在谈判签约前的内部讨论会上，有关人员提出一系列问题，如："用本币标价还是用外币标价对我方更有利？""最近，人民币日益升值，我方报价要否相应调整？""已经有许多竞争对手占领了巴西市场，而且多数以低价渗透策略为主，我们该如何定价？""定价太高，害怕影响销量，而定价低，一方面减少利润，另一方面又害怕形成本企业产品低档化的不利形象，还怕遭到对方国家反倾销制裁"……大家众说纷纭，公司领导一筹莫展。你对于本公司的这次销售定价有何想法与建议？

## 学习情境

情境任务1 ➡ 情境任务2 ➡ 情境任务3 ➡ 情境任务4

⬇ ⬇ ⬇ ⬇

分析影响 ➡ 选择定价方法 ➡ 制订定价策略 ➡ 国际定价可能
定价的因素 遇到的问题

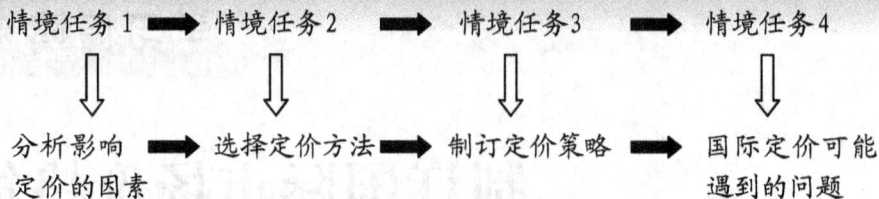

定价策略是一个非常重要却又非常复杂的决策，是企业营销4P组合策略中唯一能产生收入的因素，关系着企业的盈利与亏损，关系到企业市场竞争力，也是最灵活、变化最快的因素，最难以确定的因素。选择适当的定价策略是营销的一大难题，但无疑又是企业竞争的一大利器。

# 情境任务1 分析影响定价的因素

### 情境导入

惠普公司曾成功研发了一项打印机新技术，此技术能提高打印机的性能，获得更佳的打印效果。产品投放市场前，面临定价的选择，究竟是凭借新技术优势制定高价格入市，还是保持原价不变？

惠普公司高层这样分析：目前市场上竞争对手的同类型打印机的售价在150美元，如果惠普新型打印机倚仗新技术而制定高价格，例如定价250美元，惠普公司可以赚到100美元，产品的毛利率翻倍。可是，这样的价格体系所产生的暴利的诱惑，必然会吸引大批追随者进入，这些公司面对巨大的利润空间，必然会不惜研发成本来提升性能，结局可能是一窝蜂上来打，相互杀价，最后不仅会导致市场的混乱，而且会直接损害惠普的优势。

基于这种考虑，惠普决定定价185美元，虽然每台只能赚35美元，但却可以有效吓阻追随者，如果有追随者愿意花费巨额成本加入竞争，惠普还准备将价格调到160~175美元，使新对手无法收回成本，盈利微乎其微，甚至可能亏损。惠普所采用的价格战略，虽然使自己损失了更多的利润，但是却成功地实现了主要目标，那就是最大限度地扩大市场份额，把自己的竞争者阻止在新型打印机市场的门外。

**讨论：** 惠普公司制订中等偏低的价格，使得企业在单位产品上的获利并不多，却始终保持了该产品的垄断地位，请分析惠普公司如此定价的用意何在？

### 情境认知

价格的制定包括支付期限和价格调整幅度等要受到定价目标、成本、竞争、需求、政府干预等多种因素的影响，这大大增加了定价工作的复杂性。从事国际市场营销活动的企业，需要考虑的因素就更为复杂。

## 一、定价目标

定价目标是企业在一定时期内要达到的定价目的，它以企业营销目标为基础，是实现营销目标的手段之一，也是定价方法、策略的重要依据。不同企业，在不同时期、不同形势下，对不同产品、不同市场，都可能有不同的定价目标及目标组合。

（1）利润目标——是基本的定价目标，包括：利润额、利润率；毛利润（总利润）、纯利润（净利润）；会计利润、经济利润（超额利润）；短期、当期最大利润，长期最大而当期满意（合理、适当）利润；投资回报率（Return of Investment Rate）、资本利润率、销售利润率、成本利润率等。一般而言，长期利润比短期利润重要，利润率比利润额重要；利润率应高于同期的银行存款利率。

（2）市场目标——在现代买方市场条件下，是企业主要的定价目标，即市场销量（销售额）和市场占有率（份额）目标。企业"宁可让利，不让市场"，不争当期利润最大化，而力争市场份额最大化。不过，提高市场份额存在着竞争的客观限制和反垄断的法律法规、社会舆论等人为限制。

（3）应付或防止竞争的目标——适应、服从竞争需要，或阻止、抑制竞争，或缓和竞争，谋求价格稳定化和企业的生存、发展。

（4）维护企业形象的目标——保持企业特色、声誉和定价（价格定位）形象，恪守对顾客、社会的承诺。

（5）保持与中间商良好关系的目标——在采取间接渠道分销的情况下，与中间商合理分利，甚至适当让利，培育长期友好互助合作的战略伙伴关系，谋求关系最佳化。

（6）出口创汇的目标——争取尽可能多的外汇收入。

（7）公益目标——满足社会公益、增进宏观效益的目标，在现代已日益成为重要的定价目标之一，包括"绿色定价"、"公益定价"，如对低污染、低排放的燃料定较低价而对高污染、高排放的同类燃料定较高价，以鼓励用户购买前者，限制用户购买后者（尽管前者成本比后者高）。

## 二、成本因素

成本是理论上的企业定价的下限。商品价格高于成本才能盈利，故成本是影响企业定价的最基本因素。企业必须密切关注本企业的成本状况，同时关注所在行业的平均成本。企业成本根据与产销量的不同关系可分为两类：

（1）变动成本（Variable Cost，VC）是随产销量变化而变化，一般同产销量呈同方向变动（正相关）的各种费用，如原材料、能源、包装、运输、销售费用，计件工资，废品损失等。其中有些费用同产销量变化成线性相关，有些费用成非线性相关。

（2）固定成本（Fixed Cost，FC）是在一定时期、一定产销量范围内，不随产销量变化，即与产销量变化无关的各种费用，如固定资产折旧、租金、保险、借贷利息、企业管理、研发、人员培训、广告、公关费用，固定工资、补贴等。其中数额固定不变的称为约束性固定成本，数额有伸缩性、可增减的称为酌量性固定成本。

由于固定成本可在不同产品、不同时期进行分摊，因此单位变动成本才是价格的真实底限。

　　国际市场产品价格的构成中，应考虑的成本因素除在出口国发生的生产成本、流通环节发生的费用等成本费用外，还应考虑在产品出口后发生的一切费用以及各种风险成本，包括关税、其他税收和管理成本，进口国中间商及运输成本，国际市场通货膨胀和汇率波动对成本的影响等。

## 三、需求因素

　　需求是影响企业定价的重要因素之一，在买方市场条件下更是十分重要的因素，它包括现实需求与潜在需求的状况、顾客心理、需求弹性等。企业必须通过营销调研，对这些因素尽可能准确地把握。国际市场产品定价应对目标国家的需求状况进行具体的分析研究。各个国家的经济发展水平、居民收入水平决定了消费者的需求水平及其对价格的承受力。不同的消费观念、消费偏好和消费习惯也会影响消费需求及价格高低。

　　需求弹性（Elasticity of Demand）是某种商品的需求量对其影响因素变化的反应程度，根据影响因素是该商品的价格还是相关商品（替代品或互补品）的价格，或者是消费者收入，抑或是该商品的广告投放量，可分为需求价格弹性、需求交叉（价格）弹性、需求收入弹性和需求广告弹性，其中最重要的是需求价格弹性。

　　需求价格弹性（Price Elasticity of Demand）通常简称为价格弹性（有时亦简称为需求弹性），它是商品的需求量对其价格变动的反应程度。其大小称为弹性值或者弹性系数（$E$），是需求量变动率（%）同价格变动率（%）的比值，无量纲，表示当价格变动一个百分点，需求量所可能变动的百分点点数。由于根据需求规律，需求量同价格通常成反向变动，该比值为负，为方便起见，一般取其绝对值：

　　从理论上分析，弹性值有五种情况：$E > 1$，为强弹性、富有弹性，弹性大；$E < 1$，为弱弹性、缺乏弹性，弹性小；$E = 1$，为单位（单元）弹性；$E = 0$，为刚性，无弹性；$E = \infty$，为无限弹性，弹性无穷大。前两者是现实中常见的情况。

$$E = \left| \frac{\frac{\Delta Q}{Q}}{\frac{\Delta P}{P}} \right| = - \left| \frac{\frac{\Delta Q}{Q}}{\frac{\Delta P}{P}} \right|$$

式中，$Q$——原需求量；

　　　$\Delta Q$——需求增量；

　　　$P$——原价格；

　　　$\Delta P$——价格增量。

　　影响需求价格弹性大小的因素主要有：顾客对商品的需要强度——必需品弹性小，非必需品弹性大；顾客对商品的偏好强度——偏好强的弹性小，偏好弱的弹性大；商品可替代程度——替代品的数量多、功能接近、替代效果好，则弹性大，反之则弹性小；购买商品的费用占总支出的比重——比重大的弹性大，比重小的弹性小。例如，食盐的弹性相当小，是因为它属于基本生活必需品，功能又难以替代，购买费用占消费总支出的比重也很小。企业了解、掌握其产品的价格弹性值，对制定和调整价格有重要作用。

**情境提示**

　　通常情况下，某种商品的需求量同其价格呈反方向变动，即价格涨则需求量减少，价格跌则需求量增加，这就是需求规律。但也存在少数例外情形：预期行情看涨或看跌时，"买涨不买跌"，价越涨需求量越大，价越跌需求量越小；把价格视为质量的衡量指标，"好货不便宜、便宜没好货"，价低需求少，价高需求多；生活水平提高时，低档品价跌而需求不增反减，高档品价涨而需求不减反增。

## 四、竞争因素

竞争是影响企业定价的直接因素。市场营销理论认为，产品的最高价格取决于产品的需求因素，产品的最低价格取决于该产品的成本因素。在最高价格和最低价格的幅度内，企业能把产品价格定多高，则取决于竞争因素。因此，企业应该将自己的产品与竞争产品比质比价。企业应了解竞争强度、竞争者价格策略、自身竞争地位。

处于不同类型的市场结构中的企业，处于不同竞争地位的企业，处于不同竞争状态下的企业，它们定价的目标、方法、策略，定价能力及影响力都是不同的。分析竞争对价格的影响，首先要搞清楚企业在目标市场国家中的竞争对手的价格策略和同类产品在目标市场上的价格水平。在国际市场上，由于绝大多数产品都处在买方市场中，生产厂商之间的竞争非常激烈。当两家企业的产品类似时，价格就成为消费者选择购买哪家产品的决定因素，因而价格竞争成为国际市场竞争的最主要的因素之一。但是，当价格竞争最终损害同行业其他企业的利益时，企业间就可能通过"卡特尔"等形式来限制价格的竞争，或者以市场领导者的价格为参照价格来维护市场的稳定。其次必须弄清目标市场国家同一行业的市场竞争程度。市场竞争按其程度不同可分为完全竞争、不完全竞争、垄断竞争和寡头竞争等几种情况。当前在国际市场上，一些大宗交易的产品，如谷物、石油、咖啡和矿砂等，基本处于完全竞争状态，而某些高技术产品和稀缺资源产品等，基本处于垄断状态，其余绝大多数产品均处于垄断竞争或不完全竞争状态。除了在垄断市场条件下，企业对产品有较大的定价权外，在完全竞争和不完全竞争市场条件下，企业在制定价格策略时，都必须充分考虑对手所采用的策略。

## 五、政府因素

国际市场营销还会受到目标市场国家政府对定价的各种干预。这种干预主要表现在以下四个方面：

### 1. 限制共谋

各国政府有许多与国际营销产品定价相关的法律规定，《反托拉斯法》是其中的主要法律之一。美国《反托拉斯法》明确规定：任何限制与外国的贸易或商业活动的合并，以托拉斯或其他形式进行的合并或共谋均为非法。欧盟的《反托拉斯法》视价格歧视、限制供应和全行业共谋提价为非法行为。

### 2. 限制倾销

各国的反倾销法是直接针对进口产品而制定的法律。所谓倾销，主要是指把产品以低于生产成本的价格进行销售。对倾销商品必须加征反倾销税。20 世纪 80 年代以来，反倾销作为贸易保护的重要武器，已成为国际营销中的一个热点问题，使得国际营销企业不得不采取各种办法来避免进口国的反倾销指控。对于我国出口企业来说，更应重视这一问题。近年来，对我国商品进行反倾销的国家越来越多，反倾销的商品也扩展到轻纺、化工、自行车、家电乃至抹布、曲别针等小商品。为此，我国企业除积极参加反倾销应诉外，还应考虑调整定价策略，不宜片面强调"物美价廉"，反对在国际市场上削价竞争。

**3. 规定价格的上下限**

许多国家对某些商品实行最低限价和最高限价，以保护相应的产业和防止暴利行为。如一些国家对农产品制定最低进口价格的限制，就是为了保护国内市场上农产品的生产和销售。美国曾实行过一种最低限价措施，叫启动价格制。这种措施主要是为了限制西欧和日本的低价钢材和钢材制品的进口，这种价格的限制标准，是以当时世界上效率最高的钢材生产者的生产成本为基点计算的最低价格为最低限价，如果进口的该类商品价格低于这个价格即启动价格，则要求出口商必须调高价格，否则，将征收反倾销税。

**4. 限制价格变化**

在某些国家，商品的价格不能随意变动，变动价格必须经政府有关部门的同意，如印度、西班牙等国有些商品价格的变动就要受到管制。

（1）通过直接参与竞争来管制价格。为了控制价格，一些国家的政府还利用拥有的物资直接参与市场竞争，使价格恢复到正常的水平。

（2）以补贴干预产品定价。政府补贴是许多国家保护本国产业的有效措施。政府对本国产品进行补贴，该产品就能在本国市场上以较低的价格同进口产品相竞争；而出口补贴则可鼓励出口生产企业开拓国际市场，以解决国内生产过剩的问题。

# 情境任务2　选择国际营销的定价方法

**情境导入**　　　　　**吉列按刮脸次数卖剃须刀**

今天，全球每天有数千万男人在使用吉列刀片。在19世纪末期的几十年中，美国有关安全剃须刀的专利有几十个，金·吉列只是其中之一。使用安全剃须刀不像先前的折叠式剃须刀那样易刮伤脸，又可免去光顾理发店的时间和金钱，但是这种看似很有市场的商品却因太贵卖不出去。去理发店只需花10美分，而最便宜的安全剃须刀却要花5美元，这相当于一个高级技工一星期的薪水。

在竞争对手们想方设法降低生产成本时，吉列独辟蹊径。吉列的安全剃须刀并不比其他剃须刀好，而且生产成本也更高，但别人的剃须刀卖不出去，吉列的剃须刀却供不应求，原因就在于它实际上贴本把剃须刀的零售价定为55美分，批发价25美分，这不到其生产成本的1/5。同时，他以5美分/个的价格出售刀片，而每个刀片的制造成本不到1美分，这实际上是以刀片的赢利来补贴剃须刀的亏损，当然吉列剃须刀只能使用其专利刀片。由于每个刀片可以使用6~7次，每刮一次脸所花的钱不足1美分，只相当于去理发店花费的1/10，因而有越来越多的消费者选择使用吉列剃须刀。

吉列成功的最大原因在于它采取的定价方法使消费者选择购买吉列剃须刀最为合算。其定价方法反映了消费者购买的真正"价值"，而不是生产商的"成本"。吉列的定价方法为许多企业所模仿。日本企业的佳能、理光、富士通等大牌厂商就把打印机的价格定得很低，以此来吸引消费者购买，同时他们又把墨盒的价格定得很高。打印机是基本不赚钱甚至是亏本的，而墨盒却有数倍的利润，这样消费者实际付出的是"打印件"的成本，而不是"打印机"的成本。

灵活的定价和销售方法可以使顾客愿意为他们所买的东西付钱，而不是为厂商所生产的东西付钱，不管是吉列的定价方法还是分期付款或租赁，价格的处理安排一定要符合消费者实际购买的事物。

资料来源：（原载《中外企业文化》，杨育谋，2002年第3期）

## 情境认知

定价方法是指企业为了在目标市场上实现定价目标，通过某种计算方法对价格定量，即确定产品的具体价格是多少。定价方法一般有三种，即以产品成本为中心的成本导向定价法、以市场需求为中心的需求导向定价法和以竞争为中心的竞争导向定价法。产品成本规定了价格的最低基数，竞争者的价格和代用品的价格提供了企业在制定其价格时必须考虑的参照点，企业应根据实际情况择优使用。

### 一、成本导向定价法

成本导向定价法是指企业在定价时，以各种成本为主要依据，在成本的基础上核算利润的定价方法。这是一种按卖方意图定价的方法。其主要理论依据是，在定价时，首先要考虑收回企业在生产经营中投入的全部成本，然后再在企业的经营目标、政府法令、市场需求、竞争格局等因素的基础上考虑获得一定的利润。

成本导向定价法主要包括成本加成定价法、边际成本定价法、目标利润定价法和收支平衡定价法。

#### 1. 成本加成定价法

这是一种传统的产品定价方法，就是在单位产品成本的基础上，加上一定比例的预期利润作为产品的售价。由于利润的多少是按一定比例反映的，这种比例习惯上称为"几成"，所以这种方法称为成本加成定价法。其计算公式为：

单位产品价格 ＝ 单位产品总成本×（1＋目标利润率）
　　　　　　＝（单位产品固定成本＋单位产品变动成本）×（1＋目标利润率）

### 情境案例

某企业出口一种型号的电视机，其单位变动成本为900元/台，年固定成本为1 000万元，今年计划生产10万台，目标利润率是10%，问：该产品应定价多少？

单位产品价格 ＝（单位产品固定成本＋单位产品变动成本）×（1＋目标利润率）
　　　　　　＝（1 000÷10＋900）×（1＋10%）
　　　　　　＝ 1 100 元/台

成本加成定价法是企业最基本、最普遍采用的定价方法。这种方法简便易行，许多刚从事出口业务的企业，因为对国际市场的需求、竞争情况等因素了解较少，为了能把产品卖出去，只能采取这种方法进行保本经营。

由于我国劳动力成本低，导致产品低成本和低售价，有时在国外市场上被他国政府认定为有倾销倾向。因此，我国企业在运用成本加成法制定产品的价格时要考虑国外市场对倾销的认定。

#### 2. 边际成本定价法

边际成本定价法又称为变动成本定价法或边际贡献定价法，这是一种以变动成本为基础的定价方法。其计算公式为：

$$单位产品价格 = 单位变动成本 + 单位边际贡献$$

或者　　　　　　　　　　　$$单位产品价格 > 单位变动成本$$

单位产品价格减去单位变动成本出现的余额，称为单位边际贡献。只要单位产品的价格大于单位变动成本就可以补偿一部分固定成本。因此，在市场竞争激烈、产品供过于求或订货不足时，企业为了增强竞争和生存能力，可采用这种定价方法。还有一些把价格作为主要市场竞争手段的企业也采用这种定价方法来打击或排斥竞争对手。但是这种做法很可能受到倾销的指控，被征收反倾销税，反而使产品的竞争优势完全丧失，而且由于这种定价方法忽略了固定成本，只计算变动成本，长此以往会造成企业亏损。

### 3. 目标利润定价法

这种方法又称为目标收益定价法，或投资收益率定价法，它是企业根据总成本和预计的总销售量，确定其达到的目标收益率，从而推算出产品价格的一种定价方法。这种方法的实质是将利润看作产品成本的一部分来定价，将产品价格和企业的投资活动联系起来。国外大型的工业企业因为投资大，业务具有垄断性，又与公众利益息息相关，政府对它的定价有一定的限制，因此常采用这种定价方法。

企业使用目标利润定价法，首先要确定其目标收益率，然后根据目标收益率计算出目标利润，最后才能制定出价格。其计算公式为：

$$单位产品销售价格 = \frac{总成本 + 目标利润}{预计销售量}$$

其中，目标利润要根据不同的目标收益率来计算，其计算方法主要有以下四种：

（1）目标利润 = 总投资额 × 目标投资利润率；

（2）目标利润 = 总成本 × 目标成本利润率；

（3）目标利润 = 销售收入 × 目标销售利润率；

（4）目标利润 = 资金平均占用额 × 目标资金利润率。

情境案例

某企业年生产能力为 100 万件 A 产品，估计未来市场可接受 80 万件，其全部投资为 1 000 万元，企业的目标收益率为 20%，问：该产品的单价应为多少？

企业的目标利润 = 总成本 × 利润率 = 1 000 万 × 20% = 200 万（元）

$$单位产品销售价格 = \frac{总成本 + 目标利润}{预计销售量} = \frac{1\ 000\ 万 + 200\ 万}{80\ 万} = 15(元)$$

目标利润定价法可以保证企业既定目标利润的实现，但这种方法只是从卖方的利益出发，企业对产品需求弹性的测定往往会有偏差，按此种方法计算出来的价格可能不太准确，企业可能会因定价过高而达不到预期销售量，或者定价低于可达到的最高售价而利润降低。

### 4. 收支平衡定价法

收支平衡定价法又称损益平衡定价法或保本定价法，是企业在市场不景气和特殊竞争阶段，或者在新产品试销阶段所采用的一种保本定价方法。它是按照生产某种产品的总收入与总支出维持平衡的原则，来制定产品的价格。其计算公式是：

$$单位产品的保本点价格 = \frac{企业固定成本}{保本产销量} + 单位变动成本$$

情境案例

　　某公司预测产品订货量为 200 件，固定成本 200 000 元，单位变动成本 2 000 元，求保本点的价格。

$$单位产品的保本点价格 = \frac{企业固定成本}{保本产销量} + 单位变动成本$$

$$= \frac{200\ 000}{200} + 2\ 000 = 3\ 000(元/件)$$

　　在国际市场不景气的情况下，保本经营总比停业的损失小得多。但是这种定价方法只说明了企业在产量为多少时什么价格是保证不亏本的最低限度，并没有考虑在这种价格水平上这个产量能否销售得出去。

## 二、需求导向定价法

　　需求导向定价法也称为市场导向定价法，是一种以市场需求强度及消费者对商品价值的认识为主要依据的定价方法，主要包括差别定价法、倒推定价法、认知价值定价法和价值定价法。

### 1. 差别定价法

　　这种方法又称区分需求定价法或需求差异定价法，是指同一产品或劳务，针对不同顾客、不同需求强度、不同购买地点和不同购买时间等因素，分别制定不同的价格。差别定价有以下四种形式：

　　（1）顾客细分定价。在这种情况下，对同样的产品或服务，不同顾客支付不同的数额。如五星级酒店对 VIP 客户给予一定的优惠；同一产品卖给批发商、零售商或消费者的价格也不一样。

　　（2）产品形式定价。在这种情况下，产品的型号或式样不同，制定的价格也不同。它们的价格距离与它们各自的成本是不成比例的。

　　（3）地点定价。不同地点可制定不同的价格，即使所提供的每个地点的产品成本是相同的。如剧院或明星演唱会不同区域的座位的价格差距很大；又如一瓶冰镇啤酒在高级宾馆里和小杂货店里卖的价格是不一样的。

　　（4）时间定价。不同季节、不同日期甚至不同钟点的商品或劳务都可以采取不同的价格。例如，服装在换季时会打折；旅行社的旅游线路在旅游旺季和淡季的收费标准不同；公共停车场在白天和夜晚的收费标准不同，等等。

　　企业采取差别定价法时必须具备以下五个条件：

　　（1）市场必须是可以细分的，而且各个细分市场表现出不同的需求强度。

　　（2）以较低价格购买某种产品的顾客没有可能以较高价格把这种产品倒卖给别人。

　　（3）竞争对手没有可能在企业以较高价格销售产品的市场上以低价销售。

　　（4）细分市场和控制市场的成本费用不得超过因实行差别定价而得到的额外收入。

　　（5）差别定价不会引起顾客的厌恶和不满。

### 2. 倒推定价法

　　倒推定价法也称为反向定价法。这种定价方法不以实际成本为主要依据，而是以目标市场的需求为定价的出发点，即顾客可以接受的价格，而不是产品的成本。即使产品成本一样，只要需求强度不一样，就可以制定不同的价格。具体做法是，根据国际市场上同类产品的价格估算出本企业产品在目标市场上的销售价格，然后扣除中间商的利润、关税、运费等成本，倒推出产品的出厂价格即 FOB 价。

情景案例

某玩具厂准备向 A 国市场出口某种玩具，据调查，这类玩具在 A 国市场上的零售价约为 40 美元。按此推算出来该玩具的出厂价应为 15 美元，具体如表 4-2-1 所示。

表 4-2-1　倒推定价法示例表　　　　　　　　　　　　　美元

| 1 | A 国市场零售价 | 40.00 |
|---|---|---|
| 2 | 减零售商加成 40% | -16.00 |
| 3 | 零售商成本 | 24.00 |
| 4 | 减批发商加成 15% | -3.13 |
| 5 | 批发商成本 | 20.87 |
| 6 | 减增值税 12% | -2.24 |
| 7 | CIF 加关税 | 18.63 |
| 8 | 减关税 9% | -1.54 |
| 9 | CIF 价 | 17.09 |
| 10 | 减运费、保险费 | -2.09 |
| 11 | FOB 价 | 15.00 |

倒推定价法特别适用于需求价格弹性大、花色品种多、产品更新快、市场竞争激烈的商品。这种定价方法简单、灵活，运用这一方法制定出来的价格能反映市场需求状况，能够兼顾企业应获得的收益，并保证中间商的正常利润，使产品迅速向目标市场渗透，企业还能根据目标市场供求状况及时调整价格。

### 3. 认知价值定价法

认知价值定价法也称为感受价值定价法或理解价值定价法，是根据顾客对产品价值的认识和理解即消费者的价值观来决定产品的价格。认知价值是消费者在观念上所认同的价值，并不是产品的实际价值，不是由产品成本决定的。因此，企业在定价时，先要估计和测量在营销组合中的非价格因素在顾客心目中建立起来的认知价值，然后根据顾客对商品的认知价值，制定出商品的价格。

一般来说，消费者对每一种商品的性能、用途、质量、外观及其价格等都有一定的认知和评价。对自己提供的商品价值产生夸张自满看法的卖主，会令他们的产品定价过高，从而得到较低的市场占有率，或者根本得不到市场的承认；对自己产品的消费者认知价值估计过低，定的价格就可能低于他们能够达到的价值。当卖方的价格水平与消费者对商品价值的认知水平大体一致时，消费者才能接受这种价格。因此，企业在运用这种定价方法时，应进行市场调研，正确判断顾客对商品价值的认知程度。

### 4. 价值定价法

价值定价法是根据产品的实际价值来定价，以合理的价格提供合适的质量和良好的服务。这种方法兴起于 20 世纪 90 年代，被营销学家麦卡锡称为是市场导向战略计划中最好的定价方法。

价值定价与认知价值定价不同，消费者的认知价值与企业产品的真实价值之间有时会有较大的偏差，而价值定价的目标就是尽量缩小这一差距，而不是通过营销手段使这一差距朝有利于企业的方向扩大。价值定价法不仅仅只涉及定价决策，企业要让顾客在物有所值的感觉中购买商品，以长期保持顾客对企业产品的忠诚；如果企业做不到这一点，那么它就必须对产品重新设计、包装、定位并在保证有满意利润的前提下重新定价。零售业中的沃尔玛就是实施价值定价法的成功典范。

### 三、竞争导向定价法

竞争导向定价法是企业为了应付市场竞争的需要而采取的特殊定价方法，是指以市场上相互竞争的同类产品价格为定价的基本依据，根据竞争状况的变化来确定企业的产品售价，主要包括随行就市定价法、主动竞争定价法、密封投标定价法和拍卖定价法。

（1）随行就市定价法。随行就市定价法是一种防御性的定价方法。它是指企业按同行业的市场平均价格或市场流行的价格来定价。运用这种定价方法虽然难以估算成本，但是可以避免价格竞争，因此，大多数以竞争为导向定价的企业，尤其是竞争激烈的大宗均质产品，如农产品等，都采用随行就市定价法。

（2）主动竞争定价法。企业根据自身产品的实际情况，及与竞争对手在产品的性能、质量、成本、式样、规模等方面的差异情况，以高于或低于竞争产品的价格水平来确定产品的价格，甚至直接利用低价格作为企业产品的差异特征。

实施高价战略的企业必须保证本企业的产品具备顾客认为有价值的差异性，才能使企业在长期竞争中立于不败之地；而主动降价的企业则必须具备进攻对手的真正实力，不能以牺牲顾客价值和顾客满意度为降价的代价。

（3）密封投标定价法。这是一种依据竞争情况来定价的方法，它主要用于建筑包工、产品设计和政府采购等项目。当多家供应商竞争企业的同一个采购项目时，企业经常采用招标的方式来选择供应商。投标者（卖方）根据招标者（买方）的招标内容和具体要求在规定期间内密封报价，参与竞争。供应商对标的物的报价是决定竞标成功与否的关键，所报价格以低于竞争者的报价、高于企业的边际成本为佳。

（4）拍卖定价法。这是指卖方委托拍卖行，以公开叫卖方式引导买方报价，利用买方竞争求购的心理，从中选择高价格成交的一种定价方法。这种方法常见于出售古董、珍品、高级艺术品或大宗商品的交易中。

### 情境提示

#### 企业定价原则与程序

企业定价的一般原则：应依据产品、服务的质量、成本、市场供求等因素，合理、合法、规范化地定价，取得合法的利润，不能任意定价，不能从事不正当价格行为。应维护正常的价格秩序，开展正当的价格竞争，保护生产者、经营者和消费者的合法权益。不能进行价格欺诈，如虚假标价、模糊标价，谎称降价、优惠价、折扣价、处理价、最低价等，以不真实或无依据的标价误导、诱骗消费者；标价签、价目表须经监制，降价销售商品和提供服务必须使用降价标价签、价目表，如实标明降价原因以及原价和现价；不能以畸高或畸低的标价欺骗消费者，扰乱市场价格秩序。企业间不能相互串通、勾结，订立价格协议或达成价格默契，组织或明或暗的"价格联盟"，以"行业价格自律"为名联手操纵市场价格（提价、压价或保价），共谋垄断。国际定价应避免多头对外、内部竞争。企业定价程序如图4-2-1所示。

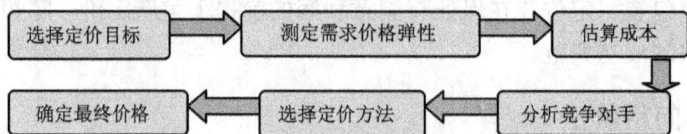

图4-2-1  企业定价程序示意图

国际市场价格是一国（或企业）进出口商品定价的一项重要依据。一国（或企业）商品的进出口价格，通常是参照该商品或其同类商品的国际市场价格，并结合其发展趋势和其他一些有关的因素来加以权衡和制定的。国际市场价格的变动，对一国（或企业）对外贸易价格的高低，有着直接的重要影响。因此，了解并掌握国际市场价格及其变化发展的规律，对一国（或企业）对外贸易的开展和做好商品进出口业务工作、提高经济效益，有着重要的意义。

# 情境任务3  制订国际营销定价策略

**情境导入**

1945年圣诞节即将来临时，为了欢度战后第一个圣诞节，美国居民急切地希望能买到新颖别致的商品作为圣诞礼物。当年6月份，美国有一位名叫多尔顿·雷诺兹的企业家从阿根廷引进当时美国人根本没见过的圆珠笔，取名为"原子笔"。

当时，这种圆珠笔生产成本仅为0.8美元，但雷诺兹却果断地将售价定为20美元，因为只有这个价格才能让人们觉得这种笔与众不同，配得上"原子笔"的名称。1945年10月29日，金贝儿百货公司首次销售雷诺兹圆珠笔，竟然出现了3 000人争购"原子笔"的壮观场面。人们以赠送与得到原子笔为荣，一时间，新颖、奇特、高贵的原子笔风靡美国，大量订单像雪片一样飞向雷诺兹的公司。短短半年时间，雷诺兹生产圆珠笔所投入的2.6万美元成本竟然换回150万美元的利润。等到其他对手挤进这个市场，杀价竞争时，雷诺兹已赚足大钱抽身而去。

**讨论：** 进入国际市场，为了实现经营目标，企业制订价格的策略是多种多样的。为何雷诺兹公司选择适当时机以高价推出原子笔这种新产品？此中，还有哪些因素配合？

**情境认知**

定价策略是指运用某种策略、技巧对如何制定价格、调整价格作定性回答。国际市场营销的定价策略主要有新产品定价策略、心理定价策略、折扣定价策略、产品组合定价策略和地理定价策略。

## 一、新产品定价策略

在激烈的市场竞争中，企业开发的新产品能否及时打开销路、占领市场和获得满意的利润，不仅取决于企业适宜的产品策略，还取决于其他市场营销手段和策略的协调配合，其中对新产品的定价就是一种必不可少的营销策略。新产品的定价策略主要包括撇脂定价策略、渗透定价策略和满意定价策略。

### 1. 撇脂定价策略

撇脂定价策略也叫取脂定价策略，是一种高价格策略，即企业向市场推出新产品时高位定价，以求在产品生命周期的初期尽快收回投资并获得最大利润，而当竞争者进入市场或市场销量减少时则逐步降低定价以提高产品竞争力的策略。这是对市场的一种榨取，就像从牛奶中撇取奶油一样。如定位于高端人群的 NOKIA 8800，上市初期就定出天价，零售价格就是其型号代码 8 800 元。

撇脂定价策略有以下四个优点：

（1）新产品初上市，竞争者还没有进入，利用顾客求新求特心理，以较高价格刺激消费，占领早期市场。

（2）可以在短期内迅速回笼资金，并取得较大利润，利于扩大再生产。

（3）在竞争者大量进入市场时，产品有降价的余地，能增强竞争能力，同时也符合顾客对待价格由高到低的心理。

（4）高价可以使新产品一投入市场就树立高级、质优的形象。

这种方法的缺点有以下两个：

（1）在新产品尚未建立起声誉时，高价不利于打开市场，有时甚至会无人问津。

（2）高价带来的高利润，很容易引来竞争者，替代品会大量出现，最终导致价格下跌、经营不长就会转产的局面。

因此，采用撇脂定价策略应具备以下四个条件：

（1）产品是新推出市场的产品，价格缺乏可比性。

（2）行业壁垒高，公司拥有某种专利、优先权或关键技术，竞争者难以进入。

（3）商品的需求价格弹性小，消费者对价格的敏感度较低。

（4）新产品具有消费者特别看重的差异性，市场上少有替代产品，因此高价仍有较大的需求。

### 2. 渗透定价策略

这是一种低价格策略，指的是新产品一投入市场就以较低的价格销售，目的是在短期内加速市场成长，牺牲单位毛利润以期获得较高的销售量及市场占有率，进而产生显著的规模经济效益，使成本和价格得以不断降低。例如，Sony 第一批便携式激光唱机刚投放市场时，按照产品的单位成本，其价格至少应定在 600 美元，但最后盛田昭夫决定以 300 美元进行市场渗透。在占领市场后，再通过规模经济降低生产成本。

这种定价方法一方面可以利用低价迅速打开产品销路、占领市场，从多销中增加利润，另一方面又可以阻止竞争者进入，有利于控制市场。因此，渗透定价策略又戏称"别进来"策略。但是，采用低价策略，企业的利润微薄，投资的回收期长、见效慢、风险大，一旦渗透失利，就会一败涂地。另外，还可能会损害企业优质产品的形象。

因此，渗透定价策略应具备以下三个条件：

（1）制造新产品的技术已经公开，或者易于仿制，竞争者容易进入该市场，市场竞争激烈。

（2）市场上存在替代品，但因企业拥有较大的生产能力，且该产品能获得显著的规模经济效益，大量生产定会降低成本，收益有上升趋势。

（3）产品的需求弹性大，消费者对价格敏感度高。

企业应根据市场需求、竞争情况、市场潜力、生产能力和成本等因素综合考虑，采用合适的策略。渗透定价策略和撇脂定价策略的选择标准具体如表4-2-2所示。

表4-2-2　渗透定价策略与撇脂定价策略的选择标准

| 渗透定价策略 | 低 | 市场需求水平 | 高 | 撇脂定价策略 |
|---|---|---|---|---|
| | 小 | 与竞争产品的差异性 | 大 | |
| | 大 | 价格需求弹性 | 小 | |
| | 大 | 生产能力扩大的可能性 | 小 | |
| | 低 | 消费者购买力水平 | 高 | |
| | 大 | 市场潜力 | 不大 | |
| | 易 | 仿制的难易程度 | 难 | |
| | 长 | 投资回收期 | 短 | |

### 3. 满意定价策略

这是一种介于撇脂定价和渗透定价之间的价格策略。所定的价格比撇脂价格低，而比渗透价格要高，是一种中间价格。这种定价策略价格稳定、利润平稳，能使生产者和顾客都比较满意，因此又称为"君子价格"或"温和价格"。

由于这种定价策略比较保守，虽然风险较小，但也有可能失去获得赢利的机会。

## 二、心理定价策略

心理定价策略是企业根据消费者的心理特征和心理需求，采取使其乐于接受的价格的策略。每一件产品都能满足消费者某一方面的需求，其价值与消费者的心理感受有着很大的关系。这就为心理定价策略的运用提供了基础，使得企业在定价时可以利用消费者心理因素，有意识地将产品价格定得高些或低些，以满足消费者生理的和心理的、物质的和精神的多方面需求，通过消费者对企业产品的忠诚或偏爱，扩大市场销售，获得最大效益。

心理定价策略主要包括尾数定价策略、整数定价策略、声望定价策略、招徕定价策略和习惯定价策略。

（1）尾数定价策略。尾数定价，也称零头定价或缺额定价，即给产品定一个零头数结尾的非整数价格。大多数消费者在购买产品时，尤其是购买一般的日用消费品时，乐于接受尾数价格，如0.99元、9.98元等。消费者会认为这种价格已经过精确计算，购买不会吃亏，从而产生信任感。同时，价格虽离整数仅相差几分或几角钱，但给人一种低一位数的感觉，符合消费者求廉的心理愿望。这种策略通常适用于基本生活用品。

（2）整数定价策略。整数定价与尾数定价正好相反，由于消费者常常根据价格来辨别产品的质量，对价格较高的产品，如耐用品、礼品或服装等消费者缺乏必要的信息和技能来判断产品的质量时，实行整数定价反而会抬高产品的身价，从而达到扩大销售的目的。

（3）声望定价策略。声望定价指对一些名牌产品，企业往往可以利用消费者仰慕名牌的心理而制定大大高于其他同类产品的价格。不少高级名牌产品和稀缺产品，如豪华轿车、高档手表、名牌时装、名人字画、珠宝古董等，在消费者心目中享有极高的声望价值。购买这些产品的人，往往不在意产品价格，而最关心的是产品能否显示其身份和地位。如国际著名的欧米茄手表，在我国市场上的销售价从一万元到几十万元不等。消费者在购买这些名牌产品时，特别关注其品牌、标价所体现出的炫耀价值，价格越高，心理满足的程度也就越大。

（4）招徕定价策略。这是适应消费者"求廉"的心理，将产品价格定得低于一般市价，个别的甚至低于成本，以吸引顾客、扩大销售的一种定价策略。采用这种策略，虽然几种低价产品不赚钱，甚至亏本，但由于低价产品带动了其他产品的销售，企业还是有利可图的。

（5）习惯定价策略。有些产品在长期的市场交换过程中已经在消费者头脑中形成了一个参考价格水准，形成了为消费者所适应的习惯价格。企业对这类产品定价时要充分考虑消费者的习惯倾向，采用"习惯成自然"的定价策略。对消费者已经习惯了的价格，个别企业难于改变。如果企业定价低于该水准易引起消费者对产品质量的怀疑，定价高于该水准则会使消费者产生不满情绪，导致购买的转移。在不得不提价时，应采取改换包装或品牌等措施，减少抵触心理，并引导消费者逐步接受新的习惯价格。

### 三、折扣定价策略

企业为了鼓励顾客及早付清货款，或鼓励大量购买，或为了增加淡季销售量，常常需酌情降低产品的基本价格，以给顾客一定的优惠，这种价格的调整叫作价格折扣或折让。

（1）数量折扣。数量折扣是企业给那些大量购买某种产品的顾客的一种折扣，以鼓励顾客购买更多的货物。数量折扣定价一般分为非累计基础上提供折扣（每张订单）和在累计基础上提供折扣（在一个规定的时期内订购的数量）两种。

（2）现金折扣。这是指企业对现金交易的顾客或对及早付清货款的顾客给予一定的价格折扣。许多情况下采用此定价法可以加速资金周转，减少收账费用和坏账。典型的折扣表示如"2/10，net 30 天"，表示付款期限为 30 天，若客户能够在 10 天内付清货款，则给予 2% 的折扣。

（3）季节折扣。季节折扣是卖主向那些购买非当令商品或服务的买者提供的一种折扣。它使企业的生产和销售一年四季能保持相对稳定。

（4）功能折扣。功能折扣也叫贸易折扣。是制造商给予中间商的一种额外折扣，使中间商可以获得低于目录价格的价格。对不同的中间商，制造厂商可以提供不同的功能折扣，因为它们提供的是各种各样的服务，如推销、贮存和售后服务。然而，制造厂商必须向同一种中间商提供同样的功能折扣。

（5）推广津贴。为扩大产品销路，生产企业经常会向中间商提供促销津贴。如零售商为企业产品刊登广告或设立橱窗，生产企业除负担部分广告费外，还在产品价格上给予一定优惠。

## 四、产品组合定价策略

产品组合定价是指将产品依据特定标准细分后，分别就每个组成部分定价，从而形成组合价格，而不是一项单一价格。产品组合定价是寻求在整个产品组合方面能获得最大利润的共同价格，它是市场竞争不断激化的必然结果，是长期分析、适应和引导消费者需求的实践总结，受到许多大企业的重视和偏爱。

（1）产品线定价。产品线定价是指企业赋予同一品牌且基本功能相同的产品，以不同的外观特征形成系列产品，并分别定以不同的价格，如给相同书籍的平装本和精装本定不同的价格。

产品线定价是根据产品线内各项目之间在质量、性能、档次、款式、成本、顾客认知、需求强度等方面的不同，参考竞争对手的产品与价格，确定各个产品项目之间的价格差距，以使不同的产品项目形成不同的市场形象，吸引不同的顾客群，扩大产品销售，争取实现更多的利润。如某服装店对某型号女装制定三种价格：260 元、340 元、410 元，在消费者心目中形成低、中、高三个档次，人们在购买时就会根据自己的消费水平选择不同档次的服装，从而消除了在选购商品时的犹豫心理。

（2）互补品定价。有些产品必须互相配合在一起使用，才能发挥出某种使用价值。如隐形眼镜与护理液、打印机和墨盒等。因此互补品定价又称为附带产品定价。企业经常为主要产品（价值量高的产品）制定较低的价格，而为附属产品（价值量较低的）制定较高的加成，这样有利于整体销量的增加，增加企业利润。

（3）成套优惠定价。成套优惠定价又称捆绑定价，是指为鼓励顾客成套购买，以扩大企业销售，加快资金周转，销售商常常把一组产品组合在一起降价销售，使成套购买的价格低于单独购买其中每一种产品或服务的费用总和。由于在这个价格束上节约的金额相当可观，因此会吸引那些本来无意购买全部产品的顾客购买。如香港和记黄浦集团在英国的"3"公司以赠送 3G 手机和优惠价格鼓励顾客打包购买移动多媒体服务，而对于零散使用移动多媒体服务则收费较高。

（4）两段定价。两段定价是指企业先收取一定的固定费用，在此基础上加收一定的可变使用费，如电话月租费和通话费等。企业运用两段定价法时，一般对固定费用定价较低，以便吸引顾客使用该服务项目，而对可变使用费用定价较高，以保证企业充足的利润。

（5）选择特色定价。所谓选择特色定价是指企业在提供主要产品时，还提供各种可选择的产品或具有特色的产品，如酒吧、餐馆推出的各种套餐等。餐馆的主要提供物为饭菜，顾客还可要烟、酒、饮料等。有的餐馆将食品的价格定得较低，而将烟酒类商品的价格定得较高，主要靠后者盈利；有的酒吧则将食品的价格定得较高，而将酒类商品的价格定得较低，以吸引那些爱酒人士。

## 五、地理定价策略

地理定价策略的实质就是决定对于卖给不同地区顾客的某种产品，是分别制定不同的价格还是制定相同的价格。

（1）FOB、CIF 与 CFR。

① FOB（Free on Board）又称离岸价格或原产地价格，是指顾客以产地价格或出厂价格

购买产品，卖方必须在合同规定的装运期内在指定目的港将货物交至买方指定的船上，交货后的有关运杂费、保险费以及运输风险等均由买方承担。这种做法对卖方来说较为便利，费用最省、风险最小，适用于销路好、市场紧俏的商品，但不利于吸引路途较远的顾客。

② CIF（Cost, Insurance and Freight）又称到岸价格或买主所在地价格。与前者正好相反，CIF是指成本加保险费加运费，即企业把商品运到买方指定的目的地，到达目的地前的一切手续费、运费和保险等费用均由卖方承担。虽然这种定价策略手续较烦琐，卖方承担的费用和风险也较大，但有利于扩大产品销售。

③ CFR（Cost and Freight）又称成本加运费交货价或离岸加运费价格，是指卖方不负责保险，但是卖方在交货前必须支付将货物运至指定的目的港所需的运费，承担货物装船以前的各项费用及一切风险。按照多数国家和地区的贸易惯例，卖方在货物装船后，必须通知买方购买保险，如疏忽这一点致使买方未能投保，卖方必须承担货物在运输途中的风险。

（2）统一交货定价。统一交货定价又称邮资定价或送货制定价，即卖方将产品送到买方所在地，不分路途远近，统一按相同的出厂价加相同的运费定价。这种价格类似于到岸价格，其运费按平均运输成本核算。统一交货定价简便易行，可减轻较远地区顾客的价格负担，使买方认为运送产品是一项免费的附加服务，从而乐意购买，有利于扩大市场占有率。同时，能使企业维持一个全国性的广告价格，易于管理。该策略适用于体积小、重量轻、运费低或运费占成本比例较小的产品。

（3）分区定价。企业把销售市场划分为远近不同的区域，各区域因运距的差异而实行不同的价格，同一区域内实行统一的价格。分区定价类似于邮政包裹、长途电话的收费。对企业来讲，可以较为简便地协调不同地理位置用户的运费负担问题，但处于两个价格区域交界地的顾客就得承受不同的价格负担。

（4）基点定价。企业在产品销售的地理范围内选择某些城市作为定价基点，然后按照出厂价加上基点城市到顾客所在地的运费来定价。这种情况下，运杂费用等是以各基点城市为界由买卖双方分担的。该策略适用于体积大、运费占成本比重较高、销售范围广、需求弹性小的产品。

（5）津贴运费定价。津贴运费定价是指为弥补原产地价格策略的不足，减轻买方的运费、保险费等负担，由卖方补贴其部分或全部运费。该策略有利于减轻边远地区顾客的运费负担，当市场竞争激烈，或企业急于打开新的市场时常采取这种做法。

## 情境任务4　国际定价可能遇到的问题

情境导入　　　　　**反倾销（Anti-Dumping）**

倾销是指垄断组织在控制国内市场的条件下，以低于国际市场平均售价，甚至低于商品生产成本的价格在国外市场抛售商品的行为。其目的是占领某一外国市场或摧毁当地竞争企业。

1995—2006年，全球反倾销立案调查3 044起，实施最终反倾销措施1 941起。有38个国家和地区对其他国家和地区实施反倾销措施（发起调查的国家、地区有42个）；有68个国家和地区被其他国家和地区实施反倾销措施（被调查的国家、地区有75个）。

全球被实施反倾销措施的国家和地区按案件数排名前十位的依次是：中国（375）、欧盟（301）、韩国（136）、中国台湾（107）、美国（104）、日本（97）、俄罗斯（84）、泰国（76）、印度（75）、印度尼西亚（73）。美国、欧盟既是实施反倾销措施的主要国家和地区，也是被实施反倾销措施的主要对象。秘鲁没有被实施反倾销措施，是最大受益国。被实施反倾销措施的主要对象、受损较大的国家和地区是中国、韩国、印度尼西亚、泰国、中国台湾、日本、俄罗斯，其中中国是最大的受害国，每年有400亿～500亿美元出口商品受影响。

讨论：查找反倾销、反补贴的含义和国际反倾销、反补贴措施与程序，如果你的公司被列入反倾销或反补贴调查，你将如何应对此类事件？

**情境认知**

## 一、倾销与反倾销

### 1. 倾销

倾销是指一个国家或地区的出口经营者以低于国内市场正常或平均价格甚至低于成本价格向另一国市场销售其产品的行为，主要包括商品倾销、外汇倾销等形式。

倾销的目的在于击败竞争对手、夺取市场，并因此给进口国相同或类似产品的生产者带来损害。其特征表现为：

（1）倾销是一种人为的低价销售措施。它是由出口商根据不同的市场，以低于有关商品在出口国的市场价格对同一商品进行差价销售。

（2）倾销的动机和目的是多种多样的，有的是为了销售过剩产品，有的是为了争夺国外市场、扩大出口，但只要对进口国某一工业的建立和发展造成实质性损害、实质性威胁或实质性阻碍，就会招致反倾销措施的惩罚。

（3）倾销是一种不公平竞争行为。在政府奖励出口的政策下，生产者为获得政府出口补贴，往往以低廉价格销售产品；同时，生产者将产品以倾销的价格在国外市场销售，从而获得在另一国市场的竞争优势并进而消灭竞争对手，再提高价格以获取垄断的高额利润。

（4）倾销的结果往往给进口国的经济或生产者的利益造成损害，特别是掠夺性倾销扰乱了进口国的市场经济秩序，给进口国经济带来毁灭性打击。

**情境提示**

一般来说生产厂商能够实施倾销，必须具备三个条件：

（1）必须是不完全竞争的行业，具有垄断力量的厂商是市场价格的制定者而非市场价格的接受者。

（2）本国和外国必须被很好地分隔，使国内居民不能轻易回购出口产品。

（3）出口厂商在国内面临的需求弹性较国外的小。只有具备了这些条件，垄断厂商会发现实施倾销有利可图。

### 2. 反倾销

反倾销是进口国依据本国的反倾销法，由主管当局经过立案调查，确认倾销对本国同业造成损害后，采取征收反倾销税等处罚措施的调查程序。

一般是对倾销的外国商品除征收一般进口税外，再增收附加税，使其不能廉价出售，此种附加税称为"反倾销税"。如美国政府规定：外国商品到岸价低于出厂价格时被认为商品倾销，可立即采取反倾销措施。

世贸组织的《反倾销协议》规定，一成员要实施反倾销措施，必须遵守三个条件：

（1）确定存在倾销的事实。

（2）确定对国内产业造成了实质损害或实质损害的威胁，或对建立国内相关产业造成实质阻碍。

（3）确定倾销和损害之间存在因果关系。按照倾销的定义，若产品的出口价格低于正常价格，就会被认为存在倾销。出口价格低于正常价格的差额被称为倾销幅度。

所以，确定倾销必须经过三个步骤：确定出口价格；确定正常价格；对出口价格和正常价格进行比较。正常价格通常是指在一般贸易条件下出口国国内同类产品的可比销售价格。如该产品的国内价格受到控制，往往以第三国同类产品出口价格来确认正常价格。

在世贸组织框架下，只有政府，而不是贸易商和产业界，才能采取反倾销措施。因此，一国的贸易商或产业界必须通过政府来启动反倾销程序。

反倾销的最终补救措施是对倾销产品征收反倾销税。征收反倾销税的数额可以等于倾销幅度，也可以低于倾销幅度。另外一种补救措施是价格承诺。若出口商自愿作出了令人满意的承诺，修改价格或停止以倾销价格出口，则调查程序可能被暂停或终止，有关部门不采取临时措施或征收反倾销税。

### 情境观察

## 中国成为世界上受贸易保护主义伤害最大的国家之一

近年来，随着国际贸易自由化程度的提高，各国企业之间的竞争日益直接化，加上全球经济不景气，反倾销被一些企业用作将外来竞争对手排挤出本国市场的杀手锏，滥用反倾销的贸易保护主义倾向也日益明显。

我国目前已成为世界上受贸易保护主义伤害最大的国家之一。针对我国的反倾销案件占世界反倾销案件中的比例已远远超出我国在世界贸易中所占的份额。反倾销对我国企业而言有很大的不公平性。以欧盟和美国为代表的一些国家，认为中国是非市场经济国家，企业的成本和价格不是由市场决定的。因此在计算"正常价值"时，通常采取"替代国"办法，用印度等国的相同产品的销售价或成本来"替代"我国涉案企业的成本。替代国办法具有明显的不公平性。随着中国市场的日益繁荣和壮大，特别是加入世贸组织后，国外产品大量涌入国内，由此也产生了我国对国外产品的反倾销问题，我国从1997年制定《反倾销条例》以来，不少国内企业也举起了反倾销之盾，寻求"正当防卫"。

### 二、国际转移定价

#### 1. 国际转移定价的含义

国际转移定价是指跨国公司根据全球营销目标在母公司与子公司之间或者在不同子公司之间转移商品或劳务时使用的一种内部交易价格。举例来说，一家在华外商直接投资企业从其国外的母公司购买原材料，加工成最终产品后返销其母公司，这一交易过程中产生的价格就是转移定价。

转移价格是在集团内部转移成本费用或利润收入，它并非通过市场供求与竞争机制来确定，而是由集团内部上层决策者人为确定的内部贸易价格，因此不能完全反映被转移商品或劳务的实际价值。

**2. 国际转移定价的手段**

（1）高进低出，低进高出。具体方法如下：

① 高进低出是指跨国公司的子公司以高于市场价格从国外母公司或子公司采购货物，而该子公司把出口货物以低于市场的价格卖给母公司或其他子公司。通过这种方法可以将该子公司的利润转移到母公司或其他子公司。当某国出现高通胀时，采用高进低出的转移价格，可以避免资金在该国大量沉淀；在外汇管制国家，高进低出的转移价格，既可避免利润汇出的麻烦，又可少纳所得税。

② 低进高出则采取相反的购销活动，可将利润从国外母公司或其他子公司转移进来。在实践中，相当多的外商直接投资企业以较低的价格把成品销售给其母公司，从而使自身的账面表现为亏损，而其母公司则可以高价把产品销售出去，赚取丰厚的利润。假设一家 A 国企业来 B 国投资设厂后，以 10 美元的价格从其母公司进口原材料，在 B 国又追加投资 2 美元，则其成本应为 12 美元。但是在 B 国子公司仅以 11.5 美元的价格把产品返销给其母公司，从账面看这家 A 国企业在 B 国的投资就是亏损的，但其母公司很可能以 14 美元的价格把产品转手销售给其他消费者，这样利润就被截留在 B 国之外了。

（2）收取费用。跨国公司的母公司可以通过收取咨询费、服务费、管理费等费用或调整商标、专利、专有技术等无形资产的转让费用，来达到提高或降低子公司利润的目的。

（3）提供贷款或设备租赁。跨国集团母公司可采取向国外子公司提供高息或低息贷款的方法影响子公司的成本，还可通过对设备租赁费用的调整来达到转移定价的目的。

**3. 国际转移定价的目的**

（1）加强某个子公司的竞争地位。跨国公司从全局利益出发，可能会认为某个子公司所在的市场潜力很大或很有前途，扩大公司产品在该市场的占有率，对整个公司的长远利益大有裨益。因此，母公司或其他市场的子公司就会以低价向子公司提供所需的原材料及服务，使该子公司能够保持较低的成本，以低价击败竞争对手，并使该公司显示出较好的资金状况，从而有利于子公司扩大市场份额，树立较好的财务形象，在市场竞争中处于有利的地位。

（2）减少税负。通过转移定价，跨国公司可以设法降低在高税率国家的纳税基数，增加在低税率国家的纳税基数，从而减少跨国公司的整体税负。

从关税的角度分析，各国税率相差悬殊。因此，当国外子公司将产品出售到高关税国家时，可以采用较低的价格发货，以减少征税基数，从而减轻关税负担。不过只有在关税征收从价税和混合税条件下转移定价才具备这样的功能。

从所得税的角度分析，国外子公司将产品调拨到所得税税率高的国家时，可以提高调拨价格，以减少利润并将其转移到所得税税率低的国家。

（3）获取利润。在政府政策限制利润汇回公司母国时，通过调拨到该国产品价格的方式，便于将利润转回母国。

（4）规避风险。跨国公司可以利用转移定价将资金转移出去，以规避东道国的政治风险、经济风险、外汇风险、通货膨胀风险等，将可能遭受的损失降到最低限度。

（5）对付价格控制。当东道国认为跨国公司的产品或劳务价格太低或太高，是"倾销"

或利润太多时，跨国公司可以尽量降低或提高原材料、零部件的供应价，以减少或增加其成本，使其较低或较高的价格成为"合理"的价格，从而逃避东道国限制和监督。

（6）减轻配额限制的影响。在国际市场上，配额是常见的非关税壁垒。如果配额是针对产品数量，而不是产品金额，跨国公司可利用转移定价在一定程度上减轻限制。若出口国子公司降低转移价格，而进口国外汇配额一定，其结果等于不增加配额就扩大了进口子公司实物的进口量，从而达到扩大销售的目的。

### 三、国际价格协定

国际价格协定是几个国家同行业各企业之间为了避免在国外市场上出现恶性竞争，尤其是削价竞争而达成的价格协议。这种协议有时是在政府支持下，由同一行业中的企业共同达成的；有时则是由政府直接出面，通过国际会议达成的多国协议，如石油输出国组织经常开会讨论价格问题。无论哪一种方式的价格协定都能影响国际营销的定价决策。国际市场的价格协定主要有如下五种：

（1）专利授权协定。通过专利授权协定，专利所有人必须划分市场范围，使用者拥有在某一特定地区的独家产销权，当然也就有了定价的控制权。

（2）卡特尔协定。卡特尔是由数个生产相同或相似产品的生产者组织而成的。这种组织签订协议以设定价格，分配市场范围，甚至分配利润。

（3）联合协定。联合协定较卡特尔协定更具控制力，它由各参加公司组成理事会，对外采取统一定价。会员中如有违反协定者，将受罚款处分。

（4）同业公会协定。同业公会控制其会员产品的价格水平，使所有会员都能得利，如中国台湾许多行业和同业公会都有核算制度，对出口价格进行管制。

（5）国际协定。许多农、矿产品，如咖啡、可可、糖、小麦、煤、石油等的价格，必须经生产国与消费国的谈判来决定。一般来说，这些产品的出口国大多数属于发展中国家，它们联合起来可以把价格定得更有利。

### 四、平行进口

#### 1. 平行进口的含义

平行进口是指本国的商标权所有人将自己生产的商品出售给国外经销商或者将自己的商标许可给国外生产企业后，这些国外的经销商或者生产企业在未经商标所有人同意的情况下，将其与商标权人在国内生产的相同的商品，重新进口到国内的做法。

平行进口关系到的产品也称水货。水货相对于行货而言，一般指没有经由正式代理商进口的货品。水货也是原装正货，它们在质量、成分上与行货并无明显差异，它们与行货的分别一般在售后服务上。行货电子、电器产品一般都附有有期限的免费或收费保修服务，由代理商提供。水货则可能完全没有保修服务，或由水货进口商提供。但通常这些保修，只是在货品损坏时由水货进口商代为把货品运回输入国作维修。水货的售价一般比行货便宜，这可能是由于货品在不同国家的价格有差距。但如果该货品在销售地仍未推出，水货的售价则可能比原产地的高。这些水货通常都会对商标权人的国内市场造成一定的冲击，故为了保护正常的国内市场秩序，许多国家都采用不同的方法阻止商品的平行进口。

#### 2. 平行进口的特点

（1）被进口的产品与特定的知识产权相关。

（2）被进口的产品有着合法的来源，即系由权利人或经其同意之人投放于出口国或地区的市场，因此，这类商品又被称为"真品"。

（3）被平行进口的产品以低价与进口国或地区市场上原有的同一知识产权产品展开竞争。

（4）在进口国或地区存在反对平行进口的相关权利人。

### 3. 平行进口的表现形式

平行进口所涉及的相关权利人有以下两种类型：

（1）在进口国或地区与出口国或地区由同一人享有知识产权，并由知识产权人自己（或者由被许可人）同时在进口国或地区与出口国或地区两个市场或其中的一个市场经销有关产品。这是一种严格意义上的形态，所涉及的权利人包括知识产权人和被许可人。

（2）进口国或地区与出口国或地区的相关的知识产权分别由通过某种公司纽带形式相联系的不同企业（如母公司与子公司，或不同的子公司）根据合同享有。

所涉及的权利人包括进口国或地区与出口国或地区的知识产权人。平行进口可以有多种表现形态，其实质性的形式主要包括以下三种：

（1）"重新进口"或"返销"。这被认为是一种最初始的形式。例如，知识产权人甲在A国以60元的成本制造商品，并在同一国家以100元的价格出售；甲在B国也享有受B国法律保护的同类知识产权，由于B国属于低价国，甲以70元的价格在B国销售同一商品；第三人在B国以70元合法购得该商品，并将其返销至A国而以90元的价格出售。这样，在A国，第三人以明显的价格优势与权利人甲展开竞争。在美国，所谓的"灰色市场产品"主要指通过这种方式进口的产品，由于美国属于高价国，这一类平行进口为数众多。

（2）为第一种形式的"变体"。即知识产权人甲利用B国低廉的劳动力成本（假设与A国相比，在B国的制造成本仅为30元），通过其在B国的子公司或被许可人在B国制造供应B国市场的商品。若第三人在B国市场上以70元的价格合法购得商品后，进口至权利人所在的A国，则可以以90元的价格与权利人以100元销售的同样的商品竞争。

（3）上述两种形式的结合。即知识产权人甲通过其在B国的子公司或被许可人在B国制造低成本的商品同时供应B国市场及A国市场，假设由权利人或由其授权的经销商进口A国的商品定价仍为100元，而供应B国市场的同类商品的定价为70元，则平行进口商即可以70元在B国购得商品后进口至A国，并以90元在A国销售，从而与权利人甲或其被授权人竞争。

在上述三种形态中，只有第三种属于严格意义上的"平行"进口，而第一种属于返销，第二种只存在一种未经授权的进口。尽管如此，平行进口一词并不局限于物理意义上的"平行"，判断是否构成平行进口的关键性要素为：被进口的产品有着合法的来源，即系由权利人或经其同意之人投放于出口国或地区市场。而上述返销和未经授权的进口两种情形均具备了构成平行进口的关键性要素。据此，这两种情形也被归入平行进口的主要表现形态之列。

## 小　结

1. 企业的定价目标因素、成本因素、需求因素、竞争因素和政府因素等都将对国际市场价格产生影响。

2. 定价方法包括成本导向定价法、需求导向定价法和竞争导向定价法。

3. 定价策略多种多样，新产品定价时可以考虑撇脂定价策略、渗透定价策略和满意定价策略；若要根据消费者的心理特征和心理需求来定价的话可采用尾数定价策略、整数定价策略、声望定价策略、招徕定价策略和习惯定价策略；采取折扣定价策略时则可考虑数量折扣、现金折扣、季节折扣、功能折扣、推广津贴等；产品组合定价时可考虑产品线定价、互补品定价、成套优惠定价、两段定价、选择特色定价等；对于卖给不同地区顾客的某种产品可考虑 FOB、CIF、CFR、统一交货定价、分区定价、基点定价和津贴运费定价等。

## 学习情境4.2　制订国际市场价格策略　内容结构图

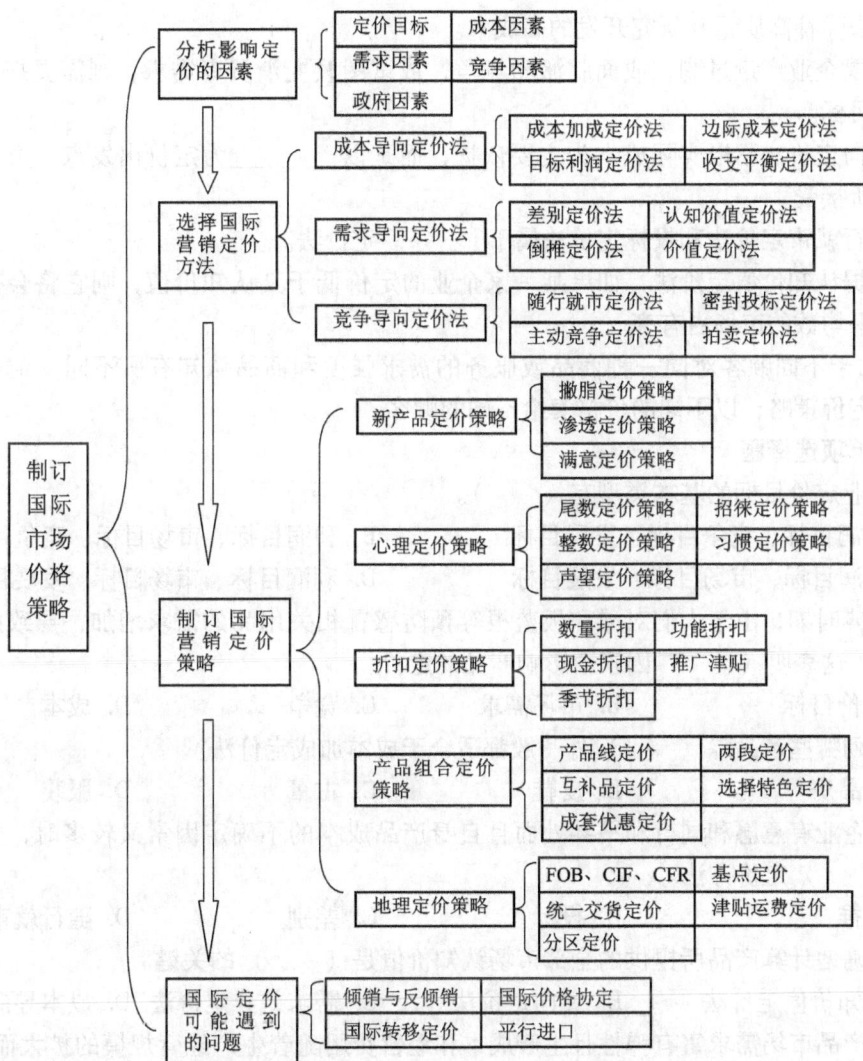

## 重要概念

国际市场价格　成本导向定价法　需求导向定价法　竞争导向定价法　撇脂定价策略 渗透定价策略　满意定价策略　倾销　反倾销　国际转移定价　国际价格协定　平行进口

**思考与练习**

**一、填空题**

1. 产品的最高价格取决于产品的市场供求状况，最低价格则取决于产品的_____。

2. 企业定价有三种导向，它们是成本导向、需求导向和_____。

3. 新产品定价有两种策略可供选择，即撇脂定价和_____定价。

4. 在价格大战中，只要企业价格能弥补_____和一些固定成本，企业的生存便可得以维持。

5. 当企业在生产和市场营销过程中贯彻产品质量最优化指导思想时，往往要求用_____来弥补高质量和研究开发的高成本。

6. 如果企业产量过剩，或面临激烈竞争，或试图改变消费者需求，则需要把_____作为定价目标。

7. 反向定价法不以实际成本为主要依据，而是以_____为定价出发点，力求使价格为消费者所接受。

8. 随行就市定价法和投标定价法属于_____定价法。

9. 根据认知价值定价法，如果某一家企业的定价低于其认知价值，则它将会得到一个_____平均数的市场占有率。

10. 由于不同顾客对同一种商品或服务的需求强度和商品认知有所不同，企业可采用_____定价策略，以不同的价格卖给不同的顾客。

**二、单项选择题**

1. 企业定价目标的基本类型有（    ）。

A. 利润目标、竞争目标、发展目标    B. 利润目标、市场目标、竞争目标

C. 利润目标、市场目标、发展目标    D. 利润目标、市场目标、发展目标

2. 非典时期，由于人们对醋和板蓝根等预防感冒相关用品的需求增加，导致此类商品价格高涨，这表明（    ）因素会影响产品的定价。

A. 定价目标        B. 市场需求        C. 竞争        D. 成本

3. 下列哪些产品除（    ）外一般都适合于成本加成定价法？

A. 商品房        B. 皮鞋        C. 古董        D. 服装

4. 当企业有意愿和同行和平共处而且自身产品成本的不确定因素又较多时，企业往往会采取（    ）定价方法。

A. 倒推        B. 投标        C. 差别        D. 随行就市

5. 准确地计算产品所提供的全部市场认知价值是（    ）的关键。

A. 认知价值定价法    B. 反向定价法    C. 需求差异定价法    D. 成本导向定价法

6. 当产品市场需求富有弹性且生产成本和经营费用随着生产经营规模的扩大而下降时，企业便具备了（    ）的可能性。

A. 渗透定价        B. 撇脂定价        C. 尾数定价        D. 招徕定价

7. 如果企业按 FOB 价出售产品，那么产品从产地到目的地发生的一切短损都将由（    ）承担。

A. 企业        B. 顾客        C. 承运人        D. 保险公司

8. 定价时要预测竞争对手的报价，提供比预测价更低的价格或是更优惠的条件投标，常见于建筑工程、大型机器设备制造、政府大宗采购，这种定价方法叫作（　　）。

A. 主动竞争定价法　　　B. 随行就市定价法　C. 区分需求定价法　D. 密封投标定价法

9. 跨国公司为实现其全球战略和谋求最大利润，由上层决策者人为确定的内部贸易的价格叫（　　）

A. 统一定价　　　　　B. 多元定价　　　　C. 转移价格　　　　D. 协调定价

10. 跨国公司通过转移定价能达到除（　　）外的下列目标。

A. 灵活调动资金　　　　　　　　B. 减轻税收

C. 规避东道国政策管制　　　　　D. 减缓市场变化

### 三、多项选择题

1. 影响企业定价的主要因素有（　　）等。

A. 定价目标　　　　　　　　　B. 产品成本

C. 市场需求　　　　　　　　　D. 经营者意志

E. 竞争者的产品和价格

2. 企业定价目标主要有（　　）等。

A. 维持生存　　　　　　　　　B. 当期利润最大化

C. 市场占有率最大化　　　　　D. 产品质量最优化

E. 成本最小化

3. 只要具备了（　　）这一条件时，企业就可以考虑通过低价来实现市场占有率的提高。

A. 市场对价格反应迟钝　　　　　B. 市场对价格高度敏感

C. 产品质量优良　　　　　　　　D. 低价能吓退现有的和潜在的竞争者

E. 生产与分销的单位成本会随生产规模的扩大而下降

4. 当出现（　　）情况时，商品需求可能缺乏弹性。

A. 市场上出现竞争者或替代品

B. 市场上没有竞争者或者没有替代品

C. 购买者改变购买习惯较慢，也不积极寻找较便宜的东西

D. 购买者对较高价格不在意

E. 购买者认为产品质量有所提高，或者认为存在通货膨胀等，价格较高是应该的

5. （　　）价格形式属于差别定价。

A. 公园门票对某些社会成员给予优惠

B. 对大量购买的顾客给予优惠

C. 对不同花色、不同款式的商品设定不同的价格

D. 剧院里不同位置的座位的票价不同

E. 在节假日或换季时机举行"减价大酬宾"、"大甩卖"等活动

### 四、判断题

1. 采取低成本低价格策略的企业一定是低利润的企业。　　　　　　　　（　　）

2. 随行就市定价法适用于同质性高的产品。　　　　　　　　　　　　（　　）

3. 产品差异化使购买者对价格差异的存在不甚敏感。因此，在异质产品市场上企业有

较大的自由度决定其价格。 （　　）

4. 在市场营销实践中，有实力的企业率先降价往往能给弱小的竞争对手以致命的打击。

（　　）

5. 顾客对产品的降价既可能理解为这种产品有某些缺点，也可能认为这种产品很有价值。 （　　）

6. 产品形式差别定价是指企业对不同型号或形式的产品制定不同的价格，但它们的价格与成本费用之比却相同。 （　　）

7. 当市场有足够的购买者，且对商品的需求缺乏弹性时，企业往往能成功地实施撇脂定价。 （　　）

8. 当采取认知价值定价法时，如果企业过高地估计认知价值，便会定出偏低的价格。

（　　）

9. 多元定价策略是指对不同产品在国际市场上采用不同价格的策略。 （　　）

10. 导致国际市场平行进口的根本原因是同一产品在不同国家市场存在价格差异。

（　　）

## 五、计算题

1. 某企业 A 产品的生产能力为每年 1 000 台，全年固定成本总额为 50 万元，单位变动成本为 1 000 元，单位总成本为 1 500 元，每台售价为 2 000 元，已有订货量 600 台，生产能力有 40% 的闲置。现有一家外商提出订购 400 台，但每台出价只有 1 200 元。

问：外商的订购是否可以接受？

2. 某厂生产某种商品 10 000 件，固定总成本 400 000 元，变动总成本 600 000 元，预期利润率为 20%，试按成本加成定价法计算每件商品的销售价格。

3. 某烤箱厂投资 100 万美元，期望取得 20% 的投资收益率。如果生产烤箱的固定成本为 30 万美元，单位变动成本为 10 美元，建成投产后预计年销售量 50 000 台，则按目标利润定价法确定的烤箱价格是多少？

4. 某企业产品的固定成本为 800 元，平均变动成本为 2 元。设该企业产品的价格与需求量的互动关系如下：

| 价格（元） | 8 | 6 | 4 | 3 |
|---|---|---|---|---|
| 需求量（件） | 100 | 300 | 400 | 500 |

请问：该企业产品应定价多少较为合适？

## 六、简答题

1. 影响企业定价的成本因素有哪些？
2. 竞争导向定价包括哪些方法？
3. 简述差别定价的适用条件。
4. 简述撇脂定价的优缺点。
5. 国际转移定价有哪些常用的方法？

## 实训课堂

### 能力训练目标

1. 培养学生的价格意识，使其能灵活运用价格策略和定价方法解决企业的实际问题。
2. 培养学生对周围企业经营管理活动较高的观察能力、领悟力和敏感度。

### 能力训练项目

#### 一、思维训练

**训练 1**　古怪的埃德温伯爵去世了。在临终前留下的遗嘱里，他给怀孕的金毛猎犬"辛普森夫人"留下了 21 根香肠。他在遗嘱里要求：若生下的是公犬，那么辛普森夫人就继承 7 根香肠，小公犬拥有 14 根；若生下的是母犬，则辛普森夫人继承 14 根，而小母犬得 7 根。但出乎意料的是，辛普森夫人生下了两只猎犬———一公一母。

请问：严谨的律师该如何按照伯爵的遗愿分配这些香肠呢？

**训练 2**　面包师克里斯托弗骑着车叫卖他刚出炉的新鲜长棍面包。老顾客布里吉特叫住他，买走了一半面包外加半条。接着，牧师艾伯特买走剩下面包的一半外加半条。最后，小男孩文森特同样买走剩下面包的一半外加半条。克里斯托弗很高兴，因为他卖掉了所有的面包，还不需用刀切。

你是否知道，他是怎样做到的？他一共带了多少条面包？

**训练 3　借机发财**

从前，相邻的 A、B 两国关系很好：贸易交往频繁，货币通用且汇率相同。可是一次事件破坏了两国关系，贸易往来虽仍继续，但两国国王却相互宣布对方货币 100 元只能兑换本国货币 90 元。一个手里只有 A 国 100 元钞票的聪明人，却借机发了一笔横财。

请问：聪明人是怎样发财的？

#### 二、营销游戏

游戏 1：猜价格

形式：集体参与。

时间：10 ~ 15 分钟。

场地：不限。

工具：手机、水杯、计算器、化妆品、牙膏等生活用品。

目的：

1. 让学生感受自己的应变能力。
2. 熟悉常用产品的一般价格。
3. 训练学生的快速反应能力。

程序：每两名同学为一组。其中，一名同学猜产品价格，另一名同学可用高、低进行提示。先猜中者为获胜。

游戏 2：测测你是定量型的人吗？

提示：数字使你紧张吗？你对数学感到焦虑吗？为了帮你认识自己，请对下述的每一种情况标明对应你反应强度的数字。

松弛—（1）；有点紧张—（2）；紧张—（3）；非常紧张—（4）。

当处于下述情境时你的感觉如何：

1. 当买了几样东西后，要确认找给你的钱数对不对时。1    2    3    4
2. 当需要计算你用赊购方式购买的物品按当时的利率应付多少钱时。1    2    3    4
3. 当你觉得被索费太多，而要亲自加总餐费账单上的金额时。1    2    3    4
4. 告诉服务员你认为餐费算得不对，然后看着服务员当场重新核对时。1    2    3    4
5. 估计文章的字数看看是否超过你预先打算写的长度时。1    2    3    4
6. 估计你正在读的小说还剩多少页时。1    2    3    4
7. 当你决定存款，听别人向你解释银行利率时。1    2    3    4
8. 核对你的银行月度平衡表时。1    2    3    4
9. 听某人向你说明怎么设置单镜头反光照相机的快门速度、曝光速度和光圈读数时。
1    2    3    4
10. 检查别人简单的加减乘除运算的数字结果时。1    2    3    4
11. 玩需要算分的桥牌或扑克牌游戏时。1    2    3    4
12. 心算 976 + 777 时。1    2    3    4
13. 用铅笔和纸计算 976 + 777 时。1    2    3    4

## 三、案例分析

### 案例1

过去，无论是在美国本土还是在亚洲的印度，无论是在欧洲的瑞士还是在非洲的突尼斯，微软帝国的软件产品官方定价都是完全相同的，参考美国的生活标准制定出美元价格再转换成所在国家的货币即可。看起来这种无差别的全球统一价将要有所改变了：日前微软总经理马丁·泰勒表示，微软计划推出新的价格策略，根据各个国家具体的生活标准来制定当地的产品价格。泰勒说，同一样东西在纽约、印度或者台北的价格不会完全一样，那么为什么软件的价格不能这样做呢？但微软并没有公布新的价格策略有哪些具体的定价标准，只是说将会在未来几个月内推出新的定价计划。分析人士指出，各国政府对安全的日益重视以及以 Linux 为代表的开源软件逐渐崛起，让昔日的软件霸主微软不得不低头检视一下某些让消费者感到不愉快的策略，而不论国情的全球统一定价就是其中最主要的问题之一。这样看来，也许微软去年向泰国政府提供的廉价简化版操作系统，就是这项计划的一次试水，尽管当时微软极力否认会在其他发展中国家推出类似产品。

2007 年 8 月 2 日，微软中国宣布大幅下调简体中文版视窗 Vista 的零售价，其中 Vista 中文家庭普通版市场建议价从 1 521 元降为 499 元，降幅超过 60%。业界人士指出，这是微软改变全球统一价格策略，专门针对中国市场的调价之举，这不但将提高 Vista 的普及率，还将对盗版视窗软件起到打击作用。

【案例思考与讨论】
请用营销相关理论解释微软的价格策略变化。

### 案例2

一般南京的大闸蟹一只价格在 70 ~ 100 元，而南京某大酒楼则出奇招，把大闸蟹价格定为 10 元一只，每桌酒席优惠提供这样价格的大闸蟹 2 只。结果很多顾客慕名而来，酒楼生意非常兴隆。

**【案例思考与讨论】**

请用国际营销相关理论解释该酒楼生意兴隆的现象。

**四、模拟训练**

项目一：选择一个你所熟悉的国际品牌，考察一下它的国际定价策略。

项目二：请运用市场营销组合理论分析某公司的产品质量与价格应如何组合在市场上才最具有竞争力。

项目三：新产品定价。

目的：了解产品定价策略，培养学生对定价策略的实际运用能力。

任务：针对各虚拟公司近一段时期新推出产品进行定价。

要求：

1. 做好市场调研，详细了解产品的功能特点，消费者对价格的接受程度，竞争对手同类产品的定价情况。

2. 选取定价方法，制定本模拟公司的定价方案。

各模拟公司将制定的定价策略方案在班上公开展示，接受师生质询，评出优胜者。

**五、实战演练**

**项目：定价试验**

目的：通过一系列的定价试验，熟悉消费者对不同价格的反应。

准备：① 选定学生们经常购买的某一门类的产品。这一类产品必须是等价位的产品，例如运动鞋、书架或行李箱等。② 找两张这一类产品的照片，如果有条件，找到两种实际的产品，且不能在质量或价格上有本质区别。③ 聘请一些不同的调查对象。

步骤：

1. 将两个产品并排放置，给其中一个标上较低的价格，而给另一个标上较高的价格（高出约 50% 即可）。请调查对象对产品质量进行评估并做出购买选择。

2. 将两个产品的标价对调一下。请另外一些调查对象对产品质量进行评估并做出购买选择。

3. 将这两个产品再次放到一起，给其中一个标上中等的价格，另一个的标价只略高于前者（低于 10%）。再次请调查对象对产品的质量进行评估并做出购买选择。

4. 同步骤 2。

5. 将试验结果及发现向全班同学汇报。

# 制订国际市场分销策略

## 营销格言

在消费市场中，零售商之间激烈的竞争不断上演着，此外"店面为主的购物方式"与"足不出户的购物方式"之间也战火弥漫。

——《科特勒营销策略》

## 任务驱动，做中学

你的公司生产的休闲服装（茶叶/休闲鞋/陶瓷餐具/电动自行车……）定位高档，品质过硬，畅销国内市场，有着较高的知名度。现在要进入巴西市场，苦于不知如何将产品介绍给巴西消费者。对于设计进入巴西市场的分销渠道，你有哪些建议？

## 学习目标

**知识目标**

（1）理解国际分销渠道的影响因素类型。

（2）掌握选择国际分销渠道的模式和方法。

（3）学会筛选中间商。

（4）学会如何管理与控制分销渠道。

**技能目标**

能根据国际分销渠道设计的原理和方法，制订渠道设计方案。

## 学习情境

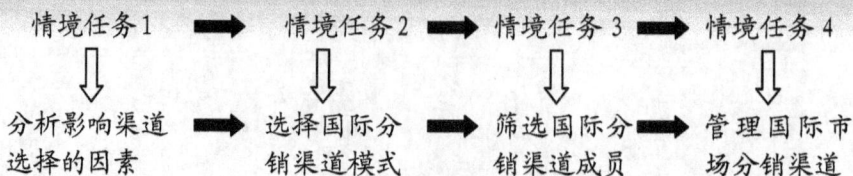

# DELL 与联想的渠道模式

中国 DELL 计算机公司采用直销的渠道运作模式，没有零售点，只有顾客服务中心，除厦门总部外其他地区也没有仓库。用户通过 800 免费电话向 DELL 下订单，无论是 1 台，还是 10 000 台，DELL 都承诺在 4～7 天内完成订单要求配置的产品制造，并送达指定目的地。而且计算机零部件及成品机的库存水平几乎达到了零库存状态。

联想计算机公司则采用分销渠道，在全国各地设代理商、分销商、经销商达 3 000 多家，专营零售的专卖店 600 多家。近年来，由于计算机产品更新换代的速度越来越快，DELL 直销模式的成功，使联想不得不改变渠道运作模式，实施"分销 + 直销"的渠道模式。在分销渠道方面主要缩短中间环节，使生产线更贴近市场。从 2004 年开始联想将全国市场由原来的 7 个大区进一步细分为 18 个销售区域。直销渠道是联想为应对 DELL 而采用的新营销渠道策略，主要通过电话营销和网上下订单开展直销。而原来的一部分专卖店改变成品牌产品展示店或是售后服务店，这样可腾出更多的力量投入到直销方面。

# 情境任务 1　分析影响渠道选择的因素

在市场经济高度发达的现代社会里，生产者与消费者之间在交易时间、地点、数量、品种、信息、产品估价等多方面存在着差异和矛盾。企业生产出来的产品，只有通过一定的营销渠道，才能在适当的时间、地点，以适当的价格供应给广大消费者或用户，从而克服以上生产者与消费者之间的差异和矛盾，满足市场需要，实现企业的经营目标。

## 情境认知

## 一、分销渠道的含义

所谓分销渠道，是指某种产品从生产者向消费者或用户转移过程中所经过的，一切取得所有权或协助所有权转移的组织和个人。分销渠道也称为分配渠道或配销通路。现代社会，大多数产品不是由生产者直接供给消费者或用户，而是要经过或多或少的中间商来实现，这些中间商解决生产和消费之间在时间、空间、数量等方面的矛盾，使商品价值和使用价值得以顺利实现。

## 情境提示

科特勒指出，分销渠道是促使产品或服务顺利地被消费或使用的一整套相互依存的组织。分销渠道具有以下四个特点：

（1）分销渠道由各种类型的组织和个人构成。其成分十分复杂，主要包括各种类型的批发商和零售商，渠道成员之间一般没有隶属关系，他们只是为传递商品，形成相互承诺的业务关系，既合作又竞争。在传递商品的过程中，他们配合起来为实现商品的价值而合作，同时又为利润分配而竞争。

（2）分销渠道的起点是生产者，终点是消费者或用户。分销渠道是连接生产者和消费者的一通到底的通路，反映商品价值实现的全过程。

（3）分销渠道中至少要有一次商品所有权的转移，即分销渠道的形成是以商品所有权的转移为前提的，在渠道中至少要有一次买卖关系。

（4）在渠道中，除商品所有权的转移（商流）外，还隐含着其他四种流程：物流、信息流、货币流、促销流。这些流程在时间和空间上不完全一致，因此分销渠道的效率不仅取决于渠道成员本身，还取决于成员之间的配合与支持。

## 二、影响分销渠道选择的因素

生产企业必须对下列多方面影响分销渠道的因素进行系统的分析和判断，才能选择合理的分销渠道模式。

### 1. 产品特性

（1）产品价格。一般来说，产品单价越高，越应注意减少流通环节，否则会造成销售价格的提高，从而影响销路；而单价较低、市场较广的产品，通常则采用多环节的分销渠道。

（2）产品的体积和重量。产品的体积大小和轻重，直接影响运输和储存的便利程度及销售费用，因而，过重或体积大的产品，应选择尽可能短的分销渠道，甚至做到直达供应；小而轻且数量大的产品，则可采用多环节分销渠道。

（3）产品的易毁性或易腐性。产品有效期短、储存条件要求高或不宜多次搬运的，应采取较短的分销渠道，以尽快送到消费者手中，如鲜活品、危险品等。

（4）产品的技术性。有些产品具有很高的技术性，或需要经常的技术服务与维修，应选择生产企业直接销售给用户的短渠道，以保证为用户提供及时、优质的售后服务。

（5）定制品和标准品。定制品一般由产需双方直接商讨规格、质量、式样等技术条件，不宜经由中间商销售。标准品具有明确的质量标准、规格和式样，其分销渠道可长可短：有的用户分散，则通过中间商销售，有的则可按样本或产品目录直接销售。

（6）新产品。为了尽快地把新产品投入市场，扩大销路，生产企业一般重视组织自己的推销队伍，直接与消费者见面，推介新产品和收集用户意见。如果能取得中间商的良好合作，也可考虑采用间接销售形式。

### 2. 企业特性

企业特性涉及企业的规模、财务状况、产品组合、营销能力等。企业的营销政策也会对分销渠道的选择产生影响，如果企业奉行的是快速交货的客户政策，就需要选择尽可能短的分销渠道。

（1）资金能力。如果企业本身资金雄厚，则可自由选择分销渠道。可建立自己的销售网点，采用产销合一的经营方式；也可以选择间接分销渠道。反之，则要借助中间商进入国际市场。

（2）规模与销售能力。一般来说，企业的规模越大，越容易取得中间商的合作，可选择的渠道方案也越多。如果生产企业在销售力量、储存能力和销售经验等方面具备较好的条件，则应选择直接分销渠道。反之，则必须借助中间商，选择间接分销渠道。

（3）产品组合。企业的产品组合中的种类多、差异大，一般要使用较多的中间商；如果企业的产品组合中产品线少而深，则使用独家分销比较适宜。

（4）提供服务的能力。中间商通常希望企业能尽可能多地提供广告、展览、修理、培训等服务项目，为销售产品创造条件。如果企业无意或无力满足这方面的要求，中间商可能不愿销售该产品，这就会迫使企业自行销售；反之，如果企业提供服务的能力强，中间商则乐于销售其产品，生产企业则较易获取间接分销渠道。

（5）发货限额。企业为了合理地安排生产，会对某些产品规定发货限额。发货限额高，不利于寻求中间商，一般倾向于直接销售；发货限额低，则有利于间接销售。

### 3. 市场特性

（1）购买批量大小。消费者购买批量大，企业多采用直接销售、短渠道；消费者购买批量小，企业多采用间接销售、长渠道。

（2）消费者集中程度。某些商品消费地区分布比较集中，适合直接销售或短渠道；反之，则适合间接销售或长渠道。在工业品的销售中，本地用户产需联系方便，因此适合直接销售；外地用户则通过间接销售较为合适。

（3）消费者需求量。如果顾客多，市场容量大，需要中间商提供服务来满足，适宜选择间接分销渠道；如果潜在需求少，市场范围小，企业可直接销售。

（4）消费者的购买习惯。顾客特性对分销渠道的设计有重要影响。因为各国顾客的收入、购买习惯及购买频率等千差万别，因此要求采取不同的分销渠道。从顾客的购买习惯和购买频率来看，日用品一般是就近购买，可采用较广泛的分销渠道。对于特殊品，顾客一般是向专业商店购买，则不宜采用广泛的分销渠道。如果市场中顾客购买某种商品的次数频繁，但每次购买数量不多，宜采用中间商。如果顾客一次购买批量大，可采用直接渠道。

### 4. 政策与环境因素

企业选择的分销渠道必须符合本国及东道国有关政策和法令的规定。如美国的克莱顿法律禁止实质上减少竞争或造成垄断的渠道安排；一些发展中国家规定某些进出口业务必须由特许的企业经办。有些国家或地区规定要对代理商征收代销税。对某些按政策法规应严格管理的商品，如专卖商品（烟草）、专控商品或计划分配的商品，企业无权自销和自行委托销售。另外，税收政策、价格政策、出口法规、商品检验规定等都会影响分销途径的选择。

就经济环境就而言，当一国经济衰退时，一般会采用短渠道，以低价格将产品尽快销售给最终消费者。

### 5. 竞争特性

竞争者的分销渠道是渠道决策需考虑的另一重要因素。国际市场营销者对付竞争者的分销一般采取两种策略：第一是建立能与竞争对手相抗衡的分销渠道体系，在某些行业如食品饮料等，生产者希望在与竞争者相同或相近处与竞争者的产品抗衡。日立公司拥有1 000个特许零售商和一支几百家有业务联系的摩托车商店及其他设备销售队伍。为与其竞争，IBM公司从公司系统外招聘了60多个中间商来为顾客销售其产品。第二是采取与竞争对手不同的分销方式，以获得竞争优势。另外，市场竞争不激烈时，企业可采用同竞争者类似的分销渠道；反之，则采用与竞争者不同的分销渠道。

### 6. 经济效益

不同分销途径带来的经济效益的大小也是影响选择分销渠道的重要因素。对经济效益的分析，主要考虑成本、利润和销售量三个因素。

（1）销售费用。销售费用是指产品在销售过程中发生的费用，包括包装费、运输费、广告宣传费、陈列展览费、销售机构经费、代销网点和代销人员手续费、产品销售后的服务支出等。一般情况下，减少流通环节可降低销售费用，但减少流通环节的同时有可能销售量也下降，故应综合考虑。

（2）价格分析。生产企业以同一价格将产品销售给中间商或最终消费者，前者为间接销售，后者为直接销售。当直接销售量等于或小于间接销售量时，由于企业直接销售时要多占用资金，会增加销售费用，所以，采用经济收益高的间接销售对企业更有利；如果直接销售量大于间接销售量，而且其所增加的销售利润大于增加的销售费用，则选择直接销售比较有利。

若生产企业销售给中间商和最终消费者的价格不同，直接销售多采用零售价格，价格高，但支付的销售费用也多；间接销售采用出厂价，价格低，但支付的销售费用也少。究竟选择什么样的分销渠道？此时主要考虑销售量的影响。如果销售量相等，可以通过计算两种分销渠道的盈亏临界点作为选择的依据：当销售量大于盈亏临界点的数量时，选择直接分销渠道；反之，则选择间接分销渠道。当销售量不同时，则要分别计算直接分销渠道和间接分销渠道的利润，并将二者进行比较，选择获利高的分销渠道。

### 7. 中间商特性

不同中间商实力、特点不同，在广告、运输、储存、信用、训练人员和送货频率等方面都具有不同的特点，这些都会影响生产企业对分销渠道的选择。在国际市场营销中，必须认真研究东道国的分销体系并与本国和其他国反复比较，选择适宜的销售中介。日本的分销渠道是世界上最长、最复杂的，并且零售商总是期望退货可以被完全接受，还希望有大量融资并提供定期送货上门服务。

# 情境任务2　选择国际分销渠道模式

**情境导入**

某生产车载电视机的厂家可以通过以下四条分销渠道销售其产品，应如何选择？

（1）与汽车生产厂家签订独家合同，要求汽车生产厂家在其生产的汽车上只安装本企业的电视机。

（2）寻找一些愿意经销其产品的汽车经销商在销售汽车的同时，向顾客推荐本企业的车载电视机。

（3）借助普通的分销渠道将产品卖给专业批发商，然后再转卖给想安装车载电视的顾客。

（4）在大城市设立汽车电视机装配店，直接销售给汽车使用者。

**情境认知**

## 一、分销渠道模式类型

分销渠道模式可以按照商品经过渠道层次的多少分为长渠道和短渠道，还可以按照每一渠道层次使用相同中间商数目的多少分为宽渠道和窄渠道。不同产品有不同的市场规模、价格、购买频率、技术要求及售后服务等，对渠道长短、宽窄的选择是不同的，如图4-3-1所示。

分销渠道模式及考虑因素

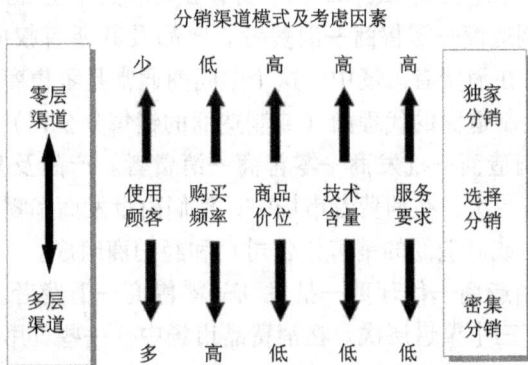

图4-3-1　分销渠道模式及考虑因素

### 1. 直接渠道和间接渠道

按流通环节的多少，可将分销渠道划分为直接渠道和间接渠道，二者间的区别在于有无中间商。

（1）直接渠道，指企业不通过中间商环节，直接将产品销售给消费者。直接渠道是工业品分销的主要类型。一般对大型设备、专用工具及技术复杂需要提供专门服务的产品，都采用直接分销。消费品中有部分也采用直接分销类型，如鲜活商品等。

（2）间接渠道，指生产企业通过中间商环节把产品传送到消费者手中。间接分销渠道是消费品分销的主要类型。

### 2. 长渠道和短渠道

渠道长度是指商品在分销过程中所经过的渠道层次的多少。经过的渠道层次越多，则渠道越长，反之则越短。一般渠道长度有以下四种类型：

（1）零层渠道，即制造商—消费者，制造商将产品直接销售给最终购买者，其特点是没有中间商参与流通。该模式主要方式有制造商自设机构销售、上门推销、邮销、网上销售等。零层渠道主要用于分销产业用品，因为一方面，许多产业用品要按照用户的特殊需要制造，有高度技术要求，制造商要派遣专家去指导用户安装、操作、维护设备；另一方面，产品用户数目较少，某些行业的工厂往往集中在某一地区，这些产业用品的单价高，用户购买批量大。随着科学技术的发展及其在商业领域的广泛应用，如淘宝、天猫、京东、拍拍网等网络营销平台的发展，一般消费品采用零层渠道模式也迅速发展。

情境案例

# 松下公司的销售渠道

日本松下电器公司生产的电视机、录像机、电冰箱、空调设备等家用电器产品，数量庞大，被销往世界各地，松下也因此被称为"世界的松下"。该公司认为，与大批量生产产品相适应，必须确定大规模的销售体制。鉴于许多产品需要向顾客提供维修、技术指导等服务，而公司又有足够的资源销售产品，因此为了控制产品分销渠道，提高市场竞争力，该公司在决定渠道长度时，就采取了以零层次为主的短渠道。该公司设有营业本部，在日本设立近百个营业所，销售网遍布日本各地。日本的家用电器店有5万多家，松下电器店就有1.8万家，加上经销松下产品的商店，共有3万多家。该公司在海外设有27个生产公司，为了销售其产品，还在世界其他地区设立了 20 多个销售公司和成千上百家销售店。

（2）一层渠道，即制造商—零售商—消费者。产品及其所有权向最终购买者转移的过程中只有一个渠道层次。在消费者市场中，这个中间商通常是零售商；在生产者市场中，它可以是经销商，也可以是制造商的代理商（或制造商的销售分公司）。

（3）二层渠道，即制造商—批发商—零售商—消费者。产品及其所有权向最终购买者转移的过程中有两个渠道层次。在消费者市场中，他们由批发商和零售商组成；在生产者市场中由制造商的代理商（或制造商的销售分公司）和经销商组成。

（4）三层渠道，即制造商—代理商—批发商—零售商—消费者。产品及其所有权向最终购买者的转移过程中有三个渠道层次。在消费品市场中，一些日用品需要大量零售机构分销，其中许多小型零售商通常不是大型批发商的服务对象，因此，有必要在大型批发商和零售商之间增加一级中转批发商即二级批发商，为小型零售商服务。在生产者市场中这样的渠道很少见。

此外，还有更长的渠道，但不多见。零层渠道又称为直接渠道，其余三种渠道称为间接渠道。

### 情境提示

长渠道的优点是企业的销售网络长，经过的中间商多，这使得企业的分销能力大大增强。

长渠道的缺点是企业对销售网络的控制能力较差，一般可以控制一级批发商，但是一级批发商下面的二级批发商、零售商，企业就很难控制。这会造成如中间商为争夺市场份额相互竞争，降价倾销产品、窜货等渠道问题。

短渠道的优点是商品经过的渠道层次少，企业对渠道控制能力强，不会出现经销商之间压价、倾销、窜货等渠道问题。

短渠道的缺点是企业分销能力差。如果企业要想直接面向众多的零售店铺货，需要的人力、物力成本相当高昂。

#### 3. 宽渠道和窄渠道

按照同一渠道层次中使用同种类型的中间商数量的多少，即渠道宽度，可将渠道划分为宽渠道和窄渠道。同一层次的中间商越多，渠道越宽，市场覆盖面越大；反之，渠道就越窄。渠道宽度有密集性、独家性和选择性三种。

（1）密集性分销，又称广泛分销，指利用尽可能多的中间商销售产品，扩大市场覆盖面，或快速进入一个新市场。密集性分销适用于消费品中的便利品和工业品中的标准件和通用件。

密集性分销的优点是销售网络的市场覆盖率高，可最大限度地方便消费者和用户购买，从而推动销售的增长。

密集性分销的不足之处在于容易导致经销商之间为争夺市场机会而进行压价倾销、窜货等扰乱企业市场秩序的竞争，造成销售努力的浪费，并会损害制造商的利益。竞争的加剧也会导致经销商降低对制造商的忠诚度和对消费者服务的水平。同时，制造商不得不花费大量的精力对经销商进行培训，对分销支持系统进行评价，以便及时发现其中的不足。

（2）独家性分销，指在一定地区内只选择一家中间商经销或代销产品，通常双方需签订独家经销协议，规定经销商不得经营竞争者的产品，制造商也不得向其他中间商供应产品。独家分销是最窄的分销渠道，通常适用于某些技术性强的产品和耐用消费品或名牌商品。

在独家分销形式下，企业可以有效地管理和控制经销商。如果利用得当，可以确保经销商的利益，调动其积极性，取得强有力的销售支持，有利于加强品牌形象，增加利润。

独家分销的不足之处在于如果制造商只使用一家经销商，市场完全由其掌握，该经销商就可能会挟市场反控企业。此外，由于独家分销缺乏竞争，很可能会导致销售力量减弱。企业绩采取适当措施激励经销商，并与之密切配合才能实现销售目标。

（3）选择性分销，指有条件地选择部分中间商经销产品。该模式对各类产品都适用，尤其适用于消费品中的选购品和特殊品的分销。

选择性分销兼具上述两种分销形式的优点：比独家分销面宽，有利于扩大销路，开拓市场；比密集分销节省费用，易于控制渠道，能够取得经销商的更大支持。但选择分销中常见的问题是如何确定经销商的区域重叠度。区域重叠度决定着在某一区域内选择分销与独家分销、密集分销的接近程度。高重叠率会造成经销商之间的一些冲突，但可以给消费者以方便；低重叠率会中增加经销商的忠诚度，但却会降低消费者的方便性。

### 情境延伸

## 不同国家分销渠道比较

进行国际营销的企业，可以建立自己的分销渠道来销售产品，也可以利用目标市场国现有的分销渠道。由于各国的销售渠道是长期历史演变并且随着经济发展逐步形成的，具有各自的特点，所以企业必须对目标市场国现有的分销渠道进行分析，决定是否利用这些渠道或采取其他可行的方案，以便有效地进入国际目标市场。

#### 1. 欧美的分销渠道

进入美国的产品一般要经过本国进口商，再转卖给批发商，有的还要经过代理商，由批发商或代理商转卖给零售商，零售商再将产品卖给最终消费者。

西欧国家进口商的业务通常限定一定的产品类别，代理商规模通常也比较小，但西欧国家的零售商主体，如百货公司、连锁商店、超级市场的规模都很大，且经常从国外直接进口。大型零售商的销售网络遍布全国，我国企业若把产品销往西欧各国，可直接将产品出售给这些大型零售商，节省许多中间商费用，并可利用它们的销售网络扩大市场占有率。

#### 2. 日本的分销渠道

日本的渠道结构不同于欧美，被称为是世界上最长、最复杂的销售渠道。想要进入日本市场，必须仔细研究其市场分销渠道。其基本模式是：生产者—总批发商—行业批发商—专业批发商—区域性批发商—地方批发商—零售商—最终消费者。日本的分销系统一直被看作是阻止外国商品进入日本市场的最有效的非关税壁垒。日本分销体系有以下显著特点：

（1）中间商的密度很高。由于日本消费者习惯于到附近的小商店去购买商品，量少且购买频率高，因此，日本小商店密度高，且存货量小，其结果就是需要同样密度的批发商来支持高密度且存货不多的小商店。商品通常由生产者经过一级、二级、区域性和当地的各级批发商，最后再经过零售商到达最终消费者，分销渠道非常长，而且日本小零售商店（雇员不足9名）的商品销售比例非常大。在日本，91.5%的零售食品小商店销售额占零售食品总额的57.7%，而在美国，67.8%的零售食品小商店销售额占零售食品总额的19.2%。日本小商店的非食品类销售额也很高，因此，高密度的小商店对日本消费者来说至关重要。

（2）生产者对分销渠道进行控制。生产者依赖批发商为分销渠道上的其他成员提供多种服务，如提供融资、货物运输、库存、促销及收款等服务。生产者通过为中间商设计的一系列激励措施与批发商及其他中间商紧密地联系在一起，批发商通常起着代理商的作用，通过分销渠道把生产者的控制一直延伸到零售商。

生产者控制分销渠道的措施主要有：① 为中间商解决存货资金；② 提供折扣，生产者每年为中间商提供折扣的种类繁多，如大宗购买、迅速付款、提供服务、参与促销、维持规定的库存水平、坚持生产者的价格政策等都会获得生产者的折扣；③ 退货，中间商所有没销售完的商品都可以退还给生产者；④ 促销支持，生产者为中间商提供一系列的商品展览、销售广告设计等支持，以加强生产者与中间商的联系。

（3）独特的经营哲学。贸易习惯和日本较长的分销渠道产生了生产者与中间商之间紧密的经济联系和相互依赖性，从而形成了日本独特的经营哲学，即强调忠诚、和谐、友谊。这种价值体系维系着销售商和供应商之间长期的关系，只要双方觉得有利可图，这种关系就难以改变。这种独特经营哲学致使日本市场普遍缺少价格竞争，使日本消费品价格居世界最高行列，如96片一瓶的阿司匹林售价20美元，日本的玩具价格是其他国家的4倍，进口到美国的日本产品比在日本便宜。

（4）大规模零售商店法对小零售商进行保护。为了保护小零售商不受大商场竞争的侵害，日本制定了《大规模零售商店法》。该法规定营业面积超过5 382平方英尺（约500平方米）的大型商店，只有经过市一级政府批准，才可建造、扩大、延长开门时间或改变歇业日期。所有建立"大"商场的计划必须首先经过国际贸易工业省的审批和零售商的一致同意，如果得不到市一级的批准及当地小零售商的全体同意，计划就会被发回重新修改，几年甚至10年以后再报批。该法限制了国内公司与国外公司在日本的发展。除了大规模零售商店法以外，还有许多许可条件也对零售商店的开设进行限制，日本和美国的商人都把日本的分销体系看作是非关税壁垒。

（5）日本分销体系的改变。20世纪60年代以来，由于在美日结构性障碍倡议谈判中，日美两国达成的协议对日本的分销系统产生了深远的影响，最终导致日本撤销对零售业的管制，强化有关垄断商业惯例的法规。零售法对零售店的设立条件有所放宽，如允许不经事先批准建立1 000平方米的新零售店，对开业时间和日期的限制也被取消。日本的分销体系发生了明显的变化，传统的零售业正在失去地盘，让位给专门商店、超级市场和廉价商店。日本分销体系的改变也有利于外国产品进入日本市场。

### 3. 中东国家的分销渠道

中东国家市场又称海湾地区市场，该市场的经济条件较好。它的渠道结构从形式上与美国相似，一般也经过进口商、批发商和零售商。但就其规模看，海湾地区中小商多，垄断商少，不过其力量却较强，因其大都由当地贵族酋长控制；同时兼营商品多，专营商品少。由于中小商多，因此一般商品起订量较小，花色款式多。海湾地区商人对货源国没有明显的倾向性，但对商品的品质和价格选择余地大。另外，由于海湾地区佣金商规模较小，因此在经营上带有一定的盲目性，有些商人履约率不高，企业需要慎重选择。

中东国家的代理商或进口分销商有以下经营特点：

（1）进口的产品常常限于某一特定的牌号，并对该牌号的产品保证充足的库存。

（2）以稳定的价格和尽可能大的范围供应货物给各个批发商。

（3）向作为主要顾客的批发商提供购货贷款。

## 二、选择分销渠道模式的原则

对生产厂家来说，制定销售渠道策略的重要内容之一就是选择合适的销售渠道模式。销售渠道选择适当，可以使商品更快地通过流通环节转移到消费者手上，更高水平地实现其商品价值和使用价值。企业在选择具体的分销渠道模式时，无论出于何种考虑，一般都要遵循以下原则。

### 1. 高效畅通原则

这是渠道选择的首要原则。简言之，就是以最小的成本达到预期的销售目标。商品的流通时间、流通速度、流通费用是衡量分销效率的重要标志。高效畅通的分销渠道既要考虑消费者利益又要考虑本企业效益，既能将产品尽快、尽好、尽早地通过最短的路线，以尽可能低的物流成本送达消费者方便购买的地点，同时应努力提高企业的分销效率和效益，以尽可能低的分销成本获得最大的经济效益，赢得竞争的时间和价格优势。顾客总是希望从分销渠道上得到更多的服务：及时的交货、大量可供选择的商品类别、周到的售后服务等。营销决策者必须在成本与效益间作出权衡和选择。如果增加的效益能够补偿增加的成本，渠道策略的选择在经济上就是合理的。

### 情境提示

渠道成本包括开发渠道的投资成本和维持渠道的持续成本。在这两种成本中，维持成本是主要的、经常的。它包括维持企业自身销售队伍的直接开支，支付给中间商的佣金，物流中发生的运输、仓储、装卸费用，各种单据和文书的费用，提供给中间商的信用、广告、促销等方面的维持费用，以及业务洽谈、通信等费用。支付渠道成本是任何企业都不可避免的。

### 2. 覆盖适度原则

企业在选择分销渠道模式时，仅仅考虑加快速度、降低费用是不够的，还应考虑是否有较高的市场占有率足以覆盖目标市场。渠道的市场覆盖面，是指企业通过一定的分销渠道所能达到或影响的市场。营销者在考虑市场覆盖时要注意三个要素：一是渠道所覆盖的每个市场能否获取最大可能的销售额；二是这一市场覆盖能否确保合理的市场占有率；三是这一市场覆盖能否取得满意的市场渗透率。市场覆盖面并非越广越好，主要看其是否合理、有效，能否给企业带来效益。国外不少大企业在选择分销渠道时，并不是以尽可能地拓展市场的地理区域为目标，而是集中在核心市场中进行尽可能的渗透。如在日本，60% 的人口集中在东京、名古屋、大阪这三个都市圈。企业若能在这种市场区域中成功渗透，即使市场覆盖的地域范围不广，也可以以较少的分销成本获得满意的销售额。从事国际市场营销者在进行国际市场分销渠道设计时，必须考虑自身的企业特性、产品特性以及各中间商的市场覆盖能力。对于大中间商来说，尽管数量不多，但市场覆盖面却非常大；中小中间商虽然为数众多，但单个中间商的市场覆盖面却非常有限。

### 3. 连续稳定原则

畅通有序和覆盖适度的分销渠道模式一经确定和建立，便需花费相当大的人力、物力和财力去巩固，这整个过程往往是复杂而缓慢的。因此，保持渠道的连续性是营销者一项重要的任务。

### 📋 情境提示

分销渠道的连续性会受到三个方面力量的冲击：第一是中间商的终止，因为中间商本身存在一个寿命问题。由于某些中间商机构的领导人及原业务人员的更迭而变更经营范围，甚至由于企业经营不善而倒闭等引起寿命缩短。第二是激烈的市场竞争。当竞争激烈及商品销路不佳，或者利润较低时，原来的渠道成员可能会退出。第三是随着现代技术尤其是信息技术的不断变革，以及营销上的不断创新，一些新的分销渠道模式可能会出现，而传统的模式因此而失去其竞争力。

企业只有保持渠道的相对稳定，才能进一步提高渠道的效益。维护分销渠道的连续和稳定要做到以下四点：

（1）慎重地选择中间商，并采取有效的措施提供支持和服务，同时在用户或消费者中树立品牌信誉，培养中间商的忠诚度。

（2）对已加入本企业分销系统的中间商，只要他们愿意继续经营本企业的产品，而且符合本企业要求，则不宜轻易更换，应努力与之建立良好的长期关系。

（3）对那些可能不再经营本企业产品的中间商，企业应预先作出估计，提前安排好潜在的接替者，以保持分销渠道的连续性。

（4）时刻关注竞争者的渠道策略、现代技术以及消费者购买习惯与购买模式的变化，以保证分销渠道的不断优化。

企业一般轻易不会更换渠道成员，更不会随意转换渠道模式。

由于影响分销渠道的各个因素总是在不断地变化，一些原来固有的分销渠道难免会出现某些不合理的问题。这时，就需要分销渠道具有一定的调整功能，以适应市场的新情况、新变化，保持渠道的适应力和生命力。调整时应综合考虑各个因素的协调，使渠道始终都在可控制的范围内保持基本的稳定状态。

#### 4. 协调平衡原则

企业在选择、管理分销渠道时，不能只追求自身的效益最大化而忽略其他渠道成员的局部利益，应合理分配各个成员间的利益。渠道的领导者应能统一、协调、有效地引导渠道成员充分合作，鼓励渠道成员之间有益的竞争，减少冲突发生的可能性，解决矛盾，确保总体目标的实现。

#### 5. 发挥优势原则

生产企业在选择分销渠道模式时为了争取在竞争中处于优势地位，要注意发挥自己各个方面的优势，将分销渠道模式的设计与企业的产品策略结合起来。企业本身的资本实力、承担经营风险的意愿和经营目标等是影响商品销售渠道模式选择的重要因素。如果企业资金实力雄厚，容易建立自己的仓储、运输力量和高素质的推销人员队伍，则可以直接向目标顾客开展销售；如果企业没有资本实力建立直接销售渠道，则只能借用社会力量，建立间接销售渠道。开展直接销售必然由本企业承担全部市场风险，但也可能给企业带来巨大的收益，如建立良好的市场形象、更有效地利用资源、增加经营收入等。如果不愿承担此类风险，就只能采用间接渠道。

## 国际营销渠道发展趋势

### 1. 联合化趋势

联合化有纵向联合和横向联合两种形式。纵向联合销售系统是指从制造商到批发商，再到零售商的纵向联合。其特点是在系统内部实行专业化管理，集中制定计划，并由一家大公司承担指挥作用。在这一联合中，打通了过去衔接流通渠道的不同中间环节，实现了从产品到最终销售的一体化运作，加强了计划程度，减少了不必要的摩擦，提高了营销效率。横向的联合营销网络也被称作平行的联合营销网络，一般是由两个或两个以上的同级企业（制造商之间或批发商之间）共同组成的联合体，这是一种在资金上互相支持、经营上彼此合作、风险共担、利益分享的联合营销的组织形式。

### 2. 复式化趋势

随着生产的多样化和国际市场竞争的加剧，越来越多的企业选择了复式化营销渠道。这是指在产品销售过程中不是简单运用单一的渠道，而是选择两种或两种以上的渠道来销售产品。同一个企业既可以在不同的目标市场上采用相同的渠道，也可以在同一目标市场上采用多种不同的渠道。复式化渠道是较高层次的渠道策略，在资金实力、技术水平、质量标准、营销技巧、对渠道的控制能力等方面都对企业提出了更高的要求。从实践来看，它也给企业提供更为广阔的选择空间和活动余地。

### 3. 零售巨型化趋势

零售商的规模越来越大，数量在不断减少。其特征是：地处市郊、采用仓储方式、有较大的停车场、自助式购物、统一结算等。出现这一趋势的原因可能是家用汽车的逐渐普及、家庭储藏条件的改善、双职工家庭的增加以及购买方式趋向自助化的转变等。这种转变还大大改变了制造商和零售商的地位平衡，使零售商对产品分销的控制权增大，同时还使其在价格谈判中的实力增强。

### 4. 零售商国际化趋势

既表现为零售商将零售业务扩展到国际领域，同时还表现为零售商的采购也日益趋向国际化。如美国的西尔斯（Sears）已将其业务扩展到南美和西班牙各地；派尼公司（JC Penny）已在比利时和意大利等地设立分店，摩西公司（Macy）在30多个国家设有采购处，沃尔玛（Wal Mart）的国际化进程之快和程度之高更是其他企业难以比拟的。日本的大荣（Daiei）、西友（Seiyu）和家事可（Jusco），法国的家乐福，以及英国的哈罗兹（HalTods）等，也都不同程度地进入了国际市场。

### 5. 直销化趋势

上门推销、电话推销、网络推销和邮售等直接销售方式日益普遍，如美国的雅芳化妆品、安利公司等都采取了直销方式。适宜于直销方式的产品主要包括书籍、大宗商品、电子产品、家具、家庭用品、化妆品以及保险等商品。导致直接营销业务迅速增加的原因除了发达的互联网网络通信技术外，还包括银行信用业务的日益完善、信用卡的普及以及邮送快递业务所提供的便利等。

### 6. 连锁化和折扣化趋势

连锁化销售在发达国家较为普及，并且已经开始跨越国界，发展为跨国连锁销售。如美国的麦当劳、肯德基、沃尔玛以及法国的家乐福等，不仅实行连锁化经营，而且由于其加进了一些直销因素，大大降低了经营成本，使其有较大的余地开展折扣化的销售方式，消费者也从中受益。

# 情境任务3　筛选国际分销渠道成员

## 金莎巧克力另辟蹊径

金莎进入香港时，传统的巧克力销售渠道主要集中在超级市场及附设食物部门的百货公司或便民店、零售点上。当时最具霸主地位的是惠康及百佳两大连锁超市集团。但大连锁集团的入店条件十分苛刻，如货品必须具有相当知名度；货品一经接纳，必须支付可观的推广费用（通常数十万元），以便做上市期店内宣传之用；货品的定价必须经采购部门同意，在一定期间销售不理想而又不能改善者将停止采购，推广费用不予退还。而此时的金莎可谓一文不名，又无雄厚的实力，加之其独特的价格策略，迫使金莎只能另辟蹊径。

选择何等商家使其在价格、品质、陈列、通路等方面均能适当反映出金莎独特的定位呢？在经过一番深思熟虑，金莎选定了屈臣氏集团作为合作目标。

当时，屈臣氏是以售卖高级化妆品、贵价小礼品、配方西药及一些高级日用品为主，服务对象多为追求高品位、高品质而情愿付出相应代价的高消费阶层，是消费者寻访高素质个人消费品及接触时尚生活模式的首选场所，其形象、经营方针、定位等在一定程度上与金莎有共通及互补的特性，且与金莎理想中的形象及消费层面定位大致吻合。加之屈臣氏当时约有50间分店，分布于香港各区高消费、高人口密度地区，自然成为金莎的理想销售渠道。

屈臣氏慧眼独具，深知金莎的潜力，并考虑借消费层面较广的巧克力产品消减一般消费者对屈臣氏只服务少数购买力强的消费者的负面影响，借助金莎金色包装、文雅华贵的形象，以及便于营造节日气氛的特质，增加屈臣氏的温馨及亲切感。这样，金莎产品就在屈臣氏各连锁店全面铺开，在短时间内很快形成了一个质量及数量均佳的销售网络。

## 一、国际分销渠道中间商

### 1. 国内中间商

国内中间商与企业同处于一个国家，由于社会文化背景相同，彼此容易沟通和信任。特别是企业规模较小或者进入国际市场的初期，企业国际市场营销经验不足或者没有实力直接进入国际市场时，通过本国中间商进入国际市场是一条费用省、风险小、操作简便的有效途径。选择国内中间商进入国际市场的缺点是远离目标市场，与目标顾客的联系接触是间接的，企业对市场的控制程度很低，或根本无法控制，不利于企业在市场上建立起自己的声誉，并以此作为扩大市场的基础，不利于出口规模的扩大和长远的发展，中间商为尽快获得利润，不会花很大力气去挖掘市场潜力等。但直到目前，通过本国中间商进入国际市场仍然是一条主要的国际市场分销渠道。

根据国内中间商是否拥有商品所有权可将它分为两类：出口商和出口代理商。凡对商品拥有所有权的，称为出口商；凡接受委托，以委托人身份买卖货物而非拥有商品所有权的，称为出口代理商。

（1）出口商。出口商是以自己的名义在本国市场上购买商品，然后再以自己的名义组织出口，将产品卖给国外买主的贸易企业。它自己决定买卖商品的花色品种和价格，自己筹集经营的资金，自己备有仓库，从而自己承担经营的风险。出口商经营出口业务有两种形式：一种是"先买后卖"，即先在国内市场采购商品，然后再转售给国外买主；另一种是"先卖后买"，即先接受外国买主的订货，然后再根据订货向国内企业购买。常见的出口商主要有三种类型：

① 出口行（Export House）。有的国家称之为"国际贸易公司"（International Trading Company），有的国家称之为"综合商社"（如日本、韩国），我国则一般称之为"对外贸易公司"或"进出口公司"。出口行实质是在国外市场上从事经济活动的国内批发商。它们在国外有自己的销售人员、代理商，并往往设有分公司。由于出口行熟悉出口业务，与国外的客户联系广泛，拥有较多的国际市场信息，一般在国际市场上享有较高的声誉，而且拥有大批精通国际商务、外语和法律的专业人才，因此对一些初次进入国际市场企业来说，使用出口行往往是比较理想的选择。对国外买主来说，由于出口行提供花色品种齐全的商品，他们也愿意与出口行打交道。日本的综合商社是出口行的典型形式，是日本在世界各地经营进出口业务的主要企业，业务活动涉及面广，包括工业、商业、进出口贸易、进出口融资、技术服务、咨询服务等。

② 采购（订货）行（Buying/Indent House）。采购（订货）行主要依从国外收到的订单向国内生产企业进行采购，或者向国外买主指定的生产企业进行订货。他们拥有货物所有权，但并不大量、长期持有存货，在收购数量达到订单数量时，就直接运交国外买主。因采购（订货）行是先找到买主，而后才向生产企业进行采购，而且也不大量储备货物，所以其风险较低，资金周转快，成本较低。

③ 互补营销（Complementary Marketing）。互补市场营销又称猪驮式出口（Piggy Back Exporting），或合作出口，或附带式出口，它是一种将自己与其他企业的互补产品搭配出售的出口营销形式。

它指的是这样一种出口情况：一个生产企业 A 叫"负重者"，另一个生产企业 B 叫"乘坐者"。"负重者"利用自己已经建立起来的海外分销渠道，将"乘坐者"和自己的产品一起进行销售。在进行这种经营时，通常有两种做法：① "负重者"将"乘坐者"的产品全部买下，然后再以较好的价格转卖出去，起到出口商的作用；② "负重者"在佣金基础上为"乘坐者"销售产品而起到代理人的作用。互补出口对于那些没力量进行直接出口的小企业来说，是一种简单易行、风险小的出口经营方式。而对于"负重者"来说，由于增加了产品的范围，填补了季节性短缺，从而可增加利润。

（2）出口代理商。出口代理商是接受出口企业的委托，代理出口业务的中间商。出口代理商并不拥有货物所有权，不以自己的名义向国外买主出口商品，而是接受国内卖主的委托，按照委托协议向国外客商销售商品，收取佣金，风险由委托人承担。在国际市场上，出口代理商常见的类型有以下四种：

① 综合出口经理商（Combination Export Manager）。如果企业海外销售额占企业总销售

额的比重不大，或者企业不愿设立外销部门处理国外市场业务时，选择综合出口经理商是一种理想的渠道。综合出口经理商为企业提供全面的出口管理服务，如海外广告、接洽客户、拟定销售计划、提供商业情报等，它以生产企业的名义从事业务活动，甚至使用生产企业的信笺，实际上起到生产企业出口部的作用。他们一般负责资金融通和单证的处理，有时还要承担信用风险。综合出口经理商一般同时接受几个委托人的委托业务，其获得的报酬形式一般是收取销售佣金，此外每年还收取一定的服务费用。

② 制造商出口代理商（Manufacturer's Export Agent）。这是一种专业化程度较高的出口代理商，又称为制造商出口代表。他们也相当于执行着生产企业的出口部的职能。他们接受生产企业的委托，为其代理出口业务，以佣金形式获得报酬。制造商出口代理商是以自己的名义而非制造商的名义做买卖，他所提供的服务一般要少于综合代理商，通常不负责出口资金、信贷风险、运输、出口单证等方面的业务。而且由于制造商出口代理商同时接受许多生产企业的委托，其销售费用可以在不同厂家的产品上分摊，因此收取的佣金率也较低，制造商对其有较大的控制权。如在美国，对于数量大、已打开销路的产品，他们只收取销售额的2% 作为佣金。

③ 出口经营公司（Export Manager Company）。出口经营公司行使类似制造商出口部的职能，它提供的服务范围很广，包括寻找客户、促销、市场调研、货物运输等。它还可以为制造商讨债和寻求担保业务。不过，其最主要的职能是和国外的客户保持接触，并进行信贷磋商。选择出口经营公司渠道的优点是厂商可以以最小的投资将产品投放到国际市场，并可借此检验产品在国外市场的可接受程度，而制造商本身却无须介入。其缺点是这种分销渠道极不稳固，出口经营公司为了自己的利益不会为销售产品作长期努力，一旦产品在短期内难以盈利或是销量下降，将很可能被出口经营公司所抛弃。

④ 出口经纪人（Export Brokers）。这种代理商只负责给买卖双方牵线搭桥，既不拥有商品所有权，也不实际持有商品和代办货物运输工作，在双方达成交易后收取佣金。佣金率一般不超过2% 。出口经纪人与买卖双方一般没有长期、固定的关系。出口经纪人一般专营一种或几种产品，多数经纪人经营的对象是笨重货物或季节性产品，如机械、矿石、大宗农产品等。

**2. 国外中间商**

国外中间商是指目标市场所在国的中间商，也是构成企业产品国际分销渠道结构的重要环节。它包括进口商、进口代理商、进口佣金商、国外经销商、批发商、零售商等类型。

（1）进口商。进口商（Import Merchant），又称"进口行"（Import House）。它是以自己的名义从国外进口货物向国内市场销售，获取商业利润的贸易企业。它拥有货物所有权，因而须承担买卖风险。进口商既可以"先买后卖"，即先从国外买进商品，然后再卖给国内工业用户、批发商、零售商或其他用户，也可以"先卖后买"，即先根据样品与买主成交，然后再从国外买进商品。按其业务范围，一般可区分为三种：① 专业进口商；② 特定地区进口商；③ 从国际市场广泛选购商品的进口商。进口商熟悉所经营的产品和目标国市场，并掌握一套商品的挑选、分级、包装等处理技术和销售技巧，因此国内中间商很难取代进口商的作用。

（2）进口代理商。进口代理商是指一个国家的企业或个人接受另一个国家出口企业的委托，经双方签订代理合同在当地为委托人推销商品。这种代理商因身居当地市场，熟悉当地市场的情况，有广泛的客户资源和丰富的推销经验，可针对不同的购买对象和利用各种市场机会进行推销。同时，进口代理商可以为其代理的企业提供可靠的市场信息和顾客的资信情况，并能对改进产品和提高质量提供有益的建议。因此，出口企业为开拓市场和准确掌握市场信息，利用进口代理商比利用其他中间商更为有利。

进口代理商可以用委托人的名义与国内买主签订合同，也可以自己的名义与买主成交，但其交易条件按委托协议书的规定办理，一般条件下不允许作互有竞争的委托人的代理。有的代理合同规定，在一定的地区，出口国委托人只能通过其国外代理商销售产品，如果委托人通过其他渠道在代理地区出售代理产品，仍须付给代理商一定的佣金，并且售价也必须按协议规定执行，不能低价销售，这种代理商称作独家代理。进口代理商一般由专门从事这种业务的企业担任。有时，进口国的进口商和大批发商也兼营这种代理业务。

（3）进口佣金商。进口佣金商是一种通过代办进口收取佣金的中间商。进口佣金商可以同时接受多个委托人的委托，还可以同时接受互有竞争关系的委托人的委托。其业务有三种：一是代国内买主办理进口；二是代国外出口商销售寄售的商品；三是以代理人的身份代国外出口商销售商品。在从事第一种业务时，佣金商是以本国买主的名义在国外选购商品，并在买主授权的范围内办理诸如商品包装、保险以及报关等多项工作。从事后两种业务时，佣金商的职能是从事销售，所得到的收益是国外卖主付给的佣金。

（4）国外经销商。国外经销商是一种与出口国供应商建立有长期的合作关系，并享有一定价格优惠和货源保证的从事进口业务的企业。它以自己的名义从国外购进商品，在当地按自己的条件转售给批发商、零售商或直接出售给最终用户或消费者，其收益是买卖之间的差额。经销商的货源是根据经销合同规定的期限由出口企业保证供应，而出口企业可以通过经销合同对其价格、促销、存货、服务及其他经销功能施加一定的影响和控制。经销商能在一定限度内自行定价，但要保证委托人产品的一定销量和利益。

在国际营销中，出口企业利用国外经销商推销商品有独家和非独家之分。凡出口企业在约定的期限和地区内授予对方经销专营权的，称之为独家经销；反之，就是非独家经销。无论哪种经销方式，双方都需签订经销协议，其内容主要包括：经销商的委任、授予以及双方关系性质；经销权的对等条件；经销商品、地区和期限；最低的购买额；个别买卖合同及其与经销协议的关系；宣传推广和其他条款；经销权事项的例外等。

### 情境提示

进口经销商与进口代理商不同，其主要区别是：首先，经销商与出口企业之间是买卖关系，彼此的业务往来是通过经销合同进行的，而代理商与出口企业之间是代理关系，彼此的业务往来是通过签订委托协议书进行的。其次，经销商出售的产品是自己定价，赚取的是买卖之间的差额，而代理商出售货物的价格则是协议规定的价格，取得的是出口企业给予的佣金；最后，经销商可以大量购进货物，然后与当地顾客广泛开展交易；而代理商只在有人订货时才向委托人进货，自己不能大量进货，也不承担风险。

进口经销商一般适用于那些需要看货成交或必须进行大量广告宣传的商品，如汽车、家用电器等耐用消费品。另外，目标市场顾客较多，而购买数量又较少的商品也适用于这种销售渠道。

（5）批发商。进口国国内的批发商是专门或主要从事批发活动的中间商，是在目标市场销售进口产品的主要渠道成员。经营的商品主要由本国进口商或其他中间商供应，也有一些大批发商直接从国外购进商品。批发商销售的主要对象是次级批发商、制造商、零售商、公用事业和政府机构。批发商的功能主要包括购买、销售、分割、运输、仓储、资金辅助、风险承担，以及管理和咨询服务等。

批发商按其在渠道中承担的不同职能可划分为不同的类型，如按其经营商品的范围可划分为以下三种类型：

① 普通商品批发商。这种批发商经营普通商品，如食品、药品、化妆品、家具、电器等，其客户是普通的商店和专业店。

② 单一种类商品批发商。其经营的商品仅限于某一类商品，而且品种、规格、花色齐全。在消费品市场，其主要客户是食品杂货、药品、小五金等行业的独立零售商。在工业用品市场，其客户包括大、中、小工业用户。

③ 专业批发商。它的专业化程度较高，专门经营某一类商品中的某种商品，其主要客户是专业商店。

批发商还可以依据其功能和组织形式划分为如下四种类型：

① 自营批发商。它是自负盈亏的独立企业，其主要任务是从多方购进商品，然后出售给工业用户和商业用户，从中赚取买卖之间的差额。

② 代理商和经纪行。这类批发商与自营批发商的主要区别是不拥有商品的所有权，也很少提供销售服务，其主要业务是为买卖双方寻找合作，达成交易，并收取佣金。

③ 批发营业部或营业所。这类批发商是工商企业自己经营批发业务的组织形式，如销售营业部或营业所等。

④ 其他批发组织。如农产品聚集商、拍卖行等。

### 情境提示

利用目标市场批发商销售产品有许多有利之处，例如：它可以解决生产企业由于人、财、物的限制无力自设渠道机构的问题；批发商与零售商关系密切，业务联系面广，能提供各种销售条件；批发商能为生产企业提供各种信息反馈，有利于改进企业的经营管理；批发商所提供的各项综合服务能降低企业的经营成本。

（6）零售商。零售是指所有向最终消费者直接销售用于个人及非商业性用途产品和服务的活动。以经营零售业务为主要收入来源的组织和个人称为零售商。零售商在流通领域处于最后阶段，是其他渠道成员与顾客之间的桥梁，在渠道中他们既是顾客又是销售者，他们向最终消费者销售产品，同时又是生产者、批发商的顾客。由于零售商处在渠道中的关键位置，所以他们起着重要的信息传递和反馈作用。

常见的零售商分类方法是按零售活动是否依托于店铺展开，分为有店铺零售商与无店铺零售商。

① 有店铺零售商。常见的零售商店有专用品商店、百货商店、超级市场、便利商店、折扣商店、仓储商店、样品陈列室等。

a. 专用品商店，经营的产品线较为狭窄，但产品的花色品种齐全，例如体育用品商店、文化用品商店、服装店等。专业用品商店还可以进一步细分为单一产品线商店、有限产品线商店、超级专用品商店，其中超级专用品商店由于目标市场明确，专业化程度高，因而发展最为迅速。

b. 百货商店，经营范围宽，经营规模大，包括若干条产品线，各条产品线分部门经营，相对独立，可以为顾客提供种类繁多，花色齐全的商品和优良的设施、服务。百货商店由于成本高、价格高，一般集中在城市的繁华地带，交通拥挤，停车困难，百货商店之间竞争激烈，再加上来自其他零售业态如折扣商店、超级市场的竞争压力等原因，有人认为，这种业态形式正处于衰退期。

c. 超级市场。超级市场是一种大规模、低成本、薄利多销和自我服务式的商场，主要经营食品、洗涤用品、日常用品等。超级市场创建时，以低价格赢得顾客，但是，目前由于竞争激烈，费用增加，价格水平已经不是最低的。几种新型的商店，如折扣商店、超级商店和特级市场的兴起，使传统超级市场受到日益增加的威胁。未来超级市场的发展趋势是：规模越来越大；经营品种增加，突出表现在非食品类产品的增多，许多超级市场将经营范围扩大到药品、唱片、运动用品、小家电等产品上，其目的是增加经营毛利高的产品，提高利润；此外，还不断改善营业设施，努力增加服务项目，不断增加促销费用，吸引顾客；大量经营自有品牌，以减少对制造商品牌的依赖，增加毛利率。

d. 便利商店，是设在居民区附近的小型商店，营业时间长，销售的品种范围有限，通常经营周转率高的便利品。由于这类商店为顾客提供更多的便利，因此价格较高，消费者主要利用它们进行补充式购买。

e. 折扣商店，经营的所有商品按照比正常价格低的折扣价格销售，虽然价格低，但是保证质量，通常经营全国性品牌，比如许多著名品牌的服装，一旦时尚性稍差，立即从货架上取下，转到折扣店销售。

f. 仓储商店。仓储式商店源于欧洲，起初主要面对小型零售商的批量购买，后来逐渐扩大到一般消费者，多采用会员制，定期交纳会费，凭卡进入商店采购。商店面积很大，很少店内装修，店址偏僻，经营产品线宽，但每类商品品种不多，以周转快的全国性品牌为主，店内商品均码放在货架上，最低购买包装较大。由于仓储商店的成本低，加价率低，所以商品价格很有吸引力。如沃尔玛的"山姆俱乐部"、德国的"麦德龙"、荷兰的"万客隆"等，都是著名的仓储商店。

g. 样品图片陈列室。这种商店通过展出商品目录和样品进行经营，主要经营毛利高、周转快的著名品牌的商品，如电动工具、旅行箱、摄影器材、体育用品、珠宝首饰等。商店定期发行彩色目录，标明每种商品的定价和折扣率，顾客可以根据目录电话订购，商店送货上门，顾客也可以到展室看样品付款取货。

**情境案例**　　　　　　　　**Nike 的销售渠道策略**

Nike 在六种不同类型的商店中销售其生产的运动鞋和运动衣：

（1）体育用品专卖店，如高尔夫职业选手用品商店。

（2）大众体育用品商店，供应许多不同样式的 Nike 产品。

（3）百货商店，集中销售最新样式的 Nike 产品。

（4）大型综合商场，仅销售折扣款式。

（5）Nike 产品零售商店，设在大城市中的商业区，供应 Nike 的全部产品，重点是销售最新款式。

（6）工厂的门市零售店，销售的大部分是二手货和存货。

② 无店铺零售商。虽然大多数商品和服务是由商店销售的，但是无店铺零售却比商店零售发展得更快。无店铺零售商销售的三种主要形式如下：

a. 直复市场营销。所谓直复市场营销指企业为了在任何地方产生可度量的反应和达成交易，而使用一种或多种媒体进行销售的市场营销体系。简单理解就是媒体与销售相结合的商品通路，主要形式有直接邮寄营销、电话营销、广播电视营销、网络营销等。此外，还可以在有关报纸杂志上设邮购回条等。以上形式使消费者不出家门就可以通过电话、网络、邮购等方式买到所需要的商品，简便省时，安全可靠，同时获得售后服务和退换等保证。因此，直复市场营销很受消费者青睐，大有发展前途；同时，也有利于营销者与顾客建立持续的长期关系，保持稳定的市场。有人预测，由于信息技术和物流技术的高度发展，这种"在家购物"形式将是零售业的发展方向，有可能逐步取代很大一部分传统零售形式。

b. 自动机器售货。使用小面额货币控制的机器自动售货，在西方发达国家已经被使用到相当多的产品上，包括经常购买的产品，如香烟、饮料、糖果、热汤、点心、报纸、袜子、化妆品、T恤衫等。自动售货机被广泛放置到人流密集处，向顾客提供24小时售货。

c. 直接销售。直接销售形式主要有挨门挨户推销，逐个办公室推销和举办家庭销售会等，直接销售成本高昂，随着网络销售形式的发展，直接销售前途很难预料。

**情境链接**

## 国际零售商

各国零售商的结构是与其经济发展水平相适应的。一般来说，发达国家零售商的层次比较高，超级市场、购物中心、连锁专卖店等一些新的零售商形式发挥着主要作用；而在发展中国家，零售商规模通常较小，种类比较单一，传统的杂货店、百货店仍占据主导地位。当然，也有例外情况，如日本的零售商就带有许多传统色彩，但这并不表示日本零售业不发达，因为不同国家零售商的结构形式都是适应该国环境的产物。从总体上看，世界各国零售商结构都在不断发生变化，发达国家不断创出新的零售模式，发展中国家也在努力改变各自的零售商结构、规模和效率。另外，各国零售商为适应经济全球化趋势，还出现了诸如国际化、规模化、连锁化、综合化的倾向。如美国的沃尔玛、法国的家乐福等，都在较大范围内进入了国际市场，这也是国际营销企业在渠道设计时应该注意的问题。

## 二、寻找国际分销渠道成员

寻找国际分销渠道中间商的最佳选择在于采取主动方式。企业寻找中间商有很多渠道，如外国政府机构、国外领事馆、常驻国外的商务团体、中间人团体及银行、顾客和杂志、期刊等。制造商也可以通过更为直接的方式来吸引分销商，其中登载广告是一种选择范围很广的方式，参加贸易展览会也是寻找潜在分销商的场所。企业还可以用代理商机构或咨询公司提供服务来挑选分销商。如美国专门设立了两种寻找外国代理人的服务方式。代理商（或分销商）服务（A/DS）是用来寻找对美国企业递交的出口协议感兴趣的外国企业。世界交易商数据报告（WTDR）是一种有价值的服务项目，它提供了具体的国外企业的贸易概览及由商务部官员拟定的对可靠的外国企业进行调查之后的一般描述性报告。所有的服务费用并不高，一次分销商（或代理商）服务的费用约90美元。

企业按照其制定的标准和寻找到初步符合标准的中间商名单后，应对其进行逐一论证和筛选。企业可给每位中间商候选人去函，概述产品情况并提出对经销人的条件要求。对答复满意者再提出更为具体的询问，如商品种类、商场区域、销售人员数量及其他背景材料等。

## 三、筛选国际分销渠道成员

如果企业决定使用国际中间商就需要对具体的中间商作出选择，这也是国际分销渠道策略中十分重要的一个环节。筛选国际分销渠道成员是指从众多的相同类型的渠道成员中选择出适合本企业自身渠道结构的，并且能够与本企业一起有效地完成营销目标的渠道合作伙伴的过程。

能否筛选出合适的营销渠道成员作为本企业的合作伙伴，将直接影响到生产的产品是否能够及时地、准确地转移到消费者手中，影响到本企业分销的成本和服务质量，影响到本企业制订的营销目标的顺利实现，影响到产品及本企业在消费者心目中的形象。因此，对企业来说，营销渠道成员的筛选必须严格、谨慎，必须与企业自身的渠道模式设计一脉相承。优秀的渠道成员可以为本企业今后的渠道管理打下坚实的基础，而由优秀渠道成员所构建起来的强大的销售网络则可以为企业出色地完成分销任务。营销渠道成员筛选的重要性与本企业选择的分销密度高度相关。分销密度越小，如选择独家分销，渠道成员的选择越重要；反之，如果分销密度越大，如选择密集分销，则渠道成员选择的重要性就相应地减小。

### 1. 筛选渠道成员的原则

在筛选渠道成员之前，企业应该首先确立一套筛选渠道成员的原则和标准，这对企业来讲是至关重要的。不同行业的企业，选择渠道成员的原则不同。在市场发展的不同阶段，企业选择渠道成员的原则也不同。但总的说来，企业选择渠道成员，需要遵循以下一些基本原则。

（1）相互认同。这是企业选择渠道成员时应遵循的最基本的原则。企业与渠道成员之间的合作前提在于企业与渠道成员之间的相互认同。

（2）拥有通路。这是企业选择渠道成员时应遵循的最重要的原则。要让企业的产品迅速地进入到目标市场，以方便目标市场的消费者就近地购买到本企业的产品，就要求渠道经理、渠道总监或其他决策者在选择渠道成员时注意该渠道成员当前是否在目标市场分销通路及拥有销售场所等。

（3）销售能力。这是企业选择渠道成员时应遵循的最核心的原则。企业选择渠道成员的核心目的在于通过渠道成员的帮助，完成其营销目标，因此企业在选择渠道成员作为合作伙伴的时候，通常都比较注重渠道成员的实际销售能力。

（4）形象匹配。这是企业选择渠道成员时应遵循的最普遍的原则，也就是我们通常所说的"门当户对"。一个渠道成员的形象必然代表着本企业的企业形象。对于拥有卓越品牌的企业来说，尤其要重视对渠道成员形象的考虑。通常情况下，知名企业总是与资金实力雄厚、商誉好的渠道成员结为合作伙伴或战略合作伙伴。

### 2. 筛选渠道成员应考虑的因素

一般来说，企业在进行渠道成员筛选时应考虑包括中间商的信誉和知名度、资金、促销管理能力、仓储和运输能力、产品熟悉度以及是否具备经销合作的条件等多种因素。

（1）中间商的信誉和知名度。中间商信誉的高低直接关系到企业产品销量的大小。因此，企业应将信誉较高的中间商作为自己的选择对象。审查中间商的信誉是一种抽象的衡量方法，可通过中间商的顾客、供应商、联系机构、主要对手和其他当地商业伙伴进行分析研究。

（2）中间商的财力和绩效。一般来说，中间商的财力越强，销售成功的概率也就越大。中间商能否按时结算，包括在必要时预付货款，取决于中间商的经济实力和财务状况。如果财务状况不佳，流动资金短缺，中间商往往很难保证履约、守信。了解中间商财务状况的方式之一是审查其财务报表，尤其是对中间商的注册资本、流动资金、负债情况作出判断。当然财务报表并不一定全面和可靠，还要借助于相关的参考资料。销售额是另一个重要的指标，中间商目前的业绩在一定程度上预示着其将来的表现。

（3）市场覆盖率。市场覆盖率的分析不仅包括覆盖的地区大小，销售点数目、所服务市场的质量、销售人员的特点和销售代理人的数目也是主要参考指标。

（4）对本企业产品的熟悉程度。这是指中间商对企业产品的性能、用途、保养等方面知识的了解程度。中间商越熟悉企业的产品，就越可能在经营中取得成功。在同等条件下，企业应考虑选用对本企业产品熟悉程度较高的中间商。

（5）合作态度。有的中间商尽管有健全的分销网络，但如果它对制造商的产品分销不能给予足够的重视，中间商所提供的货架空间、商品陈列位置等难以达到理想水平，制造商也应考虑其他的选择。

合格的渠道成员还应具备下列条件：

（1）接近所期望的目标市场。渠道成员是选择批发商还是零售商，最重要的是看其服务的对象是否是本企业所要发展的市场。

（2）地理位置。所选的零售商应在顾客流量大的地区，批发商应具有较好的交通运输和仓储条件。

（3）目前正在经营的业务。应选择经营有相互连带需要的中间商。国际市场的经营者经常会发现，某个市场中最合适的分销商已经在经营竞争性的产品，因而不能再争取到它的帮助。在这种情况下，可寻找另一个具有同样资历的经营相关产品的中间商。企业一般不愿意将其产品交给仅有竞争品的中间商经营，产品的互补性可能对双方均有好处。如果要将其产品交与经营竞争品的中间商销售，则应考虑自己的产品与竞争品的品质、价格不要过于悬殊。

（4）促销措施。一般来说，拥有独家经销权的零售商，均要求负责部分广告活动，或者与厂商合作共同负责其他促销活动并分担费用。

（5）对顾客提供的服务。生产某些产品的厂商，往往把中间商能否提供各种服务，如代客送货、技术指导、换配零件和维修保养等，作为选择中间商的因素。

（6）运输与储存措施。某一类产品的厂商对于中间商的运输工具与运输能力及其储存设备等甚为重视，往往将之作为选择中间商的重要因素。

（7）企业管理能力。要了解中间商的领导人员的才能、经营本领、组织机构和人员配备等，这与经营成败关系极大。

**理胜公司选择分销渠道成员的条件**

理胜公司是加拿大最大的汽车零件供应商海带公司的一家分公司，主要业务是制造及配送零件给汽车售后市场，主要产品有理想牌活塞环、胜利牌密封片及细封。在这 3 条产品线上，大约有 1.5 万个产品项目，其中有 20% 的产品非常畅销，约占总销售额的 80%。但目前，公司的营销网络受到了来自采购集团的挑战，迫使负责售后市场的销售经理穆尔先生不得不重新考虑公司营销网络系统的政策。

穆尔在选择销售网络时，认为要考虑以下六点：① 公司的产品要有一个足够的库存量，包括周转快和周转慢的产品，能以独家成本支付仓库存储及劳务费；② 分摊库存费税、场地税、个人财产所得税；③ 为公司提供一支受过培训的地方性销售队伍：熟悉汽车零件的产品知识，不仅要访问老顾客，还要能开发新客户；④ 传发有关介绍新产品的印刷品，协助公司准备售点广告，参与促销及分销；⑤ 分配、更新、替换公司的商品目录，处理所有向批发商开出的支票，并提供所有的信用保证；⑥ 培训批发商的销售队伍，通过成千个小型批发商提供有效的服务，从而促进行业的繁荣。

**3. 筛选渠道成员的方法**

筛选渠道成员的方法有很多种，重点介绍以下三种。

（1）销售量评估法。销售量评估法是通过实地考察有关分销商的顾客流量和销售情况，并分析其近年来的销售额水平及变化趋势，在此基础上，对有关分销商的实际分销能力（尤其是可能达到的销售量水平）进行估计和评价，然后筛选最佳合作成员的方法。

（2）加权评分法。加权评分法就是对拟选择作为合作伙伴的每位中间商，就其从事商品分销的能力和条件进行打分，先根据不同因素对分销渠道功能建设的重要程度的差异，分别赋予一定的权数，然后计算每位中间商的总得分，从中选择得分较高者的方法。

（3）销售成本评估法。利用中间商经销商品是有成本的，主要包括市场开拓费用、让利促销费用、因延迟货款支付而带来的收益损失、谈判和监督履约的费用等。这些费用构成了销售费用或流通费用，减少了生产商的净收益。企业可以通过控制流通费用来提高渠道的效益，进而增加净收益。因此，企业也可以把预期销售费用看作是选择中间商的一种指标。常用的选择方法有三种。

① 总销售成本比较法。在分析有关"经销商"的合作态度、营销战略、市场声誉、顾客流量和销售记录的基础上，估算各个"候选人"作为分销渠道成员在执行分销功能过程中的销售成本，然后选择其中成本最低的中间商。

② 单位商品销售成本比较法。销售成本一定时，销量越多，则单位商品的销售成本越低，渠道成员的效率就越高。因此在评价有关分销商的优劣时，需要把销售量与销售成本两个因素联系起来综合评价，就是将分销商的预期总销售成本与该分销商能够实现的商品销售量（或销售额）之比值，即单位商品（单位销售额）销售成本作比较，选出比值最低者作为分销渠道成员。

③ 成本效率分析法。这是以销售业绩与销售成本的比值作为评价依据，选择最佳分销商的方法。与前面两种方法不同的是，此方法采用的比值是某分销商能够实现的销售业绩（销售量或者销售额）除以该分销商的总销售成本，称为成本效率。

# 情境任务 4　管理国际市场分销渠道

## 情境认知

渠道成员之间常存在矛盾和冲突，这会影响到整条渠道的效率和生产企业的利益。因此对生产企业来说，协调渠道关系，管理渠道成员是最复杂和最有挑战性的工作。渠道管理是指制造商为实现公司的分销目标而对现有渠道进行管理，以确保渠道成员间、公司和渠道成员间相互协调、通力合作的一切活动。

### 一、国际分销渠道管理的内容

（1）对经销商的供货管理，应保证供货及时，在此基础上帮助经销商建立并理顺销售子网，分散销售及库存压力，加快商品的流通速度。

（2）加强对经销商广告、促销的支持，减少商品流通阻力；提高商品的销售力，促进销售；提高资金利用率，使之成为经销商的重要利润源。

（3）对经销商负责。在保证供应的基础上，对经销商提供产品服务支持；妥善处理销售过程中出现的产品损坏变质、顾客投诉和顾客退货等问题，切实保障经销商的利益不受无谓的损害。

（4）加强对经销商的订货处理管理，减少因订货处理环节中出现的失误而引起的发货不畅。

（5）加强对经销商订货的结算管理，规避结算风险，保障制造商的利益。同时避免经销商利用结算便利制造市场混乱。

（6）其他管理工作，包括对经销商进行培训，增强经销商对公司理念、价值观的认同以及对产品知识的认识；还要负责协调制造商与经销商之间、经销商与经销商之间的关系，尤其对于一些突发事件，如价格涨落、产品竞争、产品滞销以及周边市场冲击或低价倾销等扰乱市场的问题，要以协作、协商的方式为主，以理服人，及时帮助经销商消除顾虑，平衡心态，引导和支持经销商向有利于产品营销的方向转变。

### 二、激励渠道成员

选定的中间商开始运作后，企业应适时开展激励工作，以调动中间商经营产品的积极性。企业采取什么措施激励中间商，一是取决于渠道的层次，二是取决于这些中间商对企业的重要程度。其具体的激励方法主要有：

（1）为中间商提供适销对路的产品，并根据其需要和要求不断地改进产品。

（2）给予中间商尽可能丰厚的利润（特别是刚刚进入国际市场的新产品），以提高其经营的积极性。

（3）给予中间商特殊的权利，如赋予中间商在地区或产品方面的专营权利。

（4）向中间商提供促销方面的支持，如共同开展广告宣传，共同承担广告费用，提供广告津贴和推广津贴等。

（5）向中间商提供信贷援助，当中间商资金周转出现困难时，可以提供多种形式的信贷安排。

（6）向中间商提供商业信息和技术援助，帮助中间商进行市场调查，提供经营咨询，为中间商培训推销和服务人员。

（7）组织中间商进行推销竞赛，对成绩突出者给予诸如折扣、分成、津贴、奖金等形式物质奖励和精神鼓励。

（8）实行互购，即向中间商推销本企业产品，同时也通过中间商购入企业所需商品。

## 三、处理渠道冲突

所谓渠道冲突是指渠道成员之间为了争夺利益而出现的矛盾，可以表现为水平冲突和垂直冲突。

（1）水平冲突，是指发生在同一渠道层次内成员之间的矛盾，如零售商之间为争夺顾客的竞争，中间商之间为越区销售而发生的矛盾等。制造商可通过限制中间商销售区域的方法或其他内部控制措施，使其不至于产生越区低价销售，争抢顾客的行为。

### 情境延伸

## 窜 货

窜货是营销网络中的公司分支机构或中间商受利益驱动，使所经销的产品跨区域销售，造成市场倾轧、价格混乱，严重影响厂商声誉的恶性营销现象。

窜货是商业行为，其目的是赢利。经销商跨过自身覆盖的销售区域而进行的有意识销售就是窜货。

### 一、窜货的类型

1. 按窜货性质分类

（1）恶性窜货：经销商为了牟取非正常利润，蓄意向非辖区倾销货物。

（2）自然窜货：一般发生在辖区临界处或物流过程，非供销商恶意所为。

（3）良性窜货：经销商流通性很强，货物经常流向非目标市场。

2. 按窜货范围分类

（1）同一市场内部的窜货：同一市场内不同经销商之间互相倒货。

（2）不同市场之间的窜货：两个同一级别的总经销之间相互倒货。

（3）交叉市场之间的窜货：由于经销区域重叠导致的窜货。

### 二、窜货的原因

（1）多拿回扣，抢占市场。

（2）供货商给予中间商的优惠政策不同。

（3）供应商对中间商的销货情况把握不准。

（4）辖区销货不畅，造成积压，厂家又不予退货，经销商只好拿到畅销市场销售。

（5）运输成本不同，自己提货，成本较低，有窜货空间。

（6）厂家规定的销售任务过高，迫使经销商去窜货。

（7）市场报复，目的是恶意破坏对方市场。

### 三、窜货的表现

（1）分公司为完成销售指标，取得业绩，往往把货销售给需求量大的兄弟分公司，造成分公司之间的窜货。

（2）中间商之间的窜货：甲乙两地供求关系不平衡，货物可能在两地低价抛售走量流转。

（3）为减少损失，经销商低价倾销过期或即将过期的产品。

（4）更为恶劣的窜货现象是经销商将假冒伪劣商品与正品混同销售，掠夺市场份额。

**四、窜货的危害**

（1）一旦价格混乱，将使中间商利润受损，导致中间商对厂家不信任，对经销其产品失去信心，直至拒售。

（2）供应商对假货和窜货现象监控不力，地区差价悬殊，使消费者怕假货、怕吃亏上当而不敢问津。

（3）损害品牌形象，使先期投入无法得到合理的回报。

（4）竞争品牌会乘虚而入，取而代之。

**五、窜货的整治**

（1）签订不窜货乱价协议，禁止跨区销售。

（2）外包装区域差异化。

（3）发货车统一备案，统一签发控制运货单。

（4）建立科学的地区内部分区的业务管理制度。

（2）垂直冲突，是指发生在不同渠道层次成员之间的矛盾，如制造商与批发商之间，批发商与零售商之间的矛盾。这些矛盾常由于双方立场不同，或配合、支持、沟通不够等原因产生。为避免冲突发生，需明确渠道各层次成员之间彼此应有的权利及义务。但是，在现实经济生活中，垂直冲突很难避免。

**情境案例** <center># 国美与格力之争</center>

2003年以后，消费者的消费日趋理性，品牌消费时代已经来临。格力一直以"品质领先"著称于全球，也是中国最具实力挑战洋品牌的空调企业，格力的成功就在于多年来将主要精力放在技术创新与品质保证上。国美、苏宁等家电连锁企业经过2002—2003年的"价格苦战"，实力和影响力大大提高，而制造商们的实力则大大下降，在厂商博弈中开始处于被动地位。为了吸引消费者眼球，获取更高的收益，同时也为了试探、夺取厂商博弈中的主动权，国美开始频频拿大品牌来打市场。2004年2月，国美成都卖场抛出每套分别自行降价480元和1 000元的两款格力空调，使得格力成都分公司遭遇其他经销商跟风降价甚至退货的局面。格力怒不可遏，以断货相威胁。3月，北京国美总部向各地分公司下发"关于清理格力空调库存的紧急通知"，要求其各地分公司把格力空调的库存和业务清理完毕后，暂停销售格力产品，致使双方由来已久的矛盾完全暴露，格力表示"将把国美清除出自己的销售体系"，至此，双方合作彻底破裂。

国美和格力的矛盾是典型的垂直渠道矛盾，是制造商与零售商争夺渠道控制权的斗争，降价事件只不过是一个导火索。早期国美与长虹之争，2003年上海国美与日立纠纷，都是其中垂直渠道冲突的典型案例。格力在全国有20多家销售分公司，其中5家分公司与国美有合作。可以说，国美只是格力1万多家经销商中的一家，即使在北京，其销量也只占格力的5%。但是，在签订2004年合作协议时，国美要求格力给予高于其他经销商2~3倍的销售返点，并要求在空调安装费上扣除 40% 作为国美的利润。而格力认为，应对所有经销商保持一致的政策，不可能给国美特殊待遇。此外，国美还利用长期占用厂家的资金求得自己的发展，这对格力来说，显然难以接受。

对国美来说，尽管格力在空调生产领域处于领先地位，但在国美空调销售总量中所占比重仅为 3% ~4%，并不是合作最紧密的上游企业，此番将格力拉出来"祭旗"，就是希望利用自己的渠道优势，迫使格力做出让步，达到敲山震虎的目的，让数量庞大的空调生产企业明白，自己连格力这样的行业领先者都敢动，还有谁不能动呢？国美一旦赢得此战，在与其他品牌谈判时就有更多的筹码。

渠道冲突在所难免，有必要采取有效的管理冲突的措施，包括以下五个方面：
① 采用共同目标、制定相应规则，定清权责；
② 渠道层次之间进行人员交流；
③ 合作，利润与客户资源的重新分配；
④ 行业协会内部和协会之间的协作；
⑤ 协商、调整或仲裁解决。

情境案例

## 宝洁与沃尔玛合作

宝洁（P&G）公司和沃尔玛（Wal-mart）是两家众所周知的实力强大的公司，彼此之间有着密切的业务来往，在 20 世纪 80 年代为了争夺对产品的销售价格和交易条件的控制，双方在利益上的冲突日益激化，直接威胁到双方的合作。但是双方为了改变这样敌对的关系，通过合作建立战略性的合作关系，特别是双方建立了电脑网络的共享系统，宝洁可以即时了解其产品在沃尔玛所有门店的销售情况和库存状况，然后以此调整生产和供货计划而提高经营效率，沃尔玛也可据此改善库存和成本，双方实现了双赢的局面。在过去的 10 年中，宝洁和沃尔玛这两个行业巨人建立起了长期的战略合作伙伴关系，成为制造商和零售商关系的标准。这种关系基于双方成熟的依赖度：沃尔玛需要宝洁的品牌，而宝洁需要沃尔玛的顾客通路。

## 四、评估渠道成员

企业应建立指标体系，定期对渠道成员的工作进行评价，以便鼓励先进，鞭策落后。评估指标体系一般包括：销售定额完成情况，平均库存水平，顾客服务水平，产品损坏、遗失及其处理状况，在培训、促销计划中的合作程度，顾客满意程度等，其中最重要的是销售额完成情况，在评价时应给予更大权重。

对于表现好的中间商予以表扬和奖励，对于表现不好的中间商予以批评，必要时可更换渠道成员，以保证营销活动顺利而有效地进行。

## 五、修改销售渠道

企业在设计了良好的分销渠道系统后，为适应市场需求的变化，还必须在对整个渠道系统或部分渠道在进行评估的基础上，及时加以修正和改进。如一家家具生产者，采取特许经销商的形式销售产品，通过市场调查发现竞争对手已经采用多种方法销售产品：直接向建筑企业销售，向室内装潢公司销售，设置产品图片室等。此时，企业就应考虑改进自己的销售渠道，以免市场占有率下降。又如，日本企业进入美国市场时，初期几乎是请美国中间商或制造商代销，并打美国公司商标，经过一段时间后，日本企业开始尝试用自己的商标，自己开设门市部或直接找连锁商店和百货公司进行销售。当条件成熟后，日本企业完全摆脱美国公司，自己设立分公司。

企业分销渠道的修正和改进可以从以下三个层次来进行。

（1）从经营层次上看，企业可增加或剔除某些渠道成员，这是最简单的渠道改变，但是也不能只做简单的增减量的分析，还要考虑增加或减少一个渠道成员对销售和成本的影响，对竞争态势的影响，对其他中间商销售热情的影响。

（2）从特定市场的规划层次上看，企业可增加或剔除某些特定的分销渠道。假如某条渠道的盈利水平不佳，但却占用了过多资源，企业则应考虑撤出该渠道；反之则应考虑增加多条渠道参与竞争。

（3）从企业系统规划层次上看，企业可在所有市场上采用新的经营方式，全面改变分销渠道系统。如饮料生产者，在采用浓缩技术后，纷纷在全球各地投资兴办灌装厂，从而全面改变企业的营销渠道。这种改变是最困难的决策，它将使企业改变市场营销组合和市场营销政策，通常由企业最高决策层做出决定。

## 小　　结

1. 分销渠道，是指某种产品从生产者向消费者或用户转移过程中所经过的，一切取得所有权或协助所有权转移的组织和个人。国际分销渠道可以按照商品经过渠道层次的多少分为长渠道和短渠道，还可以按照每一渠道层次使用相同中间商数目的多少分为宽渠道和窄渠道。不同渠道长度与宽度各有特点。

2. 企业在选择国际分销渠道模式时一般要综合考虑产品特性、企业特性、市场特性、政治与环境因素、竞争特性、经济效益、中间商特性等七个方面的因素。

3. 企业规模较小或者进入国际市场的初期，企业国际市场营销经验不足或者没有实力直接进入国际市场时，通过本国中间商进入国际市场是一条费用省、风险小、操作简便的有效途径。国内中间商有出口商、出口代理商，国外有进口商、进口代理商、进口佣金商、国外经销商、批发商、零售商等类型。

4. 国外中间商需要筛选和激励，并且有必要建立有效的管理冲突的机制，避免渠道冲突。企业还应建立指标体系，定期评价渠道成员。评估指标体系一般包括：销售定额完成情况，平均库存水平，顾客服务水平，产品损坏、遗失及其处理状况，在培训、促销计划中的合作程度，顾客满意程度等，其中最重要的是销售额完成情况。在对整个渠道系统或部分渠道进行评估的基础上，及时对渠道加以修正和改进，以适应市场需求的变化。

## 学习情境4.3　制订国际市场分销策略　内容结构图

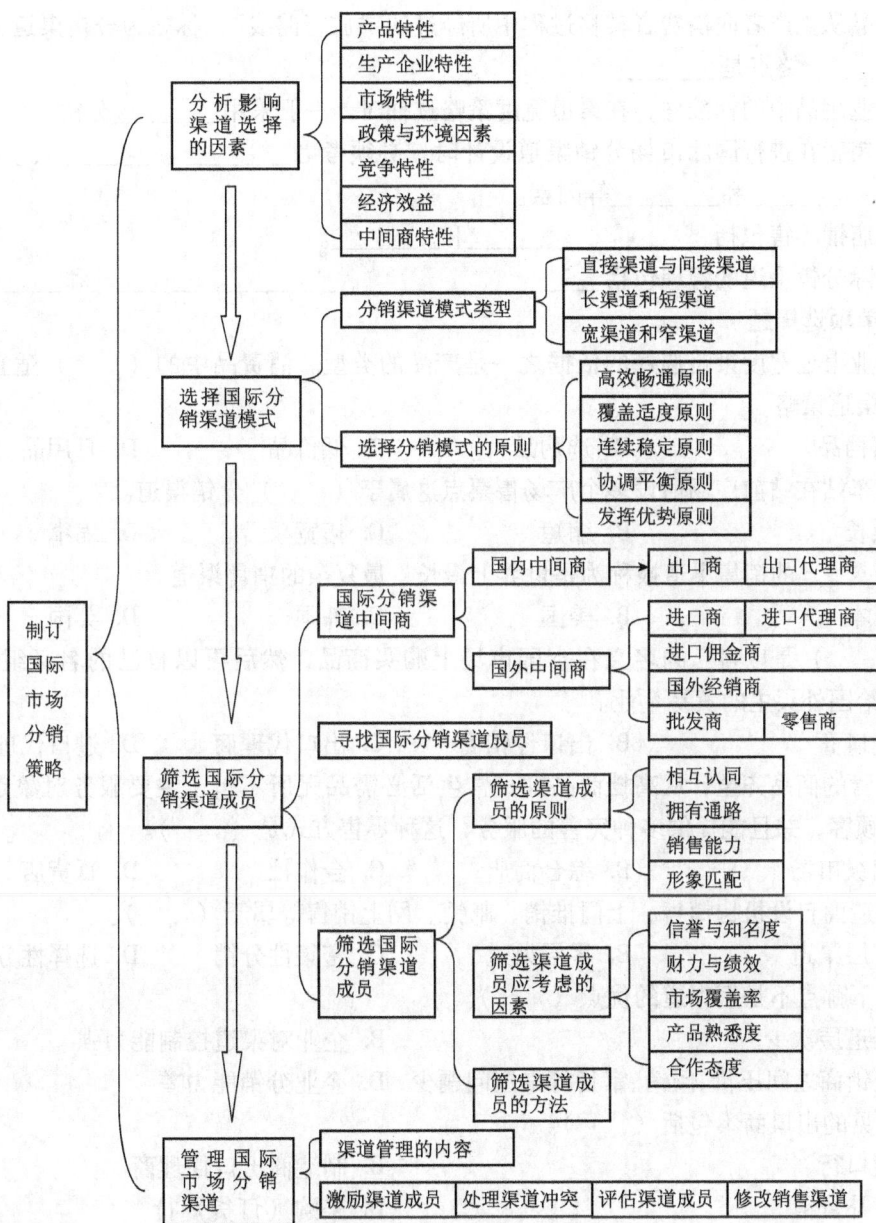

制订国际市场分销策略

**分析影响渠道选择的因素**
- 产品特性
- 生产企业特性
- 市场特性
- 政策与环境因素
- 竞争特性
- 经济效益
- 中间商特性

**选择国际分销渠道模式**
- 分销渠道模式类型
  - 直接渠道与间接渠道
  - 长渠道和短渠道
  - 宽渠道和窄渠道
- 选择分销模式的原则
  - 高效畅通原则
  - 覆盖适度原则
  - 连续稳定原则
  - 协调平衡原则
  - 发挥优势原则

**筛选国际分销渠道成员**
- 国际分销渠道中间商
  - 国内中间商 → 出口商　出口代理商
  - 国外中间商
    - 进口商　进口代理商
    - 进口佣金商
    - 国外经销商
    - 批发商　零售商
- 寻找国际分销渠道成员
- 筛选国际分销渠道成员
  - 筛选渠道成员的原则
    - 相互认同
    - 拥有通路
    - 销售能力
    - 形象匹配
  - 筛选渠道成员应考虑的因素
    - 信誉与知名度
    - 财力与绩效
    - 市场覆盖率
    - 产品熟悉度
    - 合作态度
  - 筛选渠道成员的方法

**管理国际市场分销渠道**
- 渠道管理的内容
- 激励渠道成员　处理渠道冲突　评估渠道成员　修改销售渠道

### 重要概念

　　分销渠道　直接渠道　渠道长度　渠道宽度　密集性分销　选择性分销　独家分销　经销商　代理商　直复营销

**思考与练习**

**一、填空题**

1. 产品从生产者向消费者转移过程中所经过的"旅行路线"，称之为分销渠道，它的起点是_____，终点是_____。

2. 工业用品中的标准件，在渠道宽度策略选择时，一般采用_____分销。

3. 营销者在进行国际市场分销渠道设计时，必须考虑_____、_____、_____、_____、_____和_____等因素。

4. 无店铺零售包括_____、_____和_____。

5. 国际分销渠道的管理包括_____、_____、_____和_____。

**二、单项选择题**

1. 企业渠道宽度策略选择的依据之一是产品的类型。消费品中的（　　）适宜采用选择性分销渠道策略。

A. 高档品　　　　　　B. 选购品　　　　　C. 低价品　　　　　D. 日用品

2. 某车站在站前广场增设多个广场售票点这属于（　　）分销渠道。

A. 延长　　　　　　　B. 缩短　　　　　　C. 拓宽　　　　　　D. 缩窄

3. （　　）的销售渠道被称为是世界上最长、最复杂的销售渠道。

A. 日本　　　　　　　B. 美国　　　　　　C. 韩国　　　　　　D. 英国

4. （　　）是以自己的名义在本国市场上购买商品，然后再以自己的名义组织出口，将产品卖给国外买主的贸易企业。

A. 进口商　　　　　B. 出口经销商　　　C. 出口代理商　　　D. 进口代理商

5. 经营的商品齐全，从高档商品到日常生活必需品无所不包，主要服务对象是中产以上阶层的顾客，并且能提供多种完善的服务，这种零售方式是（　　）。

A. 超级市场　　　　B. 综合商店　　　　C. 合作社　　　　　D. 百货店

6. 制造商自设机构销售、上门推销、邮销、网上销售等属于（　　）。

A. 一层渠道　　　　B. 零层渠道　　　　C. 密集性分销　　　D. 选择性分销

7. 以下哪点不是短渠道的优点（　　）。

A. 渠道层次少　　　　　　　　　　B. 企业对渠道控制能力强

C. 经销商之间压价、倾销、窜货等渠道问题少　　D. 企业分销能力差

8. 常见的出口商不包括（　　）。

A. 出口行　　　　　　　　　　　　B. 制造商出口代理商

C. 互补营销　　　　　　　　　　　D. 采购（订货）行

9. （　　）是指渠道成员之间为了争夺利益而出现的矛盾。

A. 垂直冲突　　　　B. 水平冲突　　　　C. 渠道冲突　　　　D. 渠道评估

10. 渠道成员评估体系不包括（　　）。

A. 实力　　　　　　　　　　　　　B. 销售定额完成情况

C. 平均库存水平　　　　　　　　　D. 顾客服务水平

**三、多项选择题**

1. 渠道宽度有（　　）三种形式。

A. 密集性分销　　　　　　　　　　B. 一层渠道

C. 选择性分销　　　　　　　　　　D. 独家性分销

E. 零层渠道

2. 中东国家的代理商或进口分销商的经营特点包括（　　　）。

A. 中间商的密度很高

B. 独特的经营哲学

C. 以稳定的价格和尽可能大的范围把货物供应给各个批发商

D. 向作为主要顾客的批发商提供购货贷款

E. 进口的产品常常限于某一特定的牌号，并对该牌号的产品保持充足的库存

3. 企业在选择国际分销渠道时的成本包括（　　　）。

A. 开发渠道的投资成本　　　　　　B. 维持渠道的持续成本

C. 维持渠道的投资成本　　　　　　D. 开发渠道的持续成本

E. 控制成本

4. 营销者在考虑市场覆盖时要注意（　　　）。

A. 渠道所覆盖的每个市场能否获取最大可能的销售额

B. 越广越好

C. 这一市场覆盖能否确保合理的市场占有率

D. 这一市场覆盖能否取得满意的市场渗透率

E. 中间商数量

5. 营销者在进行国际市场分销渠道设计时要考虑的特性包括（　　　）。

A. 企业　　　　　　　　　　　　　B. 产品

C. 东道国市场　　　　　　　　　　D. 环境

E. 成本

6. 下列可供企业选择的进入国际市场方式中，属于直接出口的有（　　　）。

A. 利用国外经销商或代理　　　　　B. 将产品卖给国外企业驻本国采购处

C. 设立国外营销子公司　　　　　　D. 特许经营

E. 设立国外办事处

## 四、判断题

1. 国际营销中渠道越短越好。　　　　　　　　　　　　　　　　　（　　　）

2. 高科技产品、对服务性要求高的产品应该尽可能使用短渠道。　　（　　　）

3. 设计分销渠道时渠道覆盖面越广越好。　　　　　　　　　　　　（　　　）

4. 经销商和代理商的最大区别在于是否对商品拥有所有权。　　　　（　　　）

5. 如果市场中顾客购买某种商品的次数频繁，但每次购买数量不多，宜采用中间商。

　　　　　　　　　　　　　　　　　　　　　　　　　　　　　　（　　　）

6. 分销渠道中至少要有一次商品所有权的转移。　　　　　　　　　（　　　）

7. 水平冲突是指发生在不同渠道层次成员之间的矛盾。　　　　　　（　　　）

8. 中间商的信誉应通过中间商的顾客、供应商、联系机构、主要对手和其他当地商业伙伴进行分析研究。　　　　　　　　　　　　　　　　　　　　　　（　　　）

9. 牙膏、肥皂等价值低、购买频率高的日用消费品的销售应采取独家分销的方式。

　　　　　　　　　　　　　　　　　　　　　　　　　　　　　　（　　　）

10. 通常对于名牌、高档消费品和技术性强、价格高的工业用品才采取独家分销。

（　　）

## 五、简答题

1. 简述国际分销渠道的特点。

2. 国际分销渠道的类型有哪些？它们各自的特点是什么？

3. 零售商有哪些种类？它的发展趋势是什么？

4. 影响国际分销渠道设计的因素有哪些？

5. 如何对国际分销渠道进行管理？

## 实训课堂

### 能力训练目标

1. 培养学生对分销渠道基本模式与类型的认识与理解力；

2. 培养学生对各类批发与零售等中间商经营特点的认识与分析能力；

3. 培养学生进行渠道策划与管理的能力，对渠道各环节关系的处理能力。

### 能力训练项目

#### 一、思维训练

**训练1** 三位航海爱好者共同拥有一只小艇。他们想做出一种安排，使每个人都可以随时取到小艇使用，而又不被别人偷去。为此，他们用三把锁和一条铁链把小艇锁在岸边。每人只有一把钥匙，但都能用自己的钥匙把锁打开，而不用等待另外两人带着他们的钥匙前来协助。这个巧妙的安排是怎样做的呢？

**训练2** 以剃须刀、电视机、小轿车为例，分析企业会在何种情况下为自己的产品选择密集分销、选择分销、独家分销？

#### 二、案例分析

### 雅芳中国渠道之变

雅芳是1886年由大卫·麦康奈尔先生在纽约创立的，至今已有120年的历史。雅芳是一个以直销为特色的化妆品公司。自组建以来不断致力于塑造女性独特的美丽，同时，开启全球数百万女性的事业之门。雅芳在125个国家销售近16 000种不同的产品。其产品结构十分完善，从护肤品、彩妆品、个人护理品、香水、扩充至流行首饰、女性内衣、健康食品和美容沙龙产品等系列领域。

雅芳公司于1990年进入中国，获得成功。但是，由于非法传销扰乱了当时一片火爆的直销市场，中国政府于1998年禁止了直销。面对这一环境变化，雅芳开辟了四条销售渠道：在百货商店设立专柜、建立专卖店、小店铺销售、店外推销员销售。进小店只是适应过渡，因为当时雅芳旗下有十几万的销售人员，他们在经济上难以支付高昂的投资转型去开店，而找一家邻家的小店，放上一些产品是有可能的。过渡了近两年，雅芳发现由于小店形象差，非常不利于其品牌形象，而且售后服务和价格也很难管理。经过权衡，决定放弃小店经营渠道。雅芳专卖店的规模要求也修改过若干次，从最初的5~6平方米、15平方米、20平方米到现在的 30 平方米，门槛不断提高，雅芳的品牌形象也不断提升。2002 年雅芳销售额为 10 亿元人民币，其中 80% 来自专卖店，20% 来自专柜。雅芳这种彻底转型的做法，赢得了中国政府的赞赏。

2005 年 4 月 8 日，雅芳被正式批准在北京、天津和广东三地开展直销试点。这与雅芳长年奉公守法的良好形象不无关系。政府的青睐为雅芳在直销立法及准入上开辟了一条道路。

恢复直销的雅芳实行了一系列政策，以便规范销售网络，减少不同渠道的矛盾。

雅芳在开展直销试点计划时，首先要保证专卖店的利益。在试点地区不再开设新的专卖店，招募的直销员将不超过 3 000 人。

在直销员的计酬方式上，雅芳规定只有在推销员将自产产品销售给消费者时，才计算并支付该推销员报酬；其报酬总额不超过销售收入的 25%，不允许团队计酬。推销员的所有信息还要与主管部门联网，以便让主管部门能随时查询推销员的销售状况。同时，推销员的地区也有严格限制。

帮助专卖店转型。雅芳准备在三年内翻新所有专卖店，这是自设立专卖店以来第五次改变形象。雅芳的设想是让专卖店开展收费美容服务，包括美体、美甲。这样，一方面可以加强专卖店的服务，另一方面，由于收费美容服务是直销员无法拓展的领域，有助于以后拓展直销队伍时，避免销售渠道之间的矛盾。雅芳已宣布专柜、专卖店、直销人员三种渠道上将会拥有各自不同的产品。

经销商准入门槛设限。雅芳将提高经销商的准入门槛，要求店主投资由 5 万元上升到 10 万元，店铺面积必须在 60 平方米以上，并要求店主拥有至少两张中级以上美容师执照。

雅芳希望每年能增长 50% 的销售额。

**【案例思考与讨论】**

1. 雅芳公司在中国的渠道变化的原因是什么？
2. 雅芳公司目前在中国的渠道形式有哪些？

**三、实战演练**

搜集个案资料，小组汇报渠道开发和维护管理的方法。

**四、模拟训练**

项目：为你的虚拟公司设计分销渠道。

目的：通过实训，要求学生能够为背景企业设计分销渠道。

## 学习情境 4.4

# 制订国际市场促销策略

广告文稿里的每一个词，画面里的每一条线，照片里的每一处阴影，音乐里的每一个音符，所有这一切都必须有助于达到广告的总目标：劝说人们购买产品。

——安·韦斯

在不完全竞争的条件下，一个公司利用促销来帮助区别其产品、说服其购买者，并把更多的信息引入购买决策过程。

——威廉·斯坦顿

## 任务驱动，做中学

终于要进入巴西市场了，请你为自己的公司生产的休闲服装（茶叶/休闲鞋/陶瓷餐具/电动自行车……）进入巴西市场制订一套行之有效的促销组合方案。

## 学习目标

### 知识目标

(1) 理解促销本质、促销组合含义，掌握影响促销组合设计的因素。

(2) 了解国际人员推销的特点和功能，掌握国际推销人员管理的内容。

(3) 理解和掌握国际广告的标准化和差异化策略，掌握国际广告的主要媒体，尤其是新的一些广告方式，POP 广告、Internet 广告、DM 广告；理解国际广告的限制性因素。

(4) 理解国际营业推广的特点，掌握国际营业推广的分类和影响因素。

(5) 理解国际公共关系的含义和作用，掌握国际公共关系策略。

### 技能目标

在充分考虑促销组合影响因素的前提下，能制定有效的促销方案，并灵活运用促销的各种形式，保证促销活动的顺利实施，从而实现良好的沟通效果。

## 学习情境

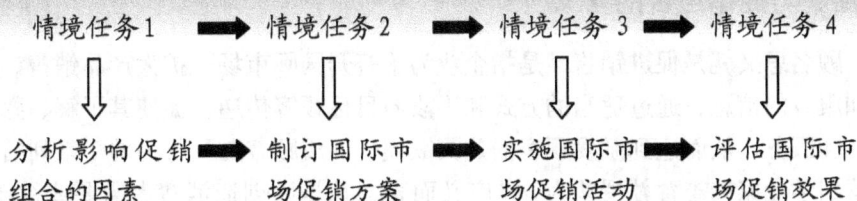

**情境引子**　　　　　　　　　　**推销大师吉拉德的被推销经历**

　　一次，推销大师吉拉德的太太琼·吉拉德要他陪她去逛皮衣店。作为一名普通顾客，吉拉德对店员的推销无动于衷，而店员却让他太太一件接一件地试穿大衣。最后，吉拉德太太找到了一件自己非常喜爱的大衣，站在镜子边足足欣赏了十分钟。"我就要这一件，可我知道要花太多的钱，亲爱的。"吉拉德太太向丈夫询问主意。

　　还未等吉拉德开口，那位推销小姐抢着说："您穿上这件大衣，看起来有一种梦幻般的感觉。您不同意吗？吉拉德先生。"

　　"嗯，是的。"吉拉德一边盯着标价，一边含混地说。然后又补充了一句："琼，你看上去漂亮极了。"

　　推销小姐转而对吉拉德太太说："有很多丈夫陪着太太到这儿来，却说他们的太太穿着皮衣体形臃肿。亲爱的，您有这样一位体贴的丈夫，真是幸福和幸运。我打赌他不会让您失望。"

　　这一番话使吉拉德感到自己高大无比，他的脸上也堆满了得意的笑，但很快就领悟到他必须为太太买下那件昂贵的大衣！

　　想一想，这位推销大师是如何被成功推销的。

# 情境任务1　分析影响促销组合的因素

**情境导入**　　　　　　　　**促销大忌：你为什么促销？**

　　市场竞争越来越激烈，促销也成为商家竞争的主要手段。但有的人很疑惑：为什么我也宣传了，钱也投了，但促销效果还是没有预期的好呢？为什么顾客反应平平呢？最主要的原因是：促销活动内容严重同质化，不是打折就是送礼，你打8折我就打7折，你买100送50，我就买100送100，等等。对于"视觉疲惫"的顾客来说，这些手段都已经无法吸引他们了。

　　上面种种现象表明，业务主管只是按照固有的习惯模式去做促销，但其实并没有弄明白为什么要做促销，造成知促销而不知所以促销，各种各样的促销手法不断被模仿和乱用，而未按照自己区域市场的实际需求来设计和开展促销活动，促销目标不明确，更谈不上取得有针对性的结果。

情境认知

## 一、促销与促销组合的含义

促销，顾名思义就是促进销售，是指企业为了打开国际市场、扩大产品销售，把有关本企业产品和服务的信息，通过适当的方式和手段向目标顾客传递，促使其了解、熟悉、信赖企业的产品和服务，从而达到激发顾客的购买欲望、促成顾客购买行为的一系列活动。中国台湾著名营销学专家樊志育教授认为："广义而言，凡是以创造消费者需要或欲望为目的，企业可从事的所有活动均属促销的范畴。"

促销组合（Promotion Mix），就是企业根据产品的特点和营销目标，在综合分析各种影响因素的基础上，对各种促销方式的选择、编配和运用。国际市场促销组合由四种最基本的促销手段构成，即人员推销、广告、营业推广和公共关系，每一种促销手段都包括若干特定的内容，如促销性的产品策略、价格策略和服务策略等。促销组合要有利于传递信息、沟通情况，有利于突出产品特点，诱导需求和扩大销售。

## 二、影响促销组合的因素

### 1. 促销目标

企业促销包含着很多具体的目标，如提高企业和产品的知名度；使顾客了解本企业的产品并产生信任感；扩大产品销量和提高市场占有率等。相同的促销手段在实现这些不同的促销目标上，或不同的促销手段在实现同一促销目标上，其成本效益是大不相同的。广告和公共关系，在提高企业知名度和声望方面，远远超过人员推销。在促进顾客对企业及产品的了解方面，广告和人员推销的成本效益最好。在促销订货方面，人员推销的成本效益最大，营业推广则起协调辅助作用。营销人员必须根据具体的促销目标选择合适的促销工具组合。

### 2. 市场性质

对不同的市场需求应采取不同的促销组合。

首先，应考虑市场的地理位置和范围大小。规模小、距离近的本地市场，应以人员推销为主，而在较大规模的市场如全国市场进行促销时，则应采用广告和公共关系宣传。

其次，应考虑市场类型。消费品市场的买主多而分散，主要靠广告宣传和营业推广吸引顾客；工业品市场的用户数量少而购买量却大得多，应以人员推销为主。市场渠道短、销售力量强，产品需经过示范、退换的，应采用人员促销策略；而产品销售分散，渠道多而长，产品差异性大，消费趋势已很明显，有必要快速告知消费者的，宜采用非人员促销。

最后，应考虑市场上不同类型潜在顾客的数量。针对最早采用者、早期采用者、中期采用者、晚期采用者和最晚采用者分别采用不同的促销方式。

### 3. 产品性质

不同性质的产品（如消费品或工业品），消费者及用户具有不同的购买行为和购买习惯，企业需采取不同的促销组合。通常，消费品市场因市场广、消费者多、技术性较差，标准化程度高，而更多地采用拉引策略、非人员促销，尤其以广告和营业推广形式促销为多；在工业品市场，购买者购买批量较大，市场相对集中，因此以人员推销为主。

## 根据市场特点做促销

对卖新产品的商家来说，最吸引顾客的无非是"新"，如何再在"新"上继续做文章呢？意大利有个莱尔市场就是专售新产品的。有些新产品很畅销，许多顾客抢着购买，没抢到手的，要求市场再次进货，可得到的回答竟是："很抱歉，本市场只售首批，卖完为止，不再进货。"对此，有些顾客很不理解，还向旁人诉说。但从此以后，来这里的顾客对产品只要中意就买，绝不犹豫。不难看出，莱尔市场的"割爱"是个绝妙的创意，它能给顾客留下强烈的印象——这里出售的商品都是最新的，要买最新的商品，就得光顾莱尔市场，而且下手要快。

资料来源：张卫国. 根据市场特点做促销［OL］. 网络营销文库，2007－11.

### 4. 产品市场生命周期

在产品市场生命周期的不同阶段，促销的目标不同，要相应地选择不同的促销组合。

（1）导入期，促销的目的在于扩大产品知名度，诱导中间商进货和消费者试用，因而主要采用广告手段对商品进行一般宣传和介绍，人员推销主要针对经销商展开工作，促使其经销本企业产品。

（2）成长期，可继续使用广告，重点在于宣传企业和产品品牌，树立产品特色，培养顾客好感与偏好，不应仅仅介绍产品，而应不断变换广告形式。

（3）成熟期，大批竞争者进入市场，此时以提醒性广告为主，但注重竞销，广告内容多侧重强调产品价值和给消费者用户带来的利益。同时可辅之以营业推广设法吸引消费者用户继续购买本企业产品。

（4）衰退期，该阶段的产品特色已为消费者所了解熟悉，且消费者的偏好已经形成，促销投入开始降低，人员推销可减至最小规模，可做些提醒性广告或与营业推广相结合，以刺激产品的销售，维持尽可能多的销售量。

综上所述，在整个产品的生命周期中，企业所应采取的促销组合依各个阶段的不同而有所不同，如表4－4－1所示。总的来看，在导入期和成熟期，促销活动十分重要；在成长期和衰退期，则可降低促销费用支出，缩小促销规模，以保证足够的利润收入。

表4－4－1 产品生命不同时期采取的不同促销方式

| 产品生命周期 | 促销重点目标 | 促销主要方式 |
| --- | --- | --- |
| 导入期 | 使消费者认识了解产品 | 各种介绍性广告、人员推销、导入 CIS 策略 |
| 成长期 | 提高产品的知名度 | 改变广告形式，如形象广告 |
| 成熟期 | 增加产品的信誉度 | |
| 衰退期 | 提醒，维持信任、偏爱 | 营业推广为主，辅以提醒性广告、减价等 |
| 生命周期各阶段 | 消除顾客的不满意感 | 改变广告内容，利用公共关系 |

### 5. 促销费用

不同的促销手段需要不同的促销费用。增加促销费用有利于扩大销售，但同时也增加了销售成本。能以较低的促销费用带来较高利润的营销组合即为理想的组合。

情境案例

　　日本松户市原市长松本清，本是一个头脑灵活的生意人。他经营"创意药局"的时候，曾将当时售价 200 日元的膏药，以 80 日元卖出。由于 80 日元的价格实在太便宜了，所以"创意药局"连日生意兴隆，门庭若市。由于他不顾血本地销售膏药，致使虽然这种膏药的销售量越来越大，但赤字却免不了越来越高，他这样做的用意究竟在哪里呢？实际上，药局的整体效益却持续上升。原来，前来购买膏药的人几乎都会顺便买些其他药品，靠着其他药品的利润，不但弥补了该膏药的亏损，同时也使整个药局的经营出现了前所未有的盈余。这种以降低一种商品的价格带动其他商品销售的做法，不仅吸引了顾客，而且大大提高了药局的知名度，有名有利，真是一举两得、明亏暗赚的创新手法。

　　资料来源：许春燕，孟泽云. 新编市场营销［M］. 北京：电子工业出版社，2009.

### 三、国际市场促销组合基本策略

　　国际市场促销组合策略可分为两类，即推动策略和拉引策略。

#### 1. 推动策略

　　所谓推动策略，是指企业以中间商为主要促销对象，通过推销人员的工作，把产品推进分销渠道，最终推上目标市场，推向消费者。推动策略运用的条件，是企业与中间商对商品的市场前景一致看好，双方愿意合作。运用推动策略对企业来说风险较小，销售周期短，资金回收快，但同时需要中间商的理解与配合。一般来说，推动策略多用于以下情况的市场促销：

　　（1）传播对象比较集中，目标市场的区域范围较小。

　　（2）处于平销状态，市场趋于饱和的产品。

　　（3）品牌知名度较低的产品。

　　（4）投放市场已有较长时间的品牌。

　　（5）需求有较强选择性，如化妆品。

　　（6）顾客购买容易疲软的产品。

　　（7）购买动机偏于理性的产品。

　　（8）需要较多介绍消费、使用知识的产品。

#### 2. 拉引策略

　　拉引策略是以最终消费者为主要促销对象，通过运用广告、营业推广、公共关系等促销手段，向消费者展开强大的促销攻势，使之产生强烈的兴趣和购买欲望，纷纷向经销商询购这种商品，而中间商看到这种商品需求量大，就会向制造商进货。一些新产品上市时中间商往往因过高估计市场风险而不愿经销，这时，企业只能先向消费者直接推销，然后拉引中间商经销。拉引策略多用于以下情况的市场促销：

　　（1）目标市场范围较大，销售区域广泛的产品。

　　（2）销量正在迅速上升和初步打开销路的品牌。

　　（3）有较高知名度的品牌，感情色彩较浓的产品。

　　（4）容易掌握使用方法的产品，选择性的产品。

　　（5）经常需要的产品。

# 情境任务 2　制订国际市场促销方案

情境导入

巨大集团生产的捷安特自行车，品牌市值新台币 71.72 亿元，每年销售 470 万辆，可能是台湾最具国际知名度的品牌。在大陆，捷安特入选"中国驰名商标"，成为大陆第一批获颁驰名商标的外来品牌。在大陆，捷安特的消费群锁定金字塔的顶端，享有极高的知名度。捷安特每年推出 50 多种新款车型，各年龄层的消费者都是其服务的对象。简单说，捷安特提供全年龄段的自行车产品，从婴儿推车、学步三轮车，到专业级的公路车、下坡赛车，或是动力助力车，一应俱全。不同产品的材料、装备、设计、用途有很大差异，因而市场价格从 60 美元到 1 万美元不等。不过捷安特只采用一个品牌销售。

与大陆市场不同的是，在自行车风行的欧美市场，这类产品被通常界定为运动及休闲产品，而不是一般交通工具。为了迎合欧美市场的口味，捷安特准备主攻欧美市场，并将"安全、趣味、挑战"作为营销主题，展开大规模促销推广活动。

**讨论：**你认为捷安特自行车在欧美市场，应选用哪些促销手段或设计哪些活动才能达到有效宣传与推广的效果？

促销活动是一种综合性的活动，企业必须在明确目标市场及自身定位的基础上，制定整体促销计划，以便有效实现预期促销目标。企业制订促销方案，一般应遵循以下七个步骤。

## 一、明确目标市场

明确目标市场，其实就是确定产品或服务所针对的消费者。在潜在市场中，哪些人需要你的产品，哪些人在使用你的产品的过程中受益，那么这部分人就是你的目标市场所在。只有认准了潜在客户，企业才能采取最有效的促销手段，与他们进行营销沟通，并在沟通过程中传达最适合于他们的营销信息。

## 二、确定促销目标

促销目标可以是短期的，也可以是长期的。短期促销目标是指在一年或更短的时间内实现的目标，而长期目标需要花更多时间来实现。短期促销目标是对行动的召唤，可以从购买者那里得到立即的反应。每一种促销手段都会在顾客心中产生一种特定的反应，但并不是所有的促销手段都可以创造销售。一般来说，企业可以通过以下促销手段来实现一定的目标。

（1）销售产品或服务，告诉客户所有有关的产品或服务的信息。

（2）寻找潜在客户，使他们对产品或服务感兴趣。

（3）强化销售，提高销售额或销售量。

（4）打入某一特定的细分市场或区域市场。

（5）宣传新产品或新产品组合，增加特殊产品或服务的销售。

（6）使客户对企业产生意识或认知，提升企业知名度。

企业在确定具体的促销目标时，要综合考虑其产品所处的生命周期以及目标市场的特征，使促销目标具体化、清晰化。

### 三、设计促销信息

促销信息是企业在与目标市场客户沟通时，用以吸引目标市场客户所采用的文字和形象设计。企业必须在促销信息中以充足的理由向潜在的客户表明：为什么他们应该对该促销信息做出反应；企业所提供的产品能够给用户带来的最大的益处是什么。这两点是促销信息中最关键的内容。

### 四、选择促销手段

作为促销信息的发送者，企业必须选择最有效的促销手段，以便准确传达其促销信息。下面将对四种国际市场主要的促销手段逐一进行分析。

**1. 人员推销**

（1）人员推销及其特点。国际人员推销（Staff Selling）是指企业派出或委托推销人员向国际市场顾客和潜在顾客面对面地宣传产品，以促进顾客购买。它是一种古老但却很重要的促销方式。

**情境提示**

#### 人员推销的主要优缺点

优点：① 方式灵活。推销人员与顾客面对面交谈，能随时观察顾客的反应，及时调整对策，通过自己的言辞、声音、形象、动作或样品、图片等，当场解答用户的问题并提供多种服务，达到说服成交的目的。② 针对性强。采用广告等非人员促销方式，面对的是范围较广泛的公众，他们可能是也可能不是该产品的潜在顾客，人员销售多数是个别进行，作业之前往往要调查研究，选择和了解潜在顾客，以便有的放矢，减少浪费，提高绩效。③ 及时成交。人员推销的直接性，大大缩短了从销售到采取购买行动的时间间隔，而采用非人员促销手段，顾客即使收到信息，也有一个思考、比较、认定以及到商店购买的过程，时间久了还可能放弃购买，面对面的人员促销，能够尽快消除顾客的疑虑，达成交易。④ 发展关系。在推销人员与顾客反复交往的过程中，买卖双方往往会培养出亲切友好的关系。一方面，销售人员帮助顾客选择称心如意的产品，解决使用过程中的种种问题，会使顾客对销售人员、产品和企业产生亲切感、信任感；另一方面，顾客对销售人员的良好行为予以肯定和信任，会积极地宣传企业的产品，帮助扩展业务。⑤ 反馈消息。人员销售是一种双向信息交流过程，销售人员在与顾客交往中，能够收集到所需的各种市场信息，并将推销过程中所了解的有关信息及时传递给企业，以利于企业改进产品和市场营销战略、战术。

缺点：人员推销也有一些不足之处。推销人员直接接触的顾客量有限，在市场广阔、顾客分散时，建立庞大的推销队伍等会导致推销成本上升；推销人员管理较难；对推销人员的要求较高，推销人员需要具备一定的素质和技巧，其中最重要的包括敏捷的思维能力、语言表达能力、倾听技术、判断能力以及说服对方的能力和信心，所以理想的推销人员也很难觅得。

国际市场营销中人员推销的主要功能体现在了解国际市场状况的发展趋势，搜集国际市场信息，发现市场机会、开拓市场，搞好销售服务，传递与反馈信息，在顾客心目中树立品牌形象和信誉等，所以国际市场推销人员必须精通各地语言、文化，具有良好的沟通技巧。

**情境观察**

日本公司在国际市场的推销人员，往往亲自深入现场取得第一手资料，他们与中间商座谈，获得有关本企业产品、竞争者产品以及整个市场的具体状况的信息；通过与顾客的直接接触，了解顾客的消费态度和消费观念、产品的使用方式和顾客对未来产品发展的意愿。公司根据推销人员反馈的这些信息，制定营销战略和策略，开发新产品和新市场，始终使企业立于不败之地。

**讨论：**国际市场推销人员与市场密切接触当然是好事，那么雇佣大量当地人员承担此工作是否可行？请从正反两方面谈谈你的看法。

（2）人员推销类型。目前，人员推销主要有上门推销、柜台推销、会议推销等三种方式。

①上门推销是最常见的人员推销形式，是指由推销人员携带产品的样品、说明书和订单等走访顾客，推销产品。

②柜台推销又称门市推销，是指企业在适当的地点设置固定的门市，由营业员接待进入门市的顾客，推销产品。柜台推销适合于零星小商品、贵重商品和容易损坏的商品。

③会议推销指的是利用各种会议，如订货会、交易会、展览会或物资交流会向与会人员宣传和介绍产品，开展推销活动。这种推销形式接触面广，推销集中，可以同时向多个推销对象推销产品，成交额较大。

（3）人员推销步骤。大多数人员推销都要经过八个步骤，如图4-4-1所示。

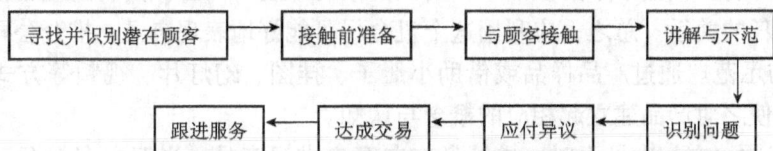

**图4-4-1 有效推销活动的八个步骤**

①寻找并识别潜在顾客。通过各种途径收集资料，寻找潜在顾客可能的来源，如表4-4-2所示。发现潜在顾客并鉴别其是否是合格顾客，具体包括需要与欲望、购买力、接受性和可接近性等方面。

**表4-4-2 获取潜在顾客的资料来源表**

| 种类 | 辨认技巧 |
|---|---|
| 外部来源 | 派生方法：向每一位潜在顾客询问另一位潜在顾客者的名字；<br>社区交际：向朋友和熟人询问可能成为潜在顾客者的名字；<br>介绍法：由一个潜在顾客通过电话、信件或亲自介绍其他潜在顾客；<br>联系组织法：从服务性俱乐部和商业会员中寻求销售线索；<br>无竞争关系的销售人员：从无竞争关系的销售人员处寻求渠道；<br>制作易见的报告：制作能影响其他购买者的易见的具有影响力的报告 |

续表

| 种类 | 辨认技巧 |
|---|---|
| 内部来源 | 浏览公司资料库、人名地址簿、电话本、员工名单和其他书面文件；<br>回应电话：对潜在顾客的电话进行回应 |
| 自身来源 | 亲身观察：通过看、听来寻找真正的潜在顾客；<br>深入访问：对潜在顾客进行深入访问 |
| 其他 | 网上浏览：通过姓名和位置确认潜在顾客；<br>召开商业展销会：召开或参加直接面向潜在顾客的商业展销会；<br>挖掘策略：让初级销售人员设定潜在顾客，由高级销售人员与之联系；<br>销售专题讨论会：让潜在顾客以组为单位学习关于销售产品的主题内容 |

资料来源：宋建萍，冯贵宗，等．市场营销原理与实训［M］．天津：天津大学出版社，2008．

② 接触前准备。在接近顾客之前，销售者必须尽可能多地了解潜在顾客，这是推销者在正式与客户接触之前必须完成的工作。销售者可向信息提供者咨询，或向那些可能了解有关情况的熟人询问。预先接触的目的在于确定接触方式：亲自拜访、电话访问、信函或其他方式。

③ 与顾客接触。在初次会晤阶段，推销者应努力引起客户的注意。最初几分钟是最为关键的时刻，甚至有人将与顾客第一次见面称为销售最重要的 30 秒。推销者在与客户初次接触时必须很好地推销自己，应该考虑如何问候，使双方的关系有一个良好的开端，这包括仪表、开场白和随后谈论的内容，衣着要得体，对客户要殷勤有礼貌，表现诚恳，避免动作过多和盯着对方看。在接下来的谈话中，要认真倾听并适时回答提问，还应在接触中与客户建立起相互信任的关系。总之，应利用这个机会尽可能好地表现自己，推介公司的产品。

④ 讲解与示范。通过产品样品或借助小册子、挂图、幻灯片、视频等方式为顾客讲解与示范产品，使之对产品建立起相应的概念与认知。

⑤ 识别问题。在初次见面时，推销者应向客户讲解产品，当双方有效互动时，推销就算启动了，这种互动或讨论的第一部分便是识别过程，即双方一起讨论、分析。推销者在这一阶段要进行大量提问并仔细聆听，以从中发现顾客的需要和面临的问题，推销者应运用提问技巧，通过提问，确认顾客的需要和问题所在。

⑥ 应付异议。顾客很少会在销售讲解和展示之后就立即确定要购买产品，他们通常会提出异议或有关建议，如他们可能认为价格太高，或认为获取的信息还不足以决定是否购买等，推销者必须以积极的态度应对顾客的抵触情绪和顾客提出的各种异议，学会正确识别异议类型和产生根源，并采取正确的策略处理异议。这需要推销员具备较强的谈判技巧。

⑦ 达成交易。推销员应善于从顾客的动作、语言中发现可以达成交易的信号，以尽快促成交易。

⑧ 跟进服务。跟进服务包括及时的安装服务、技术指导以及后续的回访等，奉行顾客导向的推销员还应制订一个维护老客户、培养忠诚顾客的客户关系管理方案。

（4）国际市场推销人员的管理。国际市场推销人员的管理主要包括招聘、培训、激励、评估等环节。

① 推销人员的招聘。产品推销成败的关键首先是能否挑选到优秀的推销人员。优秀的

国际市场推销人员除须具有强烈的进取心、熟练的沟通技巧外，还要具备对文化的适应力及独立工作的能力。当招聘条件确定后，公司可采取多种方式进行招聘，其中包括推荐、利用人才市场及吸收学校毕业生。国际市场推销人员的招聘多数是在目标市场国进行。因为当地人对本国的风俗习惯、消费行为和商业惯例更加了解，并与当地政府及工商界人士或者与消费者及潜在客户有着各种各样的联系。

企业也可以从国内选派人员出国担任推销工作。企业选派的推销人员最好能熟悉当地的文化环境，尊重当地的宗教信仰，并可熟练使用当地的语言。

② 推销人员的培训。国外推销人员培训包括对企业外派人员的培训和对外籍人员的培训。对企业外派人员的培训重点是对之进行语言、礼仪、生活习惯、商业习俗方面的培训，使之了解和适应东道国的文化。对外籍人员的培训重点是使之了解企业的情况、产品性能，熟悉技术资料，以便向顾客提供咨询和技术服务。

推销人员的培训既可在目标市场国进行，也可安排在企业所在地或企业培训中心进行。培训的内容可根据推销人员的来源确定，主要包括产品知识、企业情况和推销技巧等。对于跨国公司来说，推销人员的培训一般由各国子公司负责，公司总部应监督各子公司的培训效果，并向各子公司提供培训资料。如果产品是高技术产品，培训工作可由总部统一负责，并可在某地区设立区域性培训中心。因为高技术产品市场在各国具有更高的相似性，推销的方法和技巧也较为相似。

随着知识经济时代的到来，产品创新和更新换代步伐加快。为此，需要对推销人员进行临时性的短期培训。对于这种类型的培训，企业既可采取巡回培训组到各地现场培训，也可将推销人员集中到地区培训中心进行短期培训。

企业在国际市场营销活动中，经常会利用海外经销商推销产品。为海外经销商培训推销人员，也是生产企业常常要分担的任务。对海外推销人员的培训通常是免费的，因为经销商推销人员的素质与技能的提高必然会带来市场销量的增加，生产企业和经销商均可受益。

**情境模拟**

在交谈中，"你……"这个字是个非常重要的字。为什么要多使用"你……"而少用"我……"？在交谈中，为什么听到对方喋喋不休地说"我……"就感到别扭？用什么方式来克服说得多、问得少，说自己多、询问对方少的不良交谈行为？

③ 推销人员的激励。在国际市场人员推销的管理中，最普遍使用的激励措施是根据推销人员的业绩给予丰厚的报酬（如高薪金、佣金或奖金等直接报酬形式）并辅之以精神奖励（如晋升职位、进修培训或特权授予等），以调动他们的积极性。对海外人员的激励，更要考虑到不同社会文化背景的影响。海外推销人员可能来自不同的国家或地区，有着不同的社会文化背景、行为准则与价值观念，因而对同样的激励措施可能会做出不同的反应。

**情境链接**

对于来自北美地区的推销员，可以给予金钱奖励和晋升机会。而日本推销人员则更注重集体荣誉感和同事之间的关系，所以运用个人激励的办法不一定会取得很大成效，因为他们不愿因与众不同而招来麻烦。对于我国企业的外派推销人员，应关心他们的生活与福利待遇，提供休假制度和晋升机会。对于在发展中国家招聘的推销员，提供免费的海外旅游或度假机会是一种重要的激励措施。

④ 推销人员业绩的评估。对于海外推销人员的激励，应建立在对他们成绩进行考核与评估的基础上。但是企业对海外推销人员的考核与评估，不仅是为了表彰先进，还要发现推销效果不佳的市场与人员，分析原因，找出问题，加以改进。

人员推销效果的考核评估可分为两个方面。一是直接的推销效果，比如所推销的产品数量与价值、推销的成本与费用、新客户销量比例，等等；二是间接的推销效果，如访问的顾客人数与频率、产品与企业知名度的增加程度、顾客服务与市场调研任务的完成情况等。另外还可以把不同推销人员的业绩加以比较并排序。

企业在对人员推销效果进行考核与评估时，还应考虑到当地市场的特点以及不同社会文化的影响。比如，产品在某些地区可能难以销售，在这些地区则可相应地降低推销限额或者提高酬金。若企业同时在海外市场上进行推销，可按市场特征进行分组，规定小组考核指标，从而更好地分析比较不同市场条件下推销员的推销成绩。

**2. 广告**

（1）广告的含义及其特点。广告（Advertising）是任何在传播媒体上登出的、付费的对企业及其产品的宣传，是一种非人员的促销活动。国际市场广告是为了配合国际市场营销活动，在东道国或目标市场地区所做的企业及产品的广告。它是以本国的广告发展为母体，再进入国际市场的广告宣传，使出口产品能迅速进入国际市场，实现企业的经营目标。

**情境提示**

美国市场营销协会对广告的定义是：广告是由特定的出资者，以付费的方式，通过各种传播媒体，对商品、服务和观念等所作的任何形式的非人员介绍及推广。

与其他沟通方式相比，国际市场广告有三个优点：

① 广告公开地刊登在大众传媒上，可增加国外消费者对企业和产品的可信度，消除顾虑，对于进入陌生国家的企业和产品来说，尤为重要。

② 广告可以利用大众媒介的传播渠道，迅速扩大知名度。

③ 广告是一种艺术，具有美的或情感的表现力加感染力，比其他沟通方式更能表现国际产业或企业的价值，更能吸引国外消费者。

**情境模拟**

为特定的产品设计广告词，并将广告词朗诵给其他同学或者外国友人、外国教师等听，好像他们就是目标人群一样。看看你的广告词是否能打动他们？是否能满足某个特定需要？

（2）广告目标。广告目标是指企业在特定时期内，针对特定的对象，通过广告活动所要达到的特定信息传播任务。广告目标必须符合先前制定的有关目标市场、市场定位和营销组合等决策。不同的企业在不同时期，其广告目标又各不相同，通常广告目标可分为告知、劝说、提示三大类。

① 告知性广告，目的是为产品创造最初的基本需求，常在产品的导入期用来介绍新产品、开拓新市场，因此又称为创牌广告或开拓性广告。告知性广告的要点是：向市场告知有关新产品的情况，提出某项产品的若干新用途，说明新产品如何适用，描述所提供的各项服

务，树立公司形象等。

② 劝说性广告，是企业在市场激烈竞争阶段常用的有力武器，一般多用于处在成长期和成熟期的产品宣传，企业实行差异性营销策略时也常使用劝说性广告。劝说性广告可用来改变消费者对某一企业品牌的偏好，促使消费者立即购买或准备购买该企业品牌的产品。此类广告诉求的重点是宣传本产品比其他产品优异之处，使消费者能认知本产品并能指名购买。

③ 提示性广告，主要通过连续广告的形式，保持顾客对某一企业品牌产品的记忆，加深认识，其目的是使现实消费者养成消费习惯，潜在消费者发生兴趣和购买欲望，从而巩固企业已有的市场阵地。提示性广告在产品的成熟期非常有必要，如康师傅的"就是这个味道"、娃哈哈的"我的眼里只有你"等。

（3）国际市场广告媒体。广告媒体按媒介物可分为平面广告和空间广告。平面广告包括印刷媒体、邮寄媒体、包装袋和礼品媒体等，空间广告指使用电波媒体、户外媒体、售点媒体、人体媒体作为载体的广告。广告媒体分类如表 4-4-3 所示。在国际市场广告促销活动中，使用最多的广告媒体是报纸、杂志、广播、电视四大媒体。近年来，利用 Internet 做广告的业务发展得也很快。

**表 4-4-3　广告媒体分类**

| 序号 | 媒体类型 | 媒体表现形式 |
|---|---|---|
| 1 | 电波媒体 | 广播、电视、电影、因特网、电话、短信 |
| 2 | 印刷媒体 | 报纸、杂志、书籍、传单、画册、说明书 |
| 3 | 户外媒体 | 广告牌、路牌、霓虹灯、灯箱、交通工具、招贴、街头装饰、气球 |
| 4 | 邮寄媒体 | 商品目录、订单、销售信、说明书 |
| 5 | 售点媒体 | 门面、橱窗、货架陈列、实物演示、店内广告 |
| 6 | 人体媒体 | 时装模特、广告宣传员 |
| 7 | 包装媒体 | 包装纸、包装盒、包装袋 |
| 8 | 礼品媒体 | 年历、手册、小工艺品、印刷品 |
| 9 | 其他媒体 | 烟火、飞艇、激光 |

资料来源：宋建萍，冯贵宗，等. 市场营销原理与实训 [M]. 天津：天津大学出版社，2008.

① 电视。电视广告由于实现了视、听的结合，从而具有很强的吸引力。电视作为广告媒体，具有传播范围广、表现手法灵活多样以及广告促销效果好等特点。近年来，随着视听技术的发展，生产销售的国际化以及电视普及率的提高，给电视作为国际性的广告媒体提供了有利的条件。尤其在经济发达的国家，如美国、日本，电视已成为日常消费品，成为最为大众化的广告媒体。近年来卫星电视及有线电视的发展，扩大了广告在各国和地区的传播范围。但是，电视作为广告媒体也有其自身的局限，比如广告时间短，易受其他节目的干扰，费用昂贵，观众统计资料难以获得等。许多国家对电视商业广告或多或少有所限制，有时甚至很严格，不仅限制商业广告播出的时间，而且还限制广告的内容及目标对象。如加拿大魁北克市政府通过一项法令，严禁电视向儿童做广告，以及禁止所有促使人们借款购物的商业广告。

　　　　　　　# 宝洁公司的电视广告策略

宝洁在2003年到2006年，在央视广告招标中四度蝉联标王。业界认为宝洁的广告投放很专业，在传播领域有"西点军校"之称。

## 一、大手笔投资，力压竞争者

宝洁公司自2004年后，广告投入呈"爆炸式"增长。借助广告强大的规模攻势，宝洁公司迅速抢占国内日化市场。2004年中国广告投放前十名中宝洁公司占了四席：玉兰油第一位、飘柔第三位、佳洁士第四位、海飞丝第八位。2005年央视黄金段位广告招标会上，宝洁更以3.85亿元人民币成为新一届标王。宝洁采用无间断广告策略和"波形递加式投放法"，使消费者几乎每隔一段时间就要观看一次日用洗洁品广告。反复广告会引起消费者尝试购买的欲望，加之递加式的投放也有助于强化消费者对产品的认知和认同感，逐渐使消费者成为其固定消费群。

## 二、探究顾客心理，使广告深入人心

宝洁的广告最常用的两个典型公式是"专家法"与"比较法"。"专家法"是用专家来进行具有说服力的宣传：首先宝洁会指出你面临的一个问题来吸引你的注意；接着便有一个权威的专家来告诉你，宝洁就是解决方案，最后你听从专家的建议，你的问题就得到了解决；"比较法"是宝洁将自己的产品与竞争者的产品相比，通过电视画面的"效果图"，你能很清楚地看出宝洁产品的优越性。汰渍洗衣粉的广告就是"比较法"中最具代表性的一个。

## 三、巧选代言人，抓时尚潮流

宝洁形象代言人与众不同。宝洁的竞争产品，比如联合利华一直聘请国际大腕级女明星做形象代言人，丝宝邀请香港巨星如郑伊健、谢霆锋作风影的广告代言人，而宝洁代言人通常是符合宝洁产品个性、气质定位的平民化广告新人。这类广告让广大消费者耳目一新，给他们带来了平和、亲近的感受。此外，平民化广告也起到了很好的暗示作用，使消费者对号入座，不知不觉中成了宝洁产品的俘虏。比如飘柔广告的代言人，通常是公司的白领，而平常注重形象、愿意头发更柔顺的消费者也常是受过教育的白领阶层，自然飘柔广告深受他们的欢迎。

当然宝洁公司也有明星代言人，海飞丝曾请香港著名影帝梁朝伟作为代言人，他在香港和内地都是大家认可的最具魅力男艺人，享有很高的声誉。除此以外，周迅、陈慧琳、董洁、李冰冰、李大齐、王菲、徐若瑄、王力宏、蔡依林这些耳熟能详的明星也曾代言该品牌产品；潘婷洗发水选择了台湾被誉为"美容大王"的大S徐熙媛、韩佳人、林嘉欣、林心如、林志玲、刘亦菲、全智贤、周慧敏、萧亚轩等当红女明星作代言人，他们拥有一头乌黑美丽令人羡慕的长发，从而增加了广告的可信度；2006年，佳洁士启用人气天后李宇春代言。宝洁讨巧地选择广为大众接受的人气王，使得产品更容易被大众所认可。

## 四、广告定位与品牌定位浑然一体

众所周知，宝洁是世界上品牌最多的公司之一，这源自于宝洁的市场细分理念。它认为，一千个消费者心中有一千个哈姆雷特，应归结出一些不同点，用琳琅满目的品牌逐一击破。于是宝洁洗发水麾下有飘柔、潘婷、海飞丝、沙宣、伊卡璐五大品牌，洗衣粉系列有汰渍、碧浪，香皂市场有舒肤佳、玉兰油。然而，宝洁并不担心各种品牌在同一货架上相互竞争，因为宝洁广告已经明白无误地告诉了消费者，该使用哪种品牌。以洗发水为例，海飞丝个性在于去头屑，"头屑去无踪，秀发更出众"，飘柔突出"飘逸柔顺"，潘婷则强调"营养头发，更健康、更亮泽"，三种品牌个性一目了然。消费者想去头屑自然会选择海飞丝而不是飘柔，从而避开了二者的竞争。宝洁的广告细分，达到了把中国消费者一网打尽的目的。

② 报纸。报纸在许多国家居广告媒体之首位，这是因为报纸作为广告媒体具有许多优点，比如传播面宽广，反应迅速及制作简单、费用低廉等，但也存在保存时间短、吸引力差等局限。报纸作为广告媒体在不同国家或地区的使用受到限制。例如，黎巴嫩人口才 100 多万人，却拥有 200 多家报纸，每家报纸的平均发行量才 3 500 份，若要将广告信息传递给广大消费者，就不得不在多家报纸上同时刊登广告。与此相反，日本人口高达 1.2 亿人，全国性的报纸才 5 家，每家发行量均在百万份以上，由于报纸数量少、发行量大，若想刊登广告也不容易。

③ 广播。广播具有传播范围广、信息传递迅速及时、方式灵活多样、费用相对低廉等特点。在文盲率较高或者电视机尚未普及的不发达国家或地区，广播是传递广告信息的重要媒体。即使在发达国家或地区，无线电广播仍拥有许多听众。有的国家在汽车上装设有收音机，人们往往利用驾车时间收听广播，因而食品或饮料等生产厂家也大量利用广播媒体播放商业广告。

④ 杂志。杂志作为广告媒体，具有针对性强、保存时间长、可信度高等特点，但在国际市场上企业较少采用杂志做广告媒体，因为杂志的出版周期长，发行范围窄，缺乏灵活性与时效性。同时，许多杂志仅有本国文字的版本，拥有特定的读者，难以在更为广泛的国外市场发行。当然有些工业品或者某些特定的消费品也利用杂志作为广告媒体，如用美国《花花公子》及《美国科学》来做广告。

四类大众传播媒体的优缺点比较如表 4-4-4 所示。

表 4-4-4　四类大众传播媒体的优缺点

| 媒体类型 | 优缺点 |
|---|---|
| 电视媒体 | 优点：覆盖面广，传播速度快，送达率高；集形、声、色、动态于一体，生动直观、易于接受，感染力强 |
| | 缺点：展露瞬间即逝，保留性不强；对观众的选择性差，绝对成本高 |
| 报纸媒体 | 优点：信息传递及时，读者广泛稳定，可信度比较高；刊登日期和版面的可选度较高，便于对广告内容进行较详细的说明；便于保存，制作简单，费用较高 |
| | 缺点：时效短，转阅读者少；印刷简单因而不够形象和生动，感染力较差 |
| 广播媒体 | 优点：覆盖面广，传递迅速，展露频率高；可选择适当的地区和对象，成本低 |
| | 缺点：稍纵即使，保留性差，不易查询；受频率限制缺少选择性，直接性与形象性较差，吸引力与感染力较弱 |
| 杂志媒体 | 优点：读者对象比较确定，易于送达特定的广告对象；时效长，转阅读者多，便于保存；印刷比较精美，有较强的感染力 |
| | 缺点：广告信息传递前置时间长、信息传递的及时性差、有些发行量是无效的 |

⑤ 其他广告媒体。其他广告媒体主要包括户外广告、直接邮寄、POP 广告等形式。还有如馈赠广告、赞助广告、体育广告以及包装纸广告、购物袋广告、火柴盒广告、手提包广

告等形式。

a. 户外广告的种类很多，如广告牌、招贴画、霓虹灯、车体广告等，具有形象生动、保存时间长、成本费用低等优点。但是，户外广告针对性差，信息表达的形式与内容受到限制，促销效果难以评估。许多国家对户外广告的位置、尺寸及其颜色等常常有不同的限制。利用户外广告作为媒体的另一个问题是，主要商业区的建筑物多已设满了户外广告，增加新广告的空间有限，常常难以找到合适的地点。

b. 交通广告也可以说是一种特殊的户外广告。由于公共交通工具的利用率高，人们平均乘车时间长，在拥挤的电车或公共汽车上，乘客不管愿意与否，均会遇到车上的广告，并在乘车途中可能多次注视同一广告，这样就可能记住广告的内容。

c. 直接邮寄广告也称 DM 广告，形式包括信件、海报、图表、产品目录、折页、名片、订货单、日历、挂历、明信片、宣传册、折价券、家庭杂志、传单、请柬、销售手册、公司指南、立体卡片、小包装实物等，具有针对性强、持续时间长、较强灵活性等特点，是实用性很强的一种广告方式，在零售、餐饮等服务业中使用广泛。

d. POP 广告是英文 Point of Purchase Advertising 的缩写，意为"购买点广告"。POP 广告的概念有广义的和狭义的两种。

广义的 POP 广告，指凡是在商业空间、购买场所、零售商店的周围、内部以及在商品陈设的地方所设置的广告物，都属于 POP 广告，如商店的牌匾、店面的装潢和橱窗，店外悬挂的充气广告、条幅，商店内部的装饰、陈设、招贴广告、服务指示，店内发放的广告刊物，进行的广告表演，以及广播、录像电子、广告牌广告等。

狭义的 POP 广告，仅指在购买场所和零售店内部设置的展销专柜以及在商品周围悬挂、摆放与陈设的可以促进商品销售的广告媒体。

⑥ Internet。有人称 Internet 为电视、报纸、杂志、广播之后的广告的"第五媒体"，具有信息量大、信息传递快速、沟通交互式、储存时间长、集视觉与听觉于一体等特点，具有传统广告无法比拟的效果。利用互联网做广告可以与电子商务很好地结合起来，它代表着未来商业发展的方向。随着互联网的逐渐普及，利用 Internet 做广告必然存在大的发展，并可能有后来者居上的趋势。

📖 情境链接

## 互联网网络广告的优劣势与发展趋势

网络广告以其快速的传播性、新颖的创意理念、便利的交互式模式逐步占领市场。广告大师李奥贝纳曾说："占领市场必须先占领消费者的心灵。"而网络广告正是一种从广告到营销再到产品本身而逐渐占领消费者市场的一种手段。

**一、网络广告发展的优劣势**

1. 网络广告发展的优势

（1）成本低廉，传播迅速，定向准确。网络广告的成本有千人印象成本 CPM、每点击成本 CPV、每行动成本 CPA 三种计算方式。它不需要大量的人力物力来宣传、可以充分利用 Internet 的广泛传播性，把目标准确地指向所属消费者。例如淘宝网，你可以免费在上面开店，消费者可以通过搜索引擎来迅速定位所需的商品。而广告的定向直指该年龄阶段的消费者。这是网络广告所拥有的基本优势。

（2）制作周期短，修改方便，消费透明。一个好的网络广告，需要一些专业的人员进行网页维护和修改。如果广告有不适合之处，技术维护人员可以在较短的时间内在网页后台直接修改并且快速发布。网站广告后台可以迅速统计出消费的人数，次数，金额数，使商家对销售情况了如指掌，便于长期投资。

（3）网络与广告融合，实现了更强大的交互性。如广告可以通过电邮方式直接投递到消费者的邮箱。消费者同样可以通过在线填写调查问卷或者参与一些营销活动，与商家所推出的广告形成互动模式，便于产品接近消费群，使投资者快速了解消费者的情况。

2. 网络广告发展的劣势

（1）竞争激烈，且目标消费群有局限性。网络广告在各式传统广告的夹缝中生存，如电视广告、车身广告、报纸杂志广告等。传统的广告有其夸张性和直白性，它们以通俗易懂的语言和快捷的消费方式使人信服。而网络广告创建时间短，推销的产品只能看，不能当场试用，因此消费者大多为 30 岁以下顾客。这对产品的远期推广极为不利。

（2）安全隐患大，网络法律体系不健全导致信服度低。网络病毒的横行、大量垃圾广告的蔓延、网络黑客盗取消费者网上银行密码等，降低了消费者对网络广告的信服力度。而出现了一些需要维权的问题，我国又无法律可依。进而影响了网络广告的长远发展。

## 二、网络广告发展的新趋势

（1）产业形势逐渐成熟，竞争激烈。新技术层出不穷，如 3D、Java 等。3D 技术和 JAVA 技术的出现使网络广告有了更立体的视觉冲击，使广告更生动、形象，从而可促进消费者的购买欲望。

（2）网络广告与互动游戏结合。2010 年 1 月 15 日，中国电子商务研究中心讯《第 25 次中国互联网络发展状况统计报告》显示，截至 2009 年年底，中国网民规模达到 3.84 亿人，其中 70% 的网民年龄小于 30 岁，这部分人正是游戏、音乐、聊天等网络娱乐项目的支持者。市场研究机构 Pearl Research 称，中国网游市场还将继续增长，有望在 2012 年突破 60 亿美元。网络广告与游戏的结合，使商家有了更好的推广手段。

（3）网络广告与传统广告整合传播。如必胜客、麦当劳、肯德基等餐饮连锁业开通了网上订餐送餐业务。而网络视频广告又是一个新颖的宣传手法。它将电视广告和网络广告结合，不仅使消费者在电视上能看到产品，更能在互联网上看到产品的具体细节图片以及详细的产品规格和说明。

用最少的资源投资让网络广告产生最大的效益是今后网络广告发展的必然方向。

资料来源：http://www.ebrun.com/online_marketing/12137.html

（4）选择国际市场广告媒体考虑的因素。媒体的选择是广告策略中十分重要的问题。选择广告媒体时，应考虑产品特性、沟通对象的媒体习惯、信息类型、媒体成本、竞争态势等因素。国际广告中，世界各国的广告媒体各有其特点及限制，选择广告媒体时，还应着重考虑以下五个方面的问题。

① 各国采用的媒体。各国媒体在不同国家的影响作用不同。在各种宣传媒体中，电视影响最大的国家是秘鲁、哥斯达黎加和委内瑞拉。在那些没有商业电视、广播广告或者限制其使用的国家，印刷品的宣传占了很高的比重，如阿曼、挪威、瑞典等。户外和交通广告在玻利维亚的宣传媒介支出中约占 50%，而在美国却不到总广告费用支出的 2%。因此，必须根据各目标市场国常用的媒体加以选择。

② 媒体的声誉与特点。广告媒体的声誉会影响其传播信息的可信程度，故企业应当选

择信誉高的媒体做广告。媒体的特点，是指媒体的专业性因素，如有的适宜于发布娱乐性广告，有的则宜于宣传产品，等等。

③ 媒体发布广告的时间。广告播送必须及时，过时的广告是毫无作用的。战略性广告针对未来，战术性广告则着眼于即时效应。因此，只有了解广告媒体的广告周期和时间安排，才能及时发布国际广告。如印度由于纸张供应紧张，报纸广告版面不足，要提前六个月预订位置；德国电视广告的全年安排一定要在前一年的8月底之前做好，但电视台仍不能保证夏天的广告不会延迟到冬天才播出。在计划广告时，企业要把握好时间，以便紧密结合商品上市时机作出恰当安排。

④ 媒体费用。各个国家广告媒体的广告价格很不相同，如在11个欧洲国家，广告传到目标受众的成本不等，在意大利是1.58美元，在丹麦是2.51美元，在德国是10.87美元。此外，还应考虑广告税率。各国的广告税率标准和征收方法都不同，不同税率会影响广告费用。

⑤ 媒体组合。由于世界各地的媒体的特点不同，广告管理法规不同，因此在运用媒体组合策略时，必须考虑各国使用媒体的具体情况。在国际市场上，一般以报纸为广告的主要媒体，运用杂志做广告的很少。但在某些国家也可运用有影响的杂志加以配合，如美国、欧洲国家，妇女杂志读者多，就可采用杂志投放化妆产品广告。有些国家（如拉丁美洲国家）以广播作为主要的广告工具，有些国家则以电视作为广告的主要媒体。不少国家，如欧洲的一些国家则以路牌广告作为开拓市场的重要工具。

**情境延伸**

## 影响国际市场广告的主要限制性因素

### 1. 语言差异

语言是借助广告进行有效交流过程中最大的障碍之一，不同国家语言差异很大，有的一国之内语言差异也很大。许多企业发现，在美国做广告除主要用英语外，还可使用西班牙语、意大利语、法语、日语等语言；在泰国做广告，要使用英语、汉语和泰国语；在新加坡做广告，要使用英语、汉语、马来语和泰米尔语。国际企业必须使用这些不同语言对潜在买主进行信息传递。在处理多国语言问题时，稍有不慎就可能犯错误。营销人员在东道国做广告时，可雇用当地雇员帮助审核广告稿本，也可以完全利用当地的广告代理商，使广告能得到当地消费者的正确理解，达到扩大销售、提高声誉和扩展国际市场的目的。

### 2. 文化因素

国际广告最大的挑战之一，是克服在不同文化的交流中遇到的问题。文化因素包括的范围很广，如传统风俗习惯、社会价值观、宗教信仰等。各国的风俗习惯、社会价值观、宗教信仰差异很大。如孔雀在我国是"吉祥"的象征，但在欧洲却被视为"祸鸟"，因而所有带有孔雀图案的商品都被排斥。在一个国家是优秀的广告，而在另一国家却很有可能触犯禁忌。一国之内的亚文化之间的差异同样值得重视，如在我国香港就有10多种不同的早餐方式。因此，企业应尽量使广告与东道国的文化习俗相适应。

### 3. 政府对广告的调控政策

各国对广告的管理和法规各不相同，具体包括对广告商品种类、广告内容、广告税收和管制等几方面。企业应了解东道国政府对广告的有关政策和法规，否则可能会由于违反法律而受到处罚。

（1）对广告商品种类的限制。许多国家禁止播放香烟、酒类、打火机、巧克力广告。因此，不少广告商通过变通的方法试图绕过政府的管制。一些欧洲香烟制造商采用投资娱乐行业，为体育比赛赞助出资，用香烟的商标命名饭店、旅馆、电影院等办法，树立一个朝气蓬勃、健康的形象，掩盖了自己实际销售的产品。

（2）对广告内容和表现方式的限制。在德国禁止使用广告比较性术语。在沙特阿拉伯，所有的广告都要经过严格的审查，法律禁止以下内容的广告：内容为占星术或算命的出版物或者杂志的广告；令儿童感到害怕或困扰的广告；使用比较性的广告宣传。女性只能出现在与家庭事务有关的广告中，她们的外表必须文雅以体现女性的高贵，妇女必须穿合适的长裙盖住除了面部和手掌之外的身体其他部分，不允许穿运动服装或类似的外套。

（3）对广告媒体时间的限制。意大利规定电视商业广告的播出次数每年不得超过10次，每两次的间隔时间不得少于10天。德国规定除周末和节假日外，每天只允许播20分钟的商业广告，而且只能在晚上6~8点之间集中播放。在科威特，由政府控制的电视广播公司，每天只允许用32分钟时间做广告，而且只能在晚上播放。

（4）通过对广告税率的调控加以限制。在意大利，对广播和电视广告征收15%的税率，对报纸广告征收4%的税率，对户外广告征收10%~12%的税率。在奥地利，广播和电影院广告征税最高达30%，对印刷物和电视广告征税10%。

（5）国际市场广告策略。国际市场广告策略是指企业在分析环境因素、广告目标、目标市场、产品特性、媒体可获得性、政府控制和成本收益关系等的基础上，对广告活动的开展方式，媒体选择和宣传劝告重点的总体原则作出的决策。

国际市场广告要实现其目标，必须使广告能适应目标市场所在国的各类环境因素，在此基础上再选择广告的方式和广告的媒体。

① 国际市场广告的标准化和差异化策略。从事国际化经营的企业都面临着国际广告标准化或差异化的选择。所谓标准化，是指企业在不同国家的目标市场上使用主题相同的广告宣传。而国际广告的差异化则是指企业针对各国市场的特性，向其传送不同的广告主题和广告信息。

**情境案例**

标准化的国际广告，如万宝路香烟和麦当劳快餐店的宣传，基本上是采取标准化策略，使不同国家的消费者，看到美国西部牛仔骑马就联想到万宝路香烟，看到拱形的大M标志就联想到麦当劳快餐店。雀巢公司在世界各地雇用了150家广告代理商，为在40多个国家的市场上做各种主题的咖啡广告宣传，运用的是国际广告差异化策略。

a. 国际市场广告标准化策略。主要优点：一是可以降低企业广告促销活动的成本，企业只需确定一个广告主题，就可将其在各国市场不加改动地或稍加改动后进行宣传，从而节省许多开支；二是可以充分发挥企业人、财、物的整体效益，可以集中企业内部各种广告人才的智慧，设计出一流、新颖的广告主题，同时能够将企业的广告费用集中使用，充分利用科学技术的最新成果，形成广告手段的竞争优势；三是以统一的整体形象传递给目标市场国，可增强消费者对企业及产品的印象。主要弊端：没有考虑各国市场的特殊性，因而广告的针对性差，效果也就不佳。

b. 国际市场广告差异化策略。由于不同国家、地区存在着不同的政治、经济、文化和法律环境，消费者对产品需求动机差异甚大，所以很多企业采取差异化的国际市场广告策略，即根据不同的市场特点，设计不同的广告主题，传递不同的市场信息，以迎合不同的消费者需求。主要优点：一是可适应不同文化背景的消费者的需要；二是针对性强。主要缺点：一是广告企业总部对各国市场的广告宣传较难控制，有时甚至会出现矛盾，从而影响企业形象；二是成本较高。

### 情境提示

企业采用国际市场广告的标准化或差异化策略取决于消费者购买产品的动机而不是广告的地理条件。当不同市场对相同的广告做出相同程度反应时，即对同类产品购买动机相似时，或企业采取全球营销战略时公司就可采用"标准化"的广告策略。标准化策略并不排斥就地区差异作一定程度的修改。当消费者对企业产品购买动机差异很大时，或企业采取差异化国际营销战略时，应采用差异化的广告策略。

② 国际广告媒体组合策略。国际广告媒体的选择策略通常有以下三种。

a. 无差别策略。无差别策略又称无选择策略，即在目标消费者可能接触到的所有的媒体上同时展开立体广告攻势，而且不计时间段，甚至不计成本，旨在迅速地、全方位地打开和占领市场，也就是我们所说的地毯式广告轰炸。这种广告策略在保健品、医药行业倍受青睐。

b. 差别策略。确定了符合企业的目标和任务、适合企业资源条件的细分目标市场后，企业有针对性地选择个别媒体做广告的媒体选择策略称为差别策略，其最终目的是提高广告媒体的成本效益。

c. 动态策略。动态策略即根据广告媒体的传播效果和企业达到目标市场的需求状态，来灵活选择广告媒体的策略。一种选择是先采用较多媒体进行大范围的广告宣传，掌握了各种媒体的反馈情况之后，再决定下一步的媒体选择目标，此为先宽后窄策略；另一种被称为先窄后宽策略，即先投入少量媒体广告以投石问路，然后再决定是启用更多的媒体同时展开广告攻势，还是另择其他媒体从头再来。在时间许可而且竞争不足以构成威胁的前提下，动态策略有一定的灵活性，而且可以节省因盲目广告投入而增加的成本。

### 3. 营业推广

（1）营业推广及其特点。营业推广（Sales Promotion，SP），又可称为销售促进，指企业为了刺激需求、扩大销售而运用各种短期诱因鼓励消费者和中间商购买、经销或代理本企业的产品或服务，配合与增强广告与人员推销的作用，采取能迅速产生激励作用的促销措施。

由于营业推广对刺激需求有立竿见影的效果，在国际市场上，绝大多数企业都运用营业推广工具。目前，国际市场营业推广的总费用有超过广告费的趋势。同时，由于长期的"广告轰炸"，人们已对广告产生了"免疫力"，广告效果相对减弱。在实践中，如果能够将营业推广与广告结合使用，效果更佳。营业推广具有如下特点：

① 营业推广促销效果显著。营业推广以强烈的呈现和特殊的优惠，给消费者以不同寻常的刺激，激发起他们的购买欲望，从而能在短期内激发目标市场的需求，使之大幅度地增长，一些优质名牌和具有民族风格的产品采用营业推广效果会更佳。这种促销方式向国际市场消费者提供了一个特殊的购买机会，它能够唤起消费者的广泛注意，对想购买便宜东西和低收入阶层的消费者颇具吸引力。在营业推广活动中，可选用的方式多种多样。一般来说，只要能选择合理的营业推广方式，就会很快地收到明显的增销效果，不像广告和公共关系那

样需要一个较长的时期才能见效。作为一种促销方式，营业推广见效快，但促销作用短暂。所以，营业推广往往是企业短期、暂时性的促销行为，一般不会对企业的长期营销政策产生实质性的影响。

② 营业推广是一种辅助性的促销方式。人员推销、广告和公共关系都是常规性的促销方式，营业推广方式只能是它们的补充。多数营业推广的方式是灵活多样和非连续性的，其规模可大可小。企业往往可以根据销售的实际情况采取新的促销方法。使用营业推广方式开展促销活动，虽然能够在短期内取得明显的效果，但它一般不能经常性地单独使用，常常须配合其他促销方式使用。营业推广方式的运用能使与其配合的促销方式更好地发挥作用。

③ 营业推广有贬低产品之嫌。采用营业推广方式促销，似乎迫使消费者产生"机不可失、时不再来"之感，进而能打破消费者需求动机的衰变和购买行为的惰性。不过，营业推广的一些做法也常使消费者感到商家急于出售。若频繁使用或使用不当，甚至会使消费者担心产品的质量不好，或者定价过高。所以，企业在国际市场上开展营业推广活动时，必须在适宜的条件下，以恰当的方式进行；否则，会降低产品的档次，影响产品在国际市场上的声誉。

④ 营业推广的费用较高。因为每一种营业推广方法，都要在提供商品的同时，附加上一些有实用价值的东西，以诱发顾客的购买行为，所以费用较高，不能经常使用。但在某一个特定时期内，其对于促进销售量的迅速增长则是十分有效的。

（2）国际市场营业推广形式。在国际市场上，企业可用的营业推广工具灵活多样，一般可分为三类。

① 面向消费者的营业推广方式，具体包括：

a. 赠送促销。向消费者赠送样品、试用品或附赠小物品等，以刺激消费者进行购买。赠送样品是介绍新产品最有效的方法，缺点是费用高。样品可以选择在商店或闹市区发放，或在其他产品中附送，也可以公开广告赠送或入户派送。

b. 优惠券。国际企业向目标市场的部分消费者发放一种优惠券，凭券可按实际销售价格折价购买某种商品。优惠券可分别采取在广告中附送、邮寄、当面奉送等方法发放。

c. 有奖销售。顾客购买一定的产品之后可获得抽奖券，凭券进行抽奖获得奖品或奖金，抽奖可以有各种形式。

d. 现金兑换。凭商品上的某一包装标志兑换现金。

e. 特价包装。在商品包装上注明比通常包装减价若干，可以吸引价格敏感的消费者，或者将几件商品包装成一件出售、小包装换大包装的经济包、精美包装换成简单包装的简易包或将相关商品捆绑销售的组合包等方式，可以扩大短期销量。

f. 售点陈列。企业与零售商联合促销，将一些能显示企业优势和特征的产品在购物点集中陈列，边展览边促进销售。

g. 会展促销。各类展销会、博览会、业务洽谈会期间的各种现场产品介绍、推广和销售活动。由于展销可使消费者在当时当地看到大量的优质商品，有充分挑选的余地，故对消费者吸引力很强。

h. 现场演示。企业派人将自己的产品在销售现场进行使用示范表演。

i. 累计购买奖励。即消费者在购买某商品或光顾某商业场所的次数累计达到一定量时，厂商可以给予其一定比例的现金或其他形式的奖励，这通常是创造和维护忠诚顾客的一个有效手段。

j. 交叉推广。即两个或两个以上的非竞争品牌联合进行促销合作，共同把市场做大，各自品牌和产品的知名度和销售额都将从中得到相应的扩大。

### 情境延伸

优惠券的使用在美国非常普遍，每年企业发放的优惠券达数百亿张之多，但日本消费者至今还是不太愿意使用优惠券，在日本，到商场购物兑付优惠券被认为是有伤体面的行为。法国消费者偏爱优惠券和买一送一的促销方式，而英国消费者对于相同品牌的商品，却对减价一定的百分比感觉更好。费用返还保证的促销方式常使西班牙消费者以为某个公司这么做一定是为了什么，西班牙商人认为以这种方式销售的产品一定是不耐用的劣质产品，只有不到一半的西班牙商人将其看作可信的促销工具。

② 直接对中间商的营业推广，具体包括：

a. 购买折扣。企业为鼓励批发商或零售商多购进自己的产品，在某一时期内可按批发商购买企业产品的数量给予一定的折扣。

b. 推广津贴。企业为促使中间商购进本企业产品，并帮助企业推销产品而支付给中间商一定的现金津贴或者免费赠送一部分样品。

c. 合作广告。当批发商和零售商为企业产品做广告或橱窗陈列时，企业给予其一定的广告折扣或者支付一些广告费用。

d. 商品目录。将企业各种产品名称、规格、特点及其价格印成小册子发给中间商。

e. 企业刊物。企业刊物可以宣传产品，更可以宣传企业，发布有关企业的最新信息。企业刊物可以在企业本部所在国出版。

f. 免费赠品。企业向有联系的中间商赠送有企业标记的各种纪念品，如挂历、台历、工艺美术品等。

g. 业务会议。企业邀请中间商参加定期举行的行业年会、技术交流会、产品展示会等，传递信息，加强彼此的双向沟通。

h. 销售竞赛。根据各个中间商销售本企业产品的实绩，分别给优胜者以不同的奖励。

③ 直接对国际市场推销人员的营业推广。国际市场推销人员主要包括企业的外销人员、企业在国外分支机构的人员、出口商的推销人员、进口国中间商的推销人员以及在当地雇用的推销人员。为了鼓励他们积极推销新产品，开拓新市场，发展新客户，企业可根据具体情况，在红利及利润分成、高额补助等方面给推销人员以一定的优惠条件，还可采取如推销竞赛、提成、奖金等促销形式。企业还可以采取对表现出色的推销人员给予精神和荣誉上鼓励等。

（3）企业开展营业推广应考虑的因素，具体包括以下六个方面的因素：

① 目标。营业推广必须有明确的目标。企业应当根据自身的目标市场和整体策略来确定推广目标，依据推广目标制定周密的计划。当然，由于消费者、中间商、企事业单位各自有其不同的购买特点，因此，企业在确定目标和制定计划时应区别对待，并把长期目标与短期目标有机地结合起来。

② 费用。营业推广是企业重要的促销手段。企业通过营业推广可以使销售额增加，但同时也会因此增加费用。因此，企业要权衡费用支出与营业收益的正确比值，从而确定促销的规模和程度。

③ 对象。各种营业推广手段对于不同的对象来讲，其作用是有很大差别的。实践证明，营业推广的对象主要是那些"随意型"的和价格敏感度高的顾客。对于已经养成固定习惯的忠实顾客，营业推广的作用要小一些。因此，对推广对象的选择要因时、因地制宜。

④ 媒体。企业必须通过最佳的媒体来实施营业推广。例如，一张优惠券既可以放在产品包装袋里赠送，也可以在顾客购买产品时当场分发，或附在报刊广告中赠送。又如，为了扩大某种商品的销售，企业拟给予顾客 10% 的价格折扣，但这一信息通过什么媒体传播出去，需要进行很好的研究。一般来说，选择媒体时必须考虑媒体的普及率及费用支出等情况，权衡利弊，择优确定。

⑤ 期限。营业推广的时间选择必须符合企业的整体营销策略，并与其他经营活动相协调。如果推广时间太短，不少有希望的潜在买主也许恰好在这个阶段没有采购欲，从而收益甚微；如果推广时间太长，又会给消费者造成一种印象，认为这不过是一种变相减价，从而减少吸引力。因此，对营业推广时间的选择要恰到好处，既要给消费者以"欲购从速"的吸引力，又要避免草率从事。

⑥ 效果。营业推广的效果体现了营业推广的目的。每次营业推广结束后，都要对营业推广的效果进行评价。推广效果评价的一般方法有：比较法（即比较推广前后销售额的变动情况）、顾客调查法和实验法等。企业可通过这些方法取得营业推广的成果资料，并与推广目标和计划进行分析比较，肯定成绩，找出问题，以便控制和调整营业推广过程，实现推广目标。

### ✒ 情境延伸

## 影响国际市场营业推广的因素

在国际市场开展营业推广活动时，国际企业应注意了解和掌握在目标市场国行之有效的营业推广方式，尤其要注意以下五方面的因素。

### 1. 当地政府的法律限制

一些国家的法律对营业推广的方式有诸多限制。例如，企业在开展营业推广活动前须征得政府有关部门的同意；规定赠送的物品必须与所推销商品有关；禁止抽奖销售和赠送礼物；限制零售回扣金；竞争者不能用多于销售同一类产品的其他公司的费用进行营业推广；限制样品、奖品或奖金的性质和数量，免费赠送的商品价值通常被限定为不能超过所购买商品价值的一定百分比。

法国的法律规定，禁止抽奖的做法；赠送礼品的金额不得超过促销商品价值的 5%，且必须与促销的商品有关。

比利时的法律规定，严格禁止有奖销售。

新西兰的法律规定，禁止使用交易贴花的做法，优惠券仅限于兑换现金。

意大利的法律规定，禁止现金折扣。

德国的法律规定，禁止使用优惠券，对低值产品限制使用赠送方式，除非某个公司在整年内都保持一致的政策，否则它不能使用优惠券、抽奖、免费样品等促销方式。

日本的法律规定，特殊赠品和象征性优惠等促销方式只有在得到当地政府的批准后才能使用。

### 2. 经销商的合作态度与促销能力

国际市场销售推广活动需要得到当地经销商或者中间商的支持与协助。尤其是用国外经销商分销渠道，国际销售推广活动成功与否在很大程度上取决于经销商的合作态度。例如，由经销商代为分发样品或赠品、优惠券或折价券、安装展览设备、安排包装内的小礼品，由零售商来负责现场示范或者布置橱窗陈列等。对于那些零售商数量多、规模小的国家或地区，企业在当地市场的销售推广活动要想得到零售商的有效支持与合作就困难得多了，因为零售商缺乏经验，难以收到满意的促销效果。

### 3. 市场的竞争程度及竞争对手的反应

目标市场竞争结构及竞争对手在促销方面的动向或措施，将会直接影响到企业的销售推广活动。例如，如果竞争对手推出新的促销举措来吸引顾客争夺市场，企业若不采取相应的措施，就会丢失市场份额；同样，当企业利用降价销售来扩大市场份额时，竞争对手也可能采取各种措施来抵消企业降价销售活动的影响，甚至不惜以价格战相抗衡。另外，企业在国外目标市场的销售推广活动，也可能遭到当地竞争者的抵制，它们甚至会通过当地商会或政府部门利用法律或技术壁垒的形式对此加以限制。

### 4. 收入水平的不同

收入水平不同的消费者群体的价格意识是不同的，因而以"小恩小惠"方式刺激消费者积极购物的各种销售推广方式，对不同经济发展水平的国家或其不同收入水平的消费群体的促销效果是存在差异的，甚至大不相同。即收入水平不同，最有效的销售推广方式也不同。

例如，在一些收入水平较低的发展中国家，其消费者的价格意识普遍较强，则国际企业可以多运用使促销对象直接获得现金收益的销售推广工具，如现金兑换，少用各种自我清偿性的礼品和赠品，因为有时消费者会认为这些东西"华而不实"，甚至是"得不偿失"。然而，在高收入的发达国家，各种礼品、赠品、优惠券的激励作用可能更大，因为各种实物奖励及精神上的奖励凭证，可以较长时间的保留，并能让周围更多的人知晓，从而可以不断强化消费者的购买热情。

### 5. 人文环境的差异

由于各国社会文化环境的差异，营业推广方式在甲国有效，在乙国无效；而在甲国无效的销售推广方式，在乙国却可能有效。早期的一项关于国际市场营销推广的调研表明，在法国，最有效的营业扩广形式是降价销售、交易折扣和免费样品；在西班牙，最有效的营业扩广形式是折价券、赠送礼品和降价销售；在德国，最有效的营业扩广形式是降价销售、产品展销和交易折扣；在巴西，最有效的营业扩广形式是附送赠品；在瑞典，最有效的营业扩广形式是合作广告；在匈牙利、荷兰、希腊，最有效的营业扩广形式是交易折扣。

国际企业在目标市场国开展销售推广，一定要考虑当地的人文特点，采取能吸引当地消费者及其可以接受的方式；否则，有可能使消费者怀疑产品质量有问题，从而会降低产品的档次，以致影响产品在国际市场上的商誉。

（4）营业推广的设计，需要确定以下五个方面的内容：

① 确定营业推广目标。营业推广目标的确定，就是要明确推广对象是谁、要达到的目的是什么。只有知道推广的对象是谁，才能有针对性地制定具体的推广方案。如，是以培育忠诚度为目的，还是以鼓励大批量购买为目的。

② 选择营业推广工具。营业推广的方式方法很多，但如果使用不当，可能适得其反。因此，选择合适的推广工具是取得营业推广效果的关键因素。企业一定要根据目标对象的接

受习惯和产品特点、目标市场状况等来综合分析、选择推广工具。

③ 营业推广的配合安排。营业推广要与营销沟通其他方式如广告、人员推销等整合起来，相互配合，共同使用，从而形成营业推广期间的更大声势，取得单项营业推广活动达不到的效果。

④ 确定营业推广时机。营业推广的市场时机很重要，如季节性商品、节日商品、礼仪商品，必须在季前、节前做营业推广，否则就会错过时机。

⑤ 确定营业推广期限。确定营业推广期限是指确定营业推广活动持续时间的长短。营业推广期限要恰当，过长，消费者新鲜感丧失，产生不信任感；过短，一些消费者可能来不及接受营业推广的实惠，会影响营业推广的效果。

**4. 公共关系**

（1）公共关系及其作用。公共关系（Public Relations，PR）是指企业运用现代传播手段，为创造与公众相关社会环境间的和谐发展而采取的一种独特的管理活动。企业的公共关系活动，应以公众利益为前提，以社会服务为方针，以交流宣传为手段，以谅解、信任和事业发展为目的。在企业，公共关系被广泛用于配合市场营销，尤其是开展促销活动。公关促销并不是推销某个具体的产品，而是利用公共关系，把企业的经营目标、经营理念、政策措施等传递给社会公众，使公众对企业有充分了解；对内要协调各部门的关系，对外要密切关注企业与公众的关系，扩大企业的知名度、信誉度、美誉度，为企业营造一个和谐、亲善、友好的营销环境，从而间接地促进产品销售。

国际市场公共关系对象十分复杂。企业在国际市场上公共关系的对象包括股东、顾客、供应商、国外进口商、国内出口商、经销商、代理商、竞争者、银行、保险公司、信息公司、咨询公司、消费者组织、新闻界、当地政府、企业职工等。

国际市场公共关系在促销中的作用主要表现在如下三个方面。

① 有助于树立良好的企业形象。良好的企业形象对企业的生存和发展具有重要意义。开展公共关系有助于树立企业形象，如通过新颖别致的对外宣传和广泛的交往可以联络公众的感情，通过支持或赞助公益事业可以显示企业的社会责任感等。

② 有助于增进企业之间的交往与合作。企业的生存与发展，需要与其他企业进行交流与合作。开展公共关系活动，可以增进企业之间的相互了解和友谊，使企业在相互信任、相互支持的基础上，携手合作，共同发展。

③ 有助于提高企业的经济效益。公共关系通过信息传播、形象竞争、感情联络等手段，可以吸引公众的注意力，赢得大量的消费者，从而可促进产品的销售，提高经济效益。

---

<table><tr><td>情境案例</td></tr></table>　**临危不乱，处变不惊——中美史克应对 PPA 风波**

2000 年 10 月 19 日，美国联邦食品和药品管理局紧急通知：研究表明，服用含有 PPA 的制剂，容易引起过敏、心律失常、高血压、急性肾衰等严重不良反应，甚至可能引起心脏病和中风，应把 PPA 列为"不安全"类药物，严禁使用。公众反应激烈，许多国家开始回收药品。中国国家食品药品监督管理局告诫患者立即停止服用所有含 PPA 的药品制剂，一时间，包括"康泰克"在内的 15 种"禁药"从药店货架上消失。

中美史克公司在接到通知后立即组织专门负责应对危机事件的危机管理小组，并将其划分为危机管理领导小组、沟通小组、市场小组和生产小组。危机管理领导小组的职责是制定应对危机的立场基调，统一口径，以免引起信息混乱，并协调各小组工作；沟通小组负责信息发布和内部、外部的信息沟通，是所有信息的发布者；市场小组负责加快新产品开发；生产小组负责组织调整生产并处理正在生产线上的中间产品。

销售经理们带着中美史克《给医院的信》、《给客户的信》回到本部，应急行动纲领在全国各地按部就班地展开。公司专门培训了数十名专职接线员，负责接听来自客户、消费者的问讯电话，并做出准确专业的回答，使之疑虑打消。为了正视听，避免不必要的麻烦，中美史克公司在北京召开了新闻媒介恳谈会，总经理做出不停投资和"无论怎样，维护广大群众的健康是中美史克公司由始至终坚持的原则，将在国家药品监督管理部门得出关于PPA的研究论证结果后，为广大消费者提供一个满意的解决办法"的承诺。经过一番努力，终于取得了良好的效果，中美史克并没有因为"康泰克"和"康得"的问题影响到其他产品的正常生产和销售。

资料来源：李志荣.国际市场营销理论与实务.东北财经大学出版社，2007.9.

（2）国际市场公共关系策略类型。公共关系是一门科学，更是一门艺术。从事国际化经营活动的企业，面临的是一个变幻莫测的全球性市场，企业各目标市场国的政治信仰、道德准则、经济水平和文化习俗迥然不同，这就要求企业为不同的目标市场国制定一整套最适宜该国情况的公共关系策略。

① 宣传型公共关系策略。宣传型公共关系策略，就是广泛利用各种传播媒介直接向公众传递有关企业及其产品的各种信息，促成企业与社会的沟通和理解，以形成有利于企业发展的社会舆论以及内外部环境的策略。从事国际化经营的企业实施宣传型公共关系策略往往最能体现本企业的个性和特色。企业采用这种策略，其公共关系部门必须主动向媒介提供各种宣传材料，通过各种方式宣传企业的目标、实力和对社会的责任感。

② 交际型公共关系策略。交际型公共关系策略，就是通过直接的人际关系进行情感上的联络，为企业广交朋友，建立广泛的社会关系网络，以形成有利于企业发展的人际环境和外部社会环境。国际市场营销活动中的交际型公共关系，实际上是一种直接的情感投资，可以通过和目标市场国或地区公众的直接接触，随时捕捉各种有价值的信息，了解特定公众的态度和反映，以期灵活有效地及时调整和完善各种公共关系行为和策略。

③ 服务型公共关系策略。服务型公共关系策略不事张扬，而是通过提供实惠的和优质的服务来博取公众的好感，进而树立或塑造企业及产品的良好形象。在国际市场营销活动中，服务型公共关系策略并不是只针对服务性行业的。任何企业在进军国际市场的过程中，都要树立以优质完善的服务为基础的观念。有人称这种由消费者亲身体验而自觉传播的良好声誉为"口传广告"，这种良好的口碑具有传播广泛、说服力强的特点。在国际市场营销活动中运用服务型公共关系，可将公关活动由抽象变为具体的、实在的行动。

④ 社会型公共关系策略。社会型公共关系策略是以举办各种有组织的社会性、公益性、赞助性的活动，如庆祝会、纪念会、运动会、赞助公益事业等来扩大企业的社会影响，提高其社会声誉，赢得公众的信任和支持。企业参与国际化经营不仅要考虑到自身的经济效益，更要考虑社会效益和企业国际形象。而社会型公共关系策略的最大特点就是公益性。它不以短期利益为出发点，不以获取直接经济利益为目的，而是通过一系列活动，创造出一种对企业具有长期利益的社会环境。在国际市场竞争中，一个企业在公众中树立起不单纯追求经济效益，而是热衷于为社会公众服务的形象时，该企业的社会型公共关系促销策略就得到了最完美的体现。

## 情境延伸

### 社会型公共关系策略常见方式

（1）借企业本身的重要活动开展各类社会活动。例如，利用类似开业周年或正式进入国际市场等机会，邀请社会人士参加庆祝活动，借此烘托企业形象，渲染气氛，联络关系，为以后的合作奠定基础。

（2）响应东道国政府号召，资助社会福利事业、资助教育事业等。例如，一些企业经常将企业庆典的经费用于捐助社会慈善事业或捐资办学等，以此在国际公众中树立企业乐善好施、注重社会责任的形象，提高企业的美誉度。

（3）出资赞助大众传播媒介，举办各种有益于社会文明和进步的活动。例如，赞助大众传播媒介制作公益广告，赞助有益公众的节目播出，举办冠以企业或产品名称的体育比赛等活动，以此赢得国际社会的广泛支持，提高企业及其产品的社会声誉。

⑤征询型公共关系策略。征询型公共关系策略以广泛采集社会信息、深入了解公众意见为主要手段，以求得全面了解社会需求和及时适应市场变化，并希望在顾客中树立脚踏实地以顾客为中心的企业公众形象。企业依据所搜集的有关国际市场的第一手资料，准确地掌握所在国家和地区特定公众的心理状况和社会舆论，及时发现企业存在的问题，为企业顺利地进入和占领国际市场提供有效的咨询指导，从而促进企业经营的国际化进程。征询型公共关系策略的主要内容有：目标市场国或地区的发展环境的综合调查，面向特定公众的民意测验和市场预测，建立信访制度，设立监督、举报和投诉机构以及热线电话等。

⑥维系型公共关系策略。维系型公共关系策略多用于企业处在发展比较顺利，内外部环境较好，公共关系状态处于良性循环的时期。在这一时期，企业特别应该注意不断地加强与公众的沟通和联系，使公众对企业的认同感和依赖感得以增强，将公众始终维系在企业的周围。

⑦矫正型公共关系策略。矫正型公共关系策略，也称危机公关，这种策略多用于企业的发展遇到风险，内、外部环境发生严重的不协调，其公共关系状态濒临危机的境地时。此时，企业应该采取措施，迅速地纠正并消除损害企业形象的不利因素，恢复公众的信任和谅解，重新树立良好的企业形象。

### 情境案例　强生公司首先考虑公众利益赢得声誉

1982年9月，美国芝加哥地区有人服用强生公司出品的泰诺药片而中毒死亡。调查显示，有人在死者服用的泰诺药片中投放了氰化物。消息一经传出，舆论一片哗然，死亡人数由3人被传成200多人。全美产生了泰诺恐惧效应，有94%的消费者都知道泰诺中毒事件。

事情发生后，强生公司迅速采取行动，抽调大批人马对全部800万片药剂进行检验。检验结果表明，仅有一批药物受到污染，总计不超过75片，并且全在芝加哥，对美国其他地区没有造成任何影响，死亡人数也确定为7人。尽管如此，强生仍然按照公司最高危机方案原则，"首先考虑公众和消费者利益"，斥资1亿美元在最短时间内向各大药店召回了所有的泰诺药片，并花费50万美元向相关医生、医院和经销商发出警报。

这一系列措施拯救了强生的信誉，被媒体评论为"选择了自己承担巨大损失而使他人免受伤害的做法"。"灭顶之灾"奇迹般地为强生迎来了更高的声誉。

强生泰诺重新进入市场后，率先响应新的药品安全法，采用无污染包装，仅用5个月时间就夺回原市场份额的70%，还获得了美国公关协会颁发的银钻奖。

（3）策划公共关系的专题活动。公共关系专题活动，是指社会组织为了某一明确的目的，围绕某一特定主题，以某一部分公众为重点而精心策划的针对性极强的公共关系活动。公共关系专题活动是社会组织与广大公众进行沟通，塑造自身良好形象的有效途径。因此，国内外许多组织经常采用公共关系专题活动的形式来扩大影响，提高声誉。

① 赞助活动。赞助活动是指社会组织以不计报酬的捐赠方式，出资或出力支持某一项社会活动或某一种社会事业。赞助活动的目的主要有四个方面：

a. 以提高社会效益为重要目的。出资赞助社会公益事业，为企业经济效益的提高创造社会大环境。

b. 以承担企业的社会责任和义务为主要目的。关心和支持社会公益事业，表明企业作为社会的一员，为社会做出了贡献，从而树立企业的良好形象。

c. 以增进感情的融通为主要目的。证明企业的经济实力，赢得社会公众的信任，谋求社会公众的好感。

d. 以扩大影响为主要目的。以赞助活动为手段，使之成为公共关系广告，扩大企业知名度，增强企业商业广告的说服力和影响力。

赞助活动的主要对象包括体育事业、文化事业、教育事业、社会福利和慈善事业。

开展赞助活动的程序包括以下步骤。

a. 调查研究，确定对象。企业的赞助活动可以自选对象，也可以按被赞助者的请求来确定。但无论赞助谁，赞助形式如何，都应做好深入细致的调查研究。特别要指出的是，企业的赞助活动，必须是社会公众最乐于支持的事业和最需要支持的事业。另外，调查研究应该以经济效益和社会效益的同步增长为依据，重点分析投资成本与效益的比例，量力而行，保证企业与社会共同受益。

b. 制定计划，落到实处。企业的赞助活动应是有计划的公共关系的一部分。在调查研究的基础上，赞助计划应具体详尽。

c. 实施计划，争取效益。在制定计划的基础上，企业应派出专门的公共关系人员去实施赞助方案。在实施过程中，公共关系人员要充分利用有效的公共关系技巧，创造出企业内外的"人"和"气氛"，尽可能扩大赞助活动的社会影响面。

d. 评价效果，以利再战。对每一次公共关系活动的效果，都应该做出客观的评价，这样可使今后的公共关系活动搞得更好。

企业在提供赞助时，应遵循如下原则：赞助的对象是非营利性组织；被赞助的活动或团体，要有利于本企业的生存和发展；视企业的经营情况，衡量财政预算情况决定赞助费用的额度和范围。

② 庆典活动。庆典活动，是指企业在其内部发生值得庆祝的重要事件时，或围绕重要节日而举行的庆祝活动，企业一般将其视为一种制度和礼仪。它可以是一种专题活动，也可以是大型公关活动的一项程序。庆典活动往往给公众留下"第一印象"。现代企业的管理者应想尽办法利用庆典，利用合情合理的活动，让人们自觉自愿地接受。显然，这是与现代公共关系为建立信誉而扩大知名度，提高美誉度的思路相吻合的。庆典活动在形式上，一般有开幕庆典、闭幕庆典、周年庆典、特别庆典和节庆活动等五种。

a. 开幕庆典，即开幕式，就是指第一次与公众见面的、展现企业新风貌的各种庆典活动。

b. 闭幕庆典是企业重要活动的闭幕式或者活动结束时的庆祝仪式。

c. 周年庆典是指企业在发展过程中举办的各种内容的周年纪念活动。

d. 特别庆典是指企业为了提高知名度和声誉，利用某些具有特殊纪念意义的事件或者为了某种特定目的而策划的庆典活动。

e. 节庆活动是指企业在社会公众的重要节日举行或参与的庆典活动，这里的重要节日可以是传统的节日，还可以是源自西方的节日。

企业的庆典活动，代表着企业的形象。它体现着一个企业和其领导者的组织能力、社交水平和文化素质，往往会成为社会公众取舍亲疏的标准。因此，组织这类活动过程中，一定要注意这样一些问题：

第一，要有计划。庆典活动应纳入企业的整体规划，应使其符合企业整体效益提高之目的。组织者应对活动进行通盘考虑，切忌想起一事办一事，遇到一节庆一节。

第二，要选择好时机。调查研究是企业开展公共关系活动的基础，庆典活动也应在调查的基础上，抓住企业时机和市场时机，尽可能使活动与企业、市场相吻合。

第三，要将科学性与艺术性相结合。公共关系活动是科学地推销产品和树立形象的过程，但要赋予其艺术性的化身，使其更具有魅力，这样会有更好的宣传效果，使企业形象更佳。

第四，要制造新闻。公共关系活动应能够为公众的代表——新闻媒介所接受，它的反应是衡量活动成功与否的标尺，也是企业形象能否树立的重要环节。所以，庆典活动应尽量邀请新闻记者参加，并努力使活动本身具有新闻价值。

第五，要注意总结。企业的公共关系活动应讲求整体性和连续性，作为整体公共关系一部分的庆典活动，应与其他公共关系活动协调一致。为保持组织形象的一体化，保证今后开展活动的连续性，对每一次庆典活动的总结，就显得十分必要。

③ 开放组织。开放组织，是公共关系活动中的重要手段之一。它是组织通过直接的人际接触，来传递组织信息，谋求社会公众的好感与信任的最有效手段之一。组织利用开放的机会接待来访者，直接向来访者展开宣传攻势，证实组织存在的价值，同时可最直接地了解到公众的看法。这不仅可以得到公众的理解、信任与好感，而且可以做到双向沟通，是提高美誉度的最好契机。任何一个企业要想搞好开放组织活动，必须从以下六个方面去考虑。

第一，明确目的。组织的任何一次对外开放活动，都应确定一个明确的主题，即通过这次活动让对象公众留下怎样的印象，取得什么效果，达到什么目的。

第二，安排时间。组织对外开放的时间以不影响组织的正常工作为标准，同时要考虑选择公众方便的时候开放。另外，要有足够的时间来准备开放组织活动的工作。

第三，成立专门机构。为使开放组织活动办得有声有色，尽善尽美，最好成立一个专门的筹备委员会，其成员可包括组织的领导成员、公关人员、行政和人事部门人员等。

第四，做好宣传工作。要想使开放组织活动获得成功，最重要的是做好各种宣传工作。如编写通俗易懂的解说词、准备一份简单明了的说明书、搞好环境卫生和参观地点的装饰、场景的布置、实物的陈列等。

第五，做好向导。应当有专人做向导工作，有向导陪同参观者沿设计好的参观路线进行参观，并设置明显的路标指引参观者，在人们可能最感兴趣的地方，安排专人做集中讲解。

第六，做好服务接待工作。对参观者应热情友好，服务周到，认真做好接待工作，要提供休息场所，还可适当提供一些娱乐活动，开放俱乐部等。有条件的可准备一些茶水、饮料、点心等，还可准备签名册，以作纪念。

④ 展览会。展览会是指组织通过集中的实物展示和示范表演，配之以多种传播媒介的复合传播形式，来宣传产品和组织形象的专门性公共关系活动。展览会是较为重要的公共关系专题活动之一，它以极强的直观性和真实感，给观者以极强的心理刺激，不仅会加深参观者的印象，而且会大大提高组织和产品在参观者心目中的可信度。同时，展览会还可以吸引众多的新闻媒介的关注，由记者将展览会的盛况传向社会，取得更大的宣传效果。所以说展览会是一种集多种传播媒介于一身的宣传形式。

⑤ 危机公关。危机公关并不是常规的公共关系工作，它只在组织发生危机事件时才存在。但危机处理意识和机制应当是常备的。危机公关是组织公共关系工作的重要内容，在组织的发展道路上，危机事件的出现是在所难免的。特别是现代社会中，在信息知识"爆炸"，社会变动复杂，企业竞争激烈的条件下，更增加了组织危机事件出现的可能性和严重性。及时控制、降低或清除危机事件的不良影响，是每一个组织公关人员需要认真对待的重大问题。

危机事件的基本类型包括以下四类。

a. 由不可抗拒的外部力量所引起的事件，包括天然性的自然灾害和突发性的全国或世界商业危机、经济萧条、社会政治大变革、战乱等。

b. 非组织成员有意或无意造成的事件。

c. 公众的误解所引发的事件。

d. 组织管理方面的责任所引起的事件。

危机处理的一般程序。危机中进行公共关系，这是公共关系的一种特殊表现形式，是组织的公共关系水平的综合显示。有效的危机公关工作不仅有助于避免组织不期望的事情发生，而且也是组织自我保护，维护形象的客观要求，它对于防止组织形象的下降，保卫已有的公共关系工作成果有着不可替代的效用。同时有效地开展危机公关活动有助于在广大公众心目中树立一种"特殊的危机公关形象"并有助于提高组织的公关水平，提高组织成员的公关意识。因此，不能把危机事件完全看成坏事，它是可以转化为好事的坏事。正因为如此，必须制定出一个反应迅速、正确有效的危机公关程序，以避免急迫过程中的盲目性和随意性，防止公关危机中的重复和空位现象。

第一，采取紧急措施，防止事态恶化。组织遭受突发性的公关危机，往往是猝不及防的，然而在此关键时刻，需要的是冷静，并采取紧急措施，防止事态的恶化。因为现代社会信息传播高度发达，任何组织的公关危机事件都有可能被迅速传播，如不加以紧急控制，就可能使组织陷入灭顶之灾。而采取紧急措施，一方面可以使组织形象与声誉损失降到最低点；另一方面则可赢得宝贵的时间，使组织能了解危机事件真相，并做出妥善的处理。

第二，坦诚告知，表明诚意。组织一旦发生危机，便会受到社会与公众的关注，人们急于了解危机发生的真相，作为舆论代表的新闻界来采访时，组织只有两种态度：一种是掩盖问题，隐藏真相；另一种是坦诚相告，表明诚意。事实证明，隐瞒事情真相，往往会使公众产生怀疑，扩大危机的波及面，其结果势必事与愿违；而坦诚告知，表明诚意，才是最佳的选择。

第三，调查情况，收集信息。对于突发性公关危机的处理，最终是建立在针对事件真相，采取相应、得体的公关措施的基础之上的，因此，调查危机事件的真相就显得非常重要。也就是说，在灾难得到遏制，危机得到初步控制后，就要立即展开对危机的范围、原因和后果的全面调查，查明原因是为危机处理决策提供依据，也是成功处理危机的关键所在。

第四，针对对象，确定对策。在对危机事件真相调查分析的基础上，就可以针对不同的对象确定相应的对策。这些对策大体上包括以下五个方面：组织内部对策；对受害者的对策；对上级主管部门的对策；对业务往来单位的对策；对其他公众的对策。

### 情境提示

对受害者的对策包括认真了解受害者的情况，实事求是地承担相应的责任，并诚恳地道歉；冷静地倾听受害者的意见，及时了解和满足有关赔偿损失的要求；给受害者尽可能多的安慰和同情，并尽可能提供他们所需要的服务；专人负责与受害者接触，在整个事件处理过程中，不随意更换处理工作的人员。

第五，评价总结，改进工作。组织在平息危机事件后，一方面要注意从社会效应、经济效应、心理效应和形象效应等方面，评估消除危机的有关措施的合理性和有效性，并实事求是地写出处理报告，为以后处理类似事件提供依据；另一方面要认真分析事件发生的深刻原因，收集公众对组织的看法、意见和议论，总结经验教训，以便改进组织工作，从根本上杜绝类似事件再度发生。

（4）制订国际市场公共关系决策，包括以下四个步骤：

① 建立公关目标。公共关系唯一的目标和宗旨，就是树立形象。具体而言，公关的目标可表现为以下五种。

a. 建立知名度。

b. 树立可信度。

c. 刺激销售队伍和经销商。

d. 创造和维护忠诚顾客。

e. 解决问题和危机公关。

② 选择公关信息和载体，包括以下六种。

a. 公开出版物，如年度报告、宣传册、文章、杂志、企业的商业信件、电影、幻灯、录像和录音等。

b. 事件，包括记者招待会、讨论会、郊游、展览会、竞赛和周年庆祝活动等。

c. 新闻，即发展或创造对企业、产品或公司员工有利的新闻。

d. 演讲。

e. 公益服务活动。

f. 形象识别媒体。

③ 执行公关计划。要提高计划执行的成功率，就应有效排除实施过程中的各种障碍，因此公关计划的执行关键是协调各方面的关系。在计划实施的过程中，常遇到的障碍有：企业自身障碍、公共关系计划自设障碍和沟通障碍。

④ 评估公关效果。企业公关活动是一个连续不断的过程，公关评估的目的是在总结经

验、发现问题的基础上，为新的公关活动奠定良好的基础。评估过程包括明确评估标准和衡量公共关系工作绩效。

### 五、编制促销预算

促销方案的一个重要内容是编制促销预算。编制促销预算的通常做法是在估算竞争对手促销预算的基础上来确定自己的促销预算。对竞争对手的促销预算进行评估，目的只是以此为借鉴，并在此基础上，根据具体情况，做出适合本企业实际的促销预算方案。

编制促销预算的另一种更为准确的方法是先将企业计划采用的促销手段列出一份清单，暂时不考虑费用的问题，然后根据各个项目的收费标准，对清单列出的所有促销项目做出一份总的预算，并根据实际情况对方案进行调整，直到认为调整的预算方案对企业自身而言可以接受为止。

### 六、制定促销的实施、执行、监督方案

当以上内容确定下来以后，必须自始至终协调和整合总体方案中所采用的各种不同的促销手段，这一点对实现预期促销目标非常重要。制定详细的实施、执行、监督方案，是保证促销方案顺利进行的前提，其主要内容是确定整个促销方案中各个项目的执行方法、负责人、结果监督方法以及监督人。

### 七、评估促销绩效

评估促销绩效是对促销方案做出评估和调整，其目的不仅仅是为了调整那些效果不佳的促销手段，同时也是为了使以后的促销方案能够更有效地为实现促销目标服务。在制定方案时，要做出评估此次促销活动结果的方法，如促销总费用与因促销引起的销售量的比例、促销总费用所达到的宣传效果、促销总费用的执行情况等。

## 情境任务3　实施促销活动

### 情境认知

促销活动的组织实施水平直接决定了促销的成败。因此，在促销活动组织实施过程中要保证三个到位：产品到位、人员到位、兑现到位。具体包括：产品要及时铺到终端，并保证不能断货；促销、配送、理货、监督等相关促销人员要及时到位；促销品、奖励要及时兑现。

### 一、前期准备阶段

这一阶段要进行的工作比较烦琐，但也是非常重要的，具体包括以下八项工作。

（1）选择合适的促销时间与地点，包括特别日期（节假日）、时段、持续多少天、设几个促销点、主会场设置、人员配置、物品配置、奖品赠品发放奖励规则与数量限制等。

（2）准备好器材类物品。企业要视自身的整体情况有选择地安排好器材类物品的数量，合理地准备与使用，具体包括：现场用到的展台、条幅、拱门、气球、易拉宝、张贴的海

报、宣传单（彩印或黑白）、小包装试用品、音响、其他赠品（捆绑式销售赠品、买赠促销的赠品、参与即赠的奖品或购买抽奖的奖品）等。

（3）选择、安排人员。在人员安排方上要"人人有事做，事事有人管"，无空白点，也无交叉点。谁负责与政府、媒体的沟通，谁负责写文案，谁负责现场管理，谁负责礼品发放，谁负责顾客投诉，等等。各个环节都要考虑清楚，否则就会出现麻烦。

（4）宣传造势的准备。如果公司有实力，则前期的大规模、全方位造势宣传是必不可少的。即便想节省，有些工作也是应该做的。例如，去人口密集的市中心区域散发传单，发放区域和发放数量要事先决定；在影响力大的媒体（报纸、广播和电视）上投放广告，要注意媒介的选择、媒介展露的频次和成本预算等，以达到广泛告知的宣传效果。

（5）各方关系的前期协调。要确保一切行为活动符合法律法规。例如，跟城管、工商等部门提前做好申报和备案工作，避免到时出现问题；户外活动必须要经过有关部门的批准，广告宣传也必须要有合法的批文。总之，一切可能出现的问题、麻烦事先都要想到，做好应对一切突发事件的准备，以免出现问题时措手不及。

（6）总成本预算。对物品的准备、人员的费用、协调各方关系和广告宣传费用等成本事前要有准确的预算。

（7）促销效果预估。预测活动将会达到什么样的效果，以便活动结束后将预测情况与实际情况从促销程度、促销时机和促销媒介等方面进行比较，总结成功和失败的原因。

（8）意外防范。每次促销活动都可能有意外发生，因此，一定要未雨绸缪，安排一定的人力、物力、财力来预防和应对突发事件。

## 二、中期操作阶段

这一阶段的主要任务包括规定活动纪律和做好现场控制两方面。好的纪律是方案得到完美实现的先决条件，在方案中需对参加活动的人员应遵守的纪律做出详细规定；现场控制主要是把活动的各个环节安排清楚，做到忙而不乱，有条不紊。同时，在促销过程中，还要及时对促销范围、强度、额度和重点进行调整，以保持对促销全过程的控制。

在促销活动中，还要派专人指导和督促活动的执行，一般由区域市场主管或促销部、市场部的工作人员负责过程监督，及时发现活动中出现的主观和客观问题，监督产品到位、人员到位和兑现到位的情况，监督工作人员的执行能力和服务水平，通过过程监督及时调整策略，解决问题，确保活动执行到位。

## 三、后期延续阶段

这一阶段的主要任务是促销活动选择哪些媒体，采用何种方式等进行后续宣传，这对促销效果也有很大的影响。

# 情境任务 4　评估促销效果

### 情境认知

企业的每一次促销活动结束后，都应该进行效果评估，通过各种对促销活动的准备、实施、控制和效果的信息反馈，评估该促销方案的可行性、执行力度、是否达到预期目标、费用是否超支和消费者反应等，及时发现存在的问题，总结经验，弥补差距，以不断提高促销方案的创意水平、执行能力和促销效果，实现销量和品牌价值的双重提升。

促销效果评估是企业促销工作的一项重要内容，分为事前评估、事中和事后评估三部分。

## 一、事前评估

事前评估是指在促销方案正式实施之前所进行的调查预测活动。其目的在于评估该方案的可行性和有效性，或在多个计划中确定最佳的方案。事前评估的方法主要有征求意见法和试验法两种方法。

## 二、事中评估

事中评估就是在促销活动进行过程中对促销效果进行评估。事中评估实际上是一种消费者调查，调查内容一般包括三个方面。

（1）促销活动进行期间消费者对促销活动的反应，可以通过现场记录来分析消费者参与的数量、购买量、重复购买率和购买量的增幅等；

（2）参与活动的消费者结构，包括新、老消费者比例；新、老消费者的重复购买率；新消费者数量的增幅等；

（3）消费者意见，包括消费者参与动机、态度、要求和评价等。

综合上述三方面的分析，就可大致掌握消费者对促销活动的反应，客观评价促销活动的效果。

## 三、事后评估

事后评估就是在促销活动告一段落或全部结束后对促销产生的效果进行评估。常用的评估方法有比较法和调查法。

## 小　结

促销是指企业以各种有效的方式向目标市场传递有关信息，以启发、推动或创造客户对企业产品和劳务的需求，并引起购买欲望和购买行为的一系列综合性活动。促销的本质是企业同目标市场之间的信息沟通。

国际市场促销主要有四种形式：广告策略、人员推销、营业推广和公共关系。广告策略、人员推销策略、营业推广策略、公共关系策略有机搭配构成促销组合。如何对这四个方面进行组合，要考虑很多因素。

广告策略是指企业在分析环境因素、广告目标、目标市场、产品特性、媒体可获得性、政府控制和成本收益关系等的基础上，对广告活动的开展方式、媒体选择和宣传劝告重点的总体原则做出的决策。

人员推销是一种古老的但很重要的促销形式。它是指企业派出或委托推销人员、销售服务人员或售货员，亲自向国际市场顾客（包括中间商和用户）介绍、宣传、推销产品。

营业推广，就是除了人员推销、广告和公共关系等手段以外，在一个比较大的国际目标市场上，企业为了刺激需求，扩大销售，而采取的能迅速产生激励作用的促销措施。

公共关系主要指企业或其他经济组织为了取得国际市场上社会公众和顾客的了解和信赖，促进销售，建立企业与公众之间的良好关系而进行的各种活动的总称。

## 学习情境4.4　制订国际市场促销策略　内容结构图

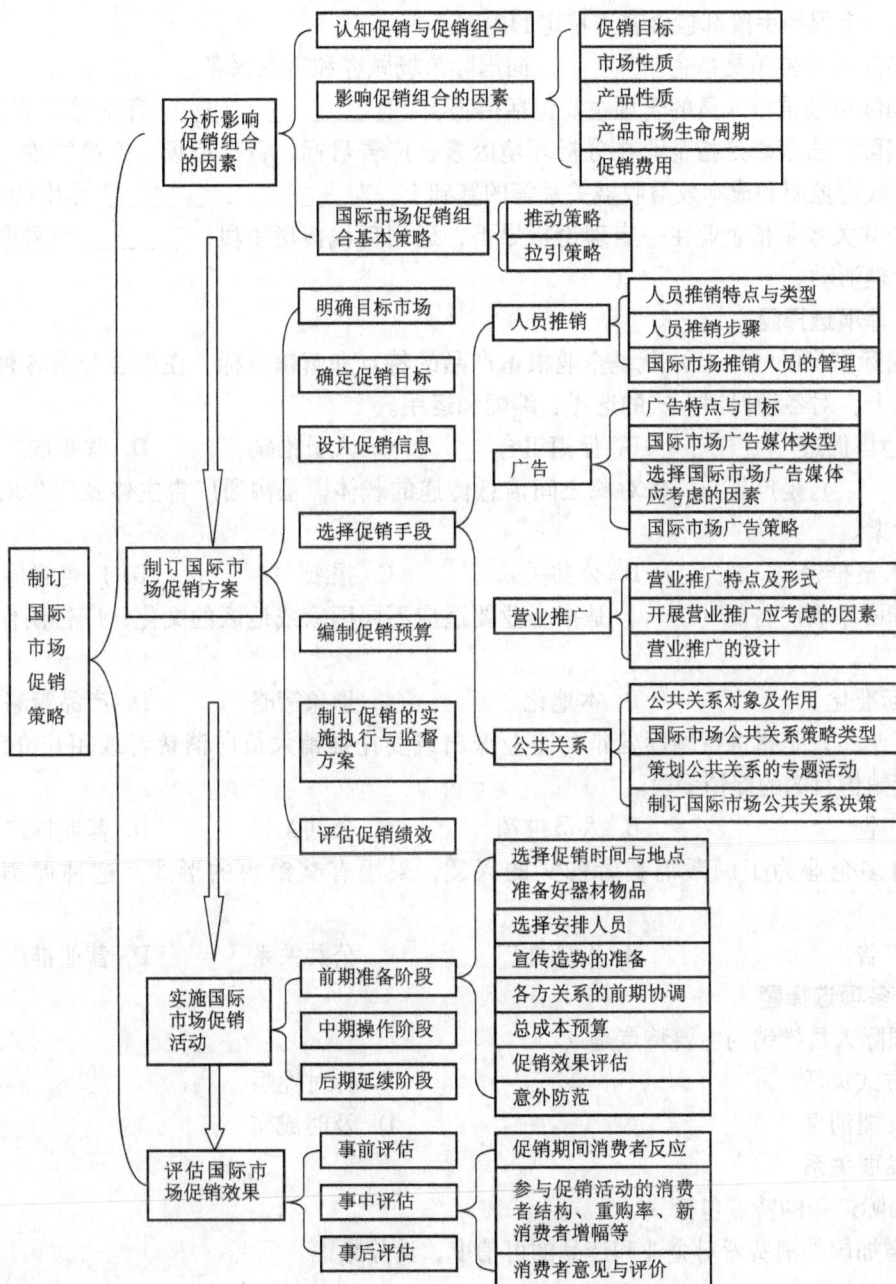

```
                              ┌─ 认知促销与促销组合          ┌─ 促销目标
                              │                              │  市场性质
                  ┌ 分析影响 ─┤                              │  产品性质
                  │ 促销组合   ├─ 影响促销组合的因素 ─────────┤  产品市场生命周期
                  │ 的因素     │                              └─ 促销费用
                  │           │
                  │           └─ 国际市场促销组 ─────── 推动策略
                  │              合基本策略             拉引策略
                  │
                  │           ┌─ 明确目标市场                ┌─ 人员推销特点与类型
                  │           │                  人员推销 ──┤  人员推销步骤
                  │           │                              └─ 国际市场推销人员的管理
                  │           │  确定促销目标
                  │           │                              ┌─ 广告特点与目标
                  │           │  设计促销信息                │  国际市场广告媒体类型
                  │           │                     广告 ────┤  选择国际市场广告媒体
  ┌ 制订 ─────────┤ 制订国际市 ─┤  选择促销手段                │  应考虑的因素
  │ 国际          │ 场促销方案   │                              └─ 国际市场广告策略
  │ 市场          │            │
  │ 促销 ─────────┤            │  编制促销预算                ┌─ 营业推广特点及形式
  │ 策略          │            │                   营业推广 ─┤  开展营业推广应考虑的因素
  │               │            │  制订促销的实                └─ 营业推广的设计
  │               │            │  施执行与监督               ┌─ 公共关系对象及作用
  │               │            │  方案              公共关系 ─┤  国际市场公共关系策略类型
  │               │            │                              │  策划公共关系的专题活动
  │               │            └─ 评估促销绩效                 └─ 制订国际市场公共关系决策
  │               │
  │               │                                           ┌─ 选择促销时间与地点
  │               │                                           │  准备好器材物品
  │               │                                           │  选择安排人员
  │               │ 实施国际    ┌─ 前期准备阶段                │  宣传造势的准备
  ├───────────────┤ 市场促销 ──┤  中期操作阶段 ───────────────┤  各方关系的前期协调
  │               │ 活动        └─ 后期延续阶段                │  总成本预算
  │               │                                           │  促销效果评估
  │               │                                           └─ 意外防范
  │               │
  │               │ 评估国际市   ┌─ 事前评估                    ┌─ 促销期间消费者反应
  └───────────────┤ 场促销效果 ─┤  事中评估 ───────────────────┤  参与促销活动的消费
                  │             └─ 事后评估                    │  者结构、重购率、新
                  │                                           │  消费者增幅等
                  │                                           └─ 消费者意见与评价
```

## 重要概念

促销　促销组合　国际市场广告　公共关系　人员推销　营业推广

**思考与练习**

**一、填空题**

1. 促销组合由四种最基本的促销手段构成，即人员推销、_____、_____ 和公共关系，每一个促销手段都包含若干特定的内容。

2. 国际人员推销是指企业_____向国际市场顾客和潜在顾客_____。

3. 国际市场推销人员的管理主要包括招聘、_____、_____、评估等环节。

4. 国际广告策略是指企业在分析环境因素、广告目标、目标市场、产品特性、媒体可获得性、政府控制和成本效益收益关系等的基础上，对_____，_____ 作出的决策。

5. 公共关系是指企业在一定理论指导下，运用现代传播手段，_____而采取的一种独特的管理活动。

**二、单项选择题**

1. 国际市场的（　　）就是企业根据产品的特点和营销目标，在综合分析各种影响因素的基础上，对各种促销方式的选择、编配和运用。

A. 销售促进　　　　　　B. 促销组合　　　　　C. 人员推销　　　　D. 营业推广

2. （　　）是广告与广告对象之间信息传递的载体，是沟通广告主体及广告对象之间的信息桥梁。

A. 人员推销　　　　　　B. 公共关系　　　　　C. 报纸　　　　　　D. 广告媒体

3. 国际市场广告的（　　）是指企业要适应不同国家或地区的文化，广告制作要迎合当地的口味。

A. 标准化　　　　　　　B. 本地化　　　　　　C. 形象策略　　　　D. 产品策略

4. （　　）是指进行国际营销的企业派出或委托推销人员向消费者或用户介绍产品，达到直接销售目的的促销手段。

A. 广告　　　　　　　　B. 人员推销　　　　　C. 公共关系　　　　D. 营业推广

5. 许多企业为了刺激消费者购买的兴趣，采用有奖销售的形式，这种促销方式是（　　）。

A. 广告　　　　　　　　B. 人员推广　　　　　C. 公共关系　　　　D. 营业推广

**三、多项选择题**

1. 国际人员推销的主要特点是（　　）。

A. 方式灵活　　　　　　　　　　　　　B. 针对性强

C. 反馈消息　　　　　　　　　　　　　D. 及时成交

E. 发展关系

2. 国际广告的特点包括（　　）。

A. 增加国外消费者对企业和产品的可信度，消除顾虑

B. 针对性强　　　　　　　　　　　　　C. 迅速扩大知名度

D. 表现国际产业或企业的价值　　　　　E. 吸引消费者

3. 国际广告标准化的主要优点有（　　）。

A. 可以降低企业广告促销活动的成本　　　B. 充分发挥企业人、财、物的整体效益

C. 以统一的整体形象传递给目标市场国，从而增强消费者对企业及产品的印象

D. 针对性差　　　　　　　　　　　　E. 效果不佳

4. 直接对消费者的销售推广工具包括（　　　）。

A. 赠送礼品或样品　　　　　　　　　B. 优惠券

C. 有奖销售　　　　　　　　　　　　D. 现金兑换

E. 组织展销

5. 国际公共关系的作用包括（　　　）。

A. 有助于树立良好的企业形象　　　　B. 有助于增进企业之间的交往与合作

C. 有助于提高企业的经济效益　　　　D. 及时成交

E. 反馈消息

**四、判断题**

1. 国际市场促销主要有四种形式：广告、人员推销、营业推广和销售促进。　（　　　）

2. 营业推广的特点是见效快，可以在长时期内刺激目标市场需求。　（　　　）

3. 差异化广告策略有利于同类产品竞争，对市场特殊矛盾难以适应。　（　　　）

4. 人员推销的特点是方式灵活，针对性强，及时成交，发展关系，反馈消息。（　　　）

5. 在国际市场上，营业推广一般有下列方式：赠送样品、附加赠送、奖品、抽奖等。

（　　　）

6. 促销的一切活动实质上是信息的传播或沟通过程。　（　　　）

7. 国际市场公共关系的直接目标是促进销售。　（　　　）

8. 国际市场广告最大的挑战之一，是克服在不同文化的交流中遇到的问题。　（　　　）

**五、简答题**

1. 何谓促销组合？简要分析影响国际营销促销组合的因素。

2. 简述如何对国际推销人员进行管理。

3. 什么是国际广告的标准化和差异化策略？它们的优缺点分别是什么？

4. 针对中间商的营业推广方式有什么？

5. 国际公共关系的促销策略有哪些？

**实训课堂**

**能力训练目标**

1. 使学生具备现代市场营销意识、广告经营理念、公共关系意识和推销观念，启发学生的促销创意思维，提高其促销能力；

2. 使学生拥有对周围企业经营管理活动较高的观察力、领悟力和敏感度；

3. 使学生具备优秀营销人员所必备的心理素质、业务素质和职业能力，并引导学生在系统性思维的基础上，形成一定的发散思维、逆向思维以及创造性思维能力。

**能力训练项目**

**一、思维训练**

**训练 1　运用联想把下列事物联系起来**

例如：路灯——高山，路灯——马路——树——森林——高山。

计算机——森林；镜子——书；鼠标——星星；邮票——饭盒；衣服——胶带。

**训练 2　新编"把木梳卖给和尚"**

参考"把木梳卖给和尚"的故事，还能想出哪些新方法或改进方法，可以向和尚推销更多梳子？评出最佳创意。

**二、营销游戏**

游戏："团队墙"活动

步骤：找一堵两米多高的墙；将所有成员都站到墙上去；大家分工合作；允许失败，失败后再重新开始，直至成功。

目标：无论想达到什么目的，成员都要发挥创造性思维，找到最佳的方法和途径。活动之后，老师要组织学生进行讨论，要求自我开放、坦诚表达、回馈个人的体验感受。

**三、案例分析**

**案例 1：**

# 福满多促销

顶新际集团武汉顶益食品有限公司（台商企业）生产的"超级福满多"香辣牛肉面，是一种在质和量上经过改进后重新上市的产品。"超级福满多"比较原先的福满多方便面在面内加了鸡蛋，在佐料上，除原来的一个调味包外，还增加了一个肉酱包。由于消费者对这种新上市的产品不了解，加之吃惯了"康师傅"、"统一"、"面霸"等老品牌方便面，谁都不愿意花钱去做第一个吃"螃蟹"的人，因此"超级福满多"方便面刚上市时，销售状况不佳。

为使消费者了解这种经过改进后的新产品，顶益公司于 1998 年 12 月中下旬，在武汉地区的多所高校学生中，开展了一次较大规模的"超级福满多"方便面派送活动。

派送的具体办法是：顶益公司派出大量人员，把"超级福满多"方便面挨个寝室送到每个学生手中（每人一包），得到方便面的学生要在派送人员的记录本上签名，并留下寝室号和联系电话，以作信息反馈之用。方便面包装袋正面右上角上，印有"非卖品"字样，包装袋上面还印有以下字样："'集空袋，送福气'。方法：集 2 个超级福满多空袋，即可参加兑换奖品：牙膏、相册、饭勺等，任选一样。时间：即日起到 1998 年 12 月 30 日止。联系电话：027—83769362。注：顶益公司具有最终解释权。奖品多多，送完为止！建议零售价：1.00 元 1 袋"。

据顶益公司的工作人员介绍，这次派送活动是该公司 12 月份的一系列市场促销活动中重要的一环，共准备了 10 万包方便面用于派送，目的是让在校大学生对改进后的"超级福满多"方便面有一个全新的认识，品尝样品后能够喜欢它，以便于今后指名购买。

有记者就这次促销活动的效果在 70 名的高校学生中做了一次调查。结果是：有 57% 的学生认为这次活动是成功的或基本成功的，现在同学中说到吃面就首选福满多；另有 28.5% 的学生认为这次促销活动效果不明显，没有达到预期的目标；还有 14.5% 的学生认为这是一次失败的促销活动。

**【案例思考与讨论】**

顶益公司的促销活动属于什么促销？你认为顶益公司多这次促销活动成功吗？谈一下你的看法？并给出相应的建议。

**案例 2：**

# 丰田召回事件

2009 年 8 月，美国发生了一起导致四人死亡的车祸，原因被指为丰田汽车的脚垫缺陷和突然加速问题。自此，丰田就与召回——这个在渡边捷昭（上任丰田社长）时代就竭力想远离的噩梦——形影相伴。虽然新上任的社长丰田章男始无前例地对公众道歉，承认错误，但这并未终结丰田的召回史。大大小小的召回事件波及北美、欧洲、中国等地区，并在 2010 年的第一月到达了顶点。2010 年 1 月 21 日，继去年 420 万辆召回事件后，丰田再次宣布召回美国市场上销售的 8 款车型共计 230 万辆，随后又宣布暂停销售这 8 款车型。如此大规模的召回及停售，在丰田历史上绝无仅有。再加上欧洲、中国地区追加的召回车辆，丰田召回的车辆已达 900 万辆，除去故障叠加的 257 万辆外，丰田共召回 600 多万辆，几乎超过其去年全球销量。其中，涉及中国市场的是 75 552 辆中国产 RAV4。2010 年 1 月 30 日，丰田章男在达沃斯经济论坛年会上再次道歉，称"召回行动引发消费者不安，我们对此极为抱歉，我们会尽快给消费者合理解释。"但这似乎并不能解除消费者的担忧。日本媒体评论，"丰田车安全信誉严重受创，它在消费者心中形象必然受损。"

**【案例思考与讨论】**

丰田公司车辆召回的做法属于什么公关策略？针对此次事件，丰田公司已经采取了什么做法？还可以采取哪些措施减少损失？

**案例 3：**

从中国乳业最近的发展来看，企业之间的竞争已经超越了市场本身，很多企业开始剑走偏锋，希望通过不正当的手段达到在市场上快速取胜的目的。这种行为，一方面违反了商业道德，另一方面也违反了社会道德。中国乳业未来 2~3 年内"会内战"不断、危机不断，将陷入行业内相互攻击的一个时期。相持阶段的战场规律，一个就是放冷枪，另一个就是出奇兵。

2005 年 6 月 2 日，郑州当地媒体根据群众反映，以及记者深查暗访，揭出了光明乳业把生蛆的过期奶加工重新上市的丑闻。随着网络和媒体转载，一时轰动全国。光明乳业董事长王佳芬立刻出来断然予以否认，称"光明不可能做这种事情"。随后又在网站挂出《关于郑州光明曝光事件告消费者书》进行否认。

接着在 6 月中旬，光明乳业又相继在杭州、上海被曝"早产奶"，"光明"品牌遭遇重创。光明问题奶事件曝光之后，不到一个月时间内，光明乳业的市值缩水近 1.5 亿元，每股价格从 4.83 元跌到 4.17 元。大家对光明的关心，一方面是因为光明一直对危机没有明确表态，另一方面是因为大家对光明品牌还有一丝眷恋，这个品牌曾经是一个被上海人，乃至全国很多消费者忠诚消费的品牌。可是，让人遗憾的是光明针对危机的公关还是没有实质性的突破。光明公司在此事的处理方面和三鹿处理阜阳奶粉事件相比较，光明的危机公关确实很糟糕，让人失望。

在北方某地，消费者将前几天购买的光明牛奶全部倒进了垃圾箱，有人看着可惜，就告诉他："北京的光明牛奶没有问题！"但是该顾客却信不过光明这个曾经令消费者青睐的品牌，说："没有问题，我才不信呢！以前喝光明牛奶是一个味道，现在味道就是变了，喝了有点恶心。"可以肯定的是，北京的光明牛奶确实没有问题，而该顾客的恶心只是因为消费者的心理变化，是该顾客对"光明"品牌失去了信心。该顾客的行为充分表现了一个对"光明"品牌曾经极端信赖的人却从此不再喝光明牛奶了。不知道处理郑州事件的光明乳业高层是怎样看待像这位顾客一样的消费者，但这至少说明了光明危机公关的悲哀。

事件伊始，光明乳业选择了逃避事实，错过了最好的危机处理机会。6月7日晚，光明乳业董事长王佳芬在接受采访时，断然否认了光明乳业郑州子公司加工生产过期奶，并声称那些牛奶不是过期奶，而是没有出厂的奶。这些奶堆在外面场地上进行处理，只是管理上的小问题，同时还辩解说乳品厂都有回奶罐，全国的每个乳品厂都有。这个态度几乎和1998年冠生园出现危机的回答如出一辙，显然没有经过缜密策划，也正是因为这个态度最终导致了光明乳业丧失了快速公关的机会。光明乳业的危机公关犯了危机处理的大忌，最终导致了光明乳业在全国市场的被动。

【案例思考与讨论】

1. 在本案例中，导致光明牛奶在消费者心中"变质"的直接原因是什么？

2. 你认为光明牛奶在处理变质奶事件中是应该大事化小、小事化了，还是应该高度重视、公开致歉？

3. 在变质牛奶事件中，企业应该着重处理哪些公众的关系？

4. 如果你是光明乳业的决策者，你认为此事该如何处理？

5. 在乳品企业进行公关促销时，应该选择何种促销方式或促销方式组合？

**四、模拟训练**

项目一：制订虚拟公司的公共关系促销方案。

目标：学会运用所学公关知识解决面临的实际公共关系问题，培养学生的实际公共关系能力。

步骤：

（1）假设虚拟公司分别从事奶制品、饮料、快餐、装饰品的经营销售业务。各虚拟公司利用所学公关知识，结合消费者需求、市场状况、竞争对手、企业自身的公关目标，确定自己的公关策略、方式、活动设计与组织实施。

（2）制定出各自的公共关系促销方案。

（3）在全班进行公开展示。

（4）评估各自的优劣，最后选出优胜者。

项目二：假如你是某高校超市的负责人，该超市营业面积350平方米，主营日用品、洗发用品及休闲食品。学校在校学生12 000人。圣诞节快到了，你准备开展营业推广活动，以增加节日期间的销售额。按以下提示，你将做出怎样的决策？

（1）平时你的超市日营业额是多少？圣诞节期间，你的营业额目标是多少？

（2）圣诞节期间的营业推广总预算是多少？依据目前条件你可以采取哪些推广方式？

（3）请制订出详细的圣诞节营业推广方案。

项目三：选择一本刚出版的适合大学生阅读的书（关于如何学习、创业、成功等方面内容），以你所在学校的大一新生为目标市场，以学习小组为单位组成营销团队，请根据你所处的学校的实际情况进行分析，你的团队打算为该书的成功销售采取哪些推销措施？讨论后谈谈感想。

**五、实战演练**

项目：一分钟自我推销。

演练内容：（1）问候；（2）我是谁（包括姓名、来自哪里、个人兴趣特长、对专业的理解、课程学习的认识和期望或介绍家乡特产或旅游风景名胜等）。

# 参考资料

[1] 刘苍劲，罗国民. 国际市场营销学 [M]. 大连：东北财经大学出版社，2007.

[2] 李世嘉. 国际市场营销理论与实务 [M]. 北京：高等教育出版社，2008.

[3] 杨丽. 国际市场营销 [M]. 大连：大连理工大学出版社，2008.

[4] 张丁卫东. 国际市场营销理论与实训 [M]. 北京：电子工业出版社，2007.

[5] 彭石普，梁若冰. 市场营销能力基础 [M]. 北京：北京邮电大学出版社，2008.

[6] 叶敏. 市场营销原理与实践 [M]. 北京：国防工业出版社，2008.

[7] 苏兰君，肖涧松. 现代市场营销 [M]. 北京：高等教育出版社，2007.

[8] 庞鸿藻. 国际市场营销 [M]. 北京：对外经济贸易大学出版社，2006.

[9] 李志荣. 国际市场营销——理论与实务 [M]. 大连：东北财经大学出版社，2007.

[10] 孙国辉，崔新健. 国际市场营销 [M]. 北京：中国人民大学出版社，2007.

[11] 符莎莉. 国际市场营销理论与实务 [M]. 北京：电子工业出版社，2005.

[12] 王纪忠，方真. 国际市场营销 [M]. 北京：清华大学出版社，2004.

[13] 王俊豪. 面向21世纪的中国市场营销研究 [M]. 杭州：浙江大学出版社，1999.

[14] 于立宏，章毛平. 营销创新 [M]. 徐州：中国矿业大学出版社，2004.

[15] 朱道立. 物流和供应链管理 [M]. 上海：复旦大学出版社，2003.

[16] 陈祝平. 服务营销管理 [M]. 北京：电子工业出版社，2003.

[17] 杨坚. 网络广告学 [M]. 北京：电子工业出版社，2003.

[18] 李健. 国际市场营销理论与实务 [M]. 大连：东北财经大学出版社，2011.

[19] 郭国庆. 市场营销管理——理论与模型 [M]. 北京：中国人民大学出版社，1995.

[20] 郭国庆. 市场营销学 [M]. 武汉：武汉大学出版社，2004.

[21] 李海洋，牛海鹏. 服务营销 [M]. 北京：企业管理出版社，1997.

[22] 李永平. 国际市场营销管理 [M]. 北京：中国人民大学出版社，2004.

[23] 赵放. 国际营销学 [M]. 北京：机械工业出版社，2004.

[24] 吴勇，邵国良. 市场营销 [M]. 北京：高等教育出版社，2005.

[25] 李红伟，陈林. 市场营销 [M]. 北京：北京大学出版社，2006.

[26] 王方华. 市场营销学 [M]. 上海：上海人民出版社，2003.

[27] 闫国庆. 国际市场营销学 [M]. 北京：清华大学出版社，2004.

[28] 彭瑶，周玉泉. 国际市场营销 [M]. 北京：中国轻工业出版社，2007.

[29] 张凤丽，连有. 国际市场营销 [M]. 上海：上海财经大学出版社，2008.

[30] 许春燕，孟泽云. 新编市场营销 [M]. 北京：电子工业出版社，2009.

[31] [美] 菲利普·科特勒，加里·阿姆斯特朗. 市场营销原理（亚洲版）[M]. 何志毅，等，译. 北京：机械工业出版社，2004.

[32] [美] 菲利普·科特勒，凯文·莱恩·凯勒. 营销管理. 第12版 [M]. 梅清豪，译. 上海：上海世纪出版集团，2005.